组织行为学精要

第 *14* 版

[美] 斯蒂芬·P. 罗宾斯（Stephen P.Robbins）
　　　蒂莫西·A. 贾奇（Timothy A.Judge）　著

郑晓明 译

Essentials of Organizational Behavior Fourteenth Edition

清华大学出版社
北京

北京市版权局著作权合同登记号 图字：01-2018-6259

图书在版编目（CIP）数据

组织行为学精要：第 14 版 /（美）斯蒂芬·P. 罗宾斯 (Stephen P. Robbins)，（美）蒂莫西·A. 贾奇 (Timothy A.Judge) 著；郑晓明译 . —北京：清华大学出版社，2021.7
（工商管理优秀教材译丛 . 管理学系列）
书名原文：Essentials of Organizational Behavior, 14th Edition
ISBN 978-7-302-54133-2

Ⅰ . ①组… Ⅱ . ①斯… ②蒂… ③郑… Ⅲ . ①组织行为学—教材 Ⅳ . ① C936

中国版本图书馆 CIP 数据核字 (2020) 第 035806 号

责任编辑：杜　星
封面设计：何凤霞
责任校对：王荣静
责任印制：杨　艳

出版发行：清华大学出版社
　　网　　　址：http: //www.tup.com.cn，http: //www.wqbook.com
　　地　　　址：北京清华大学学研大厦 A 座　　　　　　邮　　编：100084
　　社　总　机：010-62770175　　　　　　　　　　　　邮　　购：010-62786544
　　投稿与读者服务：010-62776969，c-service@tup.tsinghua.edu.cn
　　质　量　反　馈：010-62772015，zhiliang@tup.tsinghua.edu.cn
印 装 者：大厂回族自治县彩虹印刷有限公司
经　　销：全国新华书店
开　　本：185mm×260mm　　印　张：22.75　　插　页：2　　字　数：518 千字
版　　次：2021 年 7 月第 1 版　　印　次：2021 年 7 月第 1 次印刷
定　　价：69.00 元

产品编号：080769-01

本书谨献给在组织行为学教学领域的朋友和同行，他们对领导过程的教学、研究和投入极大提高了学生理解和应用组织行为学理论概念的能力。

前　言

本书的写作初衷是希望替代六七百页的组织行为学（OB）全面型教科书，本书试图以一种令读者感到既充满信息量又不失趣味性的方式，全面介绍组织行为学领域中的所有关键知识。我们愉快地告知读者，本教科书已经被大量短期课程、高管培训课程广泛采用，也作为一本辅助教科书，为传统课程教学提供各种经验知识、技能培养、案例教学和阅读材料。目前本书已经成为美国、加拿大、拉丁美洲、欧洲、澳大利亚和亚洲等地区500所以上的大学和学院所采用的教科书。本书也已经有了西班牙语、葡萄牙语、日本语、汉语、荷兰语、波兰语、土耳其语、丹麦语和印尼语等多种翻译版本。

第14版的关键修订

- 增加的内容包括组织行为学当今各个方面话题的近期研究、相关讨论、新的图表等。
- 在话题讨论中更加整合了当今全球化方面的内容。
- 重新梳理了所有章节中的大小标题，令浏览纸质书和电子书更加方便，并且更突出重要的内容。
- 增加了章节之间的交叉引用，突出主题和概念之间的联系，令学生可以迅速查阅，以及加深学生对这些话题的理解。

前一版教材的保留内容

人们喜欢本书的哪些特点？读者调查显示，读者一致同意本书具备下列特点。毋庸置疑，这些特点都在新版本中得到了保留。

1. 本书篇幅

自1984年本书出版以来，我们一直努力将本书的篇幅维持在325页到400页之间。本书的使用者告诉我们，这样的教材篇幅令他们在给学生安排阅读材料和实施项目时能够保留较大的灵活性。

2. 话题的平衡性

虽然本书篇幅有限，但是本书一直致力于全面为读者介绍组织行为学中所有的关键概念。其中不仅包括人格、激励、领导等传统话题，也包括情绪、多元化、谈判和团队工作等学科前沿话题。

3. 写作风格

本书时常被人称赞之处是其流畅的写作风格和大量的例证。读者时常给我们反馈，认为本书具有"口语式风格""有趣味""适合学生阅读"以及"清晰易懂"诸多特点。

4. 实用性

本书从未局限于对理论本身的解释，而是用理论来解释和预测人们在组织中的行为。在本书之前的每一个版本中，我们都侧重于确保读者能够体会到组织行为学理论、研究和实践应用之间的联系。

5. 摒弃传统教学法

本书能够保持简洁风格的原因之一，是其并未纳入过多的复习题、案例、练习，或者与之类似的教学辅助手段。本书一直致力于为读者介绍组织行为学最核心的知识，让教师在课程设计中得到高度的灵活性。

6. 整合了全球化、多元化和道德问题

本书通篇都贯穿着全球化、跨文化差异、多元化和道德等问题。这些问题并非独立成章，而是融入到了相关篇章中。读者告诉我们，他们认为这种整合性的写作风格令组织行为学各个子话题显得更加紧凑，并且同时也凸显了它们各自的重要性。

7. 大量补充材料

虽然本书篇幅不长，但是本书的补充材料却十分丰富，它为教师和学生提供完整和高科技的支持资料包，其中包括综合性的教师指导手册、测试题文件和测试题生成器以及 PowerPoint 幻灯片。MyManagementLab 课程为教师和学生提供了各种类型的评估测试、视频练习、决策模拟和 Personal Inventory Assessments。

各章内容的修订之处

第 1 章　组织行为学入门

- **新内容**：高效与成功的管理行为；大数据的使用、新趋势与局限性；劳动力多元化；社交媒体；组织行为学一般模型的输入、过程和结果变量。

- **重新修订的章节**：管理与组织行为学。

- **增加新研究结果的领域**：组织行为学入门；大数据；适应不同的文化和制度性规范；积极的工作环境，以及道德行为。

- **新特色**：Watch It（Herman Miller：组织行为）与 Personal Inventory Assessments（跨文化意识量表）。

第2章　组织中的多元化

- **新内容**：刻板印象威胁以及隐藏的残疾。
- **重新修订的章节**：学习目标，人口统计学特征，歧视，执行多元化管理策略，以及对管理者的启示。
- **增加新研究结果的领域**：职场歧视，包括年龄、性别、人种与民族等个体特征；温德利认知能力测验；群体中的多元化；与宗教信仰、性取向、性别身份以及身体能力有关的国际研究。
- **新特色**：Personal Inventory Assessments（跨文化敏感性量表），Watch It（Verizon：多元化），以及 Try It（情景模拟：人力资源）。

第3章　态度与工作满意度

- **新内容**：工作满意度的原因，包括工作条件、人格、薪酬和企业社会责任；作为工作满意度结果变量的生活满意度；以及作为工作不满意结果变量的反生产工作行为（CWB）。
- **重新修订的章节**：学习目标和对管理者的启示。
- **增加新研究结果的领域**：态度与行为，员工投入，可以测量的工作满意度等级，人们对工作的满意程度高低，以及作为工作满意度结果变量的组织公民行为（OCB）。
- **新特色**：Watch It（Gawker Media：态度与工作满意度），Personal Inventory Assessments［核心自我价值（CSE）量表］，以及 Try It（情景模拟：态度与工作满意度）。

第4章　情绪与心情

- **新内容**：道德情绪；情绪的功能，包括情绪是否影响我们的道德；情绪控制的影响、结果和技巧以及情绪管理的道德性。
- **重新修订的章节**：学习目标；一天中的不同时段对情绪和心情的影响；对管理者的启示。
- **增加新研究结果的领域**：压力、睡眠、年龄、性别都是情绪和心情的来源；控制情绪表达；情绪和心情会导致工作安全与事故；一些国际研究，包括基本情绪、体验心情与情绪以及一周中的日期和季节均作为情绪与心情的来源。
- **新特色**：Personal Inventory Assessments（情商评估）和 Try It（情景模拟：情绪与心情）。

第 5 章　人格与价值观

- **新内容**：大五人格特质是否能够预测工作行为，其他黑暗人格以及一些人格与工作的匹配维度。
- **重新修订的章节**：学习目标；人格框架；迈尔斯 - 布里格斯类型指标；文化价值观；本章小结；对管理者的启示。
- **增加新研究结果的领域**：描述人格；大五人格模型；黑暗三人格；主动型人格；组织情境；代际价值观；人岗匹配以及有关人格测量、自恋人格和人岗匹配方面的国际研究。
- **新特色**：Watch It（Honest Tea：道德——公司使命与价值观），以及 Personal Inventory Assessment（人格指标）。

第 6 章　知觉与个体决策

- **新内容**：感知者、目标和情境均作为影响认知的因素；随机偏差；说服是决策的影响因素；在三种道德决策准则中做选择；撒谎与道德决策以及道德和创造力。
- **重新修订的章节**：学习目标；晕轮效应；承诺升级；创新潜力以及对管理者的启示。
- **增加新研究结果的领域**：对人的知觉；判断他人；归因理论；知觉与个体决策之间的联系；性别是决策的影响因素；创造性行为；才智能力、人格与专长是创造性行为的来源；创新环境以及对三类道德决策准则的国际研究。
- **新特色**：Watch It（Orpheus Group Casting：社会知觉和归因），Try It（情景模拟：知觉与个体决策），以及 Personal Inventory Assessments（你的创造力有多高？）。

第 7 章　激励理论

- **新内容**：目标设置与道德，强化理论，影响他人的自我效能，确保公平以及文化与公平性的关系。
- **重新修订的章节**：学习目标，目标设置理论以及公平理论 / 组织公平。
- **增加新研究结果的领域**：需要理论的层次以及一些国际研究，包括麦克利兰的需要理论、目标设置理论、自我决定论、自我效能理论以及公平理论 / 组织公平。
- **新特色**：Watch It［激励（TWZ 角色扮演）］，Try It（情景模拟：激励），以及 Personal Inventory Assessments（工作激励指标）。

第 8 章　激励：从概念到应用

- **重新修订的章节**：工作特征模型；轮岗；通过可变薪酬方案激励员工以及使用福利激励员工。
- **增加新研究结果的领域**：轮岗；关系型岗位设计；灵活工作制；工作分担制；参与式管理；建立薪酬结构；绩效薪酬；员工股票持有计划；使用内在奖酬以及一些国际研究，包括员工参与计划、代表参与、通过可变薪酬方案激励员工、计件工资、奖金和利润分享方案等。
- **新特色**：Personal Inventory Assessments（诊断团队建设的需求），Watch It（Zappos：通过公司文化激励员工）以及 Try It（情景模拟：外在和内在激励）。

第 9 章　群体行为入门

- **新内容**：社会认同，圈内与圈外，规范与情绪，积极与消极规范以及群体结果，规范与文化，群体地位不公平以及群体地位与污名。
- **重新修订的章节**：学习目标；角色期待；角色冲突；群体地位、群体规模与群体动态；群体凝聚力；群体多元化以及对管理者的启示。
- **增加新研究结果的领域**：群体规范，群体地位和规范，群体地位与群体互动，群体规模与动态，群体多元化的挑战，群体效能与效率，以及有关群体多元化的国际研究。
- **新特色**：Watch It（Witness.org：管理群体与团队），Personal Inventory Assessments（支持性沟通）以及 Try It（情景模拟：群体行为）。

第 10 章　理解工作团队

- **新内容**：工作团队中的文化差异，团队身份，团队凝聚力，以及共享心理模型。
- **重新修订的章节**：问题解决型团队，本章小结，对管理者的启示。
- **增加新研究结果的领域**：受欢迎的团队组织形式，跨职能团队，虚拟团队，多团队系统，塑造高效团队，团队构成，团队成员的人格，团队规模以及有关信任氛围的国际研究。
- **新特色**：Watch It［TWZ 角色扮演］，Personal Inventory Assessments（团队发展行为）以及 Try It（情景模拟：团队）。

第 11 章　沟通

- **新内容**：管理行为，反馈，情绪反馈，情绪分享，说服，以及信息交换。

- **重新修订的章节**：下行与上行沟通，小道消息，口头沟通，以及电话。
- **增加新研究结果的领域**：沟通的功能以及信息超载。
- **新特色**：Watch It［TWZ（角色扮演）］，Personal Inventory Assessments（沟通风格），以及 Try It（情景模拟：沟通）。

第12章 领导力

- **新内容**：黑暗人格特质，领导-下属交换理论，变革型领导的作用方式，变革型领导与魅力型领导，情商与领导力，领导-参与模型，以及信任与文化。
- **重新修订的章节**：学习目标，领导的特质理论，当代领导理论，行为理论，责任领导，以及真诚领导。
- **增加新研究结果的领域**：大五特质，交易型领导与变革型领导，路径-目标理论，仆人式领导，以及有关魅力型领导和变革型领导评价的国际研究。
- **新特色**：Watch It［领导力（TWZ角色扮演）］，Personal Inventory Assessments（道德领导评估），以及 Try It（情景模拟：领导力）。

第13章 权力与政治

- **新内容**：一般依赖假设，社会网络研究，性骚扰，造成政治行为的组织间因素，面试与印象管理，稀缺性与不可替代性。
- **重新修订的章节**：学习目标，以及造成政治行为的个人因素。
- **增加新研究结果的领域**：印象管理，绩效评估与印象管理，组织因素，以及造成政治行为的组织因素。
- **新特色**：Watch It（权力与政治行为），Personal Inventory Assessments（获取权力与影响力），以及 Try It（情景模拟：权力与政治）。

第14章 冲突与谈判

- **新内容**：社会情境中的谈判，谈判中的声望与关系，第三方协商。
- **重新修订的章节**：学习目标，冲突的定义，冲突点的所在，以及冲突过程中的第四阶段：谈判中的行为、人格特质以及性别差异。
- **增加新研究结果的领域**：功能实现型的结果，谈判的准备与计划，一些国际研究，例如有关个人变量作为冲突来源以及文化对谈判的影响。
- **新特色**：Watch It（Gordon Law Group：冲突与谈判）以及 Personal Inventory Assessments（处理冲突的策略）。

第 15 章　组织结构原理

- **新内容**：组织结构对组织行为学的意义；跨界；组织结构的种类，包括职能式组织、事业部式组织、团队以及环形组织结构以及体制与战略。
- **重新修订的章节**：学习目标与组织结构描述。
- **增加新研究结果的领域**：精干型组织：缩减组织规模，组织战略与结构以及有关技术与战略的国际研究。
- **新特色**：Personal Inventory Assessments（组织结构评估），Try It（情景模拟：组织结构）以及 Watch It（ZipCar：组织结构）。

第 16 章　组织文化

- **新内容**：文化的道德维度；文化与可持续发展；文化与创新；文化作为一种财富，文化加深组织失调、文化竞争以及影响组织文化。
- **重新修订的章节**：组织文化描述，并购的障碍，道德文化，积极文化，赏多于罚，发扬员工优势。
- **增加新研究结果的领域**：组织社会化。
- **新特色**：Try It（情景模拟：组织文化）以及 Personal Inventory Assessments（组织结构评估）。

第 17 章　组织变革与压力管理

- **新内容**：反应性与计划性变革；变革的政治性，行动研究，敏感性训练，管理变革中的矛盾；描述和营造学习型组织；组织变革与压力；应变稳态；工作中的潜在压力；压力的叠加；认知与压力；工作经验与压力；人格特质与压力；文化差异与压力；幸福计划。
- **重新修订的章节**：描述变革，变革的驱动力，威胁作为克服变革阻力的策略，要求与资源，社会支持与压力，本章小结，对管理者的启示。
- **增加新研究结果的领域**：变革阻力，创造积极的关系从而克服变革阻力，情境与创新，压力的行为症候以及有关沟通克服变革阻力和理念先锋的国际研究。
- **新特色**：Try It（情景：变革），Watch It（East Haven 消防局：管理压力）以及 Personal Inventory Assessments（模糊性容忍度量表）。

致　谢

对于培生教育集团旗下所有那些在过去 25 年中支持本书写作的同事，以及那些对本书最新版本的开发付出不懈努力的人们，我们在此对他们表示诚挚的谢意。在本书的编辑人员之中，我们衷心感谢资产组合总监 Stephanie Wall、资产组合经理 Kris Ellis-Levy、管理出品人 Ashley Santora、内容出品人 Claudia Fernandes 和编辑助理 Hannah Lamarre。在本书的出版人员之中，我们十分感谢 Cenveo 出版服务的项目经理 Moumita Majumdar 和 Revathi Viswanathan。本书作者还要感谢圣母大学的 Lori Ehrman Tinkey 在脚本编辑与准备上的宝贵支持以及 David Glerum 博士的投入。最后，很重要的一点是，我们还要对本书的营销团队以及支持本书每一版销售的销售团队表示感谢。感谢上述每个人对本书的关注。

作 者 介 绍

史蒂芬·P. 罗宾斯（Stephen P.Robbins）
美国亚利桑那大学 博士

　　史蒂芬·P. 罗宾斯是圣地亚哥州立大学管理学系的荣誉退休教授，也是管理学与组织行为学领域在全球最畅销教科书的作者。他所撰写的教科书曾经用于美国上千所学院和大学，被翻译成 19 种语言，并且在加拿大、澳大利亚、南非、印度等国都曾出版改编版本。罗宾斯博士也是畅销书《人力资源管理真相（第二版）》（*The Truth About Managing People*，2nd ed.,Financial Times/Prentice Hall, 2008 年版）以及《决策与征服》（*Decide & Conquer*，Financial Times/Prentice Hall, 2004 年版）的作者。

　　在罗宾斯博士的业余生活中，他积极参与美国老将田径赛。从 1993 年他年满 50 岁之日至今，他已经在 18 项国家级锦标赛中获胜、荣获 12 项世界级奖项，他在美国和世界分年龄组 60 米、100 米、200 米和 400 米的各项赛事中创造了多项世界纪录。2005 年，罗宾斯博士被选入美国老将田径赛名人堂。

蒂莫西·A. 贾奇（Timothy A.Judge）
美国伊利诺伊大学厄巴纳香槟分校 博士

　　蒂莫西·A. 贾奇目前是俄亥俄州立大学 Alutto 领导力讲席教授以及伦敦大学学院的心理与语言学部的访问教授。他曾在美国圣母大学、佛罗里达大学、爱荷华大学、康奈尔大学、捷克共和国的查尔斯大学、斯洛伐克的柯美斯大学以及美国伊利诺伊大学厄巴纳香槟分校任教。贾奇博士最主要的研究兴趣涉及：（1）人格、心情与情绪；（2）工作态度；（3）领导力与影响行为；以及（4）职业生涯（人与组织的匹配度、职业生涯的成功）等。贾奇博士曾经在美国管理学会期刊（*Academy of Management Journal*）与应用心理学期刊（*Journal of Applied Psychology*）等学术杂志上发表过和上述或其他论题有关的 154 篇学术文献。他也在多个组织担任研究员，其中包括美国心理学会（American Psychological Association）与美国管理学会（American Academy of Management）等。在诸多专业成就之中，贾奇博士最近期的成就是在 2014 年获得美国管理学会人力资源部的学术成就奖。贾奇博士与史蒂芬·P. 罗宾斯（Stephen P. Robbins）合著了《组织行为学》（第 17 版）一书，又与赫伯特·G. 汉尼曼三世（Herbert G. Heneman III）合著了《组织人员配置》（*Staffing Organizations*）（第 8 版）一书。他婚后育有 3 名子女，现在大女儿是医疗社工，二女儿在攻读硕士学位，儿子是一名中学生。

简 要 目 录

目　录

第3部分　群体与团队沟通

第4部分　谈判力与政治

第 1 章
组织行为学入门

通过本章的学习，你应该能够：

1. 给组织行为学（简称 OB）下定义；

2. 说明系统性研究对组织行为学的价值；

3. 识别对组织行为学有贡献的几个主要行为学科；

4. 解释为何组织行为学中几乎不存在绝对的准则；

5. 识别管理者在应用组织行为学概念时可能遇到的机会与挑战；

6. 比较组织行为学的 3 个不同的研究层次。

当你开始学习本书之前，心中可能存在这样的疑问：什么是组织行为学？这个学科对我有什么意义呢？我们接下来会研究组织行为学（或者 OB）的定义，但是在此之前，我们首先要明确下列问题：组织行为学的学科意义是什么，以及这个研究领域可以给你带来什么价值。

首先，我们来谈一谈组织行为学的历史渊源。在 20 世纪 80 年代末期以前，商学院课程一直重视管理的技术性，包括经济学、会计学、金融学和各种对管理进行量化的技术。有关人类行为与人际交往技能的课程相对而言并没有受到足够的重视。然而，也正是从那时起，商学院逐渐发现，人际交往技能也同样是决定管理者管理有效性的重要因素。事实上，有一项针对 20 个行业 2 100 位首席财务官的调查结果指出，缺乏人际交往技能是员工难以在职业生涯上获得进步的首要原因。

组织行为学的一个主要应用是旨在提高人们的交往技能。管理者人际交往技能的提高可以帮助组织吸引和保留绩效卓越的下属，这一点至关重要，这是因为杰出的员工几乎总是供不应求的，并且人才替换的成本很高。人际交往技能只不过是组织行为学价值的一个体现。第二个体现是，如果站在组织的角度看问题，组织行为学可以帮助一个组织从优秀走向卓越，也能直接影响公司利润。人们发现，一些优秀的雇主公司在财务表现方面往往也很突出，例如美国基因工程技术公司（Genentech）、波士顿咨询公司（the Boston Consulting Group）、美国高通公司（Qualcomm）、麦肯锡咨询公司（McKinsey & Company）、宝洁公司（Procter & Gamble）、脸书（Facebook）和美国西南航空公司（Southwest Airlines）等。第三个体现是，职场人际关系与员工的工作满意度、压力和离职率均呈现强相关。例如，一项覆盖了几百个工作环境 20 万人的大型调查结果显示，同事之间以及员工和主管之间的社交关系与整体工作满意度呈现强相关。积极的社交关系也可以降低工作压力和离职意愿。进一步的研究显示，员工与经理之间如果能够进行积极的、前瞻性的对话，员工会发现自己的想法更容易得到经理的支持，这一点又可以提高工作满意度。第四个体现是，如果在组织中更多应用组织行为学的原理，可以促进人们对社会责任的感知。与此相应的是，大学机构已经开始将社会创业教育纳入到课程当中，从而培养未来领导者们在自己组织的运行中考虑社会问题的能力。这一点尤其重要，因为人们越来越有必要去理解企业社会责任（也称为 CSR）的手段和宗旨是什么。我们将在第 3 章中更完整地介绍企业社会责任方面的内容。

我们认为，在当今竞争激烈和要求苛刻的职场中，管理者单靠技术性的管理技能是难以成功的。他们同时也需要良好的人际交往技能。本书旨在通过讲解有关人类行为的知识，来帮助现在或未来的管理者提高人际交往技能。通过这本书，我们相信你将会获取令你受益良久的技能，并提高你对自己和他人的理解程度。

管理与组织行为学

管理者的角色是什么？作为一个管理者，必须具备的技能包括什么？人们对这些问题的答案是在持续演变的。没有经过管理训练、并且没有管理经验的员工走向管理岗位的情况越来越常见。根据一项大范围的调查，超过 58% 的管理者称，他们没有接受过任何管理培训。25% 的管理者承认当自己被冠以这一角色时，还没有做好领导下属的准备。然而，令挑战更为严峻的事实是，工作岗位的要求却越来越高了。平均而言，一个管理者有 7 个下属直接向他汇报（以往 5 个下属是常规情况），而且，管理者与下属相处的时间也在减少。我们研究了盖洛普调查的结果后发现，在 80% 的情况下，组织为填充管理岗位而挑选的人选都是错误的，因此我们的结论是，你在人际关系和管理员工方面越是游刃有余，那么你就越有可能是适合管理岗位的人选。组织行为学正是能够帮助你达到理想岗位的知识。

组织行为学
这门学科研究个体、群体和组织结构对组织中行为的影响，其目的是利用这门知识来提高组织的效能。

组织行为学的定义

组织行为学（Organizational Behavior，往往简称为 "OB"）是这样一门学科，它研究个体、群体和组织结构对组织中行为的影响，其目的是利用这门知识来提高组织的效能。这句话比较长，下面我们会将其分解开来进行解释。

组织行为学是一门研究学科，意即它由本质上相同的知识所组成，形成一个独立的专业领域。它研究哪些内容呢？它研究的是组织中行为的 3 个决定要素：个体、群体和组织结构。此外，组织行为学可以利用关于个体、群体和组织结构对行为的影响等知识，令组织的工作效率得到提高。

综上所述，组织行为学是研究人在组织中做什么以及人的行为是如何影响组织绩效的学科。另外，因为组织行为学十分关注与员工相关的问题，所以这门学科关注与工作满意度、缺勤、员工离职率、工作效率、员工绩效和管理等方面相关联的行为表现。虽然人们对组织行为学所涉及的主题之间的相对重要性还有所争论，但下面还是可以列出一些核心的主题：

- 激励；
- 领导者的行为和权力；
- 人际沟通；
- 群体结构和过程；
- 态度的产生和知觉；
- 变革过程；
- 冲突和谈判；
- 工作设计。

高效与成功的管理行为

既然我们理解了组织行为学的定义，现在我们可以开始将一些概念付诸应用了。我们首先要考虑的是高效管理这个重要的问题。是什么让不同管理者之间的管理效能存在差异？为了回答这个问题，知名的组织行为学研究专家弗莱德·卢森思（Fred Luthans）和他的研究团队从一个很特别的角度来审视管理者的行为。他们提出了这个问题：组织中晋升最快的管理者和工作最出色的管理者所表现的行为是相同的吗？你可能觉得答案是肯定的，但是实际上却并不一定如此。

卢森思和他的研究团队把超过 450 名管理者作为研究对象，这些人都执行了以下四种管理活动：

1. 传统管理：包括决策、计划和控制。
2. 沟通：日常信息交流和处理书面工作。
3. 人力资源管理：激励、训诫、冲突管理、人员招聘和培训。
4. 社交网络：日常社交、办公室政治、与组织外部人互动。

平均来看，一位管理者把 32% 的时间花在了传统管理上，把 29% 的时间花在沟通上，把 20% 的时间花在人力资源工作上，以及把 19% 的时间花在工作中的社交上。然而，就个体而言，不同的管理者在各方面所花费时间却存在着巨大的差异。在成功的管理者当中（成功的定义是在组织中得到较快的晋升），社会网络对成功起到了最大的作用，而人力资源管理工作所起的作用是最小的，这种做法与管理者的平均做法大相径庭。确实，在澳大利亚、以色列、意大利、日本和美国进行的其他研究也确认了社会网络和社会关系与在组织中是否获得成功之间存在着相关性。然而，卢森思和他的团队却发现，在高效管理者当中（高效被定义为绩效的数量和质量、以及下属的满意度和责任心），沟通占据相对主要的位置，而社交网络是最被忽视的。这个研究结果与管理者的平均做法相一致，唯一的明显例外是对沟通的重视程度更高。愿意对下属解释决策以及时常从同事和员工那里获取信息（即使是负面信息）的管理者是最高效的管理者。

与人类直觉互补的系统性研究

不论你是否曾经明确思考过这个问题，但实际上几乎你一生中都在"解读"他人，观察他们的行为，并试图解释你所目睹的现象，或者预测人们在不同的情况下会怎么做。随意解读他人的做法经常导致我们做出错误的预测。不过，你还是可以通过一种更加系统性的方法来提高自己的预测能力。

系统性研究

通过观察人们之间的关系，试图确定因果关系，并根据科学证据作出结论。

这种系统性的方法背后的信念是，行为并非是随机产生的。与此正好相反，我们能够找到所有个体行为背后最根本的一致性，并对其加以修正，从而反映个体之间的差异。这些根本一致的因素是非常重要的。为什么呢？因为这些因素是我们预测行为的基础。行为通常是可预测的，系统性地研究人的行为是做出精确预测的手段。当我们使用**系统性研究**（systematic study）这个术语的时候，指的是通过观察人们之间的关系，试图确定因果关系，并根据科学证据做出结论。所谓的"科学证据"是指在受到控制的条件下收集、并用合理而严谨的方式去测量和解读的数据。

循证管理

在现有最佳的科学证据的支持下作出管理决策。

循证管理（evidence-based management，EBM）是对系统性研究的补充，它指的是在现有最佳的科学证据的支持下作出管理决策。例如，我们希望医生能够根据最近的病情来为病人作出如何进行医疗护理的决策。循证管理的思想认为管理者也应该如此，即在思考管理问题时更偏向采用科学的角度。一位管理者可能提出一个管理上的问题，寻找现有的最佳证据，并将和手中问题或案例相关的知识付诸实践。你可能产生疑惑——怎么会有管理者认为决策不应该基于证据呢？但大多数管理决策依旧是凭"拍脑袋"做出的，很少基于对现有证据进行系统性研究。

系统性研究与循证管理的方法是对人们直觉（intuition）的补充。当然，通过"非系统性"的方法而作出的结论也并非一定是错误的。杰克·韦尔奇（Jack Welch，通用电气前任 CEO）曾经说过："当然，难点就在于知道何时应该跟着感觉走。"但是，如果我们作出的所有决定都是基于直觉的，那么我们很可能只得在信息不充分的条件下工作，这就好比根据不完全的数据来作投资决策一样。

大数据

数据是循证管理的基础，至少早在 1749 年，人们就开始用数据来评估行为了。当统计（statistic）这个词被创造出来的时候，最开始的意思就是"对于状态（state）的说明"。当时的统计学宗旨是有助于监控的目的。但当时的数据收集方法非常笨拙也过于简朴，统计结论也缺乏可信度。"大数据"，即大量使用统计数据进行编辑和分析。直到计算机的处理能力发展到能够存储和操控海量信息的时代，大数据才真正成为现实。大数据的应用始于在线零售领域，此后逐渐被普及到几乎所有商业领域。

- ● **大数据的使用现状**

不论数据公司收集了多少太字节（terabytes）的海量数据，也不论数据来源有多少，数据分析的目的都是以下几条：预测事件的发生（可能是购买书籍，也可能是太空服的功能失灵）、监测任何时刻的风险概率（可能是火灾发生，也可能是贷款违约）、以及预防大大小小的灾难（大到飞机失事，小到库存积压）。有了大数据，美国国防部的合同供应商 BAE 系统公司得以成功实施自我保护，免受网络攻击的困扰；洛杉矶的西部银行使用客户数据实现了阶梯式定价系统；伦敦的 Graze.com 公司通过分析客户偏好可以在为客人上菜的同时提供他们喜爱的小食样品。

- ● **大数据的新趋势**

使用大数据去理解、帮助和管理员工是一个相对比较新的领域，但是，其未来的发展却是切实可期待的。事实上，有一项覆盖了中国、德国、印度、英国和美国超过 1 万人的研究指出，员工最期待着新的工作方式革命出现在技术进步领域，而不是人口统计学意义上的改变。

学术界、媒体和公司领导者都发现了大数据对管理和决策的提升作用，这将令商业走向光明的未来。使用数据来设定目标、做出推论并且测试因果关系的管理者能够有效地确定哪种员工行为能够促进目标的实现。大数据也有助于纠正一些错误的管理假设，并且对优秀业绩有促进作用。大数据越来越多应用在提高决策效能（将在第 6 章阐述）和管理组织变革（将在第 17 章阐述）上。采用大数据来管理员工的创新最有可能出现在组织行为学和心理学的研究领域。它甚至可以帮助佩戴精神疾病检测仪器的员工改变自己的行为。

● **大数据的局限性**

随着处理大数据的技术在不断提高，保护隐私和合理应用大数据等问题浮出了水面。当需要通过监控仪器进行数据采集时，这些问题显得特别突出。例如，纽约布鲁克林区有一项实验的本意是提高住户的生活质量，但是研究者收集数据的途径可能包括具有侵犯性的仪器，例如红外摄像头、传感器和智能手机局域网信号等。通过类似的监控设备，一家银行的呼叫中心和一家医药公司发现，员工社交越活跃，工作效率就越高，因此管理者调整了员工的休息时间安排，让更多的员工可以在一起休息。结果他们发现，销售业绩提高了，离职率下降了。美国达拉斯城的 Bread Winners 咖啡厅通过监视设备监控所有员工，用这些数据对员工作出晋升或者惩罚的决定。侵犯隐私和技术滥用的问题对于这类新技术来说一直存在，但是完全放弃这项技术并非好的解决方案。

如果你深入理解组织行为学，那么这个学科可能帮助你找到一个合理的平衡点。大数据的应用的确能产生积极的效果，例如有研究指出，事实上用来监控绩效的电子设备虽然能够提高任务绩效和组织公民行为（帮助他人的行为），但是也有人批评指出，在 1911 年弗莱德莱克·泰勒（Frederick Tayler）开始引入监控分析技术，并通过监控和反馈控制的手段来提高生产效率以后，他的管理控制手段还是被阿尔弗莱德·斯隆（Alfred Sloan）超越了。斯隆为员工提供有意义的工作任务，并取得了卓越的管理效果。

我们并不建议你完全放弃直觉决策。在处理人际关系的问题上，领导者惯常使用直觉，并且有时能够得到极好的结果。但也有时候，我们的主观倾向反而阻碍我们作出正确的判断。我们真正推荐的做法，是尽量使用证据和事实来辅助你的决策。谨慎使用大数据，同时还要理解人类行为的倾向性，能够有益于作出合理的决策，还能减少自然的心理偏差。这就是组织行为学对你的帮助。

与组织行为学相关的学科

组织行为学是一门建立在一些其他行为学科之上的应用行为学科。这些学科主要包括心理学和社会心理学、社会学、人类学等。心理学的贡献主要在于个体或微观层面的研究。而其他学科的贡献则是帮助我们理解诸如群体过程和组织等宏观概念。图1-1列示了这些学科对组织行为学的贡献。

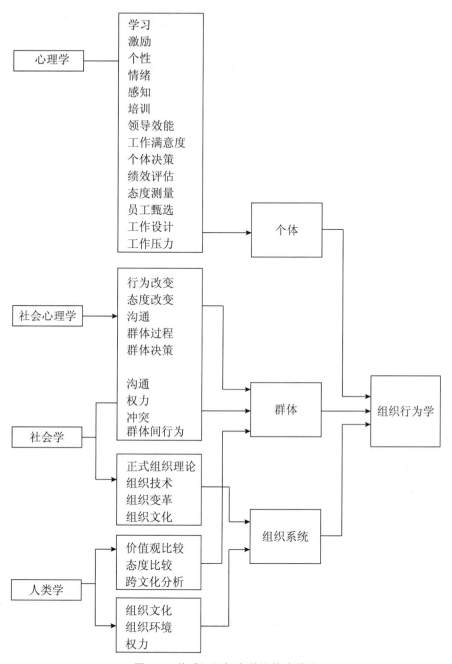

图 1-1　构成组织行为学的基础学科

心理学

　　心理学（Psychology）是测量、解释、有时也寻求改变人类和其他动物行为的科学。在心理学中，对组织行为学有贡献，并将继续为其注入新鲜血液的是学习理论家、人格理论家、咨询心理学家与工业组织心理学家等，其中最重要的是工业组织心理学家。

心理学

　　心 理 学 是 测量、解释、有时也寻求改变人类和其他动物行为的科学。

早期的工业组织心理学主要关注疲劳、厌倦和其他与工作条件有关的因素，这些因素妨碍着工作绩效。近期的研究已经扩展到学习、知觉、人格、情绪、培训、领导效能、需求和激励、工作满意度、决策过程、绩效评估、态度测量、员工甄选、工作设计及工作压力等方面。

社会心理学

社会心理学

社会心理学是心理学和社会学相结合的产物，是关注人与人之间相互影响的学科。

社会心理学（Social Psychology）通常被看作心理学的一个分支，但它是心理学和社会学相结合的产物，关注人与人之间的相互影响。社会心理学家研究较多的一个领域是变革——怎样实施变革以及如何减少变革的阻力。另外，社会心理学家的重要贡献也包括对态度的测量、理解和改变，识别沟通模式以及建立信任等问题的研究。此外，他们对我们所研究的群体行为、权力和冲突等问题作出了巨大的贡献。

社会学

社会学

社会学是主要研究个人在社会环境或文化中如何表现的学科。

心理学关注个体，而**社会学**（Sociology）则主要研究个人在社会环境或文化中如何表现。社会学家对组织行为学的贡献在于对组织中群体行为所进行的研究，尤其是正式和复杂的组织。也许最重要的贡献是，社会学家研究了组织文化、正式组织理论和架构、组织技术、沟通、权力和冲突等问题。

人类学

人类学

人类学是通过对社会的研究，从而了解人类及其行为的学科。

人类学（anthropology）通过对社会的研究，了解人类及其行为。人类学家对于文化和环境的研究令我们了解，不同国家和不同组织中人们在基本价值观、态度和行为方面的差异。我们现在对组织文化、组织环境和不同国家文化差异的认识大多数来自人类学家或采用人类学方法研究的成果。

组织行为学中几乎不存在绝对事物

自然科学中存在绝对的法则，化学、天文学和物理学等学科的知识是相一致的，并可应用于广泛的条件之下。这些学科的科学家可以总结出一些抽象概念，例如重力，或者有信心将宇航员送到太空中去修理卫星故障。而人类是复杂的，几乎不存在简单的通用法则来解释组织行为。因为我们每个人都不相同，所以总结出简单、精确和普适性抽象理论的可能性是有限的。有可能两人在相同情境中，行为却大相径庭，也有可能同一个人的行为依情境不同而有所变化。例如，并不是所有人都为金钱所动，人们在宗教活动中的表现也会与在聚会上的表现大相径庭。

当然，这并不意味着我们不能对人类行为作出相对来说较为准确的解释以及有根据的预测，而是说组织行为学的概念必须反映情境因素、权变因素或条件因素。我们可以称 x 能够导致 y，但前提是必须在 z 条件下，z 就是**权变变量（contingency variables）**。组织行为学这门学科就是关于将通用概念应用在特定情境、特定的个体或者群体当中的学科。例如，组织行为学学者会尽量避免提出"每个人都喜欢复杂和具有挑战性的工作"这样的普遍性概念。这是为什么呢？因为并不是每个人都希望面临挑战性的工作。有些人更偏好习以为常的工作而不是包含差异性的工作，或者偏好简单的工作而不是复杂的工作。一个人所乐于从事的工作可能并不为另一人所热衷，一份工作的吸引力仅仅对做这份工作的人自己来说是有意义的。通常来说，我们可以既找到通用的影响因素（例如金钱的确能够激励大多数人），也可以找到权变因素（有些人更能为金钱所打动，或者在某些情境中金钱比其他因素更有意义）。只有认识到两个因素（通用因素和权变因素）都能影响行为的事实，我们才能更好地理解组织行为学。

权变变量

权变变量是能够调节两个或者更多变量的情境因素或者变量。

组织行为学面临的挑战和机会

对于管理者来说，理解组织行为从未如现在这样重要。我们可以观察组织中正在发生的巨大变革。员工的平均年龄在升高，员工越来越多元化，全球化竞争要求员工应对快速变革的灵活性越来越高。

由于诸如此类的变化，雇佣关系正在改变，员工得到了更多的新机会。图 1-2 详细描述了公司提供给员工选择，或者员工为之主动向公司争取的几种工作方式。在图中每一个标题下，你都会看到一系列可选方案，可以单选、也可以组合选取。例如，你的职业生涯中的某一个时间点，你可能在一个未工会化的本地公司做一份全职工作，拿着一份包括工资和奖金的薪酬；而在另一个时间点，你又可能更愿意向公司争取一个拥有灵活工作时间的虚拟职位，在海外工作，在拿工资的同时享受更多的付薪假日。

简言之，当今的挑战为管理者制造了更多应用组织行为学原理的机会。我们将在本小节中讨论管理者面临的一部分最重要的问题，组织行为学能够为这些问题提出解决方案，至少能够为解决问题提供深刻的见解。

应对全球化的挑战

组织的发展不再受到国界的限制。韩国最大的企业集团三星公司（Samsung）大部分产品在海外销售，汉堡王公司（Burger King）由一家巴西公司持股，麦当劳（McDonald's）在六大洲 118 个国家出售汉堡包。即

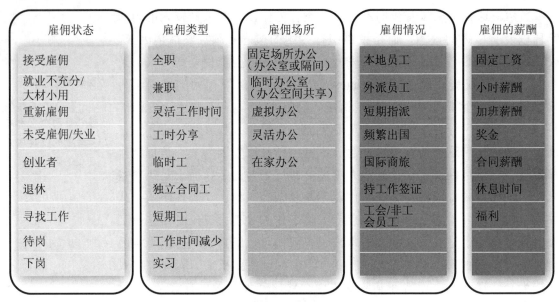

图 1-2 雇佣的各种选择方案

Sources：J. R. Anderson Jr.，et al.，"Action Items：42 Trends Affecting Benefits，Compensation，Training，Staffing and Technology，" HR Magazine （January 2013），p. 33；M. Dewhurst，B. Hancock，and D. Ellsworth，"Redesigning Knowledge Work，" Harvard Business Review （January-February 2013），pp. 58-64；E. Frauenheim，"Creating a New Contingent Culture，" Workforce Management （August 2012），pp. 34-39；N. Koeppen，"State Job Aid Takes Pressure off Germany，" The Wall Street Journal （February 1，2013），p. A8；and M.A. Shaffer，M.L.Kraimer，Y.P. Chen，and M.C. Bolino，"Choices，Challenges，and Career Consequences of Global Work Experiences：A Review and Future Agenda，" Journal of Management （July 2012），pp. 1282-1327.

使带有深刻美国烙印的苹果公司（此说法颇受争议），在美国本土以外的员工数量也是本土员工的两倍多。所有的大型汽车制造商都把制造工厂设置在本土以外的地方。所有大型汽车制造商目前都在本国以外的地区生产汽车，本田汽车的产地是俄亥俄州、福特在巴西、大众在墨西哥、梅赛德斯和宝马都在南非。世界已经变成了一个地球村。在这个过程中，管理者的工作逐渐发生了转变。高效的管理者会事先做好准备，改变自己的管理方法，从而更好地应对全球化带来的挑战。

● **与其他文化背景下的人共事**

不论你在自己的国家工作还是在海外工作，你都会经常与那些出生或成长在不同文化背景下的上司、同事和其他员工共同工作。能够激励你的条件不一定能激励他们。你的沟通风格可能是直白公开的，而其他人可能会觉得你的风格令人不舒服或者具有威胁性。要与不同文化背景的人一起高效地工作，你需要了解塑造他们的文化、地理和宗教信仰特点，并知晓如何改变自己的管理风格来应对这些差异。

● 适应不同的文化和管制规范

为了在各地做生意，管理者需要熟悉每个东道主国家当地的文化规范。例如，一些国家有很大比例的工人都能享受到很长的假期。另外一个需要考虑的问题是各地的全国性或者区域性政策。海外分公司的管理者需要了解当地对外来公司设立了怎样的特殊金融环境和法律环境，从而避免违反相关的政策。如果真的触犯，那么此事可能对公司在该国的正常运营造成重大影响，也有可能破坏两国的政治关系。管理者也需要知晓东道主国家针对竞争而设置的规则。有时，即使了解这些法律，事情也未必一定成功。例如，由于中国的跨国银行——中国银行了解伦敦当地的银行法，这家银行成功从印度的撒哈拉酒店集团（Sahara）手中得到了伦敦著名建筑格罗夫纳酒店（Grosvenor House）的控制权。撒哈拉的管理层辩称，导致资产冻结的贷款违约事件来自于有关他们在纽约其他物业的一场误会。全球化的复杂性可见一斑。

劳动力中的人口分布

劳动力的人口分布一直以来都是依照下列条件而变化的，包括经济、人口寿命、出生率、社会经济条件、以及其他对社会产生巨大影响的条件。人们通过适应环境而生存，组织行为学研究劳动力人口分布的变化是如何影响个体行为的。例如，虽然 2008 年全球经济衰退在多年前已经结束，那个时代遗留下的某些趋势仍旧在持续：很多人因为长期失业而彻底离开了职场，也有很多人靠同时从事多项兼职工作而生活，或者将就着从事一些临时岗位。年轻的受教育群体中还流行着一些其他的职业选择，例如在大学毕业后再接受专业培训，接受低层次的全职工作，或者自己创业。我们作为组织行为学的学生，可以去调查到底是什么因素导致员工作出这些多样化的选择，上述经历如何影响着他们的职场认知？接下来，这些结论能够帮助我们得出一些组织行为学的结论。

寿命与出生率对组织内部动态也有影响。全球平均寿命在短期内（1990 年至今）上升了 6 年，而对于很多发达国家来说，出生率却正在下降。这些趋势共同导致劳动力持续老龄化的结论。组织行为学研究可以帮助我们解释这个趋势对于员工态度、组织文化、领导力、组织架构和组织沟通而言有什么意义。最后一点，社会经济学的变革也对劳动力人口的构成产生着深远影响。例如，在某些文化下，对于女性应该作为家庭妇女的期待早已在记忆中淡去，但是在另外一些文化下，女性进入职场还是会遇到巨大阻力。我们有兴趣研究这些女性是如何在职场中生存的，她们的情况怎样才能得到改善。这只是有关文化和社会经济变化影响职场的一个例子而已，实际生活中存在很多这样的例子。本小节通篇都是在讨论组织行为学是如何帮助我们认识和理解劳动力问题的。

劳动力多元化

　　组织面临的一个重要的挑战是**劳动力多元化**，这个概念指的是，在性别、年龄、人种、种族、性取向以及其他方面，组织的构成越来越呈现异质性的特点。管理好这种多元化特点是全球都在重视的问题。我们在下一章中将会更详细介绍这个话题，现在只需要指出一点，多元化趋势对于管理者和员工来说，既是机遇、又是威胁。我们如何利用好群体成员的差异，从而造就竞争优势？我们是否应当一视同仁地对待所有员工？我们是否应当重视个体和文化差异？每个国家对多元化问题的法律要求是什么？多元化趋势到底会不会对组织产生影响？对于今天的组织而言，围绕多元化问题的显性或者隐性的考虑都是应当重视的方面。

社交媒体

　　我们将在第 11 章中讨论到，社交媒体已经渗透到了商业世界中并将长期活跃下去。即使如此，很多组织还是如临大敌地阻止员工在工作场所刷新社交媒体。例如，在 2015 年 2 月的一天，美国德州一家披萨店在一个员工还未真正就职前就开除了她，因为她在推特（Twitter）撰文诋毁了自己将要就职的工作。在 2014 年 12 月，诺德斯特姆公司（Nordstrom）开除了俄勒冈州一名员工，原因是他用自己的脸书（Facebook）账号发评论，内容可能倾向于支持暴力对待白人警官。这些例子都显示，如何看待社交媒体对于当今管理者来说是一个棘手的问题，从组织行为学意义上看，它既是机会也是挑战。例如，人力资源部是否应当去调查员工在社交媒体展现的形象？招聘经理是否应该去检查应聘者的推特动态，或者快速浏览一下他的脸书档案？管理者需要设计和采用体现平衡和理解的政策，从而保护员工和组织双方。

　　很多组织对员工在工作岗位上刷新社交媒体的行为做了规定，例如什么时间、什么地点以及出于什么目的。但社交媒体对员工幸福感有怎样的影响呢？一项近期的研究发现，早晨起床心情不错的被试者如果频繁登录和查看脸书，往往会感到自己的情绪在当天逐渐变差。此外，在两周之内频繁查看脸书的人表示自己对生活的满意度降低了。然而，管理者以及组织行为学研究人员却都在试图提高员工满意度，从而改善或提高组织产出。我们将在第 3 章和第 4 章中深度讨论这些问题。

员工在工作中的幸福感

　　保持员工幸福感的最大挑战是这样一个现实，很多员工难以摆脱虚拟的工作环境。虽然通信技术的发展可以让很多技术和专业人员能够在家庭、汽车甚至是在塔希提海滩上工作，但它也造成了困扰，他们感到自己没有团队的归属感。"归属感对于很多虚拟工作者来说都是一个很大的挑战，在网络世界中，他们是孤独无助的"，美国卡普兰大学（Kaplan University）的艾伦·拉伊内里感叹道，这种感受得到了很多人的认同。另外一个挑战是，很多组织都在要求员工投入更多的工作时间。根据一项近期的研究，四分之一的员工感到职业倦怠，三分之二则表示感到高度紧张和疲惫。这个结果可能仍然是对实际情况的一种低估，因为员工表示，自己在通过电子邮件和手机短消息对管理者保持"时刻响应"状态。最后，员工幸福感还受到生活中其他操劳事务的影响。例如，数以百万计的单亲家庭以及需要赡养老人的员工都感受到工作与家庭责任之间的平衡难以维持。

后面几章将谈到，组织行为学这门学科为管理者提供了一些建议和指引，帮助他们设计工作环境和工作岗位，从而帮助员工更好地解决工作和生活之间冲突的问题。

积极的工作环境

组织行为学中有一个正在崛起的分支，这就是**积极组织学（positive organizational scholarship）**，它关注**积极组织行为（positive organizational behavior）**，其所研究的内容是组织如何发展员工的优势，激发他们的活力和适应力，并开发他们的潜能。该领域的研究人员认为，组织行为学和管理实践已经研究了太多有关组织和员工到底哪里做得不好的内容。他们反其道而行之，试图研究组织和员工在哪个方面做得优秀。积极组织学中的一些关键的独立变量包括工作投入度、希望、乐观心态以及在压力下的适应性。研究人员希望帮助管理者为员工创造积极的工作环境。

虽然积极组织学并不否认负面的反馈的确存在价值（例如批评性的建议），但是该领域的确挑战了以往研究者的思路，让他们得以透过一面新的棱镜来看问题，并推动组织致力于发掘员工的优势，而不是仅仅纠结于如何改善他们的弱点。积极工作环境的一个构成方面是组织文化，这个话题在第 16 章涵盖。组织文化对员工行为的影响之大足以令某些公司特别聘请"文化专员"来塑造和维持公司的文化特点。

积极组织学

积极组织所研究的内容是组织如何发展员工的优势，激发他们的活力和适应力，并开发他们的潜能。

道德行为

各种组织都在不断缩减成本、期望提高工人的工作效率和应对激烈的市场竞争，许多员工被迫"抄近路走捷径"，行为越轨或卷入其他不正当活动的现象不足为奇。组织成员面临着越来越多的**道德困境（ethical dilemmas）**和**道德选择（ethical choices）**，他们需要判断哪些行为是正确或

道德困境和道德选择

在面临这些情况时，人们需要判断哪些行为是正确或错误的。

错误的。如果人们发现公司从事违犯法律的活动，是否应该告发呢？他们应该遵循自己并不赞同的命令吗？他们是否应该为了职业生涯的进展而玩弄政治手段呢？

良好道德行为的构成要素从未被明确定义出来，近年来，对错之分也开始变得模糊。员工经常看到身边的人做出不道德的行为，如公众选举的官员有时虚报费用或者收受贿赂，公司管理层虚报利润从而兑现自己丰厚的股票期权奖励，大学管理层放任冠军队的指导教练鼓励得到奖学金的大学生运动员选取容易通过的课程。在美国北卡罗来纳大学教堂山分校的一个近期的案例中，课程和分数都是被伪造的。一旦被揭穿，这些人都会用"人人都这样干"或者"当前你必须抓住一切机会"这样的借口来为自己开脱。

当今的管理者必须为员工创造一种道德健康的工作环境，令员工在这种环境中高效地工作，明确何为正确或错误行为的判断标准，减少模糊性。强烈提倡道德感的公司往往会鼓励员工展现正直的个人品质，公司坚定的道德领导力能够影响员工的决策，令他们的表现更加符合道德。用课堂培训的方式进行道德教育已经被证明是有助于维持员工道德意识和道德责任的好方法，但前提是这些课程需要时常开展而不荒废。在后续的章节中，我们将探讨管理者为了创造一个道德健康的工作环境可以采取的做法，并逐个讨论道德模糊的情况。

接下来的重点：建立组织行为学模型

在本章即将结束之际，我们介绍一个组织行为学的通用模型，讲解它的参数、概念和它们之间的关系。通过对该模型的学习，你将清晰地了解接下来的章节中所谈到的话题是如何帮助你解决管理问题和抓住机遇的。

概述

模型

模型是对现实的抽象，用一种简单的方式把现实世界中的现象呈现出来。

模型（model）是对现实的抽象，用一种简单的方式把现实世界中的现象呈现出来。图 1-3 展示了组织行为学基本模型的骨架。它提出了三种类型的变量（输入变量、过程变量和输出变量）。在下面的章节中，我们将从个体层面开始（第 2 章到第 8 章），再讲解群体行为（第 9 章到第 14 章），一直到组织层面的行为（第 15 章到第 17 章）。该模型阐释了这样的过程——输入变量导致过程变量，再最终导致结果变量。我们将在每个层面的分析中都讨论这些变量的关系。请注意，该模型显示，结果变量也能够在未来某个时间点影响输入变量，这一点更衬托了组织行为学对组织的深远影响。

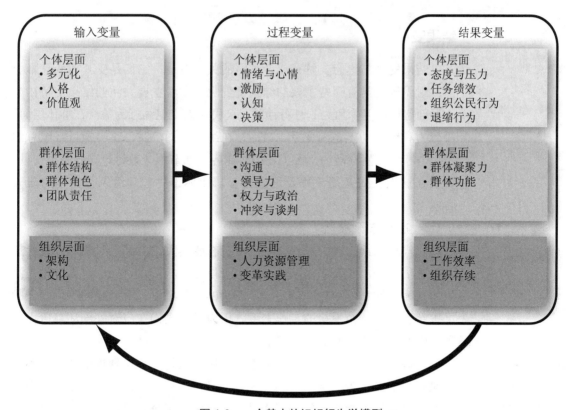

图 1-3　一个基本的组织行为学模型

输入变量

输入变量是导致过程变量的变量，例如人格、群体结构和组织文化等。这些变量对组织未来发生的事件定下背景和基调。很多输入变量在雇佣关系发生之前就已经被事先决定了。例如，个体特征、人格和价值观是由他的基因和童年环境共同塑造的。群体结构、角色和团队责任往往是在群体形成的前后被立即指定了。最后，组织结构和文化通常也是组织多年以来为了适应环境、建立习惯和形成规范而不断发展和变化的结果。

输入变量

输入变量是导致过程变量的变量，例如人格、群体结构和组织文化等。

过程变量

如果把输入变量看成是组织行为学中的"名词"，那么过程变量就好比是"动词"。**过程变量**是个体、群体和组织因为一系列输入变量的影响而采取的行为，并最终会导致某些特定的结果。在个体层面，过程变量包括情绪和心情、激励、认知与决策等。在群体层面，过程变量包括沟通、领导力、权力与政治、以及冲突和协商。最后，在组织层面，过程变量包括人力资源管理和组织变革。

过程变量

过程变量是个体、群体和组织因为一系列输入变量的影响而采取的行为，并最终会导致某些特定的结果。

结果变量

结果变量是你想要解释或者预测的关键变量，它们是受其他变量影响的。组织行为学有哪些主要的结果变量呢？学者主要关注的结果变量在个人层面包括态度和压力、任务绩效、公民行为、退缩行为等。在群体层面，凝聚力和组织功能是因变量。最后，在组织层面，我们将会探讨组织总的生产力和组织生存能力。因为我们将在各个章节中分散讨论这些结果变量，我们在这里仅仅是简单提及这些内容，让你预先理解组织行为学的研究目的。

- **态度与压力**

我们将在第 3 章中深入探讨，员工**态度**是员工对某些对象、人或者事件的评估看法，它可以是积极的，也可以是消极的。例如，有人评论"我真的认为我的工作很棒"就是一个积极的工作态度，而"我的工作既无聊又繁杂"就是一个消极的工作态度。**压力**是当人们在应对外部环境压力时所产生的一种令人不愉快的心理状态。

一些人可能认为，影响员工态度和压力的行为纯属软性的活动，不应当是严肃的管理者所要从事的行为。但是，你将会学习到，态度通常会导致一些直接影响组织效能的行为结果。有大量证据显示，满意感较高、并且受到公正待遇的员工更愿意超越自我的局限，采取组织公民行为，而这一点对于现代商业环境而言至关重要。

- **任务绩效**

执行核心工作任务的效率和效能可以体现出你的任务绩效水平。如果我们思考工厂里工人的工作，**任务绩效**可以用每小时生产产品的数量和质量来测量。对于教师的任务绩效衡量标准可能是学生受教育水平的高低。对于咨询专家任务绩效的衡量标准可以是他们为客户制作的报告是否及时和质量高低。所有这些不同类型的任务绩效都与岗位的核心职责有关，它们通常与正式的岗位说明书里所列示的职责有关。

- **组织公民行为**

对工作场所的心理和社会环境有益的行为，如果属于自愿行动而不属于正式职责要求的，则被称为**组织公民行为（OCB）**，或者简称为公民行为。成功的组织不乏自愿在岗位职责之外贡献力量的员工，他们的绩效远远超过期待。各个组织都需要愿意做出职责外贡献的员工。有证据指出，拥有这样员工的组织可以比其他组织实现更高的绩效。因此，组织行为学关注公民行为，并把它作为一个结果变量。

- **退缩行为**

我们已经提到过超越任务要求的行为，那么如果是低于任务要求的行为呢？**退缩行为**是员工设法在自己和组织之间划清界限的行为。退缩行为有很多种形式，包括迟到、不参加会议、消极怠工和辞职等。员工的退缩行为可能会对组织产生非常负面的影响。

- **群体凝聚力**

虽然在我们的模型中，很多结果变量都可以被划分为个体层面的概念，但还有一小部分与群体的运行方式有关。**群体凝聚力**是群体成员在工作中相互支持和促进的行为。换句话说，凝聚力强的群体是紧密团结起来的群体。当员工之间相互信任、寻求共同的目标、并且共同努力达到相同的目标时，群体的凝聚力就较强。而当员工各自为战、目标不一致、相互之间互不忠诚时，群体的凝聚力就较弱。我们可以用组织行为学的概念来解释群体凝聚力。

- **群体功能**

积极的工作态度与高任务绩效有关，同理，群体凝聚力应当会带来高度的群体功能。**群体功能**指的是群体工作结果的数量和质量。正如在体育队伍中，团队力量大于个人力量的总和一样，工作组织中的群体功能也大于个体任务绩效的总和。

- **生产力**

组织行为学最高的分析层次就是整个组织本身了。如果一个组织能够用最低成本将输入变成产出从而实现自己的目标，那么这个组织的生产力就是高的。**生产力**既包括**效率**、也包括**效能**。

如果一家公司实现了销售和市场占有率的目标，那么它的效能就是高的。但它的生产力还取决于高效率地实现这些目标。衡量组织效率的最常见方法包括投资回报率、销售利润率以及每工时的产出等。

服务类的组织评估其效能时，必须设置客户需求这个指标。这是为什么呢？因为员工态度和行为之间的因果关系会影响客户态度和公司利润率。例如，一项覆盖中国6家酒店的近期研究表明，员工的负面工作态度会降低客户满意度，最终导致组织的盈利能力下降。

- **组织生存能力**

我们要考虑的最后一个结果变量是**组织生存能力**，它指的是组织能够长期存在并发展的能力。一个组织能否长期存在，并不仅仅取决于组织的生产力，也取决于它是否适应环境。一个生产力很高的公司所生产的产品或者提供的服务如果对市场而言缺乏价值，那么这家公司也不太可能长期存活下去。因此，组织生存能力也取决于组织是否能够成功洞察市场变化，能否在正确的时间找到正确的机会，并且成功发动变革从而适应新的商业环境。

退缩行为

　　退缩行为是员工设法在自己和组织之间划清界限的行为。

群体凝聚力

　　群体凝聚力是群体成员在工作中相互支持和促进的行为。

群体功能

　　群体功能指的是群体工作结果的数量和质量。

生产力

　　效率和效能的结合就是生产力。

效能

　　组织满足客户需求的能力。

效率

　　组织用低成本实现目标的能力。

组织生存能力

　　组织生存能力指的是组织能够长期存在并发展的能力。

本章小结

　　为了实现高效的管理，管理者需要提高自己的人际交往能力。组织行为学探究个体、群体和架构等要素对组织中的行为所产生的影响，并通过将这些知识付诸实践来提高组织工作效率。

对管理者的启示

- 拒绝仅仅依靠个人归纳的一些经验来看待问题。一些经验可以用于解释人类行为，但是也有很多经验是错误的。管理者需要了解员工并熟悉情境。
- 使用测量方法和情境变量来解释因果关系，而不是个人的直觉。
- 努力提高自己的人际交往能力，提高自己的领导潜力。
- 通过培训的方法来提高自己使用技术方法和抽象概念来分析组织行为学问题的能力，同时要保持自己与时俱进地跟随组织行为学的潮流。
- 组织行为学可以帮助你找到一些方法提高员工的工作质量和工作效率，例如赋权于员工、设计和执行变革计划、提高客户服务质量、帮助员工平衡工作和生活等。

第2章
组织中的多元化

通过本章的学习，你应该能够：

1. 举例说明职场歧视是怎样降低组织效能的；

2. 说明刻板印象在组织中的影响；

3. 解释一些重要的个体特征与组织行为学之间的关系；

4. 解释其他的关键个体特征与组织行为学之间的关系；

5. 解释心智能力和身体能力与组织行为学之间的关系；

6. 分析组织应该如何进行高效的多元化管理。

多元化

人和人并不相同，这是一个很浅显的道理，但是管理者有的时候的确会忘记他们应当重视人和人之间的差异并善加利用，从而令不同的员工发挥出更大的能力。在本章中，你将会学习诸如年龄、性别、人种、民族与能力等个体特征是如何影响员工绩效的。你也将看到管理者是如何提高自己对这些方面的关注度，从而实现劳动力多元化的高效管理的。但是我们首先要整体认识一下劳动力的变化趋势。

美国劳动力的人口特征

从世界范围来看，职场的人口特征在过去五六十年间已经发生了快速和深远的变革，总的方向是追求公平性。可能最容易被注意到的一点是，白人男性作为主流管理者的状况已经逐渐向性别更加平衡、多种族兼具的分布转变。例如，1950 年时，只有 29.6% 的劳动力是女性。2014 年，该数字达到 47%。当今的女性得到全职工作的机会比以往大得多，她们的受教育程度更高，获得的薪水与男性工作者大体相当，而且不论在美国还是其他国家都出现了这种现象。此外，白人与其他人种和其他民族劳动力的收入差距有了明显的缩小，一部分原因可以归结为，劳动者中少数民族的人数在不断上升。到 2044 年，西班牙裔占整个劳动力市场的比例将从 2014

年的 13% 上升到 25.1%，黑人占的比例将从 12% 上升到 12.7%，亚洲人的比例将从 5% 上升到 7.9%。不论是在美国本土还是全球范围，55 岁以上的员工在整个劳动力市场当中的占比越来越重。55 岁以上的高龄工作群体在 2010 年占整个劳动力市场的 19.5%，该数字在 2020 年将上升到 25.2%。当前，澳大利亚超过 55 岁的劳动者数量已经超过了 25 岁以下者，并且这种变化还在持续。这些变化越来越体现在管理类和专业类工作岗位的构成当中，也意味着各个组织必须将多元化管理作为组织政策与实践的中心问题。

多元化的程度

虽然专家们对于多元化问题中的各种分支问题已经进行了大量论述，包括年龄、人种、民族、宗教信仰、是否残疾等，现在他们却意识到这些人口特征只不过是冰山一角。人口统计学上的因素只不过反映了**表层多元化（surface-level diversity）**，它并不涉及思想和感情等问题，这些表层因素可能导致员工按照刻板印象和固有假设来相互认知。然而，有证据显示，当人们相互熟识以后，如果他们开始呈现出某种共同的重要特征，例如人格和价值观，相互之间就不再特别关心人口统计学上的差异了，这就体现了**深层多元化（deep-level diversity）**。

表层多元化

人们在容易观察到的特征上存在的差异，例如年龄、人种、民族、宗教信仰、是否残疾等，这些差异不能反映思想和感情上的差异，又很容易导致某些刻板印象。

深层多元化

随着人们之间的相互熟悉，价值观、人格和工作偏好方面的差异越来越成为决定人和人之间相似性的重要因素。

为了理解表层多元化与深层多元化之间的差异，请思考下列几个例子。路易斯与卡罗尔刚结识的时候看上去没有一点共同之处，路易斯是一位刚刚从商学院毕业的年轻大学毕业生，他从小在迈阿密地区一个西班牙语社区长大。而卡罗尔的年龄稍大一些，在公司入职时间较长，从小在堪萨斯州的郊区长大，她以高中毕业的学历进入公司，并一路晋升到现在的职位。最初作为同事的两人可能先注意到了双方在教育程度、民族、地域和性别方面有较大差异，然而随着他们逐渐互相熟悉，可能会发现双方都很重视家庭，在解决重要的工作问题时有着很相似的思考逻辑，都喜欢与同事齐心协力地工作，在未来都对国际化的岗位感兴趣等。这些深层次的相似性会覆盖两人之间的表层差异，研究显示，他们在一起工作可能会十分融洽。

我们将在本书通篇内容中多处遇到深层多元化和表层多元化的差异问题。因为个体差异影响着他们对奖酬、沟通风格、对领导的反馈方式、谈判风格和很多其他组织行为学意义上的偏好，所以多元化成了组织行为学所关注的重要概念。可惜，多元化程度的提高也有可能成为歧视行为的土壤，我们将在接下来讨论这个话题。

歧视问题

虽然多元化可以为组织带来很多机遇，但高效的多元化管理意味着致力于消除不公平的**歧视**（discrimination）。歧视即发现事物之间的差异，对事物做出区分本身并不是坏事。例如，注意到一个员工比另一个员工更能胜任工作岗位是管理者对他作出聘用决策的必要条件，而注意到另一个员工成功承担了领导责任是决定给他晋升机会的必要条件。通常当我们谈到歧视时，我们讲的是我们的行为受到有关某些群体的刻板印象的影响。**刻板印象**指的是根据我们对一个人所属群体的特征的认知来评价一个具体的个体。如果用机器来做比喻的话，你可以把刻板印象想象成燃料，驱动着歧视行为这样一架引擎。刻板印象的危害颇深，这不仅仅是因为它影响着组织对公平的追求，也因为它影响着被歧视者对自己的看法。

刻板印象威胁

　　假设你坐在餐厅里，等着同事为你安排的相亲对象在熙熙攘攘的环境中找到你。你猜想同事是如何给对方介绍你的呢？请考虑这种情况，如果你在相亲之前与对方通过电话，你又会如何介绍自己？你会怎样简明扼要地把自己容易识别的特征告诉对方，从而让对方容易在餐厅里找到你？

　　你很有可能会提到自己的种族、性别、年龄和职业等等信息。如果你很高或者很矮，你也有必要提到自己的身高。如果你很坦诚的话，你也有可能提到自己的体型（魁伟、娇小、适中）。总而言之，你会给你的相亲对象提供某些特别容易识别的线索。有趣的是，我们不仅用刻板印象来描述别人，我们也会用刻板印象来描述自己。

　　刻板印象威胁（stereotype threat）是我们对自己所属群体负面刻板印象的认同程度。伴随它而来的，还有我们对自己在别人心目中被蒙上群体负面因素的恐惧。当我们在某个情境中如果属于少数群体，该情况很可能会发生。例如，一位上了年纪的劳动者申请一份被普遍认为是青年人所从事的工作时，他有可能认为面试官会嫌他不能与时俱进。刻板印象威胁的构成要素并不是这个人真的能够或无法做到与时俱进，而是他自己内心是否也认为大龄劳动者（他认为自己所属的群体）是迂腐过时的（刻板印象）。

　　刻板印象威胁会给工作场所带来巨大的隐患。感受到它的员工可能难以提高工作绩效，抱有较低的满意度和负面的工作态度，工作投入会降低，激励水平也会降低，旷工更时常发生，也会出现更多的健康问题，离职意图也会更强。幸运的是，在职场中，刻板印象威胁是有对抗方法的，我们要把每个员工都看作独立的个体，不要特别强调群体差异。组织采取下面的一些做法能够成功降低刻板印象威胁：增强人们对刻板印象持续作用的认知，通过客观评价的方法避免区别性和偏爱性的政策，禁止根据刻板印象实施的行为和相关的信息得到传播，甚至对一些细微的、看上去无伤大雅的歧视行为也要尽力避免，以及采取透明的管理手段，认同所有员工存

歧视

　　发现事物之间的差异不是坏事。我们通常关注的是不公平的歧视，也就是基于群体人口特征产生刻板印象，并据此对个体进行判断。

刻板印象

　　刻板印象指的是根据我们对一个人所属群体的认知来评价一个具体的个体。

刻板印象威胁

　　我们对自己所属群体负面刻板印象的认同程度。

在的价值。

职场歧视现象

综上所述，不公平的歧视行为来源于假设一个群体中的每个人都一模一样，即我们没有看到个体差异。这种歧视的观点往往会对组织本身和组织中的员工带来很大伤害。

表 2-1 列示了组织中发生某种歧视的定义和例子。虽然这些行为大多为法律所禁止，因此在组织中的正式政策文件中找不到对于歧视的限制性规定，但是这种行为依旧屡禁不止。每年都有证据记录了数以万计的员工遭到歧视的例子，可还有更多的例子不为人所知。由于歧视行为越来越受到法律的严密审查与社会的高度抵制，大多数公开形式的歧视已经不复存在，而更多的隐形歧视却又频繁发生，包括粗鲁对待或者排斥遭受歧视者，这种情况往往发生在领导者避之不谈时。

表 2-1 歧视的各种表现形式

歧视的类型	定 义	组织中的例子
歧视性的政策或实践	组织的代表人拒绝为人们提供平等工作机会，或者对于相同的绩效提供不公平的奖酬	年龄较大的员工可能成为裁员的目标人群，因为他们的薪水较高并且福利丰厚
性骚扰	不情愿的性举动以及其他与性行为有关的语言或身体行为，这些行为造成了敌对或者充满攻击性的工作环境	一个公司的销售人员利用公司提供的出差经费去脱衣舞俱乐部，将脱衣舞娘带到办公室来庆祝自己的晋升，造成公司遍布桃色新闻
威慑	针对某些特定群体的员工所进行的公开威胁或者挑战	一些公司的美国黑人员工曾经发现自己的工作台上挂着绞刑套
嘲笑和侮辱	笑话或者负面的刻板印象，有时嘲笑会产生严重的后果	有些美籍阿拉伯人被别人问到是否身上带着炸弹或者是不是恐怖组织的成员
排斥	某些人总是得不到晋升机会，无法参与社会活动、讨论或者非正式的培训活动，这些情况有可能是他人无意为之的	金融行业很多女性会被分配一些边缘性的工作，或者被分配较少的工作量，从而得不到晋升
粗鲁	不尊重的对待方式，包括带有进攻性的方式对待某人，打断某人发言，或者忽略他们的意见	女性律师往往发现男性律师经常打断她们说话、并且不认真对待她们的评论

正如我们列示的，歧视可能表现为各种形式，它们的负面影响也是多种多样的，这取决于组织环境的差异以及组织成员的个人偏见。例如排斥和粗鲁无礼等歧视的表现形式是非常难以根除的，这可能仅仅是由于该人并没有意识到自己行为所产生的后果。真正意义上的歧视和刻板印象的威胁一样，都可能会对雇主公司造成严重的后果，其中包括工作效率降低、组织公民行为减少、冲突增加、员工离职率升高，甚至冒风险尝试新事物的行为也会减少。不公平的歧视也会令合格的应聘者在最初的招聘过程或

者晋升过程中遭到忽视。因此，即使雇佣歧视的诉讼没有被提起，但是出于改善商业组织的目的，我们也必须下大力气根除不公平的歧视现象。

不论公开的还是隐形的，有意识的或无意识的，歧视都是多元化的一个主要的阻碍。另一方面，多元化可以帮助我们制定高效的多元化管理方案，认识到这一点最终可以让我们的组织发展得更好。多元化这个术语有着比较宽泛的定义，工作场所多元化的概念可以包括令人们之间产生差别的各种特征。下面的章节中讨论了一些造成工作场所中人和人之间差异的重要表层特征。

个体特征

个体特征（biographical characteristics）包括年龄、性别、种族、是否残疾等，它们是造成员工之间差异的最明显的区分特征。我们可以在研究的初期学习那些容易下定义和容易判定的变量——这些数据大多可以从人力资源部门对员工所做的归档文件中取得。表层特征之间的差异可能是某类员工遭到歧视的根本原因，因此，了解这些因素和重要的工作成果之间到底有何联系是很有价值的。从普遍的原则来看，很多种类的个体差异并不是影响工作结果的重要因素。如果按照个体特征来划分群体，相同特征所构成的群体之内的差异要远远大于不同群体之间的差异。

个体特征

包括年龄、性别、种族、工龄等个体特征，这些是客观变量，并且很容易从人事档案中得到这些数据。正是这些特征形成了表层多元化。

年龄

劳动者的年龄问题在未来十年中将会成为一个越来越重要的问题，这是有很多原因的。首先，整个世界范围内都呈现员工老龄化趋势。经过预测，2006 年到 2016 年之间劳动力总数的增长中，有 93% 的增长是来自于 54 岁以上年龄群体。在美国，年龄超过 55 岁的劳动者比例是 22%，并且还在升高。美国立法机构已经出于各种意图和目的禁止强制退休。此外，以美国和澳大利亚为首的很多国家还制定了法律去限制年龄歧视。当今大多数公民都不会在 70 岁时被迫退休了，在 45 岁到 60 岁年龄组中，大约 62% 的员工都计划延迟退休。

对年长员工的刻板印象包括跟不上时代、脾气暴躁和缺乏灵活性，这些刻板印象正在慢慢得到改变。管理者正在看到，年长的员工可以给公司带来很多价值，例如经验、判断力、较强的职业道德、对工作质量的保证和承诺。例如，从新加坡负责自来水供应的公共事业局提供的数据中可以发现，他们的员工中超过 55 岁者的比例是 27%，正是这些年长的员工保持着整个员工层的稳定。诸如医疗、教育、政府部门和非营利单位等机构通常欢迎年长的员工加入。然而即使事实如此，人们却还是容易认为年长的员工是缺乏适应性的，同时缺乏学习新技术的积极性。当各个组织想要寻找一些持开放心态并且愿意接受培训的员工时，关于高龄的负面认知在招聘初期的的确确阻碍了它们雇佣年长员工的意愿，而在裁员时也导致年长者最容易被裁掉。

现在我们回顾一下这方面的实证。年龄这个因素到底对工作绩效和工作满意度这两个最重要的结果变量有什么影响？

● **年龄与工作绩效**

虽然存在种种误解，但大部分研究依然显示，年龄与工作绩效之间并不存在关系，这个结论是人寿发展与老年学研究院的主任哈维·斯登（Harvey Sterns）得出的。有一些研究结果显示，年长者甚至比年轻的同事业绩更好。例如，在德国慕尼黑进行的一项持续4年的覆盖了3 800名梅赛德斯-奔驰公司的员工研究结果发现，年长的员工似乎更清楚如何避免犯严重错误，该研究的学术联络员玛提亚·维斯（Matthias Weis）如是说。谈到绩效问题，人们一直认为创造力会随着年龄增长而减弱。研究人员大卫·葛林森（David Galenson）在研究了人类创造力的巅峰年龄后发现，从事实验和创造性工作的人们呈现最高能的状态是在40岁、50岁和60岁时。这些"艺术家们"依靠智慧进行工作，而智慧是会随着年龄而增长的。

● **年龄与工作满意度**

工作满意度是第3章的重要话题。一项针对超过800项研究的回顾性文章发现，年长的员工通常工作满意度更高，与同事之间有着更好的关系，并且对雇主的承诺度更高。然而，其他研究却发现，工作满意度在人到中年之前是逐渐提高的，而在这一年龄之后就会逐渐下降。如果我们把结果按照工作类型分类，可以发现对于专业人士来说，工作满意度会随年龄而上升；而对于非专业人士来说，他们的工作满意度会随着年龄逼近中年而下降，但在后续的年份中又逐渐上升。

性别

男女工作是否能达到同样的绩效，很少有问题比这个问题包含更多的争论、误解和缺乏证据支持的各种谬论。事实上，男女之间几乎不存在影响工作绩效的重大差异。虽然通常来说，男性的数学能力更强，而女性的语言能力更佳，但这些差异实际上相当小，在解决问题的能力、分析能力，或者学习能力方面，有关男女之间的差异并不存在一致性的结论。一项针对工作绩效的元分析发现，职场中的女性比男性绩效分数更高。另一项针对95项领导力相关研究所进行的元分析指出，女性和男性的领导效能分数是相同的。

然而，性别角色的刻板印象和偏见依然顽固存在。在招聘时，管理者在为某些特定岗位挑选应聘者时，时常被性别偏见所影响。例如，就男性主导的岗位而言，男性应聘者更受欢迎，尤其是当面试官也是男性时。一旦上任，虽然男性和女性可能得到相似的发展机会，但是女性被指派从事更具挑战性工作的机会却少于男性，而这些工作指派有可能会帮助员工得到组织中更高的职位。此外，虽然男性和女性都可以是高效领导者，但男性却更有可能被选中去承担领导角色。例如，西班牙一项针对 20 个组织的研究发现，在一些需要处理组织危机的领导角色上，往往男性会被选中。猎头公司光辉国际（Korn Ferry）的多元化高级合伙人内奥米·萨斯兰（Naomi Sutherland）认为，不管是有意识还是无意识，公司还是不太愿意冒风险招聘一个和公司所认为的标准领导者类型不同的人来担任该职务。

在世界范围，针对男性和女性工作者的误解和矛盾看法层出不穷。好在很多国家已经颁布法律抵制性别歧视，例如澳大利亚、英国和美国等。包括比利时、法国、挪威、西班牙等国正在寻求通过法律手段提高性别多元化，例如让女性董事会成员比例得到提高。性别偏见和性别歧视迄今为止仍然是重要的话题，不过可以看到的是，歧视的情况正在改善。

人种与民族

在社会和组织中，人种问题是一个颇具争议的话题。我们将人种定义为人们所认同自己归属的血统，而民族是一系列文化特征，它往往与人种的各种特征相重合。我们通常认为人种与生物学是有关系的，而民族则与文化相关联。不过，人种和民族两种分类都存在个体自我认同的特点。很多国家都制定了法律来遏制人种歧视和民族歧视，例如澳大利亚、英国和美国。

研究人种与民族的原因是，它们与雇佣活动的结果有关，例如招聘决策、绩效评估、薪酬、工作中的歧视现象等。很多人都对和自己相同人种的人持有略微的好感，这种好感影响着绩效评估、晋升和加薪决策。但如果公司采用了高度结构化的决策方法，这种影响就不再发生了。此外，有一些行业一直在人种多元化方面相对保守。例如，美国的广告业和媒体组织的管理岗位在人种多元化方面一直未能改善，而他们的客户群体却呈现了越来越高的民族多元化特点。

最后，少数人种和少数民族群体所报道的职场歧视更多。非裔美国人往往不如白人那么容易得到雇主的青睐（这个研究发现可能仅仅适用于美国），他们在招聘面试时往往得到较低的分数，工作绩效评级及薪酬都较低，而且他们晋升的机会也不如白人多。虽然这些问题并不能证明组织一定存在公开的人种歧视，而在控制实验中，却时常证明了非裔美国人遭到歧视的结果。例如，一项有关低薪岗位的研究发现，非裔美国人应聘者即使没有犯罪记录，他们得到的工作机会也比有犯罪记录的白人应聘者少。

残疾

有关身体或精神残疾的正式或非正式的劳动政策因国家而异。包括澳大利亚、美国、英国和日本等国家都有针对性的法案来保护残疾人。这些法案促进了人们对身体或精神缺陷者更多的接纳和包容。随着 1990 年美国残疾人法案的通过，美国劳动力当中残疾人的比例呈现迅速上升的趋势。根据美国残疾人法案的规定，雇主必须为残疾人安排适合他们的工作，从而使得工作场所可以令身体和精神方面有残疾的人也能顺利工作。

- 残疾的范围

美国同等受雇权利委员会是负责执行反雇佣歧视法案的机构，该机构认为如果存在身体或精神上的损害，从而导致个体在一方面或多方面的重要日常生活上受到限制，可以据此情况判定此人是残疾人。该机构最受到争议的方面是，他们要求公司为精神病人作出包容性的调整。残疾人的范围包括四肢有缺失、癫痫紊乱、唐氏综合征、耳聋、精神分裂症、酒精中毒、糖尿病、抑郁、以及长期背痛等。这些身体状态几乎没有共通之处，因此也无法抽象地总结出这些身体状况与雇佣结果有哪些必然联系。

- 残疾与结果变量

残疾的身体状态对于各种结果变量的影响都经过了学者的多方面研究。一方面，当残疾这一特征在假设的应聘者之中随机出现时，残疾者得到的评价显示他们的个人素质被认为更高，例如可靠性。另外一项研究认为，身有残疾的员工会得到更高的绩效评价。然而，研究还发现，人们对残疾人的绩效期望往往较低，残疾人得到雇佣的机会也较低。精神疾患可能比身体残疾对绩效的影响更大。患有抑郁和焦虑这些常见精神健康问题的人更容易在工作中缺勤。

根除对残疾劳动者的歧视，长期以来都是一个棘手问题。例如，欧洲出台的一些激励雇主的政策实际上难以提高残疾人在劳动者中的比例，而德国、法国和波兰的一些直截了当的配额制度反而带来了负面效果。不过，对残疾人中有才干和有能力者的认同举动也的确在产生一些积极的效果。此外，技术进步和职场发展也增加了各种类别的残疾人可以选择的岗位数量。管理者们需要仔细分析各个工作岗位的真正要求，将个人技能与岗位需求进行匹配，尽可能为能够胜任岗位的残疾人提供方便。那么，如果员工将残疾的身体状况作为要保留的隐私呢？我们接下来将探讨这种情况。

隐藏的残疾

我们在前文中探讨过，残疾包括可以观察得到的特征，例如四肢残缺、患有需要坐轮椅的疾病、盲人等。还有一些残疾不是那么显而易见的。除非一个人决定公开自己作为难言之隐的残疾，这种身体状况将一直不为人知，这取决于本人的意愿。这种状况被称作隐藏的残疾。隐藏的残疾通常包括感官功能受损（例如听力受损）、自我免疫紊乱（例如类风湿性关节炎）、慢性病或者疼痛（腕管综合症）、认知或学习障碍（多动症）、睡眠紊乱（失眠症）和心理问题（例如创伤应激综合征）。

美国 2008 年出台的残疾人法案修正案特别做出了这样的修订，美国的所有组织都必须为各种各样的残疾员工提供方便。然而，员工必须公开对雇主声明自己的身体状况，这样才能获得公司提供的便利，从而在雇佣关系中得到保护。由于很多员工不愿意将自己的隐疾公之于众，他们就无法得到自己需要的便利条件，从而无法在岗位上得心应手地工作。研究指出，身患隐疾的员工担心，如果他们对工作场所中的其他人公开了隐疾，那么自己可能会被污名化或者遭受排斥。他们也认为上级管理者会看低自己达到优秀绩效的能力。

从某些角度来看，隐疾实际上并不能完全被掩盖。例如，患有自闭症而未公开自己情况的人可能还是会表现出这种病的行为特点，例如语言沟通障碍和适应性欠缺等。一些可以观察到的行为会让你怀疑某个人患有隐疾，但你却容易将相关的行为归结于错误的原因。例如，你可能会把同事说话缓慢和含糊的特征归结为酗酒，而没有考虑到他可能在承受中风后遗症之苦。

对于员工而言，研究显示，公开说明自己的情况有可能对自己、对其他人和组织都有益。公开的说明能够增加工作满意度和个体幸福感，帮助别人理解自己，从而利于自己达到职场上的成功，并且还能得到公司所提供的方便，帮助自己日臻最佳绩效。

其他差异化的个体特征

我们即将探究的最后一组个体特征包括宗教信仰、性取向、性别身份和文化身份。这些特征是深层差异，如果克服了歧视问题，那么这些个人特征的差异是有助于实现职场多元化的。

宗教信仰

不仅有宗教信仰者和无神论者会互相质疑对方，信仰不同宗教的人们之间也会产生信仰冲突。很少有国家是完全不存在职场中的宗教信仰差异的。正因如此，澳大利亚、英国和美国的法律都禁止雇主在信仰方面歧视员工。伊斯兰教是信众最广泛的宗教信仰之一，在很多国家，伊斯兰教都是主流宗教。然而在美国，信仰伊斯兰教的穆斯林却还是一个正在成长壮大的群体。根据皮尤（Pew）研究中心的数据，大约 300 万穆斯林正在美国定居，这个数字到 2030 年将会翻倍，到那时他们占美国人口的总数比例将达到 1.7%。届时，美国的穆斯林、犹太人和主教派的人数将会持平。然而，有证据证明信仰伊斯兰教者是遭到歧视的。例如，研究显示，如果让身穿穆斯林衣饰的求职者应聘一个假设的岗位，与那些没有身穿这种风格衣饰的应聘者相比，前者得到的面试时间更短，面试中的人际交往氛围更加负面。

宗教歧视在美国越来越成为主要的歧视原因，一部分在于该问题的复杂性。不久之前，萨曼莎·艾劳夫（Samantha Elauf）在面试中被拒，原因是她戴着包住头部的黑色头纱，为此她针对宗教歧视的问题提起了诉讼。"我得知自己在 Abercrombie 公司应聘失败的原因是我戴着头巾，但这在穆斯林信仰中是谦卑的象征"，她诉说道。当她面试时，并不清楚公司有规定反对戴头巾，也没有解释自己戴头巾的原因。雇主公司是否应该对应聘者服饰做做推论，并保护他们的权利？即使美国最高法院对此也莫衷一是。

性取向与性别身份

人们对男女同性恋、双性恋、变性员工（LGBT）的接受和适应程度虽然有所改善，但其程度还并不高。近期在美国哈佛大学的一个研究项目中，研究人员把虽然是虚拟的但看上去又十分符合实际的简历提交给 1 700 个真实存在的初级岗位的招聘方。这些应聘简历除了一点没有任何差别，这一点就是一半的简历中提到应聘者在大学期间参与过同性恋组织，而另一半没有提到。结果后一类简历接到面试电话的概率比前一类简历高出 60%。

可能正是由于人们感知到了性别歧视，很多 LGBT 员工并不对外公布自己的性取向。例如，英国石油公司前任首席执行官约翰·布朗（John Brown）直到 59 岁才公布自己的性取向，而且这还是在媒体威胁后不得已而为之的决定。由于担心自己的个人情况会对公司有不利影响，他辞去了 CEO 的职位。布朗这样写道："直到我 2007 年出柜以前，世界上很多团体和组织已经越来越包容男女同性恋、双性恋和变性员工，但商业界却还没有迈出足够的步伐。"

● 性别取向法

美国的联邦法律并未禁止人们在性取向方面歧视他人，然而 29 个州的 160 个城市都有禁止性的规定。在这些禁止了性取向歧视的州和城市里，由于性取向歧视而申请诉讼的数量大约和性别歧视、种族歧视一样多。还有一些国家的做法更先进，例如，澳大利亚颁布了法律禁止在性偏好方面的歧视，英国也颁布了有关性取向方面的类似法律。然而，这些法律对性取向的分类还并不够细，研究人员已经创造了一个新的词汇——QUILTBAG（直译为"棉被包"）来描述各种不同性取向的人们，包括持有非常态的、有疑问的、未决定的性取向、中性人、同性恋、变性人、双性人、无性人等。

美国所采取的第一步措施是联邦政府首先规定了不得对政府员工采取性取向歧视。美国同等受雇权利委员会提出，反对男女同性恋、双性恋者的性别刻板印象问题可以被纳入 1964 年的民权法案。最后，虽然联邦立法机构针对性取向歧视的"就业无歧视法案"还没有通过，但是它已经通过了国会投票。

● 和性取向有关的组织政策

即使在联邦法律缺失的情况下，世界上也有很多组织颁布了一些政策与程序以保护员工的性取向。例如，IBM 一度用制度规定，员工必须穿白衬衫、打领带，现在这家公司已经改变了超级保守的办公着装文化。前任总裁泰德·柴尔兹（Ted Childs）说过："IBM 确保 LGBT 员工在我们全球业务所覆盖的范围内都能够获得安全感，感到自己是受欢迎的，并且受到重视……IBM 的同性恋或者变性员工对公司所做的贡献直接影响着公司的利润和业务的成功。"

IBM 并不是在孤军奋战。调查显示，超过 90% 的公司都制定了和性取向有关的政策。对于性别身份的问题，也有越来越多公司在制定政策，规定了自己的组织应该如何对待变性员工。2001 年，《财富》500 强中只有 8 家公司对性别身份有特殊规定。目前有规定的公司数量已经超过了 250 家。

然而，在《财富》1 000 强中，一些很有名的公司迄今为止还未对同性恋员工提供生活伴侣福利，也未制定针对 LGBT 的反歧视条款，其中就包括美国的大型石油公司埃克森美孚（Exxon Mobil），它是《财富》所认定的美国第二大集团。有一些公司辩驳，未能提供 LGBT 福利是出于宗教原因。还有一些公司虽然声称自己具有包容性，但其实却是在打幌子。例如，一项近期研究考察了意大利 5 家社会合作机构后指出，这些所谓的"包容的组织"实际上期望人们对自己的性取向缄口不言。

文化身份

我们经常看到人们有时用人种和民族来定义自己。同时，很多人身上也有着明显的文化烙印。文化身份来自家族祖先或者自身年轻时代浸润的文化，不论一个人生活在世界的哪个角落，它都会持续一生。文化身份来自于个人的选择，人们还会选择自己是否严格遵守该文化规范。文化规范深刻影响着职场，有时会引发人和人之间的冲突。组织必须适应这一点。以往，职场中的很多做法与员工个体的文化身份发生冲突是很常见的现象。

人们会寻找离家近的工作，公司设置各种假期和惯例都是为了适应大多数人的文化。没人觉得公司应该为每个员工的个别需求和偏好来调整自己的规定。

全球化趋势和劳动力市场的变化要求当今的组织必须充分理解和尊重员工的文化身份，不论他们是一群人，还是几个人。假如一家美国公司需要在拉美地区做生意，就必须理解当地的员工习惯于享受长长的夏日假期。一家公司如果要求员工在当地文化早已约定俗成的假日中继续工作，那么会遇到强烈的抵制。

全国性的劳动力市场发生改变的原因有很多，很多原因都是经济上的。例如在意大利，稳定的工作、退休金和福利都曾经是想当然的规范。因此，当年长的员工手持白纸黑字写明提供终生福利的合同时，这个衰退经济体中的年轻员工只好去当临时工，即使他们的学历比父辈高出许多也不得不接受现实。这种经济背景已经成为意大利人的文化身份，它也已经带来了代际差异的问题。

如果公司需要对员工的文化身份保持敏锐，就应该超越原先只适应主流群体的做法，创造尽可能多的个性化方案和规范。通常来说，管理者可以给员工提供灵活工作时间，这样既实现了组织的目标，也满足了员工的个人需求。

能力

我们在个人能力上并非生而平等，这与人们在小学里学到的知识正好相反。例如，不论你多有激情，都不可能像斯嘉丽·约翰逊（Scarlett Johansson）一样拥有出色的演技，像勒布朗·詹姆斯（LeBron James）一样有着精湛的篮球技巧，像史蒂芬·金（Stephen King）一样在写作时笔下生辉。当然，每个人都有自己的长处和短处，令自己在执行某些任务或者从事某些活动时比别人稍强或稍弱。从管理的角度来看问题，问题并不在于是否能够理解人们存在差异，而在于尽量提高员工的工作绩效。

能力

能力指的是个体当前所拥有的执行某个岗位所包含的各种任务的潜力。

能力到底意味着什么？我们在使用**能力（ability）**这个词时，它指的是个体当前所拥有的执行某个岗位所包含的各种任务的潜力。能力这个综合的概念基本包括两个因素，即心智能力与身体能力。

心智能力

心智能力（intellectual abilities）是人们进行思维活动时所需要的能力，如思考、推理、解决问题等。社会上的大多数人都认为智力有较高的价值，这是很有道理的。聪明的人通常薪水较高，并且可以达到较高的教育水平。

他们也更有可能成长为群体中的领导者。然而，评估和测量心智能力的方法并不简单，这可能是因为人们往往难以正确测量自己的认知能力。虽然智商（IQ）测试可以确定某人总体的心智能力，但是心智能力的来源、影响因素，以及 IQ 测试本身都是极具争议的。对于 SAT 和 ACT 等大学入学考试、商业、法律和医学研究生入学考试而言，情况也是一样的。设计这些测试题的公司并不直言自己的测试是用于测量智力水平的，但是专家们对此心知肚明，事实的确是这样。

● **心智能力的七个维度**

心智能力有七个最经常被引用的维度，包括：数字能力、语言理解、感知速度、归纳推理、演绎推理、空间透视与记忆力。表 2-2 解释了这些维度的含义。

智力的各个维度之间是存在正相关的，如果你在语言理解方面的能力很强，那么你在空间透视方面也可能很有天分。这些因素之间的关联并不是完美的，这意味着不同的人的确有着特殊的能力，但是仅仅在单独考虑他们各自的工作结果时，这些维度才有预测意义。然而，各个维度之间的关联又很高，这令研究人员可以构建一个总的智力因素，称为"**一般心智能力**"（general mental ability，GMA）。存在足够的证据支持这个论断——心智能力的结构与测量方法在不同文化间都通用。因此，委内瑞拉人或苏丹人相对于美国人或者捷克人来说，在心智能力的结构方面并没有多大差别。也有一些证据证明，IQ 分数在不同文化间有一定程度的差异，但是当我们考虑到教育资源的差异与经济发达程度的差异后，前面的差异又显得不那么重要了。

● **温德利认知能力测验**

可能令你感到惊奇的是，在招聘决策中广为应用的智商测试仅仅需要 12 分钟就能完成。这个测试名为"温德利认知能力测验"（Wonderlic

表 2-2　心智能力的各个维度

维度名称	描　述	工作岗位示例
数字能力	进行快速与精确运算的能力	会计师：计算一些项目的销售税
语言理解	理解所阅读或听到的内容，以及理解词语之间的关系的能力	工厂经理：遵从公司的聘用政策
感知速度	快速而精确地识别视觉上异同的能力	纵火调查员：调查线索并支持人们对纵火者提起公诉
归纳推理	识别问题的逻辑顺序，从而解决问题的能力	市场研究人员：为下一个经营期间预测一个产品的需求量
演绎推理	使用逻辑的能力以及评价一个论点有何后果的能力	主管：在员工提出的两条建议中做选择
空间透视	设想一个事物在变换角度后的形状的能力	室内装修专家：重新装修一间办公室
记忆力	保留和记忆过去经历的能力	销售人员：记忆客户的姓名

Cognitive Ability Test），该测试有多套测试题，每套题有 50 个问题，题目的形式是一致的。下面是一些例子：

- 如果绳子的价格是每英尺 0.1 美元，那么如果你有 0.6 美元可以买到多少英尺？
- 假设前两个论断是正确的，那么第三个论断的正确性是：

1. 正确。

2. 错误。

3. 不确定。

a. 这个男孩打棒球。

b. 棒球员戴着帽子。

c. 这个男孩戴着帽子。

温德利测试不仅可以测量做题的速度（几乎没有人能够在规定时间内完成所有的问题），也可以测量做题能力的高低（问题难度会越来越高），因此平均分是比较低的，从 21 分到 50 分不等。由于该测试题可以在低成本下提供有效的测试结果（每位应试者的测试费用只需要 5 美元到 10 美元），越来越多的公司在招聘决策中采用它，例如 Publix 超市、Manpower 人才系统、英国石油公司和 Dish 卫星系统公司等等。这些公司中，大多数都没有放弃使用其他的招聘工具，例如应聘表格或者面试等，而是在原先的基础上增加了温德利测试，从而获得应聘者智力水平的有效数据。

- **心智能力与工作满意度**

虽然智力对工作绩效有很大帮助，但是却不能令人们感到更快乐或者对工作更满意。为什么会是这样？虽然智商高者的工作绩效更出色，并且往往有机会从事更有意思的工作，但是他们对工作条件的评价却更偏向批判。因此，聪明的人往往能够得到更好的工作，但是他们的期望却更高。

身体能力

身体能力

身体能力指的是为了从事某些岗位而需要的耐力、灵敏性、力量等能力。

工作的本质正在不断变化，并且令心智能力对于很多岗位来说越来越重要，但是**身体能力**（**physical abilities**）自始至终也具有相当大的重要性。一项针对几百个工作岗位的研究识别出了 9 种在体力工作中达到绩效所必需的基本能力。这些能力在表 2-3 中列示。管理层只有确保员工满足了相关岗位对这 9 种能力的需求程度，员工才有可能实现高绩效的工作。

各个组织都越来越意识到，能够实现高工作产出的理想员工群体包括所有各种各样的人，而不应该根据广义的能力类别去排斥某一类人。例如，软件公司 SAP 在德国、印度和爱尔兰的试点计划发现，自闭症员工在软件调试这种需要高度精准性的工作上表现特别出色。对于具有前瞻性眼光的管理者来说，员工多元化所带来的好处是巨大的。当然，在员工中要包容

各色人等并且优化工作效率是需要技巧的。我们将在下一小节讨论如何让
多元化人才形成合力。

表 2-3　身体能力的几种类型

力量因素	
1. 动态力量	在一段时间内反复和持续使用肌肉力量的能力
2. 躯干力量	使用躯干肌肉（尤其是腹部肌肉）力量的能力
3. 静态力量	对外部物体施加力量的能力
4. 爆发力	在一次或者一系列动作中所使用的最大能量
灵活性因素	
5. 伸展灵活性	尽量伸展躯干和背部肌肉的能力
6. 动态灵活性	做出快速、反复屈伸动作的能力
其他因素	
7. 身体协调性	同时协调身体各部分动作的能力
8. 平衡性	在受到外界力量干扰时保持平衡的能力
9. 耐力	在一定时长内持续为一个动作做出最大努力的能力

执行多元化管理策略

　　我们在前面已经讨论过，不论哪个方面的歧视都会导致离职率上升，
这对组织绩效极为不利。让组织拥有合理的人种比例依然是一个未实现的
目标，不过，如果让少数群体员工感知到组织的包容性，那么离职率就会
降低，这个现象被称为**积极多元化氛围**（positive diversity climate）。这个
现象背后的原因还没有被完全理解，但实际上积极多元化氛围的确可以提
高销售绩效，这意味着减少人种和民族歧视的确和组织绩效的提高有关。

　　除了歧视现象对组织的破坏性，我们还进行更深一步的讨论吗？关键
在于，要充分理解对方的观点。有证据显示，除非公司提供能够指导行为
的清晰指南，有一些人会感到和其他人种群体交流是很不自在的。虽然打
造基于共同目标的多元化工作群体对组织有益，但同时组织也要注意创造
积极的多元化环境。

　　我们围绕刻板印象和歧视谈到了很多现象，谈到了员工差异对雇佣后
的结果变量有怎样的影响，解释了各个国家遏制歧视现象所颁布的法律，
探索了组织为了确保包容性而出台的一些政策和制度，也对组织提出了面
对员工具体情况应该如何处理的建议。我们现在将要考察管理者应该如何
对待员工差异的问题。积极的**多元化管理**（diversity management）可以令
每一个人都充分并敏感地意识到他人的需求以及人们之间的差异。这个定
义强调了这样的事实，多元化行动应当包括每一个人，并且其目的是为了
大家。只有我们将多元化当作每一个人自己的事情，而并非只是针对某些

积极多元化氛围

　　积极多元化氛围
是指一个组织中具有
包容性的氛围和对于
多元化的接受程度。

多元化管理

　　多元化管理的
目的是令每一个人
都充分并敏感地意
识到他人的需求以
及人们之间的差异。

特定的群体和员工，多元化行动才更有可能成功。

吸引、选聘、开发与保留多元化的员工

增强工作场所多元化程度的一个方法是针对那些劳动力中比例较低的特殊人群发送招聘信息。这意味着应当把招聘广告公布在针对特殊人群的出版物上，在那些少数民族人群比例较高的大学、学院和机构中重点进行招聘（例如微软公司为了鼓励女性追求技术研究岗位而采取的做法），与各种行业协会（例如女性工程师联合会、全国少数民族供应商发展理事会）形成合作伙伴关系。

研究显示，女性与少数民族群体对那些在招聘材料中特别强调在多元化方面做出努力的公司更加有兴趣。如果广告没有显示女性和少数民族在组织中担任领导岗位的例子，那么该广告就会令公司的多元化氛围蒙上一层阴影。当然，要展示这样的照片，组织必须真的在管理层级中安置多元化的员工。

一些公司已经积极致力于招聘在组织中没有得到充分代表的那一类少数群体。在线零售商 Etsy 为了女性 IT 工程师开展培训班并提供奖学金，最后择优录取。麦肯锡（McKinsey & Co.）、贝恩（Bain & Co.）和波士顿（Boston Consulting Group）三大咨询公司和高盛公司（Goldman Sachs）一直在积极招聘那些曾因照顾家庭而牺牲事业的女性职员，并给她们设置回归工作的融入计划并提供其他福利。

选聘过程是多元化行动的一个最常见渠道。招聘经理需要在选聘员工的过程中重点保证公平性和客观性，并且关注新员工的工作潜力。每当经理在评估应聘者能力时采用一个清晰界定的规程时，或者公司明显倡导反歧视政策时，在决定谁会被雇佣的问题上，任职资格就会比人口特征显得更有决定性意义。

人格上的相似之处可能会对职业晋升有一定的影响。与同事人格相似的员工比人格异于同事的员工更容易得到晋升。这些研究结果有一个重要的前提条件：在集体主义文化中，与主管的相似性能够较好地预测职业晋升的可能性，而在个人主义文化中，与同僚之间的相似性显得更重要一些。不论在哪种环境下，管理者都有必要创造一个多元化的环境，让员工能够跨越表层多元化的差异，寻求深层人格的相似之处。

人口学意义上与同事差异较大的员工个体更容易缺乏组织承诺度，并且离职倾向更高，但是积极的多元化环境却能够帮助公司留住人才。雇主公司可以从很多针对组织多元化的培训课程中选择适合的，学术研究领域也逐渐关注什么才是实现多元化最行之有效的方法。目前来看，最好的行动计划往往是在计划和执行过程中允许所有员工参与的计划。积极的多元

化的氛围应该是组织努力的方向，所有的员工都更偏好重视多元化的组织。

群体中的多元化

当今大多数工作场所都需要相当多的团队合作。当人们在群体中工作时，他们需要建立一种看待工作的共同视角，从而完成重要的任务，他们也需要经常互相沟通。如果他们感到组织中缺乏成员意识和凝聚力，组织的群体属性就会大大受损。

在一些案例中，有一些个体特征方面的多元化可能会伤害团队绩效，而在另一些案例中，它又会促进团队绩效。到底是多元化的团队更高效，还是同质化团队更高效？这个问题取决于我们所关注的工作任务有怎样的要求。人口统计学上的多元化（性别、人种与民族）一般来说既不会促进也不会伤害团队绩效。而管理层中的人种多元化，如果处理得当，的确有可能提高组织绩效。

具有较高心智能力、认真负责、对团队工作感兴趣的团队往往更加高效。这些方面如果差异较大，那么很可能是一件坏事——试图塑造一支在智力、责任心和团队工作兴趣等方面参差不齐的团队似乎没有任何意义。在另一些情况下，差异可以塑造优势。一些具有不同专业技能和教育背景的个体构成的群体，会比同质化的群体更加高效。与此相似的是，如果一个群体完全由大胆直白、竞争心强的人组成，或者一个群体中的成员都更愿意追随他人，那么这样的群体不如领导者与追随者都具备的群体更高效。

不论群体的构成是怎样的，人们还是可以利用个体差异来实现更高的群体工作绩效。实现这个目标的最重要手段是强调群体成员的高度相似性。如果领导者的领导风格是向团队成员强调崇高的目标和价值观，那么这样的领导者将更善于管理多元化团队。

多元化管理

组织会采用各种各样的手段利用多元化为自己增加优势，其中包括我们已经在前面讨论过的招聘与选聘政策，以及培训与发展的工作。高效而综合的劳动力多元化行动包括三个独立的构成部分。第一，为管理者辅导如何实现政府所规定的平等雇佣机会，以及鼓励他们公平对待社会各类人员而不必顾虑他们的人口特征。第二，告诉管理者，一个多元化的劳动力群体更适合服务于多元化的客户市场。第三，鼓励员工采取个人发展的行动，认可不同的人在观点上的差异可以提高每个人的工作绩效。

大多数反对雇佣歧视行为的理由是，歧视行为会导致不公平。不论人种还是性别，人们通常支持多元化行动（例如平权行动），例如提高少数群体的比例，确保每个人都能公平展示自己的技能和才华。

组织领导者应当审视自己的员工群体中是否有一些少数群体没有得到重用。如果有一些少数群体的确没有在高级管理层中体现应有的比例，那么管理者应当去寻找这部分人得不到晋升背后的隐藏原因。管理者可以时常改进招聘流程，让选聘制度更加透明，并对以往接触多元化行动不多的员工提供足够的培训。组织也应当清晰地对员工说明这方面的政策，从而让员工理解为何遵守以及如何遵守。这一类沟通应当尽量关注工作岗位的任职资格和工作绩效，如果过分强调某些群体需要帮助，反而会产生反作用。

研究发现，国际化的企业可能需要个性化的定制方案来实现多元化。例如，一项针对芬兰跨国企业 TRANSCO 的案例研究发现，可以开发一套全球统一的多元化管理哲学。然而，各国迥异的法律和文化特点却又令 TRANSCO 不得不分别制定个别政策从而匹配运营所在各国的文化和法律框架。

本章小结

本章从很多视角探讨了多元化的问题。我们特别注意了三个变量——个体特征、能力与多元化行动计划。多元化管理应当是一个持续努力的过程，并要贯穿组织所有层级。改善多元化氛围的政策可以产生好的效果，多元化管理也是可以通过学习而得到提高的。

对管理者的启示

- 充分理解自己所在组织制定的反歧视政策，与所有员工分享其中的要义。
- 意识到自己心中存在的刻板印象，挑战自我，从而提高判断的客观性。
- 将关注点从容易观察到的个人特点提升到更高层次，在作出管理决策之前，仔细考虑员工个体的工作能力。保持开放的心态，鼓励员工个体公开说出隐疾。
- 仔细分析残疾人士需要哪些具体的特殊照顾，调整其工作岗位，令其适应残疾员工的工作习惯。
- 尽量理解和尊重不同个体的独特个人特征，对他们采取公平和个性化的对待方式会带来最佳的绩效。

第 3 章
态度与工作满意度

通过本章的学习，你应该能够：

1. 在态度的 3 个要素之间做对比；

2. 总结态度和行为之间的关系；

3. 对比几种主要的工作态度；

4. 认识工作满意度的两种测量方法；

5. 归纳影响工作满意度的主要因素；

6. 认识工作满意度所导致的 3 种可能结果；

7. 认识员工不满意的 4 种反应。

态度

态度（attitude）是对物体、人或事件做出的有利或不利的评估性陈述。态度反映了我们对事物的感觉。当你说"我喜欢我的工作"时，你就是在表达自己对工作的态度。

态度是很复杂的。如果你询问人们对宗教信仰、对美国女歌手 Lady Gaga 或者某一个组织的态度，你所得到的答案可能十分简单。但简单的回答背后可能存在复杂的原因。为了完整地理解态度这个概念，我们必须考虑它最根本的属性或构成。

研究人员往往假设态度由 3 个要素组成：认知、情感和行为。"我的薪水太低了"这样的说法就是态度中的**认知要素**（cognitive component），即对事物的描述或信仰。它为态度中更重要的组成部分做了铺垫，那就是**情感要素**（affective component）。情感是态度中的情绪或情感部分，例如这句话——"薪水这么少让我很愤怒"。最后，情感会导致行为的结果。态度中的**行为要素**（behavioral component）描述了人们希望以一种特定的方式针对某人或某事去实施某种行为，如继续沿用刚才的例子就表现为"我要去找一份薪水高一些的工作"。

从认知、情感和行为这 3 个要素的视角来审视态度这个概念，很有助

态度

态度是对物体、人或事件做出的评估性陈述。

认知要素

认知要素即对事物的描述或信仰。

情感要素

情感要素是态度中的情绪或情感部分。

行为要素

行为要素描述了人们希望以一种特定的方式针对某人或某事去实施某种行为。

于我们理解态度和行为之间的复杂性和它们之间的潜在联系。例如，请设想，你突然意识到某人对你很不公平。你是不是会立即产生某些情绪呢？因此，认知和情感往往交织在一起。

图 3-1 展示了态度的三要素是如何联系在一起的。在这个例子中，一位员工没有得到他认为自己应该得到的晋升。这位员工对自己主管的态度就会这样发展：这位员工认为自己应该得到晋升（认知），他特别怨恨自己的主管（情感），他对此进行投诉并且采取行动（行为）。虽然我们常常认为，认知会导致情感，随后又导致行为，而实际上这 3 个要素往往很难被割裂开来。

在组织中，态度中的行为要素是特别重要的。如果员工们认为主管、审核员和工程师共同合谋提高他们的工作量，同时又减少薪酬，那么我们就应该试图去理解他们的态度是如何形成的，理解态度与实际工作表现之间的关系，以及如何改变这种态度。

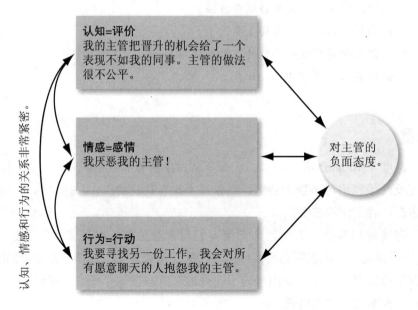

图 3-1　态度的三个构成要素

态度与行为

对态度的早期研究总是假设态度与行为有着自然的联系，也就是说，人们所持有的态度决定了他们会怎么做。然而，一位名为利昂·费斯廷格（Leon Festinger）的研究者认为，态度是在行为之后的。其他研究人员也曾提出观点，态度能够预测未来的行为。

你是否曾经注意到，人们会为了与自己的行为不产生矛盾而改变自己的说辞？可能你的一位朋友不断坚持说自己的公寓大楼比你的好，而另一位和你住在同一间大楼的朋友邀请他与自己合住，当他真的搬进这栋大楼之后，你会发现他对自己以前的公寓评价变得挑剔了。态度追随行为的案例展示出了**"认知不协调"**（cognitive dissonance）效应，它指的是个体所感知到的两种或两种以上的态度之间存在不一致，或者行为和态度之间存在不一致的现象。

认知不协调

　　个体所感知到的两种或两种以上的态度之间存在不一致，或者行为和态度之间存在不一致的现象。

　　人们会寻求在各种态度之间，或者态度与行为之间找到一致性。任何形式的不协调都会令人感到不舒服，因此，人们会试图减少这种不协调。人们会向往一种稳定状态，也就是认知不协调的程度最低。当出现认知不协调时，人们要么改变态度、要么改变行为，或者会为自己的不协调找到合理的解释。例如，近期研究显示，经历过情感挑战性任务的员工在与同事分享自己的体验后往往会发生态度的改善。社交分享有助于员工调整自我态度来适应组织对其行为的期待。

　　没有一个个体能够完全避免认知不协调的出现。你知道开车时发短信是不安全的，但是你依然在这么做，这是侥幸心理在起作用。又例如，你可能对别人抱怨自己不能随心所欲地生活。人们对减少认知不协调的愿望的强烈程度取决于三个因素，其中包括：产生认知不协调的原因是否重要，我们认为自己可以对这些因素施加多大的影响，以及认知不协调的奖酬性。高度认知不协调如果伴随着高度奖酬，就会降低认知不协调所带来的紧张感（如果认知不协调发生的同时伴随着一些好的事情，例如人们的实际薪酬高于自己的期待，那么认知不协调令人感到烦躁的程度就会有所降低）。当态度很重要的时候，或者人们认为认知不协调的状态是来自于自己能够控制的事情，那么个体降低认知不协调感觉的动机就会更高。

　　就态度中所包含的关系来说，最有力的缓冲变量是态度的重要性、它与行为的关系、可接近性、社会压力的存在以及人们是否拥有类似态度的经验。重要的态度反映着我们的基本价值观、自我利益或者我们与自己所认为的有价值的个体或群体之间的认同感。这些态度都与行为存在较强的关系。然而，态度和行为不一致的现象往往发生在当某种行为方式被组织强势推行时。你对经常得到表达的态度印象最深，我们经常回忆起的态度最有可能预测行为。如果态度是有关我们直接的个人经历，那么态度和行为的关系就会更强。

工作态度

　　我们每个人都有几千种态度，但组织行为学只关注和工作有关的一部分态度——员工对工作环境持有的正面或负面的评价。组织行为学中的大部分研究都关注以下三种态度：工作满意度、工作参与度和组织承诺。一些其他的重要态度还包括员工对组织支持度的认知和员工对工作的投入度。

工作满意度和工作参与度

当人们谈到员工态度时，通常指的是**工作满意度**（job satisfaction），它描述了个体对工作的积极情感，它来源于员工对工作特点的评价。一个工作满意度高的人对自己的工作持有积极的情感，而一个工作满意度低的人则对自己的工作持有负面的情感。因为组织行为学研究者特别重视工作满意度，我们将会在后面的章节中再详细讨论这种态度。

与工作满意度相关的态度是**工作参与度**（job involvement），它衡量了人们从心理上对工作的认同感，以及认为自身所感知的工作业绩能够证明自身价值。工作参与度高的员工非常认同并十分关心自己的工作。另外一个紧密相关的概念是**心理授权**（psychological empowerment），即员工认为自己对工作环境的影响程度、他们的个人能力、工作的意义与他们感知到的工作独立性。

研究显示，对员工授权必须与所希望的员工行为目标结果相匹配。一项新加坡的研究显示，优秀的领导者会培养员工对自身能力的感知，例如请员工参与决策、令员工感到其工作的重要性、让员工自己决定工作方式等等。

组织承诺

拥有高度**组织承诺**（organizational commitment）的员工对特定组织本身及组织的目标持认同态度，并且希望自己一直保有组织成员身份。员工对组织的情感以及员工对组织价值的信仰是衡量员工对组织承诺高低的"黄金定律"。

承诺度高的员工即使在工作上有了些许不满也不会那么容易在工作中退缩，因为他们对组织的忠诚度较高或者情感较深。即使员工在当前不满意自己的工作，但由于他们对组织的承诺度较高，他们也愿意为组织做出一定的牺牲。

感知的组织支持

感知的组织支持（perceived organizational support，POS）指的是员工在多大程度上相信组织足够重视他们的贡献并关心他们的福利。一个突出的例子发生在研发工程师约翰·格林（John Greene）的身上。格林被诊断得了白血病，公司 CEO 马克·贝尼奥夫（Marc Benioff）和 Salesforce.com 公司其他 350 名员工捐助了所有日常护理的费用，一直与格林保持联系，直

工作满意度

工作满意度描述了个体对工作的积极情感，它来源于员工对工作特点的评价。

工作参与度

工作参与度衡量了人们从心理上对工作的认同感，以及认为自身的工作业绩能够证明自身价值。

心理授权

心理授权即员工认为自己对工作环境的影响程度、他们的个人能力、工作的意义与他们感知到的工作独立性。

组织承诺

员工对特定的组织本身及组织目标持认同态度，并且希望自己一直保有组织成员身份。

感知的组织支持

员工在多大程度上相信组织足够重视他们的贡献并关心他们的福利。

至他完全康复。无疑，诸如此类的感人故事是 Salesforce.com 公司成为《财富》杂志 2015 年最佳雇主 100 强的原因之一。

当员工认为奖酬办法是公平的、员工可以在决策中参与意见，或者当他们认为主管是愿意提供支持的，那么他们就会感知到组织的支持。POS 是能够预测雇佣结果的变量，但这种预测能力还受到一些文化因素的影响。在**权力距离**（Power Distance）较低的国家里，POS 是很重要的。权力距离指的是一个国家的公民对于组织和机构中权力分布不公平性的接受程度。在权力距离低的国家中，例如美国，人们更愿意将工作看成一种交换，而非道德义务，因此员工会寻找理由证明自己是否感受到了组织支持。在高权力距离国家，例如中国，POS 并不会深深基于雇主公司所展示出来的公平性、支持性和鼓励。两个国家的差异在于员工的期望是不一致的。

权力距离

> 权力距离是一种国民文化，它描述了整个社会对于组织和机构中权力分布不公平性的接受程度。

员工投入

员工投入（employee engagement）指的是个体对自己工作的投入程度、满意度和热情。要评价员工的工作投入度，我们可以询问员工是否能够得到学习新技能所需的资源和机会、他们是否感到自己的工作重要而且有意义，或者他们与同事或主管之间的互动是否有价值等问题。投入程度高的员工对工作有很大的热情，他们感到自己与公司有紧密的联系；而投入程度不高的员工根本心不在焉，他们只不过是为工作投入了时间，而没有投入精力和注意力。对于大多数组织来说，员工投入度已经成为一个重要问题，因为调查显示只有很少的员工（17% 至 29%）能够高度投入到工作当中。员工投入与工作参与度有关，我们将在第 7 章中详细讨论这个话题。

员工投入

> 员工投入指的是个体对自己工作的投入程度、满意度和热情。

投入度决定了很多其他可以测量的结果。一些颇有前景的研究发现已经让很多商业组织和管理咨询公司成为员工投入度这个概念的忠实拥趸。然而，这个概念的实用性还处在热议当中，一部分原因是，很难找到影响投入度的因素。近期的研究中，参与者最多提到的两个因素是：（1）他们乐于为一个好的经理效力；（2）感到自己被主管欣赏。其他被提及的原因与投入度这个概念关系不大。还有一些研究认为，投入度的波动性也有可能是每日的挑战和工作需求不同所造成的。

各种态度之间的确存在一些独特性，但是它们之间出于很多原因存在大量重叠，其中一个原因就是员工的人格。总的来说，如果你知道一名员工的工作满意度，那么你就能很有把握地判断这名员工对组织的看法。我们接下来更仔细地把这个概念分解开来。我们要如何测量工作满意度？员工对自己的工作满意程度有多高？

测量工作满意度

我们对工作满意度（job satisfaction）的定义是，由于对工作特性的评价而对工作产生的积极情感，这显然是一个宽泛的定义。但宽泛的定义的确是恰当的。所谓工作，不仅仅是整理纸张、撰写程序代码、等待客户或者驾驶卡车等。工作要求人们与同事和上司交流、遵守组织规章制度、制定权力的结构、达到绩效标准、在特定的工作条件下工作以及适应技术创新等。因此员工对工作满意度的评价是复杂的，它是很多个别因素的汇总。那么我们如何测量它呢？

测量方法

目前存在两种主流的测量方法。第一种方法综合评价法，即对这样一个问题给出回答——把所有因素都考虑在内，你对工作的满意程度如何。回答者会在表示"高度满意"到"高度不满"的量表上的数字 1 到 5 上选择合适的分数画圈。第二种方法综合了工作的各个方面，这种方法比较复杂。要找到工作的各种关键因素，如工作的性质、技术要求、来自上司的督导、当前薪酬、晋升机会、公司文化、同事关系等。回答问卷者针对这些方面在一个标准量表上作答，研究者将这些分数合计起来形成一个综合的工作满意度分数。

这两种方法孰优孰劣？凭直觉判断，将各种工作因素加总的方法往往更容易得到对一个工作满意度的精确评价。然而，研究却和我们的直觉相反。这就是一种罕见的情况——既非简胜于繁，也非繁胜于简，而是两者同样有效。综合评价法省时省力，而工作各方面相加总的方法能够帮助管理者找到并关注问题所在，从而更迅速和准确地解决问题。

测量工作满意度水平

大多数人是否对自己的工作感到满意呢？对于世界上 49% 到 69% 的员工来说，答案毫无疑问是肯定的。工作满意度水平可以长时间保持稳定。例如，美国员工的平均工作满意度从 1972 年到 2006 年一直保持较高的水平。然而，经济状况影响着工作满意度。在 2007 年底，经济萎靡让工作满意的比率大幅下降，最低点出现在 2010 年，当时美国只有 42.6% 的员工认为自己对工作是满意的。幸而，工作满意的比率在 2014 年已经上升到 47.4%，但这个水平和 1987 年的 61.1% 相比依然不可同日而语。在世界各种不同的文化背景中，工作满意的比率是差异很大的，而且，总是存在其他测量方法，为研究人员提供不同的视角。

从工作满意度的不同维度来看，差异也很大。图 3-2 显示，人们一般

来说对工作岗位总体、对工作任务本身、对上司和同事的满意程度高于对
薪酬和晋升机会的满意程度。

谈到影响工作满意度的文化差异问题，图 3-3 提供了一项对 15 个国家
的员工工作满意度的全球性研究。墨西哥和瑞士两国的员工工作满意度最
高。原因是否应该归结为在这些国家的文化背景中员工拥有更好的工作？还
是应该认为他们只不过是拥有更加积极的人格（和自我批评相对）？相反的
例子是，该研究中得分最低的国家是韩国。韩国文化是缺乏自主权的，韩
国公司往往在组织结构上非常僵化并且等级森严。这会是员工工作满意度
较低的原因吗？我们非常难以分辨出影响得分的诸多原因，但是如果考虑
到全球化潮流对公司带来的变革，那么我们也可能会得到一些有用的线索。

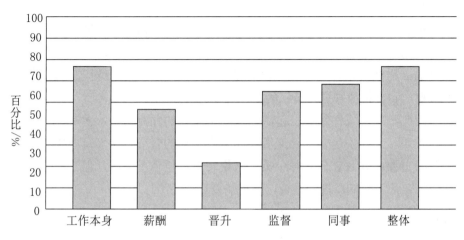

图 3-2　按工作各方面分类的平均工作满意度

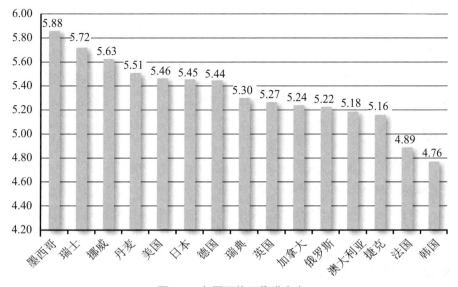

图 3-3　各国平均工作满意度

工作满意度的原因是什么？

请你回忆一下自己曾经得到的最好的一份工作。是什么让这份工作如此令你满意呢？原因很可能是各种各样的。我们接下来要考虑有可能影响工作满意度的一些因素，从工作条件开始谈起。

工作条件

一般来说，能够提供培训、多样性、独立性和控制感、并且趣味性较高的工作能够令大多数员工感到满足。同事之间的相互依赖、反馈、社会支持和同事之间的互动与工作满意度也呈现强相关性，甚至就算考虑了工作本身特点的影响，结果也是如此。你可能已经能够猜想到，管理者的风格对于员工的工作满意度而言是起重要作用的。根据针对香港一家大型电信公司的研究，结果显示员工如果感受到领导对自己授权，往往会表现出较高的工作满意度。在以色列进行的研究也认为，管理者对工作的关心、积极响应和支持能够提高员工的工作满意度。

因此，工作条件是对工作满意度非常重要的预测指标，尤其是工作的内在本质、工作中包含的社交活动和来自上司的督导。尽管每一类工作条件都很重要，并且它们对每个员工来说相对价值也不一样，但工作的内在本质还是最重要的。换句话说，你得热爱自己的工作。

人格

核心自我价值（CSE）
相信自己的内在价值和基本能力。

正如工作条件对工作满意度的重要性一样，人格也是重要的因素。有着正面**核心自我价值**（core self-evaluations，CSEs，参考第 5 章的详细介绍）的人，也就是那些相信自己的内在价值和基本能力的人，比起那些有着负面 CSE 的人来说，拥有更高的工作满意度。此外，考虑到一个人对自己职业生涯的承诺，CSE 也能够影响工作满意度。同时持有高度 CSE 和高度职业承诺的人可能会感到特别高的工作满意度。

薪酬

你可能会发现，当人们谈论工作满意度时，总会提到薪酬。薪水的确与工作满意度和整体快乐程度有关系。但一旦个体达到了一定的生活舒适条件之后，这种效果就不再明显了。因此我们推论，金钱的确对人有激励作用，我们将在第 8 章中讨论这一点。但能够激励我们的因素并不一定令我们感到快乐。

企业社会责任（CSR）

为一家明确以提高社会福利为宗旨的组织工作，和为没有这种宗旨的组织工作，对你来说是否有着同样的意义呢？一个组织对**企业社会责任**（corporate social responsibility，CSR）的承诺，或者自行规定高于法律要求的造福社会或环境的目标，越来越影响着员工的工作满意度。组织承担社会责任的方式包括，提高环境的可持续性、从事非营利性的事业、开展慈善活动或其他施予全球博爱的项目。

　　CSR 对我们的地球和整个人类都大有裨益。在个人价值观上与组织 CSR 使命相一致的员工通常感到满意度更高。事实上，在近期调查的 59 家大小型组织当中，86% 报告自己的员工由于组织开展了 CSR 项目而变得更加快乐。

　　对于"千禧一代（出生在 1980 年到 2000 年之间的一部分人）"而言，CSR 和工作满意度之间的关系尤为明显。"下一代员工会选择同时关注'人''地球'和'收入'三个标准的雇主"，慈善公司 Givelocity 的创始人苏珊·库尼（Susan Cooney）这样评论道。CSR 让员工效力于一个崇高的目标，或者对这样的行动有所贡献。根据研究人员艾米·乌泽斯涅夫斯基（Amy Wrzesniewski）的观点，认为自己的工作有助于实现崇高目标的人通常感到工作满意度较高。然而，组织的 CSR 行动必须得到良好的管理，这些行动必须有可持续性，才能在员工工作满意度的提高上有所帮助。

　　虽然 CSR 和工作满意度的关系正在凸显，但并不是所有的员工都认为 CSR 是有价值的。不过，如果管理得当，CSR 还是可以对提高员工工作满意度做出显著的贡献。因此，组织需要解决下面的问题才能提高效率。首先，并不是所有的项目对所有员工的满意度都具备同等意义，但有时组织却要求所有员工都参加这类项目。其次，一些组织要求员工按照既定方式做出贡献。而迫使人们提高觉悟的要求往往违背了员工的本性，有可能导致员工在未来失去参与 CSR 项目的动力，并且工作满意度也会下降。这种情况尤其发生在从事 CSR 项目与组织有直接利益的时候（例如正面的媒体报道），人们希望 CSR 是真诚和自发的。最后，CSR 行动可能貌似与员工的日常工作脱节，这样对工作满意度没有提高作用。总之，CSR 是责任心和服务他人的大趋势，这种趋势是社会所需要的正面趋势。

员工满意度的结果变量

　　我们已经讨论了工作满意度的几种影响因素，现在将继续讨论某些相关的结果变量。

工作绩效

　　一般来说，快乐的工人更有可能是效率高的工人。一些研究者曾经认为工作满意度和工作绩效之间的关系只不过是谬论。但是一篇针对 300 项研究结果的综述文章认为，两者之间的联系实际上是非常强的。对工作高度满意的个体往往绩效更高，拥有更多满意员工的组织，其组织效能比一般组织更高。

组织公民行为（OCB）

工作满意度应该是一个员工表现出组织公民行为（也称为 OCB，或者直接称为公民行为，见第 1 章）的主要决定性因素，这一假设很合乎逻辑。组织公民行为包括，员工经常讨论组织的优点，愿意帮助别人，其工作范围往往超过组织对其工作的常规要求。有证据证明，工作满意度与组织公民行为有着中度的相关性，对工作满意度较高的员工往往更愿意采取组织公民行为。

为什么工作满意度可以导致组织公民行为？一个原因是信任关系。一个覆盖了 18 个国家的研究结果显示，管理者会对员工的组织公民行为回报以自己的信任。与感到同事之间的敌意相比，感到同事支持的个体也通常更愿意帮助别人。人格这个变量也起到一定作用，具有某些特定人格的个体（例如随和性与责任心，见第 5 章）会对工作更满意，而这又令他们更多采取组织公民行为。最后，由于自己的组织公民行为而从同事处得到积极反馈的个体往往更愿意持续采取组织公民行为。

客户满意度

由于服务性组织的管理者应当关心如何令客户感到愉悦，那么我们有理由提出这样的问题：员工满意与较好的客户服务效果之间有关系吗？对于经常和客户接触的一线员工来说，答案是肯定的。员工满意能够提高客户的满意度和忠诚度。

有一些公司根据上述证据将类似的理念付诸实践。在线鞋履零售商 Zappos 致力于寻找对工作满意度高的客户服务人员，甚至在新员工培训后悬赏 2 000 美元，让那些对工作最不满意的人拿着钱离开公司。Zappos 公司授权员工想方设法对客户塑造该品牌有"一点快乐和一点古怪"的印象，并且确保他们满意。这种做法很成功，在公司 2 400 万客户当中，75% 是重复购买者。对于 Zappos 公司，员工满意度对客户满意度产生了直接的影响。

生活满意度

截至目前，我们一直将工作满意度视为是与生活满意度相分离的，但是两者之间的关系可能比你所认为的更紧密。欧洲的研究指出，工作满意度与生活满意度呈正相关，而我们的生活态度和生活经验或多或少影响着工作方法和工作经验。此外，德国一项研究表明，当人们失业时，生活满意度会下降，而原因不仅仅是因为失去了收入来源。对于大多数人而言，工作是生活的重要构成部分，因此，我们总的幸福指数在很大程度上取决于工作中的快乐感（即工作满意度），这是很有道理的。

工作不满意的影响

当员工喜欢或不喜欢自己的工作时，会发生什么？一个理论模型有助于我们理解员工不满意的后果，它可以表示为"退出（exit）- 发言（voice）- 忠诚（loyalty）- 忽视（neglect）"框架。这个框架所包含的 4 种员工反应是按照两个维度划分的：建设性与破坏性维度，以及积极与消极维度。对这些员工反应的解释如下：

- **退出**：退出反应（exit response）导致员工离开组织，包括寻找新的工作岗位和辞职。研究人员为了测量不满所导致的这种反应的后果，分别研究了个体辞职和集体离职率，后者会导致组织大面积损失员工知识、技能、能力和其他方面资源。

  退出
  这种不满的表达方式是离开组织。

- **发言**：发言反应（voice response）包括积极和建设性地追求对环境进行改善，包括提出改善的建议、与主管讨论问题所在、积极承担一些工会的活动等。

  发言
  这种不满的表达方式是试图主动而建设性地改善条件。

- **忠诚**：忠诚反应（loyalty response）指的是被动但乐观地等待环境改善，包括当外界批评组织时自己站出来为组织申辩、相信组织和管理层能够做出正确的选择等。

  忠诚
  这种不满的表达方式是被动等待条件自己改善。

- **忽视**：忽视反应（neglect response）指的是被动地看着环境逐渐恶化，包括长期缺勤或迟到、不再努力工作、错误率提高等。

  忽视
  这种不满的表达方式是坐视条件不断恶化。

退出和疏忽等行为涉及我们的绩效变量，即工作效率、缺勤率和离职率等。但这个模型将员工的反应扩大了，即包括了发言和忠诚，这些建设性行为令员工能够忍耐不愉快的情形或者重新创造满意的工作环境。这个理论框架虽然很有助于我们理解概念，但它是一个宽泛的框架。接下来，我们要讨论员工对工作不满时会采取的具体行为反应。

反生产工作行为（CWB）

药物滥用、在工作场所中偷盗、过度社交、缺勤、消极怠工等等行为都会损害一个组织。这些行为都指向了一个更宽泛的综合概念，我们称之为**反生产工作行为**（counterproductive work behavior，CWB），一个相关的概念是"职场中的异常工作行为"（deviant behavior），或者简称为"撤回行为"（withdrawl behavior，见第 1 章）。正如我们所讨论过的其他行为，

反生产工作行为
员工有意采取的，和组织利益相违背的行为。

反生产工作行为并不是孤立存在的，这类行为的后面通常会跟随负面的、有时又是长期的态度。因此，如果我们能够识别反生产工作行为的一些预测指标，就可以减少它产生负面效果的机会。

一般来说，工作不满可以预测反生产工作行为。对于自己工作产生不满的员工会感到受挫折，这会降低他们的绩效，让他们更有可能采取反生产工作行为。另一项研究认为，在职业不匹配（从事了不适合的行业）之外，组织不匹配（身处不适合的组织文化之下，见第 5 章有关"人 - 组织"匹配的内容）也可以预测反生产工作行为。我们直接身处的社会环境也对此有影响。一项德国的研究认为，我们受到直接工作环境中某些规范的影响从而采取了反生产工作行为。在高缺勤率团队中的个体更容易自己也缺勤。此外，反生产工作行为可能是对经理实施严苛监管的一种反应，但它又激发了更严苛的监管，这就形成了恶性循环。

有关反生产工作行为的一个重要的观点是，不满的员工通常会因为某些特殊的因素而选择一种或者多种特定的行为。有的员工会选择辞职，也有的员工可能会在工作时间上网休闲或者把工作用品带回家供个人使用。简言之，不喜欢自己工作的员工会采用各种方式"找平衡"。因为有些做法可能很有"创造性"，单单用政策和惩罚去控制某一种行为，只能治标而不能治本。雇主应当尽力去纠正问题的根源，也就是员工的不满，而不是试图控制员工的表面反应。

根据一项英国的研究，有时反生产工作行为是员工对所感知的不公平性所采取的情绪反应，是为了恢复对公平交换的需求。因此，反生产工作行为会涉及复杂的道德问题。例如，员工把办公室里的一盒记号笔带回家给孩子用，这是道德的行为吗？有人会认为这是偷盗。也有人可能想看看某些调节变量再做判断，例如这个员工对组织的贡献。这个员工是否不计较个人时间并投入了额外精力为组织工作，但几乎得不到感谢或者额外补偿？如果事实是这样，一些人可能将反生产工作行为看作是员工为了找平衡而采取的行为。

作为经理，你可以逐步降低反生产工作行为。例如，你可以对员工态度采取问卷调查，找到工作中有哪些地方是可以改进的。如果存在职业不匹配，员工会觉得自己的志向得不到实现，这时你可以尝试筛除这类不匹配的状况。根据一个人的能力和价值观去设计任务可以提高员工满意度并且降低反生产工作行为。而且，塑造高效能的团队、让主管融入进去、提供正式的团队政策、引入团队层面的激励都有助于遏制反生产工作行为的蔓延，从而维护群体的高标准。

● **缺勤**

我们发现大量研究一致认为满意度和缺勤存在负相关的关系，但这种关系却是中弱度的。一般来说，当满意度低的员工拥有很多其他就业机会的时候，他们的缺勤率会较高，但是如果并没有太多的其他就业机会可供选择，他们的缺勤率就会和满意的员工一样低了。一些组织能够提供自由病假，他们鼓励所有的员工（包括高度满意的员工）该休假就休假。即使你对工作很满意，但还是会希望享受一个三天的周末长假，前提是这个假期不会带来任何惩罚。

- **离职率**

工作满意度和离职率之间的关系强于工作满意度与缺勤率之间的关系。总的来说，工作满意度的降低是离职意图最有效的预测指标。员工离职率与工作环境也有一定关系。如果员工周边的工作氛围使众人都持低满意度，从而导致离职率增高，那么他往往会被"传染"。这项研究认为，管理者应该在指派新员工进入新领域时，考虑工作满意度（以及离职率）的变化。员工的**工作嵌入性（job embeddedness）**，即员工与工作岗位和自身所属群体的联系，可以提高其对组织的承诺，它有可能与工作满意度和离职概率有紧密关系，也就是说，当工作嵌入性较高时，离职概率就会降低，这种情况尤其发生在集体主义文化下（以群体为中心，见第 4 章），组织成员身份对于个人而言具有较高的价值。工作嵌入性也能预测和组织公民行为、反生产行为和缺勤等重要的负面雇佣结果，以及预测工作绩效等正面雇佣结果。嵌入性高的员工会因此显得工作满意度更高，并且较少考虑其他的备选工作机会。

> **工作嵌入性**
> 员工与工作岗位和自身所属群体的联系，可以提高其对组织的承诺。

最后一点，"满意度 - 离职率"这一对关系会受到备选工作机会多寡的影响。如果员工没有主动寻找就得到一份工作邀请，工作不满这个指标对离职率的影响就弱化了，这是因为员工更可能会因为新工作的诱惑而被"拉"走，而并非是由于当前工作没有吸引力而被"推"走。同理，当备选工作机会充足时，工作不满意更可能导致离职率升高。进一步来说，当员工拥有较高的"人力资本"即高学历、高能力时，他们往往能够感知到很多可供选择的就业机会。

理解工作满意度的影响

我们刚刚回顾过一些事实，应该不难预测出，工作满意度可能会影响公司的财务业绩。一个管理咨询公司做过这样一项研究，它们把大型公司划分为士气高昂（70% 以上的员工表现出对工作总体满意）和中低度士气（低于 70%）。结果，士气高昂组公司的股价上涨了 19.4%，而中低度士气组的股价只上涨了 10%。尽管结果如此，很多管理者还是不太关心工作满意度这一要素。还有一些管理者过高估计了员工对工作的满意程度，因此他们并不认为存在问题。一项对 262 家雇主公司的研究发现，86% 的高层管理者都认为自己的组织非常善待员工，但是只有 55% 的员工认同这一观点。另一项大型研究发现，55% 的管理者认为自己的组织士气高昂，而只有 38% 的员工认同这一观点。

定期安排调查研究能够减少管理者所认为的情况和员工真正的感觉之间的差距。双方理解的错位会影响公司的利润表现，不论这家公司是小本生意还是大型集团。乔纳森·麦克丹尼尔（Jonathan McDaniel）是休斯敦一家肯德基餐厅的经理，他每隔 3 个月就对员工做一次调查，其中的一些调查结果可以帮助他做出一些变革，例如在安排员工休假时给他们更大的发言权。虽然事情并不大，但麦克丹尼尔相信这个过程本身是有价值的。他说："他们非常愿意提供自己的意见，这件事情最重要的一点是，他们有了能够发表自己意见的机会，也有人愿意去聆听他们。"虽然调查并不是灵丹妙药，但是如果工作态度的确像我们所认为的那样重要，那么组织就有必要寻找如何改善工作态度的方法了。

本章小结

管理者应当关心员工的态度，因为态度可以影响行为，也能警示组织发现尚未浮现出来的问题。虽然创造一个满意度高的员工群体并不能保证组织绩效的提高，但是的确有证据证明，不论管理者为了改善员工态度而采取怎样的做法，都有可能带来积极的结果，包括组织效能的提高，客户满意度的提高，最终为组织带来更多的利润。

对管理者的启示

- 在主要的工作态度当中，例如工作满意度、工作投入度、组织承诺、感知的组织支持（POS）和员工参与度等等，请牢记员工的工作满意度是对员工行为的最佳预测指标。
- 请关注员工的工作满意度，因为它能够决定员工的绩效、离职率、缺勤和旷工行为。
- 要每间隔一段时间客观地测量员工的态度，从而确定员工对工作的反应。
- 为了提高员工满意度，可以评估员工的工作兴趣与工作内在的性质之间是否匹配，这样可以为员工创造既有挑战性又有乐趣的工作岗位。
- 认识到高薪酬本身并不一定创造出满意的工作环境。

第 4 章
情绪与心情

通过本章的学习，你应该能够：

1. 区分情绪与心情；

2. 识别情绪与心情的根源；

3. 阐述情绪化劳动对员工有哪些影响；

4. 解释情绪事件理论；

5. 解释什么是情商；

6. 认识情绪管理的策略；

7. 将情绪与心情的概念应用到组织行为学特定领域的研究中。

什么是情绪与心情

我们要分析职场中的情绪与心情，就要涉及 3 个容易混淆的概念：情感、情绪与心情。**情感（affect）**是一个宽泛的概念，它涉及的范围较广，包括人们体验到的各种感觉，其中包括情绪与心情。**情绪（emotions）**是针对人或事的强烈感受。**心情（moods）**指的是弱于情绪的一些感受，通常没有相关的事件作为刺激因素。图 4-1 展示了情感、情绪与心情之间的关系。

情感

人们体验到的各种感觉。

情绪

针对人或事的强烈感受。

心情

弱于情绪的一些感受，通常没有相关的事件作为刺激因素。

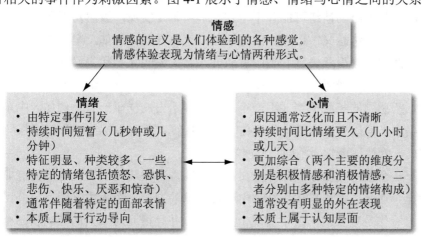

图 4-1　情感、情绪与心情

首先，如图中所示，情感是一个很宽泛的概念，它包括情绪和心情。其次，情绪和心情两个概念之间是有差异的，情绪更像是被某个特殊事件所触发的反应，而且情绪比心情变化得更快一些。而且，一些研究人员猜测，情绪可能更加偏向行为导向，也就是说它会导致人们迅速采取行动。而心情则更偏向认知层面，这意味着心情可能会让我们一段时间内都沉浸于思考状态。

情感、情绪和心情在理论上是不同的术语，但在实践中三者却无法清晰地区分开来。当我们在研究组织行为学中关于情绪和心情的话题时，你可能会发现在一些领域中更多讨论情绪，而另一些领域则更多讨论心情。这种情况正是研究的现状。我们接下来开始更详细地讨论一些基本的情绪。

基本情绪

人的情绪到底有多少种？答案是不下几十种，包括愤怒、蔑视、激情、羡慕、恐惧、灰心丧气、失望、窘迫、厌恶、快乐、痛恨、希望、嫉妒、爱、自豪、惊奇和伤心等。很多研究人员已经试图将它们简化为一些基本的情绪。但是还有一些研究者认为，基本情绪的说法是没有意义的，因为即使是一些我们很少体验到的情绪（比如震惊）也同样会对我们产生巨大的影响。心理学家和哲学家永远不会对什么是基本情绪达成一致的观点，甚至连这个概念是否应该存在都有争议。即便如此，很多研究者也已认同存在 6 种基本和普遍性的情绪，即愤怒、恐惧、悲伤、快乐、厌恶和惊讶。有时我们会错认为惊讶是快乐，但是我们很少混淆快乐和厌恶。

心理学家试图通过研究人们的情绪表达方式来确定哪些情绪是基本的情绪。在人类各种各样的情绪表达方式中，面部表情被证明是最难以解密的一种。一个问题是，某些情绪太过复杂，以至于人类面孔难以轻易将它表达出来。另一个问题是，人们在不同文化下，通过发声（例如叹息或者尖叫）解读出的情绪可能并不一致。一项研究发现，虽然发声在所有的文化下都有情绪意义，但人们的理解却是有差异的。例如，辛巴族人（纳米比亚西北方的少数民族）不同意西方人有关大叫大喊代表疯狂、咆哮代表气愤的看法。最后一个问题是，不同的文化规范指导着情绪的表达，因此我们所感到的某种情绪并不一定和我们展示出的样子一致。例如，中东人和美国人都认为笑容意味着开心，但在中东，笑容也常常被解读为性诱惑，因此，女性逐渐学会不向男性展露笑容。

在个人主义国家和集体主义国家之间，有关情绪的文化差异可能非常明显。这两个术语描述了社会中公民普遍的期望。**个人主义**国家的公民将自己看作是独立的，希望实现个人目标，并且得到对个人的控制权。个人主义价值观在北美和西欧国家是常见的。**集体主义**国家的公民将自己看作

个人主义

个人主义国家的公民将自己看作是独立的，希望实现个人目标，并且得到对个人的控制权。个人主义价值观在北美和西欧国家是常见的。

集体主义

有关情绪的文化差异在个人主义国家和集体主义国家之间可能非常明显。这两个术语描述了社会中公民普遍的期望（这部分内容在第 5 章中会详细讨论）。

是属于相互依赖的集体，他们寻求集体的帮助，并且致力于实现集体的目标。集体主义价值观在亚洲、非洲和南美洲是常见的。用这两个概念来讨论情绪，我们发现，在集体主义国家，人们更倾向于相信他人的情绪表现与双方的关系有关，而个人主义国家中，人们不认为他人的情绪表现是针对自己的。

道德情绪

研究人员在研究一个称为**道德情绪**（moral emotions）的概念，它指的是由于我们需要迅速对情境做出决策而产生了一些能够影响道德的情绪。道德情绪包括对他人的苦难感到同情、对我们自己的不道德行为产生愧疚、由于他人受到了不公平待遇而感到气愤、对不道德行为的施事者感到轻蔑等等。

另一个例子是我们对违反道德规范的行为感到反感，这被称为道德反感。道德反感与普通厌恶的情绪是不同的。假设你不小心踩到了牛粪，你可能感到很厌恶，但这不是道德反感，你对这件事可能并不会产生道德判断。反之，假设你看到一段视频短片，里面有一位警察脱口而出性别歧视或者种族歧视的污言秽语。你可能会因为不止一种原因而对此感到反感，因为这与你的是非观不符。事实上，你对此事的道德判断可能导致你产生各种各样的情绪。

情绪可能是阴晴不定的，但是心情却能持续较长一段时间。正因为心情的持续时间更长，而且影响力更持久，人们将心情与情绪分开研究。为了理解情绪与心情在组织中的作用，我们接下来将多种不同的情绪划分为更广泛的心情类别。

基本的心情：积极和消极情感

情绪可能是转瞬即逝的，但是心情往往滞留在我们的思想中。要研究情绪与心情在职场中的作用，第一步首先是将情绪分为两个类别：积极情绪和消极情绪。积极情绪表达了正面的评价或者感觉，例如快乐和感激。而消极的情绪则与之相反，例如愤怒或内疚。我们要记住，情绪不可能是中立的，中立就代表没有情绪。

这两种情绪分别代表了总的心情状态，即积极和消极的情感（见图 4-2）。我们可以认为，**积极的情感**（positive affect）作为一种心情的维度，包括了兴奋、激情和欣喜等等高度的积极情感，以及无聊、压抑与疲劳等等低度积极的情感（或者积极情感的缺乏）。**消极的情感**（negative affect）作为一种心情的维度，包括了紧张、压力感、焦虑感等高度的消极情感，以及满足、安静和平静等低度的消极情感（或者不存在消极情感）。

道德情绪

由于我们需要迅速对情境做出决策而产生的一些能够影响道德的情绪。

积极情感

一种心情的维度，包括了兴奋、激情和狂喜等高度的积极情感，以及无聊、压抑与疲劳等低度的积极情感。

消极情感

一种心情的维度，包括了紧张、压力感、焦虑感等高度的消极情感，以及满足、安静和平静等低度的消极情感。

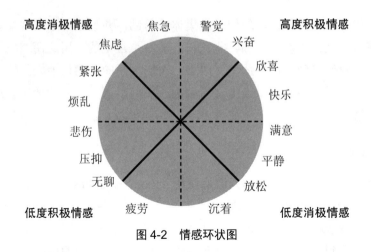

图 4-2　情感环状图

体验心情与情绪

即使单单考虑人们能够感受的各种不同的情绪与心情就已经十分复杂和棘手了，然而在现实中，我们每个人对情绪和心情的体验也是有区别的。对于大多数人来说，积极的情绪往往比消极的情绪更加司空见惯。的确，研究结果也发现了**正向偏移（positivity offset）**的现象，这个现象意味着在零输入（当没有不寻常的事件发生）时，大多数个体都会体验到一种温和的积极心情。放在各种不同的工作情境下，对于员工来说这个结论似乎都能成立。例如，一项研究针对英国热线电话中心的客户服务代表作出调查，研究发现在 58% 的时间内人们都会体验到积极的心情。另一项研究发现，消极情绪很可能演化为消极的心情。

正向偏移

在零输入（当没有不寻常的事件发生）时，大多数个体都会体验到一种温和的积极心情。

我们对文化差异的探索还有很长的路要走。一些文化对消极情绪更加包容，例如日本和俄罗斯，也有一些国家更强调积极情绪和表达，例如墨西哥和巴西。集体主义和个人主义国家对消极情绪的价值可能也有不同的看法，这种差异可能导致一种现象，消极情绪对于日本人的打击没有对美国人那么大。例如，和美国人相比，中国人眼中的负面情绪（即并不总是处在开心状态）可能更有价值和建设性。

情绪的功能

情绪可能是神秘的，但它对工作场所的高效运转来说可能很关键。例如，充满积极情绪的员工可能绩效更高、组织公民行为（OCB，见第 1 章）更多、离职率更低并且反生产工作行为更少（CWB，见第 3 章），这种效应尤见于当员工感到自己在努力工作、表现更好时得到了组织支持的情况。感恩之心和敬畏之心也被证实可以预测组织公民行为，而组织公民行为又可以增加员工间的相互信任和相互表示关心的行为。我们接下来将讨论两

个重要的概念——理性和道德，情绪对这两个方面可以产生提高绩效的
作用。

● **情绪是否让我们更加非理性？**

你是否经常听到别人这样评价说："你只不过是太过情绪化了而已"？
听到这句话你可能会觉得遭到了冒犯。这样的情景可能意味着，理性和情
绪出现了冲突，如果你表露出了情绪，你很可能会采取非理性的行为。在
人们的感知中，情绪与非理性有很强的联系，一些研究人员认为，过度表
露情绪可能会对个人职业生涯产生很大危害，例如悲伤过度直至哭泣，因
此我们应该尽快离开房间，避免其他人看到自己哭泣。这个观点认为表露
情绪、包括对情绪的体验本身都可能让我们显得脆弱或者不理性。然而，
这种看法是错误的。

研究成果越来越显示，情绪对非理性思考来说是很重要的影响因素。
对于脑外伤病案的研究显示，只有当我们有能力体验到情绪，才能成为理
性的人。原因是什么呢？因为我们的情绪提供了一个情境，让我们能够理
解身边的世界。例如，一项近期研究显示，持消极心情的个体比心情快
乐的个体更有能力察觉真实的信息。因此，如果我们需要了解一个人是否
在讲真话，难道不应该在高度关心的状态下询问吗？还是要等到我们心情
振奋之后再做呢？前者可能有好处，也可能没有，这取决于所有的影响因
素，包括我们的情绪波动范围。关键要点是，我们必须认可情绪与心情对
我们产生的作用，而不能看轻情绪反应，认为它是非理性或者是毫无意
义的。

● **情绪是否会令我们更加遵守道德制约？**

学术界不断出现审视情绪与道德态度之间关系的研究成果。以往，人
们认为大多数道德决策与一般的决策一样，都是来自高度规律化的认知过
程，但是有关道德情绪的研究成果越来越对这种观点提出质疑。为数众多
的研究都认为这些情绪反应在很大程度上取决于人们的感觉而并非认知过
程。然而，我们却往往认为自己的道德边界是充满逻辑和理性的，并不是
由情绪主导的。

在某种程度上，我们的信仰是被同侪、兴趣小组和工作小组所塑造的，
他们影响着我们对他人的认知，导致我们产生下意识的反应，以及坚信大
家共同情绪的"正确性"。然而，这种感觉有时能帮助我们证明各种情绪反
应仅仅在理性上是"道德的"。即使我们试图表现得客观公正，但还是倾向
于用格外挑剔的眼光去评判群体成员之外的人（不在自己所属群体之中的
任何人）所实施的道德侵犯行为。此外，我们有可能仅仅为了追求公平感
而对群体外成员怀有敌对心理，希望他们受到惩罚。

情绪和心情的来源

你是否曾经说过这样的话："我从今天早晨开始心情都不太好"？你是否曾经没有任何原因就呵斥同事或家人？如果你有过这样的经历，可能就会好奇，情绪和心情到底来自哪里。我们将在下文中讨论主要的影响因素。

人格

情感强度

感受情绪强度上的个体差异。

心情和情绪与人格特质有关。大多数人都倾向于在某种特定心情或情绪上，比别人体验得更频繁。即使对于同一种情绪，人们也会体验到不同的强度，这种现象被称为"**情感强度（affect intensity）**"。情感强烈的人所体验到的积极或消极的情绪都更加深刻。当他们悲伤的时候，他们特别悲伤；当他们开心的时候，他们又会特别开心。

一日中的不同时段

心情在不同时段会发生变化。一项有意思的研究分析了全球各地几百万条推特（Twitter）信息后发现了规律。研究人员关注了表达积极情感的词汇（快乐、激动、兴奋）和表达消极情感的词汇（悲伤、气愤、焦虑）。你可以在图 4-3 的积极情感部分里看到趋势。心情的每日起伏在大多数国家里都遵循相似的规律。这些研究结果与以往的研究是相似的。但一个重要的差异是晚间的情况。虽然大多数研究认为，积极情感在晚间 7：00 后会下降，但这项研究却认为它在午夜低迷之前会升高。我们要等待新的研究去证明到底哪种描述是准确的。这项研究中的负面情感部分与过往研究结论的相似性最高，其结果显示，负面情绪在早晨是最低的，并且在一日早晚间逐渐增加。

一周中的日期

人们在周末是否心情最好呢？在大多数文化情境下，答案都是肯定的，例如，美国成年人倾向于在周五、周六和周日三天体验到积极情感达到高峰，而低谷是在周一。如图 4-3 所示，基于推特（Twitter）信息的研究发现，该趋势在几个其他国家的文化背景当中也可以得到印证。对于德国人和中国人而言，积极情感从周五到周日达到高峰，在周一降到最低。但这种情况并不适用于所有的文化。如图 4-3 所示，在日本，周一的积极情感甚至高于周五或者周六。

在消极情感方面，在大多数文化下，周一是消极情感最高的一天。然而，在某些国家里，周五和周六的消极情感比周日更低。原因可能是，虽然周日是可以享乐的休息日（因此我们拥有更高的积极情感），我们还会对未来的一周感到一点紧张（这解释了为何消极情感也更高）。

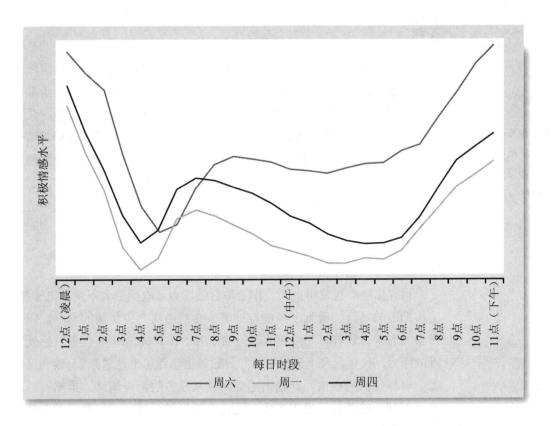

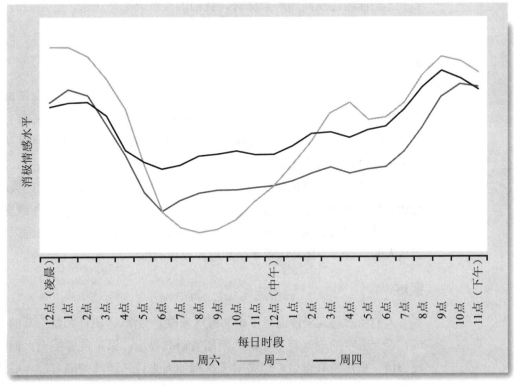

图 4-3 根据美国成年人在推特的发言统计的每日不同时段对心情的影响

天气

你认为哪种天气会让你心情更好呢？是 20℃的艳阳天，还是阴冷的下雨天？很多人都认为自己的情绪是和天气有关系的。然而，一项由多位研究者进行的相当大型和细致的研究认为，天气对心情的影响很小，至少对大多数人来说是如此。**虚幻相关**（illusory correlation）指的是人们将两个根本无联系的事情关联起来，它解释了为什么人们倾向于认为好天气能够提高心情的愉悦程度。例如，一项日本和美国的近期研究指出，在坏天气下，员工的工作效率可能更高，这可能和心情无关，原因是坏天气减少了人们对工作的分心。

虚幻相关

将两个根本无联系的事情关联起来的倾向。

压力

也许你能够想象得到，工作上每日的压力（收到令人不快的电子邮件、工作期限的临近、遭到上司的批评等）会对心情产生负面的影响。压力所带来的影响会随着时间而积累。一项研究的作者提出："即使每日感受到低度的压力，长年累月下来也有可能导致员工感到越来越紧张"。紧张度的增加会破坏我们的心情，让我们感受到越来越多的消极情绪。虽然有时我们也会得到一些益处，但大多数人还是会感到紧张感压抑着我们的心情。事实上，当情绪过度高昂和紧张时，我们的自然天性是逃避，甚至的的确确忽略此事。

睡眠

针对美国成年人的研究报告显示，其睡眠时间比上一代人有所减少。根据研究人员和公共健康专家的观点，4 100 万美国劳动者每晚睡眠时间不足 6 小时，他们在忍受着睡眠被剥夺的痛苦。睡眠质量影响着心情和决策，疲劳程度过高会置人于健康受损、容易受伤和心情压抑的风险之中。睡眠质量不好或者睡眠时间的缩短让人难以控制情绪。甚至仅仅一晚的失眠都会让我们感到疲劳易怒，并且容易犯错。糟糕的睡眠会损害工作满意度，让我们难以做出正确的道德判断。从积极的角度看，增加规律的睡眠可以提高人的创造性，提高绩效水平和职业成功的可能。

锻炼

人们经常提到应该通过更多的锻炼来改善心情。"流汗疗法"真的有用吗？看上去它的确是有效果的。不断有研究显示，锻炼能够提高人们的积极心情。虽然没有奇效，但是对于抑郁的人来说，运动的确有改善心情的效果。

年龄

年轻人是否比年老的人更经常体验到兴高采烈的情绪？令人惊讶的是，实际上并非如此。年龄和满意度之间的关系是怎样的呢？有关生活满意度，一种文化假设是，老年人更容易感到压抑和孤独。实际上，一项针对 18 岁到 94 岁人群的研究揭示，积极情绪会随着年龄而增加。"和认为青年是人生最好年华这种主流观点相反，情绪生活的最高峰可能直到我们 70 岁才会达到"，研究人员劳拉·卡斯滕森（Laura Carstensen）如是说。

性别

很多人都相信女性比男性更情绪化。这样的观点是否有它的道理呢？
证据的确证实了，女性比男性体验到更加激烈的情绪，情绪对她们的作用比男性更久，并且女性流露出积极情绪和消极情绪的频率都比男性要大，只有愤怒的情绪例外。一项面向来自 37 国的参与者进行的研究发现，男性总是报告自己体验到高强度的强劲情绪（例如愤怒），而女性往往报告的是消极被动的情绪（例如悲伤和恐惧）。因此，在情绪体验和表达方面，的确存在一些性别差异。

让我们把所有学到的情绪和心情与应对职场的策略联系起来，从情绪劳动开始下面的讨论。

情绪劳动

每一位员工在全身心投入工作时都在消耗自己的体力和精力。但是一些工作也要求员工开展**情绪劳动**（emotional labor），即员工在工作中需要人际交往时表现出组织所希望的情绪。情绪劳动是高效工作的关键因素。我们希望空中乘务员热情洋溢，也期待葬礼组织者神色凝重，而医生则应当保持中立的情绪。至少，你的上司期待你在工作中对同事以礼相待而不是横眉冷对。

情绪劳动
员工在工作中需要人际交往时表现出组织所希望的情绪。

控制情绪表达

我们体验到的情绪并不一定与我们展示出来的情绪完全一致。为了分析情绪劳动的问题，我们将情绪划分为感知的情绪和展示的情绪。**感知的情绪**（felt emotions）是我们的真实情绪。与此相对，**展示的情绪**（displayed emotions）指的是组织要求员工在某个岗位上表现出得体的情绪，认为这种情绪对于某个既定岗位来说最为合适。后者不是自然的，而是习得的，而且不一定与感知的情绪相一致。例如，研究显示，美国的职

感知的情绪
是我们的真实情绪。

展示的情绪
是组织要求员工在某个岗位上表现出得体的情绪。

场规范一般来说要求我们展示出积极的情绪，例如快乐和兴奋，并压抑负面的情绪，例如恐惧、气愤、厌恶和轻蔑。

表层饰演

为了适应规范而隐藏内心的感觉，避免展示出本应表现出的情绪。

为了伪装出得体的情绪，我们必须压抑真实的情绪。**表层饰演**（surface acting）指的是为了适应规范而隐藏内心的感觉，避免展示出本应表现出的情绪。表层饰演是为了应对特定的场合而"装出"的合适表情，例如一个员工即使心里并不愿意也还是向客户频频微笑。每日都进行表层饰演也可能导致员工把疲劳带到家庭、无法平衡工作和家庭，甚至遭受失眠折磨。在工作场所中，每日的表层饰演会导致精疲力竭、组织公民行为的减少、压力升高、和满意度降低的后果。可能正因为我们必须学会装出并非来自本心的表情，这项内心成本导致了那些需要通过不同的表层饰演方式做出应答的人在满意度和工作投入度方面均低于只需要一种表层饰演应答方式的人。需要执行表层饰演的员工应该得到休息和恢复精力的时间。例如，一项研究观察到啦啦队教练在排练间隙稍作休息，并发现在排练间隙采取休息和放松的教练比做杂事的教练实现了更高效的工作。

深层饰演

为了适应规范而试图纠正我们本应表现出的真实的内心感觉。

深层饰演（deep acting）指的是为了适应规范而试图纠正我们本应表现出的真实的内心感觉。表层饰演掩盖的是展示的情绪，而深层饰演扭转的是感知的情绪。深层饰演的心理成本没有表层饰演那么大，因为我们实际上真的试图去体验那种情绪，所以不会感到过分的情绪疲劳。在工作场所中，深层饰演有可能产生积极的效果。例如，一项在荷兰和德国进行的研究发现，服务行业的员工往往在接受深层饰演培训后得到了明显增多的直接收入（小费）。深层饰演还与工作满意度和工作绩效呈正相关。能够在工作中隐藏个人情绪并且采取标准化的工作互动行为去应对情绪劳动的员工可能更容易做到在思考其他任务时持续表层饰演，这样可以绕过情绪上的影响。

情绪失调与专注力

情绪失调

人们感受和展现的情绪不一致的现象。

当员工不得不展示和内心真实感受不一致的情绪时，这种不协调状态被称为**情绪失调**（emotional dissonance）。掩埋于内心的感觉例如挫折感、气愤和憎恨可能会让人感到情绪疲劳。长期的情绪失调是工作上筋疲力尽、工作绩效下降和工作满意度降低的预测指标。

自我意识

客观并且有意识地评价自己当前的情绪状态。

想办法抵消情绪劳动和情绪失调的效应是很重要的。荷兰和比利时的研究显示，表层饰演对于员工来说是一种负担，而**自我意识**（客观并且有意识地评价自己当前的情绪状态）与情绪疲劳负相关，并正面影响工作满意度。当人们能够客观意识到自己正在感受某种情绪时，他们对情况的认知也就更清醒。自我意识已经被证明可以提高我们针对情绪的行为应变能力。

　　情绪劳动的概念在直觉上和组织管理上都有着重要意义。下一个章节中所讨论的情感事件理论将工作岗位对情绪劳动的要求进行了理论建构，并研究了它与工作事件、情绪反应，以及工作满意度和工作绩效之间的关系。

情感事件理论

　　我们已经了解到，情绪与心情对我们的生活和工作都至关重要。但是它们对工作绩效和满意度有什么影响呢？**情感事件理论（affective events theory，AET）**认为，员工对工作中发生的事件产生某种情绪反应，而这种反应是对工作绩效和满意度有影响的。假设你发现公司正在裁员，你可能会感到各种负面情绪，担心自己失去工作。因为这件事不在你能控制的范围之内，你可能会产生不安全感和恐惧感，将很多时间浪费在担忧上而没办法工作。自然而然，你的工作满意度一定也是下降的。

　　工作事件会引发积极或消极的情绪反应，员工的人格和心情会事先决定他们在不同程度压力面前作何反应。情绪稳定性较差的人（参考第 5 章）更有可能对负面事件做出强烈的反应，我们针对既定事件的情绪反应可能会随心情而变化。最后，情绪会影响很多绩效与满意度方面的变量，例如组织公民行为、组织承诺、努力程度、离职意愿和工作场所异常行为等。

　　总之，情感事件理论给我们传达了两个主要信息。首先，情绪是用来理解工作事件如何影响员工绩效和满意度的一个有价值的视角。其次，员工和管理者不应当忽略情绪，也不应当忽略导致情绪的事件。即使它们起初似乎微不足道，但是它们会随着事件而累积。情感事件理论重点强调了职场中的情绪以及它能带来的真实结果。另一个帮助我们理解情绪对工作绩效影响的理论框架是情商，我们接下来将审视这个理论。

> **情感事件理论**
> 　　该模型认为，员工是如何对工作中发生的事件产生情绪反应的，而这种反应会对工作态度和行为产生影响。

情商

　　一家跨国人才公司的 CEO 泰利·爱普士路伯格（Terrie Upshur-Lupberger）正处在事业巅峰，她却感到怨恨和不快，这是为什么呢？她的一个密友对她劝告说："泰利，你好比正站在一块薄板上，强风来了薄板就容易断裂。你已经忙不过来了，并且你离你的价值观、人生重心和信仰越来越远，甚至你都没有注意到自己脚下的薄板就快要断裂了。"根据爱普士路伯格自己的看法，她没有注意到自己的心情一直在经受挫折而精疲力竭。她的工作满意度、工作效率、人际关系都受到影响，做事屡战屡败。最糟糕的是，她已经忙得忽略了自己各方面的需求，直到自己的精力完全耗尽。

她说："我学到了重要的一课，作为一个领导者，你要么学会关注和管理组织里的人们的心情（也包括自己），要么，你对这方面的忽略可能会让你付出代价。"爱普士路伯格意识到了情商的价值。

情商

> 察觉和管理情绪线索和情绪信息的能力。

　　情商（emotional intelligence）指的是一个人的下列能力：（1）意识到自己和他人所体验到的情绪；（2）理解这些情绪的意义；（3）根据图 4-4 中的瀑布模型对自己的情绪进行管理。了解自己情绪的人，以及善于察觉和情绪相关的蛛丝马迹者——例如了解为何自己会愤怒，如何表达自我而不触犯人们习以为常的规范——这些人很有可能是情商较高的人。

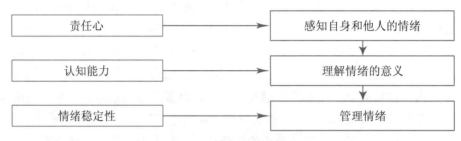

图 4-4　情商的瀑布模型

　　有一些研究认为情商对工作绩效有着较大的影响。一项曾经使用功能性核磁共振成像技术的研究发现，能够决胜战略决策任务的 EMBA 学生有可能在决策过程中更偏向使用大脑情绪中心。一项模拟现实的研究显示，善于识别和区分个人感知的学生，能够做出盈利更高的投资决策。

　　虽然组织行为学正在开展情商方面的研究，也有一些研究支持情商对工作绩效起到重要影响的结论，但是很多相关的问题还没有得到解决。一个问题是需要证明情商到底能够预测什么指标。例如，有证据显示，情商与工作绩效正相关，但这种相关性并不强，况且在很大程度上能够被情绪稳定性这种个人特质所解释。第二个问题是有关情商测试的可靠性。例如，情商与工作效率相关，有一部分原因在于情商难以测量。在大多数情况下，情商是通过自我报告的数据来测量的，它与客观数据通常相差甚远！

　　先不考虑所有的质疑，情商的概念在咨询公司和媒体界仍然是一个被广泛使用的概念，它在研究文献中得到的支持也在不断增加。不管你是否喜欢情商这个概念，一个事实是毋庸置疑的，这个概念已经存在并且会持续存在下去。我们的下一个话题——情绪管理也是如此，它正在逐渐脱离与之相关的情绪劳动和情商研究，成长为一个独立的概念。

情绪管理

　　你是否曾经在感到心情压抑时试图振奋自己的精神，或者是否曾经在气愤时试图令自己平静，如果你有过这样的经历，那么你就是在进行**情绪管理**（emotion regulation）。其核心理念就是识别自己所感到的情绪，并试图将其改变。近期研究显示，情绪管理能力是某些工作中任务绩效和组织公民行为的良好预测指标。因此，在我们的组织行为学研究中，我们有兴趣了解是否应该在工作场所中应用情绪管理，以及如何应用情绪管理。我们从了解个体是如何自然而然地应用情绪管理谈起。

情绪管理

识别和改变自身感知的情绪。

情绪管理的影响和结果

你可能猜测，并不是所有人都善于管理自己的情绪。拥有高度神经敏感型人格（参考第 5 章）的人可能不太容易管理情绪，而且他们经常感到无法控制情绪。在自尊维度上得分较低的人格可能并不太关注改善自己的悲伤心情，这可能是因为他们不太像其他人那样感到自己值得拥有好心情。

工作场所的环境影响着个体是否倾向于实施情绪管理。一般来说，工作小组中的多元化会增加你进行情绪管理的可能性。例如，当工作小组中包括资深成员时，年轻员工很可能会管理自己的情绪。种族多元化也能产生影响：如果多元化水平低，少数族群有可能采用情绪管理，可能目的是为了尽可能融入多数族群；如果多元化水平高，很多不同的种族都有代表，那么多数族群就会应用情绪管理，可能目的是与整个群体尽可能融合到一起。这些研究发现指向了多元化存在益处，它可以让我们更有意识、更高效地管理情绪。

虽然情绪管理可能看上去有很多益处，但是也有研究认为，试图改变情绪是有代价的。改变情绪需要努力才能做到，我们在前面讲述情绪劳动时也曾提到，做这种努力可能会让人感到精疲力竭。有时越是试着改变情绪，这种情绪却更强烈。例如，你试着说服自己不害怕，但这却让你更加在意你所恐惧的事物，这会让恐惧感加剧。从另一个角度来讲，研究认为，避免负面情绪不如积极寻找正面情绪更有助于你的心情。例如，你和朋友愉快聊天可能会让你心情愉悦，这比避免和敌对同事进行不愉快的聊天更有效。

情绪管理技巧

情绪管理方面的研究人员通常研究人们用来转变情绪的策略。一个情绪管理的技巧是压抑情绪，阻断或者忽略对情境最初的情绪反应。这种反应看上去能够让人的思维倾向于更现实和实用。然而，只有在危机情境中，当强负面事件引起危机情绪反应时，这种策略才奏效。例如，一个投资经理可能在股票价值突然跳水时压抑自己的真实情绪反应，从而在头脑清晰的情况下决定后续的计划。在危机情境下压抑情绪可以帮助个体在事件发生后迅速恢复情绪。当压抑情绪的方法每天都在使用时，人们的心智能力、情绪能力、健康和人际关系都会受累。

虽然情绪管理技巧能够帮助我们面对工作中发生的事件，研究指出这种效果可能是有差别的。例如，中国台湾一项近期研究发现，在性格暴戾的主管下面工作的员工会更时常讲述自己感到情绪疲劳的状态，以及更倾向于事不关己、高高挂起的做法，但是由于他们采取了不同的情绪管理策略，这些倾向的程度有多有寡。因此，虽然情绪管理技巧令人们翘首以盼，但是创造积极的工作环境的最佳途径依然是招聘心态积极的员工，培训管理者管理好他们的心情、工作态度和绩效。最佳的管理者对情绪的管理能力不亚于他们胜任工作任务和活动的能力。最佳的员工也可以使用情绪管理的知识决定何时应该发言，以及如何有效发言。

情绪管理中的道德

情绪管理有着很重要的道德意义。一种思想是，有些人可能认为控制他人的情绪是不道德的，因为这种做法需要某种程度的饰演。另一种对立的思想是，有些人可能认为所有的情绪都应当受到控制，只有这样你才能冷静客观地看问题。这两种观点，以及存在于它们之间的各种观点，在道德上都是有利有弊的，你必须为自己做出选择。考虑到情绪管理的原因和结果，你要问自己，你的情绪管理到底是为了做出恰当的反应，还是为了让别人摸不清你的想法？最后要考虑的一点是，你有可能演着演着就习惯了。装作心情愉悦很有可能真的让你心情变好。在一项研究中，一组参与者被要求与服务自己的星巴克咖啡师聊天，另外一组参与者被要求表现得开心。表现得开心的人后来报告说自己的确心情提升了。

现在我们已经研究过情绪与心情在组织行为学中的角色，接下来我们要讨论的是，我们学到的知识在实践中有怎样的用武之地。

情绪和心情在组织行为学中的应用

我们对情绪和心情的理解影响着组织行为学的很多方面。我们将逐一对其进行分析。

选聘员工

有关情商的研究结果启示我们，雇主应当在选聘过程中考虑情商的因素，尤其是那些需要频繁进行社会交往的职位。越来越多的雇主已经开始使用情商作为聘用员工的标准。例如，一项针对美国空军招聘者的研究显示，高效的招聘者展示出了高超的情商。利用这些研究结果，美国空军重新制定了招聘标准。一项后续的调查发现，情商高者被招录的成功率是低情商者的 2.6 倍。

决策

心情和情绪在决策过程中起着重要的作用，对于这一点，管理者必须充分理解。积极的心情和情绪有助于人们做出好的决策。积极的情绪还能提高人们解决问题的技能，也就是说，乐观的人往往能找到解决问题的好办法。

组织行为学的研究者一直热衷于讨论消极情绪和心情对决策的影响。一项近期的研究结果显示，经历着悲伤事件的人可能会和不受环境条件影响的人做出一样的选择，而受到气愤事件影响的人可能会作出更激烈（但不一定是更明智）的选择。另一项研究发现，参与者在消极心情下，他们的选择可能更反映原始的思维。还有其它的研究指出，消极心情下的个体可能比在积极心情下更倾向于制定风险高的决策。将这些研究结果综合考虑，它们共同的结论是，消极（和积极）情绪是对决策有影响的，但是也存在一些其他的影响变量，需要进一步地研究才能证明。

创造力

如果你通读全篇，就会发现领导力的目标其实是为了令员工的产出最大化。创造力是受到情绪和心情的影响的，但是对于这种关系，存在两种看法。有很多研究结论认为，心情好的人往往比心情不好的人具有更好的创造力。心情好的人能构思出更多的想法和选择，其他人也认为他们的想法非常新颖。体验到积极心情或情绪的人在思维上更灵活和开放，这也能解释为何他们的创造力更强。不论是积极还是消极，所有的活跃性心情似乎都能够激发创造力，而抑制性心情会导致创造力减少。例如，我们曾经讨论过其他因素（例如疲劳）有可能促进创造力。一项面对 428 名学生的研究发现，当他们进入疲劳状态时，他们在应用创造力解决任务方面表现最好，这个结论意味着，疲劳有助于打开思路，让人考虑新颖的解决方案。

激励

有一些研究项目重点研究了心情和情绪对激励效果的作用。如果对人们的绩效进行反馈，不论反馈是真实的还是虚构的，都能够影响人们的心情，从而影响他们的激励程度。例如，一项研究考察台湾保险销售人员的心情。结果发现，心情好的销售员更愿意帮助同事，并且也有着良好的自我感觉。这些因素又带来了卓越的销售业绩，包括销售额的提高、主管给出的更高的绩效评价。

领导力

研究显示，让人们产生好心情是成效显著的。专注于鼓舞式目标的领导者更能激发员工的乐观态度、合作意愿和激情，这促成同事和客户之间更积极的社会互动。一项对台湾军人的研究更是指出，通过情绪的分享，变革型领导可以将积极情绪传染给下属，从而令他们的表现更为出色。

当领导传达积极情绪时，下属往往认为领导是高效的，而且下属在充满积极情绪的环境下更能发挥创造力。但是如果领导者本人心情沮丧呢？一项近期的研究发现，如果领导处于悲伤状态，往往会将心情传染给员工，因而提高了员工的分析能力，可能这是因为下属会更仔细地对待手中的任务。

公司管理者是为组织奠定文化基调的人，他们应该清楚地知道，情绪能够深刻影响员工是否相信公司的愿景并接受变革。当高层管理者提出新的愿景时，那些不清晰或者遥远的目标往往令员工很难接受随之而来的变革。通过激发情绪、并把情绪与吸引人的愿景结合起来，领导者就更可能成功推动经理和员工接受变革。

客户服务

情绪传染

即一个人从他人那里"获取"了情绪。

员工的情绪状况会影响他们提供客户服务的质量，而后者又影响着重复消费和客户满意度。这种现象主要可以归因为**情绪传染（emotional contagion）**，即一个人从他人那里"获取"了情绪。当人们体验到积极情绪并向你喜笑颜开时，你很可能会报之以积极的回应。当然，对于消极情绪来说，这种现象也成立。

研究显示，员工和客户的情绪之间存在着协同效应，在员工对客户的影响方面，研究发现如果客户从员工那里获取了积极情绪，往往会花更多时间购物。在客户对员工的影响方面，当员工感到受到客户对自己不公平的对待时，他往往很难表现出组织期望的积极心情。高质量的客户服务是对员工要求很高的，因为服务工作往往会令员工处在情绪不协调状态，这种状态对员工个人和组织整体来说都是有百害而无一利。管理者可以试图培养积极心情，打破这种负面的情绪传染。

工作态度

你是否听到过这句忠告"千万别把工作带回家"？这句话意味着，你应当在回家后忘记工作中的一切。这句话说起来容易做起来难。好消息是，似乎工作中的积极心情往往能被带回家，消极心情在短暂休息后能转换为积极心情。几项研究的结果都显示，在一整天的顺利工作之后，人们往往在回到家当晚感到心情愉快，反之亦然。另外一项研究发现，虽然人们把工作中的心情带回了家，但是第二天这种效应就已经消失了。坏消息是，家庭成员的心情对你的心情也有影响。正如你猜测的一样，一项研究发现，如果夫妻一方在工作中心情不好，这种消极心情在晚上就会影响到另外一方。心情和工作态度之间的关系是相互影响的，工作影响心情，心情也影响我们看待工作的方式。

异常工作行为

任何一位熟悉组织运作的人都会意识到，人们往往会表现出违反组织规范并危害组织及其成员的行为。这些行为被称为异常工作行为（即CWB，见第3章），很多这样的行为都可以从消极情绪中追根溯源，也会表现为不同的形式。感到消极情绪的人比其他人更容易实施短期内的异常行为，例如在别人背后风言风语或者随意浏览网页。消极情绪也有可能导致严重的异常工作行为。

例如，嫉妒是当你感到别人拥有你所没有但却渴望拥有的东西时所感到的情绪，例如更好的工作安排、更大的办公室，或者更高的薪酬。嫉妒可以导致恶意行为。嫉妒的员工有可能破坏其他员工的工作，或者把别人的成功据为己有。愤怒的人会寻找自己坏心情的替罪羊，把他人的行为看作是充满敌意的，并且难以从别人的角度看问题。不难理解，这些思维过程会直接导致言语或者身体上的侵犯行为。

一项巴基斯坦的研究发现，愤怒与侵犯性的异常行为（例如虐待他人和产生的异常行为）呈正相关，而悲伤则不然。有趣的是，不论是愤怒还是悲伤都无法成功预测工作场所的异常行为，这意味着管理者需要认真对待员工表达愤怒的事件。员工有可能在组织中不断侵犯他人。一旦侵犯行为开始，有可能被侵犯者也会变得气愤和充满攻击性，这样就会造成负面行为不断升级的严重情况。因此，管理者需要不断与员工保持沟通，估量他们是否存在情绪以及情绪的激烈程度。

工作安全与工伤

一项将负面情感与工伤数量的上升联系起来的研究显示，雇主可以在员工心情不好时不让其从事可能导致伤害的工作，从而改善员工的健康和安全状况（同时降低成本）。心情不好可能会导致多种工伤状况的发生。处于消极心情的人往往感到更加焦虑，从而难以机敏地应对危险。一个总是害怕危险的人可能会对安全防范措施的有效性感到更加悲观，因为他们感到自己无论如何都是会受伤的，或者他们也可能在面临危险时惊慌失措或者惊呆。消极的心情也会让人们注意力涣散，很明显这又会导致粗心的行为。

选择积极的成员加入团队有助于建立积极的工作环境，因为积极的心情可以在成员之间相互传递。一项涵盖了 130 位领导者和下属的研究发现，通过情绪传染效应，魅力型领导者能够把自己的积极情绪传递给下属。因此，选择自然充满积极情绪的团队成员是明智的做法。

本章小结

情绪与心情是类似的概念，因为它们本质上都是和情感相关的概念。但是它们之间还是存在差异的——心情是一个比情绪更加泛化的概念，并且心情的基调作用比情绪更持久。一日的时段、情境中的压力、睡眠模式等因素都会影响情绪和心情。组织行为学对情绪劳动、情感事件理论、情商和情绪管理等方面的研究都可以帮助我们理解人们是如何处理情绪的。有证据证明，情绪与心情几乎与所有的工作结果都相关，这也意味着管理者必须采取相应的行动。

对管理者的启示

- 认识到情绪是职场中自然而然的事物，好的管理并不意味着创造一个与情绪绝缘的环境。
- 管理者需要尽可能创造高效的决策环境，提高员工的创造力与激励水平，以身作则地尽可能传达真实的积极情绪和心情。
- 对员工提供积极的反馈，从而提高员工的积极乐观程度。当然，这对雇佣倾向于有积极心情的人也有帮助。
- 在服务行业中，鼓励人们展示出积极的情绪，这可以让客户感到更加积极的环境，因而可以提高客户服务质量以及改善谈判结果。
- 理解情绪与心情的重要性之后，管理者可以明显提高自己解释和预测同事和员工行为的能力。

第5章
人格与价值观

通过本章的学习，你应该能够：

1. 定义什么是人格，说明其测量方法，并说明人格的决定因素有哪些；

2. 阐述迈尔斯-布里格斯类型指标研究框架（MBTI）和大五人格模型，并评价它们的优点与缺陷；

3. 讨论核心自我价值（CSE）、自我监控和积极人格这些概念对理解人格有怎样的帮助；

4. 有关人格对行为的预测，说明情境对其准确性有何影响；

5. 将终极性价值观和工具性价值观作对比；

6. 说明"人-岗匹配"和"人-组织匹配"的区别；

7. 比较霍夫斯蒂德划分国家文化的五种价值维度和 GLOBE 理论框架。

人格

为什么有些人显得安静和被动，而另一些人却时常声音洪亮甚至咄咄逼人？是否存在一些适合于某些特定岗位的特定人格类型？在回答这些问题之前，我们需要首先明确一个基本概念，什么是人格？

什么是人格

在讨论一个人的人格时，我们会使用很多形容词去描述他们的行为模式和推测他们的思想。事实上，一项研究的参与者曾使用了 624 个不同的英语单词去描述自己所认识的人。然而，我们作为组织行为学学者，应当根据描述人格成长和发展的一些总的特质对众多的描述特征进行划分。

- **人格的定义**

出于我们的目的，请将**人格**看成是个体对其他人的反应和互动的总和。我们经常通过一个人所展示出的可测量的特质来描述此人的人格。

有关人格的早期研究试图识别和命名能够描述个体行为的持久特征，例如害羞、攻击性、顺从、懒惰、野心勃勃、忠诚和胆小等等。如果某人

人格

个体对其他人的反应和互动形式的总和。

人格特质

能够描述个体行为的持久特征。

在多数情况下表现出上述特征，并且这些特征持续了一段时间，那么我们将它们称为**人格特质**。这些特征在一段时间内越是稳定并在不同情境下经常发生，那么这条特质就越适于描述该个体。

● 人格的测量

越来越多的组织都曾开展人格测量。事实上，美国顶尖的 10 家私营公司中的 8 家，以及所有美国大型企业中的 57% 都采用了人格测量，包括施乐公司、麦当劳和零售商劳氏公司。以德保罗大学为代表的学校也开始在入学筛选过程中开展人格测量。人格测量在招聘员工时能够起到有效的作用，即能够帮助管理者预测谁更适合该岗位。

● 测量结果

测量人格最常见的方法是通过"自我报告式"调查，即个体在面对一系列影响因素时所作的自我评价，例如"我对未来十分担忧"这样的自我报告。一般来说，当人们知道自己的人格测试分数将要被用于聘用决策时，比起出于自我了解的目的接受测试而言，他们对自己的打分往往向"认真负责"和"情绪稳定"方面正面偏离半个标准差。另一个问题是精确度不足。一个完美的求职者可能会因为在做调查时心情不好而导致测试结果不够准确。

人格是个体对他人的反应以及与他人互动时所采取的各种各样方式的总和。它有一部分源自于基因遗传。人格很容易通过各种手段测量。这些手段中包括自我报告式调查的方法。

● 文化与打分

研究指出，我们的文化背景影响着我们对自我的人格评价。例如在美国和澳大利亚等个人主义国家（见第 4 章），人们倾向于自夸，而在中国和韩国等集体主义文化背景（见第 4 章）下，人们倾向于自贬。自夸在个人主义国家中并不会有损于一个人的职业生涯，但在集体主义国家中却会造成不利的结果。集体主义国家重视谦卑的品质。有意思的是，过度低评自己（自贬），不论在集体主义还是在个人主义文化下却都有可能成为职业生涯的障碍。

● 自评与他评

他评报告可以提供独立的人格评价。同事或者其他观察者对某人进行评价。虽然自评和他评调查的结果有较强的相关性，但是有研究指出，他评报告对职业成功的预测准确率高于仅仅使用自评报告。然而，不论哪种报告都能为我们提供有关某人行为的独特信息，因此，自评和他评结合起来，对绩效的预测能力要好于单独一种方法。这个结论对我们的启示非常明了——在制定重要的雇佣决策前进行人格测试最好将自评和他评结合起来。

● **人格的决定因素**

早期学界曾有过这样的争论，个体的人格是由遗传因素还是由环境决定的？虽然看上去人格好像是遗传和环境因素共同作用的结果，然而，令人惊讶的是研究结果更倾向于支持遗传因素的影响强于环境因素影响的观点。**遗传（heredity）**指的是在胚胎孕育初期就被决定了的一些因素，包括体型、容貌、性别、脾气、肌肉分布和刺激反应、精力多寡和生物节律等。这些都被人们公认为是完全或者大部分受双亲影响的，也就是说，受到亲生父母的基因、生理和心理构成的影响。遗传理论认为，个体人格的最终解释在于染色体上基因的分子结构。这并不意味着人格不能被改变。例如，一个人在"可靠性"方面的人格分数会随着时间而增加，例如年轻人会按部就班地建立家庭和开创事业。人格在青春期比较易变，在成年期则比较稳定。然而，人和人之间在责任心方面依然存在较大的差异。每个人人格的可改变程度是相差无几的，因此粗略来说人和人之间的差距并没有被改变。

遗传

指的是在胚胎孕育初期就被决定了的基因、生理和心理构成特点。

人格分析框架

在整个历史长河中，人们都在不断求索如何才能理解人们错综复杂的行为。我们的很多行为追根溯源都来自于人格，因此，理解人格的构成能够帮助我们预测行为。下面将要讨论的重要理论框架可以帮助我们对人格进行分类，从而理解每一个维度。

迈尔斯-布里格斯类型指标

迈尔斯-布里格斯类型指标（Myers-Briggs Type Indicator，MBTI）是世界上最为广泛使用的人格评测工具。它是一套由 100 个问题组成的人格测试问卷，询问人们在特定情形中通常会有怎样的感觉或实施怎样的行为。据此，人们可以被划分为外向者或内向者（E 或 I），感知者或直觉者（S 或 N），理性者或感性者（T 或 F），以及决断者或理解者（J 或 P）。

迈尔斯-布里格斯类型指标（MBTI）

有关 4 种人格特征的测试，把人划分为 16 种人格特征之一。

- **外向者（E）与内向者（I）**：外向者开朗、善于社交而且直白。内向者安静并且害羞。
- **感知者（S）与直觉者（N）**：感知者更为实际，更偏好日常例行工作并服从指令，更关注细节。而直觉者会依靠潜意识进行决策，并更加能够看到大局。
- **理性者（T）或感性者（F）**：理性者会使用理性和逻辑来处理问题。而感性者会依靠个人的价值观和情绪来处理问题。
- **决断者（J）或理解者（P）**：决断者具有控制欲，更喜欢他们的世界是有秩序运转的。而理解者可以更灵活和自然地看待世界。

MBTI 框架通过在四对人格中各选取一个符合的特质，这样的分类能够描述一个人的人格。例如，INTJ 组合（内向、直觉、理性、决断）非常具有原创性，并且有很强的驱动力。他们怀疑一切，批评一切，独立自强，充满决心，并且通常有些固执。ENFJ 组合是天生的教师和领导者。他们擅长人际关系，能够激励别人，拥有直觉和理想，做事道德并且为人和善。ESTJ 组合是组织者。他们善于应对现实，逻辑性强，分析能力超群，决策能力强并且天生就具有商业头脑或者善于操纵机械。ENTP 组合具有创新头脑，个人主义至上，多才多艺并且受到创造性活动的吸引。这类人在处理具有挑战性的问题时会展现出极富机智的特点，但却很容易忽略日常循规蹈矩的工作。

MBTI 框架的问题之一是要求一个人必须在两种类型中选择其一，即要么内向要么外向，而不能居于中间地带。另一个问题在于测量结果缺乏可靠性。当人们反复进行评估时，经常会得到不同的结果。还有一个问题在于解读比较困难。MBTI 框架中不同维度的重要程度是不同的，不同的组合有着迥异的含义，所有结果都需要受过高度训练的人来解读，并且要容忍一定的错误空间。最后一点是，MBTI 的测量结果往往与工作绩效关系不大。

大五人格模型

大五模型
涵盖五种基本维度的人格评估模型。

MBTI 框架缺乏强有力的证据支持，但**大五模型**（Big Five Model）却得到了大量研究结论的支持。该模型提出，在所有表面的人格特质之下，存在五种基本的人格维度，它们能够涵盖人类绝大多数个性特点及其变化。大五特质能够很好地预测人们在大量现实生活情境中的行为表现，并且对于个体来说结果在长时间内相对稳定，只有一些日常的细微变化。下面是大五模型的构成要素：

责任心
描述负责任、值得依赖、坚毅和有条不紊等特点的人格维度。

情绪稳定性
描述冷静、自信、充满安全感（正面的）而不是紧张、压抑和不安（负面的）的人格维度。

- **责任心**（conscientiousness）：责任心维度能够测量某人是否具有可靠性。具有高度责任心的人非常负责任、有条理、可信任并且做事有毅力。责任心分数低的人容易精神涣散、做事缺乏条理并且不太靠得住。

- **情绪稳定性**（emotional stability）：情绪稳定性维度指的是一个人抗压能力的强弱。情绪稳定的人往往很冷静、自信并充满安全感。分数高的人很可能拥有积极和乐观的心态，他们通常比分数低的人感到更快乐。情绪稳定性通常是和其对立面"神经质"一起来讨论的。分数较低的人（高度神经质的人）是高度警觉的，容易感到身体和心理的紧张。高度神经质的人往往容易紧张、焦虑、压抑并缺乏安全感。

- **外倾性（extraversion）**：外倾性维度测量我们是否对处理人际关系感到应对自如。拥有外倾性人格的人们比较合群，愿意提出自己的主张并且热衷于与他人交往。一般来说，他们较为快乐并且充满雄心壮志。而另一方面，拥有内倾性人格（外倾性较低）的人们却十分保守、胆小和安静。

- **经验的开放性（openness to experience）**：经验的开放性维度强调人们对待新颖事物的兴趣和关注程度。极度开放的人具有创造力和好奇心，并且具有艺术细胞。而经验开放性不高的人比较传统，并且可以从熟悉的事物中找到安慰。

- *随和性（agreeableness）*：随和性维度指的是个体是否倾向于服从他人的指令。高度随和的人易于合作，令人感觉到温暖并愿意信任别人。你可能会猜测随和的人比不随和的人更快乐，事实的确如此，但差异只是一点点。当人们选择团队成员时，随和的人往往是首选。相反，随和性分数低的人比较冷漠和充满敌意。

外倾性

　描述善于社交、合群、敢说敢做等特点的人格维度。

经验开放型

　描述充满想象力、敏感和充满好奇心等特点的人格维度。

随和性

　描述性格温和、合作和愿意相互信任等特点的人格维度。

大五特质如何预测工作中的行为？

　　大五人格维度与工作绩效之间是有很多关系的，我们对这方面的了解正在与日俱增。我们将逐一分析这些特质，从工作绩效的卓越预测指标——责任心开始谈起。

● 工作中的责任心

　　责任心是高效工作的核心。正如研究人员近期的结论："和责任心、随和性相关的个人特征对很多工作岗位来说都是成功的重要因素，而不论工作复杂度、所需训练和经验的多寡。"责任心强的员工可以积累越来越多的工作知识，这可能是因为具有高度责任心的人能够学到更多知识（责任心可能与学习成绩有关），而更多的岗位知识也有助于工作绩效的提高。根据一项印度的研究，责任心强的人也有可能在面临上司虐待时持续保持良好的工作绩效。

　　所有的人格特质（包括责任心）都有缺陷。具备高度责任心的个体有可能把工作放在家庭之上来看待，这会导致工作和家庭之间的角色冲突（该术语称作"工作家庭冲突"）。这样的人可能太过于关注工作，帮助组织中的其他人，并且在环境变化时难以调整自身。此外，责任心强的人可能在复杂技能的培训过程早期显得难以适应，因为他们太关注自我表现而非学习本身。最后，他们通常比较缺乏创造力，尤其是在艺术领域乏善可陈。

　　虽然责任心有它的缺陷，但它是大五特质中与工作绩效关系最紧密的特质。不过，其他特质在某些情形下也与工作绩效有一定的关系，并且对工作和生活都能产生一定影响。参见表 5-1 对此做出的归纳。

表 5-1 大五特质对组织行为学的影响模型

大 五 特 质	与工作的关系	所影响的方面
• 情绪稳定性	• 减少消极思维和消极情绪 • 减少过分警觉的现象	• 提高工作和生活满意度 • 降低压力
• 外倾性	• 人际交往技能更强 • 更占社会优势 • 更多的情绪表达	• 提高绩效 • 增强领导力 • 提高工作和生活满意度
• 开放性	• 知识的增多 • 更有创造性 • 更灵活自主	• 提高培训效果 • 增强领导力 • 更灵活地适应变化
• 随和性	• 更受人欢迎 • 更加顺从并且遵守指令	• 提高绩效 • 减少工作异常行为
• 责任心	• 更多的努力和毅力 • 更多动力和自律 • 更有条理和计划能力	• 提高绩效 • 增强领导力 • 有助于基业长青

● **工作中的情绪稳定性**

在大五人格特质中，情绪稳定性与生活满意度、工作满意度和低度压力的关联程度最高。情绪稳定性方面得分高的人能够适应职场中的意外和变化。在该维度的另一端，神经紧张的个体难以应对这些需求，因此可能会感到精疲力竭，并且他们往往还会产生工作家庭冲突的感受，结果影响了工作产出。

● **工作中的外倾性**

具有外倾性人格的人在要求高度人际交往的岗位上工作会表现优异。他们在社交上具有主导性，即领导他人。外倾性是群体中预测谁能成为领导者的较好指标。一些负面的观点认为，外倾者比内倾者更容易冲动，更容易发生缺勤现象，而且在职位面试中，外倾性人格者比内倾性人格者撒谎的可能性更高。

● **工作中的开放性**

开放的人更容易成为高效的领导者，他们在处理不确定的情况时比他人更加游刃有余。开放的人更容易接受组织变革，更善于自我调整。虽然开放性与初期的工作绩效没有关系，但是开放程度较高的人，其长期绩效水平下降的可能性较低。开放的人也不太容易面临工作家庭冲突的局面。

● **工作中的随和性**

随和的人比不随和的人更能得到大家的喜欢，在客户服务等需要人际交往的岗位上，随和的人会更出色。他们也更倾向于遵守规则，因此不太容易造成事故，也往往比他人更满意于自己的工作。他们更愿意通过采取组织公民行为（OCB，见第 1 章）而为组织绩效作贡献。相反，不随和的特质可以预测工作事故。最后一点是，随和性与较低的职业成就（尤其是收入方面）相关，这可能是因为高度随和的人认为自己在人才市场上没有足够的价值，而且不太倾向于坚持个人主张。

总的来说，大五模型中的五种人格特质在各项跨文化研究中都有所体现，例如中国、以色列、德国、日本、西班牙、尼日利亚、挪威、巴基斯坦与美国等等。然而，一项针对玻利维亚不识字的土著人的研究认为，大五模型可能对于偏远的小型群体而言，适用性不那么高。

黑暗三人格

除了神经过敏的情况，大五特质都是所谓"被社会认可"的性格，这意味着我们可能希望在这些方面得到较高的分数。经证明，它们会带来重要的组织结果。研究人员已经发现，有三种社会不认可的人格特质在每个人身上或多或少存在，而且它们对组织行为也会产生影响。它们是权术主义、自恋和心理变态。由于这三种人格特质都是负面的，研究人员对它们合称**"黑暗三人格"**。当然，这并不意味着它们一定会同时出现。

黑暗三人格的称谓可能听上去极度负面和罪恶，但是这些人格特质却不具备影响每日生活的临床病理意义。只有当个体在承受压力、无法对不恰当的反应进行调整时，它们才会较为明显地被表现出来。长期展现高度黑暗人格，可能导致人们对职业生涯和个人生活的自我毁灭。

黑暗三人格
指的是一系列负面人格特征，包括权术主义、自恋和心理变态。

● 权术主义

郝先生是一位年轻的银行经理，工作在上海。他在过去四年中得到过三次晋升，在职业生涯上升的过程中，他并不为自己所使用的权术而感到愧疚。"我的名字的含义就是聪明，而这恰好是我的特点，为了成功我会不惜一切代价"，他这样描述自己。描述郝先生的恰当术语就是权术主义者。

权术主义（machiavellianism，或简称 Mach）的人格特点得名于尼可罗·马基雅维利（Niccolo Machiavelli），他在 16 世纪曾经就如何获得和使用权力的话题著书立说。高度贯彻权术主义的人十分务实，和一切事物保持情感上的距离，相信结果能够证明手段的合理性。"如果这种手段管用，那就用它"，这种说法就是深深符合权术主义观点的。权术主义者经常操纵他人，获胜机会更多，不容易受到别人的说服，反而经常能够说服他人。他们有可能行为十分极端，并且经常从事反生产行为。令人诧异的是，权术主义并不能很好地预测总的工作绩效。高度权术主义的员工往往可以通过操纵他人让自己得益，可能在短期内表现成功，但是从长期来看，他们会逐渐失去这些得益，因为人们普遍不喜欢这种人。

权术主义倾向可能会产生某些道德影响。一项研究显示，高度权术主义的求职者并不会因为知道组织频繁履行社会责任（CSR，见第 3 章）而受到很多鼓舞，这意味着权术主义者不太关心可持续发展的问题。另一项

权术主义
特点是十分务实，和一切事物保持情感上的距离，相信结果能够证明手段的合理性。

研究发现，权术主义者的道德领导行为并不能成功令下属为工作投入更多的精力，因为下属早就"看透了"他们的行为，意识到这只不过是一种表层饰演罢了。

● 自恋

塞布丽娜喜欢成为众人眼中的焦点。她经常欣赏镜子中的美貌，不着边际地空想，觉得自己拥有很多天分。塞布丽娜这样的人就是自恋者。这种人格特质命名于希腊神话中的那喀索斯，一个虚荣的年轻人，他极度虚荣和自傲，甚至爱上了自己在水中的倒影。在心理学上，**自恋**（narcissism）描述了高度自我重视、需要他人大量赞美、认为自己拥有特殊地位和权力的自傲型人格。自恋者通常幻想达到巨大成功，倾向于利用情境和他人，拥有自我优越感，并且缺乏同情心。然而，自恋者也有可能是高度敏感而脆弱的人格。他们有可能感到更强烈的愤怒。

虽然自恋人格与工作效率和组织公民行为看上去没有关系，但是在个人主义文化下，它是有关反生产行为的最有力预测指标。然而在蔑视自我鼓吹的集体主义文化下，它却失去了这种预测力。自恋者通常认为自己的能力超过岗位的要求。当他们收到绩效反馈时，通常会忽略与正面自我认知相冲突的信息，但是如果他们得到奖励，他们往往会更努力工作。

积极的一面是，自恋者往往比其他人更具有魅力。商业领域比其他领域更容易发现这种人格的人。他们更容易被选中担任领导职位，中等的自恋人格（不是特别高或特别低）与领导效能呈正相关。存在一些证据显示，自恋者更善于自我调整，当遇到复杂问题时，他们的决策也往往比一般人更好。此外，一项针对挪威银行员工的研究发现，自恋程度高的人更喜欢自己的工作。

● 心理变态

心理变态是黑暗三人格中的一种，在组织行为学中，这个术语并不指临床意义的精神失常疾病。在组织行为学中，心理变态的定义是不顾他人的感受，当自己的行为造成了对他人的伤害时，他们毫无愧疚。心理变态人格的测量方法试图评估一个人遵从社会规范的意愿、是否倾向于使用欺瞒的手段来获得想要的结果，以及对他人的处境缺乏同理心。

有关心理变态人格对工作行为有哪些影响的文献结论并不一致。一项研究综述发现，心理变态和工作绩效或者反生产工作行为之间几乎不存在关系。另一项近期的研究发现，与心理变态很接近的反社会人格与个人在组织中的晋级有正面关系，但与职业成功和工作效能等其他方面没有关系。还有一些其他的研究显示，心理变态与强硬的影响手段（恐吓、操纵）以及霸凌性的工作行为（包括身体和语言两方面）是有关系的。心理变态者的狡黠手段的确能够帮助他们在组织中逐渐获取权力，但是他们却并没有

自恋

拥有自傲的倾向，高度自我重视、需要他人大量赞美并有着优越感。

心理变态

不顾他人的感受，当自己的行为造成了对他人的伤害时自己却毫不愧疚。

利用这样的权力来帮助自己或者组织走向正途。

- **其他特质**

黑暗三人格研究框架有助于了解当前人格研究中最主要的三种黑暗人格特质，此外，研究人员也在探索其他的人格特质。一种正在兴起的研究框架包含了基于大五模型的另外五种复杂的异常人格。首先，反社会人格的人对他人十分冷漠和麻木。他们利用自己的外倾性吸引其他人，但是他们有可能倾向于实施暴力的反生产行为和做出高风险决策。第二，边缘型人格的人是低自尊、拥有高度不确定性的人。他们在工作中与他人的互动是难以预测的、缺乏效率的，并且他们的工作满意度很低。第三，分裂型障碍的人十分古怪反常、缺乏条理。在工作场所中，他们可能是非常具有创意的人，但是他们又很容易被工作压力所压垮。第四，强迫型人格的人是完美主义者，他们非常倔强，但是他们却十分注重细节，拥有强烈的工作道德观，并且有可能热切追求工作成就。第五，回避型人格的人缺乏能力并且憎恶批评。他们只能在几乎不需要互动的环境中工作。

与组织行为学相关的其他人格特质

我们已经讨论论过，人格特质方面的研究对组织行为学有颇多的贡献。我们现在来考察一些其他特质，它们都是预测组织行为的有力工具。它们分别是核心自我价值、自我监控和主动型人格。

核心自我价值

我们在第 3 章曾经讨论论过，核心自我价值（CSE）是个体对自己的能力和价值所做出的总结。具有积极核心自我价值的人不仅爱自己，也将自己视为工作效率高、能力强、和能够掌控环境的人。具有消极核心自我价值的人往往厌恶自我、质疑自我能力，并且认为自己无力应对环境。回想我们曾经讨论过，核心自我价值与工作满意度有关，原因是具有积极核心自我价值的人能够从工作中发现更多的挑战并且愿意从事复杂的工作。

具有积极核心自我价值的人比其他人的工作绩效更出色，因为他们会给自己设定更多奋进的目标，更愿意为了目标而奋斗，并且在实现目标的过程中表现出更强的毅力。具有高度核心自我价值的人可以提供更优质的客户服务，更受到同事的欢迎，并且其职业生涯起步点更高，后续晋升速度更快。具有高度核心自我价值的人如果感到自己的工作具有意义、能够帮助他人的话，那么他们的绩效就会特别出色。因此，高度核心自我价值的人可能在重视企业社会责任的组织中特别受到重用。

自我监控

佐伊总是在工作中遇到麻烦。虽然她工作能力很强，工作努力而又成果卓著，但是她的绩效评估结果却并不高于平均水平，并且她总是令历任上司感到厌烦。佐伊的问题是，她不太善于采用政治手腕，她无法根据情境的变化而调整自己的行为。她这样评论自己："我对得起自己的良心！我不会为了取悦他人而扭曲自己的本性。"我们将佐伊这种人称为低度自我监控者。

自我监控（self-monitoring）指的是一个人为了适应外界的情境因素而调整自己行为的能力。高度自我监控的人在面临外界情境因素时非常善于调整自己的行为，他们对外界的信号非常敏感，在不同的情境中可能表现出不同的行为方式，有时能够在公开场合和私人生活中分别展示出截然相反的面孔。有证据显示，高度自我监控者非常关注其他人的行为，他们比低度自我监控者更善于入乡随俗。低度自我监控者就是佐伊这种人，他们不善于自我伪装，他们往往在所有的情境中都展示出真实的性情和态度。因此，他们的内心和行为有着高度的一致性。

> **自我监控**
>
> 这种人格特质测量一个人为了适应外界的情境因素而调整自己行为的能力。

主动型人格

你是否曾经注意到一些人总是主动改善他们当前的环境并且创造新的环境？这类人拥有主动型人格。和消极应对情境变化的人相比，具有主动型人格的人能够识别机遇、展示出主动性、采取行动，并且一直坚持努力，直到实现有意义的变革。主动型人格者拥有组织所期待的行为特征。他们的工作绩效更优秀，不需要太多的监管。他们适应工作需求的变化，如果允许他们将工作性质与个人能力相匹配，他们的事业就会特别顺利。

主动型人格可能对于工作团队来说具有重要的意义。一项面对 33 家中国公司的 95 个研发团队的研究揭示，主动型人格得分高于平均水平的团队拥有更强的创新能力。主动型人格的个体更愿意与团队成员交换信息，这种行为可以建立信任关系。和其他人格特质一样，主动型人格会受到情境的影响。一项对中国一家银行分行团队的研究发现，如果团队主管工作不主动，团队的主动性就往往得不到发挥，还有更糟糕的情况，团队受到主管的压制。有关主动型人格的缺陷，一项近期针对 231 位北欧弗拉芒地区失业者的调查发现，主动型人格更容易很快放弃寻找工作的打算。原因可能是，主动型人格也包括在遭受失败时容易主动后退。

> **主动型人格**
>
> 这类人格能够识别机遇、展示出主动性、采取行动、并且一直坚持努力，直到实现有意义的变革。

人格与情境

在前面的章节中我们讨论过，对我们的人格塑造而言，研究结果显示，遗传因素比环境因素更重要。但环境因素并非与人格毫不相干。一些人格特质，例如大五特质，在大多数环境或者情境下都是适用的。然而，我们越来越发现，某些特殊的人格特质对组织行为的影响是取决于情境的。有两个理论框架能够帮助我们理解其中的道理，一个是情境强度，另一个是特质激活程度。

情境强度理论

假设你在部门开会。你在会议中突然冲出屋子，朝某人大吼大叫，背对着开会的其他人，或者在会议上打瞌睡的可能性有多高？这些行为都不太可能发生。现在，假设你在家工作，那么你就可以身穿睡衣，大声放音乐，或者小睡一段时间。

情境强度理论（situation strength theory）提出这样的观点，人格转换成行为的程度取决于情境的强度。情境的强度指的是一些规范、线索，或者标准对人们采取恰当行为的要求程度。强情境强迫我们必须采取恰当的行为，清晰地向我们展示到底什么才是恰当的行为，也会阻止不恰当的行为。弱情境正好相反，一切都顺其自然，因此我们可以自由地用行为表达自己的人格。因此，研究显示，比起强情境，在弱情境下，人格特质可以更好地预测行为。

情境强度理论

该理论之处，人格转换成行为的程度取决于情境的强度。

- **情境强度的组成要素**

研究人员根据下列四要素分析了大量组织中情境的强弱：

1. 清晰度：即工作任务和职责的清晰程度。高度清晰的工作岗位可以塑造强情境，因为员工可以轻易判定自己应该做什么。例如，清洁工的工作岗位职责可能比儿童保姆的岗位职责更加清晰。

2. 一致性：即不同的工作职责和责任之间有多大的兼容性。高度一致性的工作塑造了强情境，这是因为它提示人们采取相同的、组织期望的行为。例如，急诊病房的护士岗位可能比业务经理的工作存在更高的一致性。

3. 约束：即个体自由决定行为的程度受到外部力量影响的程度。具有很多约束条件的工作岗位会塑造强情境，因为员工没有太多的自身判断余地。例如，银行查账员的岗位可能比护林员存在更多的工作约束。

4. 后果：即决策或者行为对组织、成员、客户、供应商等方面产生影响的高低。能够产生重要后果的工作岗位会塑造强情境，这是因为工作环境的结构性很强，从而避免错误的发生。例如，外科医生的工作岗位可能产生的后果比外语教师高得多。

- **组织情境**

一些研究人员猜测，组织的存在本身就意味着强情境，因为组织的存在意味着它对成员施加了规则、规范和标准，这些都约束着成员的行为。这些约束条件通常都是恰当的。例如，我们不会允许员工认为，自己可以随意在工作场所中骚扰异性，用错误的方法处理账目，或者单凭心情决定是否来上班。

情境的强弱通常是由组织的规则和政策决定的，这一点让情境强弱这个变量变得更加客观。然而，人们对这些规则的认知却影响着他们会如何应对该情境。例如，习惯于自主掌控工作进度的人往往会将按步骤进行简单工作的指令（高度清晰）看作是出于对自己能力的不信任。另一个循规蹈矩的人却有可能非常认可详细的操作说明。他们的反应（和工作态度）反映着他们对情境的认知。

制定严格的规定去管理复杂的系统可能既困难又不明智。总之，管理者需要意识到情境强度在工作场所中的影响，并找到最佳的平衡方法。

特质激活理论

特质激活理论

该理论认为一些情境、事件或者干涉行为都能特别"激发"某些特定的特质。

另一个有助于我们理解人格和情境关系的理论框架是**特质激活理论**（trait activation theory，TAT）。特质激活理论认为，一些情境、事件或者干涉行为都能特别"激发"某些特定的特质。根据特质激活理论，我们可以预测哪个工作适合哪种人格。例如，以佣金为主的薪酬计划可能会激活某些人的外倾性特质，因为外倾性和奖酬之间的关系更灵敏，程度高于其他特质和奖酬之间的关系，例如经验的开放性。相反，一些工作岗位允许员工发挥个人的创造力，那么如果员工在经验的开放性这个特质上有差异，那么这种差异就能够很好地预测创造性的行为，比外倾性的差异更有效。请参考表 5-2 中的一些实际例子。

特质激活理论也可以用来解释人格倾向。例如，一项近期的研究发现，当人们在网络上学习时如果受到电子监控，他们的反应差异很大。一些特别害怕失败的人对监控的忧虑程度高于其他人，他们的学习效果也明显不如其他人。在这种情况下，环境的特点（电子监控）激活了一种特质（害怕失败），这两个因素的结合就导致了工作绩效的降低。特质激活理论也可以带来积极的效果。一项研究发现，在支持性的环境下，每个人都体现出亲社会性的特质，但是在冷漠和充满敌意的环境中，只有本身就具有亲社会倾向的人会把这个特质展现出来。

总的来说，情境强度理论和特质激活理论都显示，与其说遗传与环境之间是相互对立的，不如说它们是共同作用的。不仅它们都影响行为，而且它们之间也存在相互影响。换句话说，人格影响工作行为，情境也影响工作行为，在特定情境下，人格影响行为的程度更高。

表 5-2　特质激活理论：这些岗位上某些大五特质更加明显

需要关注细节	需要社交技能	竞争性的工作	需要创新	面对愤怒的人	时间压力（工作有截止日期）
在某方面的分较高的工作岗位（即这里列出的特质可以预测下列岗位行为）					
空中交通管制员	牧师	教练 / 校园巡查员	演员	监狱警察	广播新闻分析师
会计师	理疗师	财务经理	系统分析师	电话推销员	杂志编辑
法务秘书	礼宾服务员	销售代表	广告撰稿人	空中乘务员	机长
在某方面的分较低的工作岗位（即这里列出的特质不能预测下列岗位行为）					
护林员	软件工程师	邮局柜台专员	法院书记官	作曲家	美容师
按摩师	司泵工	历史学家	档案保管员	生物学家	数学家
模特	广播技术员	核反应堆操作员	医疗技师	统计学家	健身教练
上述得分较高的工作岗位可以激发这些人格特质（令这些特质可以预测行为）					
责任心（+）	外倾性（+）随和性（+）	外倾性（+）随和性（−）	经验开放性（+）	外倾性（+）随和性（+）神经过敏（−）	责任心（+）神经过敏（−）

注：加号（+）的意思是在这个特质上得分高的人应该是在该岗位上工作出色的人。减号（−）的意思是在这个特质上得分低的人应该是在该岗位上工作出色的人。

价值观

我们已经讨论过人格特质的话题，我们接下来讨论价值观。价值观通常是非常具体的，它描述的是一个人的信仰体系，而不是行为倾向。某些信仰或者价值与个体人格毫无关系，而且我们并不一定总是按照自己的价值观来做事。死刑是对还是错？一个人热衷于权力，是好还是坏？要对这些问题进行回答就涉及一个人的价值观。

价值观（values）代表着基本的信念，即"对个人或者社会来说，认为一种特定的行为模式或者最终的存在方式，比相对或相反的行为模式或者最终的存在方式更可取"。价值观包括一些判断，例如一个人对是非对错或"怎样才可取"等问题的观点。价值观包括内容和强度两种属性。其中内容属性指的是某种行为模式或最终的存在方式是很重要的；而强度属性指的是重要性的程度。当我们按照价值观强度为其排列时，我们就得到了一个人的**价值体系**（value system）。我们所有人都会对诸如自由、乐趣、自尊、诚实、顺从和公平等价值观分别赋予相对的重要等级，这形成了我们的一套价值观等级系统。价值观往往是相对稳定和持久的。

价值观是理解态度和激励的基础，价值观还影响着我们的认知。我们进入一个组织时，就已经拥有了先入为主的概念，什么是应该做的，什么是不应该做的。这些概念包含着我们的是非观，以及我们对某些行为和结果的偏好。不论价值观是否令我们的判断更加清晰还是更加偏颇，我们的价值观的确影响着我们的工作态度和行为。

价值观

它是一种信仰，认为一种特定的行为模式或者最终的存在方式，比相对或相反的行为模式或者最终的存在方式更可取。

价值体系

根据个体的价值观强度为其排序的结果。

虽然价值观有时候有助于决策，但它有时也会蒙蔽我们的客观性和理性思维。假设你加入一家组织时，认为基于绩效设置薪酬是正确的、论资排辈分配工资是错误的，那么如果你发现自己刚刚加入的组织正是基于资历而不是基于绩效设置薪酬时，你将作何反应？你很可能感到十分失望，而这种失望情绪可能会导致工作中的不满，从而令你决定不再努力工作，原因是你会感到"反正我的投入可能并不会给我带来更多的收入"。但如果你的价值观与组织的薪酬政策一致，你的态度和行为会不会与此大有不同呢？这种可能性是非常大的。

终极性价值观与工具性价值观

终极性价值观

对于所渴望的终极状态的追求，一个人一生渴求的目标。

工具性价值观

更可取的行为模式，或者为实现终极价值而采取的手段。

我们怎样对价值观分类呢？一位学者米尔顿·罗克奇（Milton Rokeach）认为，存在两类价值观。一套价值观称为**终极性价值观（terminal values）**，它指对于所渴望的终极状态的追求，这类价值观是一个人一生渴求的目标。另一类价值观称为**工具性价值观（instrumental values）**，它指的是更可取的行为模式，或者为实现终极价值而采取的手段。我们每个人都同时重视目标和手段。终极性价值观包括繁荣和经济成果、自由、健康和幸福、世界和平、以及生命的意义等。工具性价值观的例子包括自主、独立、个人修养、善良、目标导向等等。在两者之间取得平衡和了解如何达到平衡点都是很重要的问题。

到现在为止，我们已经单独讨论过人格和价值观的话题，包括它们各自对组织的影响。你会发现，正确匹配个体的人格和理想的工作情境是很复杂的问题。我们接下来要讨论的一些理论可以帮助我们将个体的人格和价值观与岗位和组织联系起来。

代际价值观

研究人员已经将几种工作价值观的研究整合成几种类型，试图捕捉到美国劳动者中几种不同类型或者代际共同的价值观。你肯定对这几种标签耳熟能详，例如"婴儿潮一代""X一代""千禧一代"等等，其中有些名词是全世界通用的。牢记一点很重要，虽然这些类型有助于我们理解，但是它们只是代表各种潮流，而不能代表个人的信仰。

虽然代际价值观是令人着迷的概念，但是我们心里要清楚知道，这些分类缺乏确凿的研究支持。早期的研究存在方法论上的缺陷，很难评价代际差异是否真的存在。对于这些研究的评价是，很多泛化的概念要么被夸大，要么是错误的。真正存在的代际差异通常不支持有关代际差异的流行概念。例如，有关闲暇的价值，从婴儿潮到千禧一代一直在上升，工作中心论一直在衰退，但是研究却没有发现千禧一代比前面几代人更具有利他

性的工作价值观。代际的分类可能有助于我们理解自己和其他人，但是我
们也必须认识到这种分类的局限性。

个体人格和价值观与工作的关系

30 年前，大多组织普遍只关心人格这个概念，因为他们主要关心人
与特定岗位之间的匹配程度问题。当今这个问题的外延已经扩大至个体
的人格和价值观是否与组织相匹配的问题。为什么会有这样的扩展呢？
原因是当今的管理者已经不太关心求职者执行某个特定工作的能力，而
更关心这个人在面对环境变化时的灵活程度，以及是否能保持对组织的
承诺等问题。不过，管理者需要审视的第一类问题仍然是"人 - 岗匹配"
的问题。

人岗匹配

约翰·霍兰德（John Holland）的**人格 - 岗位匹配理论**（**personality-job fit theory**）是用来描述岗位要求与人格特质匹配程度的理论。它是一个经过较多证明、并在世界上广泛使用的理论。在职业偏好量表问卷中包含着 160 个职业名称。回答者只要回答他们喜欢或不喜欢什么事物的问题，将答案汇总起来就形成了自己的人格轮廓。霍兰德提出了 6 种人格类型，并提出工作满意度与离职倾向两个变量取决于人格与工作岗位的匹配程度。表 5-3 描述了这 6 种人格类型和它们分别代表的人格特征，也给出了与之相匹配的一些工作岗位。

人格 - 岗位匹配理论
该理论提出了 6 种人格类型，并提出人格类型与职业环境的匹配性决定了满意度和离职率。

表 5-3　霍兰德人格类型与职业范例

类　型	人格特征	职业范例
现实型：偏好需要技能、力量、协调性的体力活动	害羞、真诚、持久稳定、顺从、实际	机械师、装配线工人、农民
研究型：偏好需要思考、组织和理解的活动	分析、创造、好奇、独立	生物学家、经济学家、数学家、新闻记者
社会型：偏好能够帮助和提高别人的活动	好交际、友好、合作、理解	社会工作者、教师、议员、临床心理学家
传统型：偏好规范、有序、清楚明确的活动	顺从、高效、实际、缺乏想象力、缺乏灵活性	会计、公司管理者、银行出纳员、档案管理员
企业型：偏好能够影响他人和获得权力的言语活动	自信、进取、精力充沛、盛气凌人	律师、房地产经纪人、公共关系专家、小企业主
艺术型：偏好需要创造性表达的、模糊且无规则可循的活动	富于想象力、无序、杂乱、理想化、情绪化、不实际	画家、音乐家、作家、室内装饰家

人岗匹配的理念切合了员工认为岗位应该为自己定制的期待，这方面是有文化差异的。在个人主义国家里，员工期待自己的声音被听到，希望自己受到管理层的尊重，那么依据个体需求定制工作岗位从而增加人岗匹配度，就可以提高工作满意度。然而，在集体主义国家，人岗匹配度并不能很好地预测工作满意度，这是因为人们并不期待工作岗位多么适合自己，因此他们并不太重视管理层致力于人岗匹配的努力。因此，集体主义文化下的管理者不应当为了给个体设计合适的工作岗位而违背文化规范，相反，他们应该寻找已经为某个岗位做好准备的人，这种人更有可能在该工作岗位中事业蒸蒸日上。

人－组织匹配

我们意识到研究者近年来也开始关注员工与组织的匹配度。如果一个组织面临着动态和变化的环境，并且要求员工有能力改变工作任务，或者有能力在团队之间变换岗位，那么员工的人格与组织整体文化之间的匹配程度就比人格与工作特性相匹配的问题更重要。

人 - 组织匹配

认为人们受到与自己价值观相同的组织吸引，并且当两者发生不兼容时离开组织。

　　人 - 组织匹配理论主要认为，人们受到与自己价值观相同的组织吸引，并接受组织对员工价值观的筛选，员工离开组织的原因是组织特点与自己的人格不匹配。我们如果使用大五人格分类的方法，可以预测到外倾者适合进取心强和团队导向的文化，随和性高的人与支持性的组织文化相匹配，开放度高的人更适合强调创新而并非坚持标准化流程的公司。在招聘时如果遵循这些指导原则，我们就可以识别哪些人更适合组织的文化，这样就可以实现员工满意度的提高和离职率的降低。关注人 - 组织匹配的研究者也同时也关注人们的价值观是否与组织文化相匹配。匹配程度高往往可以带来较高的工作满意度、较高的组织承诺和较低的离职率。

为了追求高匹配度，现在组织比以往更需要管理网上的形象，因为求职者在应聘之前习惯于浏览公司网址。他们希望看到友好的界面，希望网页提供有关公司的经营哲学和政策等信息。例如，"千禧一代"可能在察觉到组织致力于员工的工作生活平衡时，表现出特别积极的反应。公司网站对于人 - 组织匹配的感知来说是特别重要的，因此对它的风格（易用性）和内容（公司政策）进行改进有可能吸引众多的求职者。

其他匹配的维度

虽然人 - 岗匹配和人 - 组织匹配被认为是对工作产出最具有突出影响的匹配维度，其他类型的匹配维度也是值得我们检视的，包括"人 - 群体"匹配和"人 - 上司"匹配。"人 - 群体"匹配在团队环境下是较为重要的，团队中的互动状态能够显著影响工作结果。"人 - 上司"匹配越来越成为研究的焦点问题，因为这方面的错位有可能导致工作满意度降低和绩效下降。

有时候，所有匹配的维度被泛称为"人 - 环境"匹配。每一种维度都能预测某些工作态度，这种预测效果是基于文化差异的。一项近期针对东亚、欧洲和北美地区的人 - 环境匹配问题的元分析结论认为，人 - 组织匹配和人 - 岗匹配在北美地区是工作态度和工作绩效方面最强有力的预测指标。这些维度的预测力在欧洲有所减弱，而在东亚地区则最弱。

文化价值观

人格在很大程度上是基因决定的，和人格不同，价值观是在环境中习得的。价值观也可以在人们之间共享并代代相传。研究人员致力于理解国家价值体系的差异，他们发现了两种重要的国家价值观研究框架，分别来自于学者吉尔特·霍夫斯蒂德（Geert Hofstede）和 GLOBE 研究。

霍夫斯蒂德研究框架

吉尔特·霍夫斯蒂德曾经在 20 世纪 70 年代提出了一种广泛为后人所参照的文化差异分析框架。他调查了位于 40 个国家超过 116 000 名 IBM 公司的员工，询问他们和工作有关的价值观，最后发现管理者和员工在国家文化的 5 个价值维度上存在较大的差异。

- **权力距离**：权力距离（power distance）指的是一个国家的人们在多大程度上接受机构和组织中权力分布不均等的现象。权力距离高意味着即使权力和财富的分布非常不平等，在该文化下也能为人们所接受，例如存在一种阻碍一个人走向社会上层的等级制度或者种姓制度。权力距离低意味着一个社会鼓励公平和抓住机会。

- **个人主义与集体主义**：**个人主义**（individualism）指的是人们在多大程度上愿意以个人的方式做事，而不是以群体成员的方式做事，或者在多大程度上认为个人权利高于一切。**集体主义**（collectivism）强调一种紧密的社会联系，人们期望群体中的其他人能够照顾和保护自己。在组织行为学中，我们倾向于用个体主义或集体主义国家或文化的框架来分析这种区别。

- **阳刚与阴柔**：霍夫斯蒂德对于**阳刚**（masculinity）这一概念的定义是，某种文化在多大程度上偏好传统男性角色，如成就、权力和控制，其对立面是男女平等的理念。高度阳刚的文化对男性和女性角色区分程度较高，而男性占据社会主导地位。高度**阴柔**（femininity）意味着文化对男女角色区分不大，在各个方面对待两

权力距离

一个国家的人们在多大程度上接受机构和组织中权力分布不均等的现象。

个人主义

这种国家文化特征描述人们在多大程度上愿意以个人的方式做事，而不是以群体成员的方式做事。

集体主义

这种国家文化特征强调一种紧密的社会联系，人们期望群体中的其他人能够照顾和保护自己。集体主义国家或文化下，人们相互依赖并追求群体目标。集体主义价值观通常存在于亚洲、非洲和南美洲等国家。

阳刚

这种国家文化特征描述该文化在多大程度上偏好传统男性角色，如成就、权力和控制等。这种社会价值观的特征是自信和追求物质利益。

阴柔

这种国家文化特征对男性和女性不作特殊区分，该文化认为女性在社会各个方面与男性平等。

不确定性趋避

这种国家文化特征描述社会感到不确定性和模糊情境的威胁程度，并且有多大意愿试图规避它们。

长期导向

这种国家文化特征重视未来、尊崇节俭和坚忍不拔的特质。

短期导向

这种国家文化特征重视现在，并且更适于应对变化。

性都很平等。

- **不确定性规避：** 不确定性规避（uncertainty avoidance）指的是一个国家的人们在多大程度上更偏好结构化的情境，避免非结构化的情境。在不确定性规避程度高的文化中，人们面对不确定和模糊的事物时会积累焦虑感，并使用法律和控制手段来降低不确定性。不确定性规避程度低的文化对模糊情境的接受程度更高，不习惯听命于规则，愿意承担一些风险，并且更愿意接受变革。

- **长期导向与短期导向：** 这种分类法衡量社会是否执着于传统价值观。在**长期导向**（long-term orientation）的文化中，人们期待未来、崇尚节俭、毅力和传统。而在**短期导向**（short-term orientation）的文化中，人们更重视此时此地的感受，更容易接受变革，并且不将承诺视为变革的障碍。

不同的国家在霍夫斯蒂德量表上结果如何呢？表 5-4 展示了能够采集到数据的国家和地区的研究结果。例如，马来西亚的权力距离是最高的。美国的个人主义色彩非常浓厚，实际上，美国是最强调个人主义的国家（紧跟着美国的是澳大利亚和英国）。危地马拉也是高度集体主义国家。迄今为止，男权至上程度最高的国家是日本，阴柔程度最高的国家是瑞典。希腊人非常希望规避不确定性，而新加坡人对不确定性最不在乎。中国香港的文化最具有长期导向，巴基斯坦最体现短期导向。

近期的调查涵盖了 598 项研究结果，涉及 20 万名参与调查者，这项调查涉及了文化价值观与各种层次组织之间的联系，既涉及个体层面的分析，也涵盖了国家层面的分析。总的来说，5 个最初的文化维度有着同样有效的预测力。研究人员也发现，在大多数预测因素中，测量个人得分的做法比给一国所有人都冠上同样文化价值观的做法更有效。总的来说，这项研究指出，霍夫斯蒂德的价值观研究框架可能是用于思考人和人之间差异的有价值的方式，但是我们应当谨慎对待这样的前提假设，即认为一个国家所有的人都有着相同的价值观。

GLOBE 研究框架

从 1993 年开始并延续至今的"全球领导力与组织行为效果研究（Global Leadership and Organizational Behavior Effectiveness，GLOBE）"项目一直在进行领导力和国家文化方面的研究，它采用了 62 个国家 825 个组织的数据进行研究。GLOBE 研究团队发现国家文化有 9 个不同的维度，不同国家在这些维度上有很大差异。例如权力距离、个人或集体主义、不确定性趋避、性别差异（类似阳刚与阴柔的区别）和未来导向（类似长期或短期导向）等，这些结论与霍夫斯蒂德的研究维度类似。两者之间最主要

表 5-4　霍夫斯蒂德各国（地区）文化价值观

国家和地区	权力距离		个人主义与集体主义		阳刚与阴柔		不确定性趋避		长期导向与短期导向	
	指数	排名	指数	排名	指数	排名	指数	排名	指数	排名
阿根廷	49	35-36	46	22-23	56	20-21	86	10-15		
澳大利亚	36	41	90	2	61	16	51	37	31	22-24
奥地利	11	53	55	18	79	2	70	24-25	31	22-24
比利时	65	20	75	8	54	22	94	5-6	38	18
巴西	69	14	38	26-27	49	27	76	21-22	65	6
加拿大	39	39	80	4-5	52	24	48	41-42	23	30
智利	63	24-25	23	38	28	46	86	10-15		
哥伦比亚	67	17	13	49	64	11-12	80	20		
哥斯达黎加	35	42-44	15	46	21	48-49	86	10-15		
丹麦	18	51	74	9	16	50	23	51	46	10
厄瓜多尔	78	8-9	8	52	63	13-14	67	28		
萨尔瓦多	66	18-19	42	40	40	40	94	5-6		
芬兰	33	46	63	17	26	47	59	31-32	41	14
法国	68	15-16	71	10-11	43	35-36	86	10-15	39	17
德国	35	42-44	67	15	66	9-10	65	29	31	22-24
英国	35	42-44	89	3	66	9-10	35	47-48	25	28-29
希腊	60	27-28	35	30	57	18-19	112	1		
危地马拉	95	2-3	6	53	37	43	101	3		
中国香港	68	15-16	25	37	57	18-19	29	49-50	96	2
印度	77	10-11	48	21	56	20-21	40	45	61	7
印度尼西亚	78	8-9	14	47-48	46	30-31	48	41-42		
伊朗	58	29-30	41	24	43	35-36	59	31-32		
爱尔兰	28	49	70	12	68	7-8	35	47-48	43	13
以色列	13	52	54	19	47	29	81	19		
意大利	50	34	76	7	70	4-5	75	23	34	19
牙买加	45	37	39	25	68	7-8	13	52		
日本	54	33	46	22-23	95	1	92	7	80	4
韩国	60	27-28	18	43	39	41	85	16-17	75	5
马来西亚	104	1	26	36	50	25-26	36	46		
墨西哥	81	5-6	30	32	69	6	82	18		
荷兰	38	40	80	4-5	14	51	53	35	44	11-12
新西兰	22	50	79	6	58	17	49	39-40	30	25-26
挪威	31	47-48	69	13	8	52	50	38	44	11-12
巴基斯坦	55	32	14	47-48	50	25-26	70	24-25	0	34
巴拿马	95	2-3	11	51	44	34	86	10-15		
秘鲁	64	21-23	16	45	42	37-38	87	9		
菲律宾	94	4	32	31	64	11-12	44	44	19	31-32
葡萄牙	63	24-25	27	33-35	31	45	104	2	30	25-26
新加坡	74	13	20	39-41	48	28	8	53	48	9
南非	49	35-36	65	16	63	13-14	49	39-40		
西班牙	57	31	51	20	42	37-38	86	10-15	19	31-32
瑞典	31	47-48	71	10-11	5	53	29	49-50	33	20
瑞士	34	45	68	14	70	4-5	58	33	40	15-16
中国台湾	58	29-30	17	44	45	32-33	69	26	87	3
泰国	64	21-23	20	39-41	34	44	64	30	56	8
土耳其	66	18-19	37	28	45	32-33	85	16-17		
美国	40	38	91	1	62	15	46	43	29	27
乌拉圭	61	26	36	29	38	42	100	4		
委内瑞拉	81	5-6	12	50	73	3	76	21-22		
南斯拉夫	76	12	27	33-35	21	48-49	88	8		
阿拉伯国家	80	7	38	26-27	53	23	68	27		
东非	64	21-23	27	33-35	41	39	52	36	25	28-29
西非	77	10-11	20	39-41	46	30-31	54	34	16	33

资料来源：Copyright Geert Hofstede BV， hofstede@bart.nl. Reprinted with permission.

的区别在于 GLOBE 研究框架增加了诸如人道主义导向（社会在多大程度上奖励个体的利他行为、慷慨和善良等品质）和绩效导向（社会在多大程度上鼓励和奖赏团队成员的绩效提高和杰出表现）等维度。

霍夫斯蒂德的研究框架和 GLOBE 研究框架的对比

在两种研究框架之中，哪种更好呢？这是一个难以回答的问题，两者都有着很多支持者。我们在这里更偏向霍夫斯蒂德的维度，这是因为它已经经过了时间的检验，而且 GLOBE 框架也已经确认了前者的价值。例如，一项有关组织承诺的研究综述发现，霍夫斯蒂德和 GLOBE 框架中的个人主义 / 集体主义维度在研究操作方法上是很类似的。特别是两个研究框架都认为组织承诺往往在个人主义国家更低。因此，两个研究框架存在大量共同之处，而各自又有一些特殊贡献。

本章小结

人格对于组织来说很重要。它虽然不能解释所有的组织行为，但却是很多组织行为的解释基础。不断涌现的理论和研究都揭示了在不同情境下人格的作用程度是有差异的。大五模型是一个重要的研究进展，黑暗三人格和其他人格的研究也很重要。每一种人格对工作行为的影响都是有利有弊的，针对任何一个情境都不存在一套完美的人格。人格能够帮助你理解为何人们（包括你自己）产生某些特定的行为、思考和感觉。睿智的管理者可以学以致用，将员工分配到适合其人格的岗位情境中。

价值观通常是态度、行为和认知背后的原因。不同国家的价值观是不同的，这种差异能够预测组织结果。然而，个体也可能选择遵循或者不遵循自己的国家价值观。

对管理者的启示

- 筛选具备高度责任心的求职者。其他大五人格特质是否需要，取决于你的组织认为什么特质最为重要。其他方面，例如核心自我价值或者自恋，在特定情境下也可能是有意义的。
- 虽然 MBTI 受到了很多批评，你还是可以在员工培训和发展训练中使用它，它能帮助员工更了解自己，也能增进团队成员之间的相互理解，以及促进工作群体内的沟通，从而减少冲突的发生。

- 你需要评估员工所在的岗位、工作群体和你的组织情况，从而确定什么才是最理想的人格匹配关系。

- 在评估员工的一些可被观察到的人格特征时，应该考虑到情境因素，尽量降低情境强度，这样才能确认他们本来的人格特征。

- 认真考虑人们的文化背景差异，能让他们的工作行为变得更加容易预测，你可以为他们创造积极的组织氛围，令绩效得到提高。

第 6 章
知觉与个体决策

通过本章的学习，你应该能够：

1. 列举影响知觉的因素有哪些；

2. 说明什么是归因理论；

3. 解释知觉与决策之间的关系；

4. 比较决策的理性模型与有限理性决策、直觉决策的差异；

5. 解释个体差异和组织约束条件是如何影响决策的；

6. 对比 3 个道德决策标准；

7. 描述创造力的三阶段模型。

什么是知觉？

知觉

个体为自己所在的环境赋予意义，并解释自己所感觉到的印象的过程。

　　知觉（perception）是个体为自己所在的环境赋予意义，并解释自己所感觉到的印象的过程。然而，我们的知觉可能与客观对象的现实存在着本质上的差别。例如，假设所有员工都认为自己所在的公司是一个很优秀的工作场所，又例如拥有舒适的工作环境、有意思的工作任务、丰厚的薪水、优越的福利制度、善解人意而又负责任的管理者等。但正如我们大多数人的看法一样，所有员工都持同样看法的情况是非常罕见的。

　　为什么知觉对组织行为学研究而言这么重要呢？这是因为人们的行为是基于他们对现实的感知，而不是现实本身。人们所感知的世界，是对人们的行为产生意义的世界。换句话说，一旦我们根据自己的认知去调整行为，这个认知就成了现实。

影响知觉的因素

　　很多因素共同塑造着我们的知觉，有时甚至扭曲了我们的知觉。这些因素的来源可能是感知者、感知目标或对象，以及感知发生的情境。

　　● 感知者

当你看到一个目标事物时，对看到的事物所进行的解释是受到你的个人特征所影响的,这些个人特征包括态度、人格、动机、兴趣、既往经验和期望等。在某些情况下,你只听到自己想听的,也只看到自己想看的。其实并不是因为你所听到和看到的是真理,而只是因为它与我们的思维相符合而已。例如,研究指出,主管往往认为早早开始一天工作的员工可能更有责任心,因此必然是绩效优秀的员工;然而,如果主管自己是夜猫子,往往就不那么轻易做出这样的错误假设。某一些由于态度影响知觉而导致的偏差可以被客观评估所抵消,但也有一些偏差是难以察觉的。例如,一宗近期发生在纽约的枪击案有两个目击证人,其中一人声称警察追逐逃犯并且开枪击中,另一人声称一个戴着手铐、躺在地上的男性被枪击了。两人都没有正确解读当时的情况:事实上,这个人当时正企图用斧子袭击警察,被另外一名警察用枪击中。

● **感知目标**

感知目标本身的特征也能够影响我们的知觉。因为我们并不是孤立地去看待感知目标的,目标与背景环境的关系也在影响着我们的知觉。因此,我们倾向于把关系密切和相似的事物当作一个整体来感知。〔例如,我们通常将女性、男性、白种人、非裔美国人、亚洲人或者其他具有明显特征的群体视为在其他本来无关方面也具有相似之处(相关知识见第 2 章)。〕这些假设通常是有问题的,例如有犯罪记录的人在职场中往往遭到错误的预判(不论他们之前是不是被蒙冤逮捕)。有时候人和人之间的差异可能对我们有益,比如,我们经常被标新立异者所吸引。一项研究发现,在课堂上身穿运动衫和运动鞋的教授比选择传统着装的教授更受到学生们的尊敬。教授的衣着与课堂着装规范不符,学生将其解读为该教授很有个性。

● **情境**

情境也同样是重要的因素。我们观察一件事物的时间段也可能影响我们的注意力,其他情境因素包括地点、光线、温度和一些其他的情境因素。例如,在周六晚上的一家夜店中,你可能很难注意到一个打扮花哨的年轻客人,但如果这个人穿着同样的装束出现在周一早上的管理课堂上,你一定会注意到他。感知者和被感知目标都没有变化,只有情境因素发生了改变。

人们通常注意不到某些因素正在影响自己如何看待现实。事实上,甚至人们连自己的能力都难以看清。好在清醒的认识和客观测量手段能够减少认知的扭曲。例如,当研究人员要求人们思考有关自身能力的具体方面时,人们往往可以给出较为客观的自我认知。下面,我们将思考我们对他人的知觉。

对人的知觉：判断他人

　　与组织行为学最相关的知觉概念之一是"感知他人"，指的是人们对他人形成的知觉。我们对他人的很多知觉都形成于第一印象，以及某一些缺乏证据的小线索。我们将解释一些影响对他人认知的普遍思维倾向，首先就是归因理论。

归因理论

　　桌子、机器和建筑物等非生命体都受到自然规律的支配，它们不具有信仰、动机或意愿。而人类却具有这些思想。当我们观察他人时，总是试图解释他们的行为。我们对一个人行动的知觉和判断又在很大程度上受到我们对其内心状态作何假设的影响。

归因理论

归因理论试图解释个体行为来自于内因还是外因。

　　归因理论（attribution theory）试图解释我们对他人的不同判断，该理论认为，这种判断取决于我们对特定行为归因于何种意义。例如，假设有人对你微笑，你会怎么认为？你认为对方是希望跟你合作，还是利用你，抑或与你竞争？我们可能会用很多不同的方式去解读微笑和其他的面部表情。

　　● **内因和外因**

　　归因理论认为，当我们观察某一个体的行为时，总是试图判断它是由内部原因还是外部原因造成的。而这种判断很大程度上取决于 3 个因素：（1）特异性；（2）共通性；（3）一贯性。我们首先说明内因和外因的区别，然后再详细阐述这 3 个决定因素。

　　内因行为指的是观察者认为行为人可以控制的行为，外因行为指的是我们假设行为人的行为是由外部情境造成的。对于一名上班迟到的员工，你可能会把他的迟到归因于他在昨天的聚会上玩到凌晨而早上睡过了头，这就是内部归因。但如果你认为他的迟到主要是由于他常走的路线出现交通阻塞造成的，那么你所作的就是外部归因。

　　● **特异性、共通性和一贯性**

　　特异性指的是个体在不同情境下是否表现出不同的行为。今天迟到的员工是否平时也常常对各种承诺不屑一顾？我们想了解的是，这种行为是不是和往常有异？如果是这样，我们很可能会对该行为作外部归因。如果不是这样，我们可能会认为该行为是内部原因造成的。

　　如果每个人面对相似的情境都会表现出相同的反应，我们可以说该行为具有共通性。如果走相同路线上班的员工都迟到了，则这一员工的迟到行为就符合了这条标准。从归因的观点来看，如果共通性高，你很可能对迟到的行为进行外部归因，而如果走相同路线的其他员工都按时到达，你就会断定迟到是由于内部原因。

最后，感知者需要考察一个人行为的一贯性。是否长期以来此人积习难改？上班迟到 10 分钟这件事，如果分别发生在一名几个月以来从未迟到的员工和一周迟到两三次的员工身上，人们的看法是截然不同的。行为的一贯性越高，感知者越倾向于对该行为作内部归因。

图 6-1 归纳了归因理论的关键内容。例如，该理论告诉我们，如果员工凯特琳在从事当前的工作时与她在一般工作上的表现差不多（特异性低），而其他员工在这项工作上的表现通常差异较大，有的比凯特琳做得好，有的则比凯特琳做得差（共通性低），并且凯特琳在这项工作上的绩效在长时间内比较一致（一贯性高），那么任何评价凯特琳工作的人都很可能将她的工作表现解释为她自身的原因（内部归因）。

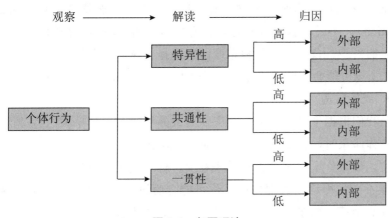

图 6-1 归因理论

● **错误和偏差**

错误或偏差会令归因的结果发生扭曲。当我们对他人的行为做出判断时，往往会低估外界因素的影响，并且高估内部或个人因素的影响。这种**基本归因偏差**（fundamental attribution error）能够解释为何一名销售经理倾向于将不佳的销售业绩归因为销售员工的懒惰，而不愿归因于竞争者发布了新颖的产品。个体和组织往往会将自己的成功归结为内部原因，例如能力强或更努力，而将失败归结为外部原因，如运气不好或者同事难以相处等。人们也倾向于将模糊的信息视为赞扬，乐于接受表扬而排斥批评意见。这种现象被称作**利己偏见**（self-serving bias）。

利己偏见在东亚文化中并不太常见，但有证据显示它的确存在。研究发现，中国的管理者在追究错误责任的时候，和西方管理者一样会使用特异性、共通性与一贯性等衡量标准，他们也会感到愤怒并惩罚那些被认为是应该对失败负责的人，研究显示，这种反应在西方管理者当中是常见的。然而差异是，亚洲管理者往往需要更多的证据才会认定他人应该对失败承担责任。

基本归因偏差

当我们对他人的行为作判断时，往往会低估外界因素的影响，并且高估内部或个人因素的影响。

利己偏见

个体和组织往往都会将自己的成功归结为内部原因，而将失败归结为外部原因。

判断他人的捷径

我们在判断他人时所采用的一些捷径令我们更迅速而精确地感知事物，这些捷径也为我们预测事物提供了有效的依据。然而，采用这些技巧却有可能把我们引入歧途，严重扭曲事实。我们将深入探讨这个话题。

- **选择性认知**

选择性认知

我们倾向于根据自己的兴趣、背景、经验和态度选择性地解读自己看到的事物。

一个人、一个物体或者一件事的任何特征都能够增加它被我们感知到的可能性。这是为什么呢？原因是，我们不可能将自己所看到的一切都彻底消化和理解，我们只能对某些特定的刺激产生印象。因此，你更容易注意到和自己的汽车外形相似的汽车，你的上司可能训斥了某些员工但却没有训斥犯了同样过失的其他员工。正因为我们没有办法无所不知地观察到身边发生的所有事物，所以我们只能进行**选择性认知**（selective perception）。不过，我们并不是随机选择自己所关注的特征的，我们会根据自己的兴趣、背景、经验和态度做出选择。我们只看到我们希望看到的事物，所以可能会在模糊的环境中得出不可靠的结论。

- **晕轮效应**

晕轮效应

我们倾向于根据个体的某一条特征而对他形成泛泛的印象。

当我们根据个体的智力、社交能力或外貌等某一种单独的特征而形成一个总体印象时，就受到了**晕轮效应**（halo effect）的影响。晕轮效应很容易证实。如果你了解某个人很善于社交，你对他还会有什么其他的推断？你应该不会觉得这个人很内向。你可能会假设此人声音洪亮、快乐阳光，并且才思敏捷，而事实上，善于社交的特质并不包含以上这些特征。我们作为管理者，应当避免根据小的线索去做大的推断。

- **对比效应**

对比效应

我们对某人特征的评估会受到我们对近期所遇到的人在该特征方面给我们何种印象的影响。

表演艺术者中很早就流传着这样的箴言"不要在有小孩或者动物的节目之后出场"，这是为什么呢？观众非常喜欢小孩和动物，以至于相比之下后续的演出会显得很蹩脚。这个例子说明了**对比效应**（contrast effect）对知觉的扭曲作用。我们对人的评价不是隔绝于一切的。我们对他人的反应会受到近期所遇到的人的影响。

- **刻板印象**

刻板印象

根据对某个群体整体的认知而去判定群体中某一个成员的特征。

当我们基于自己对某人所属群体的知觉来评判这个群体成员时，我们就在使用**刻板印象**（stereotyping）的方法。刻板印象可能在人们心中根深蒂固，强大到足以影响人们的生死决策。一项控制了广泛影响因素（例如环境变坏或者变好）的研究显示，被控告谋杀罪的黑人与刻板印象中典型黑人的相似程度如果很高，那么这会极大程度上加倍他们被证明有罪时被处以死刑的概率。另外一项实验性研究发现，学生们倾向于在针对领导潜能和领导效能等方面给领导者打分时，对白人打分较高，而对少数民族群体打分较低，这项结论所支持的刻板印象是，白人更适合担任领导者。

在这个复杂的世界中，数不清的事物在刺激着我们的感知，我们的处理方式是利用刻板印象或者采用探索式的捷径去做决策。这就好比财务部的艾莉森在帮助你解决一个财务预测的难题，挑战在于，估计的数字太不精确，或者估计之处过多。

知觉与个体决策的关系

组织中的个人经常要做**决策**（decisions），即在两种甚至多种可能性中做出选择。在理想情况下，决策可以说是一个客观的过程，但是个体做决策的过程以及决策质量都会受到知觉的影响。个体决策对于组织各个层级来说都是重要的行为。

决策指的是对**问题**（problem）的反应。也就是说，事物当前的状态与期望的状态之间存在差距，解决问题要求我们考虑多种行为方式。如果你的汽车出了问题，而你又要开车去上班，那么你就遇到了需要做决策的情境。遗憾的是，很多问题都不会明明白白摆在我们的面前。一个人的难题可能对另一个人来说不成问题，例如，一名经理可能认为自己所在部门的季度销售量降低了 2% 是一个严重的问题，她需要立即对此作出行动；相比之下，另一个部门中和她平级的经理可能认为 2% 的销售量下滑是可以接受的。因此，是否意识到问题的存在，是否认为需要做决策，这些都是感性的问题。

每个决策都要求我们解读和评估信息。我们往往从多个渠道获得信息，需要筛选、处理并且解读这些信息。哪些信息对决策有帮助，哪些信息和决策无关？我们的知觉可以回答这个问题。我们也同样需要寻找多种解决方法并且评估它们的优缺点。此外，我们的感知过程也会影响最终的结果。例如，你是否懂得如何委婉地拒绝别人？研究显示，我们通常认为拒绝别人是非常难受的，通常在拒绝一次之后，我们会感到有义务答应对方后续的要求。事实上，对说"不"的不适感往往迫使人们答应不道德的要求。在一项学生研究中，研究人员要求 108 位陌生人在图书馆所借阅的书上写下"腌黄瓜（pickle）"这个词时，有一半的人都照做了！

组织中的决策

商学院通常培训学生遵循理性决策模型。虽然这些模型拥有相当多的优点，但它们却无法描述人们实际上是如何做决策的。组织行为学教会我们理解人们经常犯的决策错误以及前文中提到的知觉偏差，从而提高我们

决策

在两种甚至多种可能性中做出的选择。

问题

事物当前的状态与期望的状态之间所存在的差距。

在组织中的决策能力。我们首先介绍一些有关决策的理论概念，然后描述一些常见的决策错误。

理性决策模型、有限推理能力与直觉

在组织行为学中，有三条被人们普遍接受的与决策相关的概念：理性决策模型、有限推理能力与直觉。虽然这些决策过程从表面上看很符合我们的感受，但是它们却不能帮助我们做出最精确的（或最佳的）决策。更重要的是，在特定情境下，有的时候一种策略会比另一种策略更好。

● 理性决策模型

理性

理性思维的特点是在特定的限制条件下做出一致的、令价值最大化的选择。

理性决策模型

这种决策模型描述了人们为了优化结果而应当体现的行为。

我们通常认为最优决策的制定者是**理性的（rational）**，在特定的限制条件下，做出一致的、令价值最大化的选择。这些决策遵循的是一个 6 步骤的**理性决策模型**（rational decision-making model），这 6 个步骤如下。

① 界定问题
② 确定决策标准
③ 给决策标准分配权重
④ 开发备选方案
⑤ 评估备选方案
⑥ 选择最优方案

理性决策模型假设决策者拥有完整的信息，能够不偏不倚地识别所有相关的备选方案，并且能够从中选择最有用的方案。现实世界中的大多数决策条件并不符合理性决策模型。人们通常满足于找到一个可接受或者合情合理的解决方案，而并不一定非要找到最佳方案。我们所拥有的选择方案往往局限于与问题表征相距不远的选择以及目前现有的选择。一个决策专家这样说过，"大多数的重要决策都是人们通过自己的判断做出的，而并不是依照某个既定的模型"。而且，人们难以意识到自己的决策其实并不是最优的决策。

● 有限推理能力

有限理性

通过构建简单模型和抽取关键点进行决策的变繁为简的方法。

一般来说，我们不愿意遵循理性决策模型也是有道理的，人们有限的信息处理能力令我们无法吸收和理解为了做出最优决策而需要的全部信息，哪怕全部信息都唾手可得。因为我们无法完全依靠理性去结构化某个复杂的问题并解决它，所以我们通常在**有限理性**的范围内开展思路。我们会创造简化的模型，仅仅抽取问题的关键点进行思考，而不再考虑复杂问题的所有细微方面。这样，我们就可以在简单模型的框架内进行理性思考了。

采用有限理性的一个结果是，人们需要妥协，寻求一些既令人满意而又足以解决问题的决策（我们估计它"足够好"）。这种"退而求其次"是可接受的，虽然得出的决策不一定最优，但它也未必是一个糟糕的方法。

通常而言，简化的过程可能比传统的理性决策模型更明智。如果采用理性模型，你需要收集关于所有方案的大量信息，计算各个要素的权重，然后采用各种标准去计算要素的价值。所有这些过程会消耗你的时间、精力和金钱。如果存在某些未知的权重和偏好，全面进行理性决策的结果可能并不比感性猜测精确多少。有时，采用快速而经济的方式去解决问题反而是你的最佳选择。

● **直觉**

可能最缺乏理性的决策方法就是**直觉决策**（intuitive decision making）了，它是一个来自过去经验累积的下意识过程。它并非来自有意识的思考，而是依靠一些总体的联想或者信息碎片之间的联系等。它非常迅速、饱含情感，也就是说它通常与情绪相关。虽然直觉并不理性，但这不意味着它一定是错误的。它也通常不与理性分析相悖。相反，两者是互补的。

直觉决策
一个来自过去经验累积的下意识过程。

直觉对高效决策有帮助吗？研究人员对此意见不一，但大多数专家对此都持怀疑观点，一部分原因是，直觉是很难测量和分析的。可能最有价值的意见是来自于一位专家的建议：“直觉是构建假设的一种有用的方式，但并不能作为‘证据’来使用。”人们可以使用从经验中总结出来的直觉去判断事物，但是一定要使用客观的事实去测试直觉的正确性，并且辅以理性和冷静的分析。

决策中常见的偏差和错误

决策者所使用的是有限理性决策法，判断中往往掺杂着系统性偏差和错误。人们为了降低决策难度以及避免遇到艰难的权衡，往往过于依赖经验、冲动、直觉和常识。依赖捷径去做判断通常会扭曲理性思维。以下是对于如何避免落入偏差和错误的陷阱提供的一些相关的建议。

1. 关注目标

缺乏目标的人不可能是理性的人。因为你并不知道自己需要哪些信息，也不知道哪些信息与决策相关或者不相关。你会感到在多种方案之中难以取舍，也很可能在决策之后感到后悔。清晰的目标可以令人更容易决策，并且帮助你筛除与自己利益不相匹配的方案。

2. 留心逆耳忠言

克服过度自信、确认性偏差和后视偏差的一个最有效的手段是积极寻求与自己的信仰和假设相反的信息。当我们积极而又公开地寻求自己可能犯下的错误时，就是在克服我们不切实际地自认为精明的倾向。

3. 勿要试图从随机事件中创造出意义

受过良好教育的人习惯于寻找事情的因果关系。当一个事件发生时，我们会寻求它的原因。当我们无法找到原因时，通常会自行创造出一个原因。你必须承认，生活中往往有很多事件是我们无法控制的。在一些事件发生时，请扪心自问，是否能够为这个事件找到合理的原因，还是这个事件的发生只不过是个巧合。请勿试图在巧合中臆想出因果关系。

4. 增加备选方案

不论你可以找到多少个方案，你最终选择的方案都有可能不是最佳方案，这种观点意味着你需要增加备选方案，而且需要创造性地寻找各式各样的方案。你能够列举出的方案越多，这些方案越多元化，你找到优秀方案的可能性就会越大。

资料来源：S.P. Robbins, *Decide & Conquer*: *Making Winning Decisions and Taking Control of Your Life*（Upper Saddle River, NJ: Financial Times/ Prentice Hall, 2004）, pp. 81-84.

● 自信过度型偏差

我们往往倾向于对自我能力过度自信，以及对他人的能力过度乐观，并且我们通常没有意识到这种偏差。例如，当人们说一个特定数字有90%的可能性落在某一个区间时，他们所说的区间实际涵盖该数字的概率只有50%。即便是专家，其扬言的置信区间也并不比新手更精确。

才智能力和人际交往能力越差的个体，越有可能高估自己的表现和能力。企业家的乐观程度与新开创企业的业绩也有负相关关系。企业家越是乐观，成功的可能性越低。一些企业家对自己的创业理念抱有过度的信心可能会令他们忘记制订规避风险的计划。

● 定位偏差

定位偏差（anchoring bias）指的是持续关注于一开始的信息而没有恰当地根据后续信息进行调整。我们在前面章节中谈到有关招聘面试的情境，我们的思维似乎特别关注最初接受的信息。在需要高超说服技巧的职业里，人们广泛使用"锚点"来定位，例如广告行业、管理层、政治家、房地产和法律行业。

定位偏差
持续关注于一开始的信息而没有恰当根据后续的信息进行调整的倾向。

每当谈判开始时，定位行为也就开始了。如果一个有希望供职的雇主询问你，前一个岗位的薪酬是多少，这个数字往往成为新雇主对你定位的锚点。（当你在协商薪水的时候要将此牢记于心。但是要将定位设置在你实际能够达到的高度。）你的定位越是精确，调整的幅度就越小。一些研究结果显示，人们往往在定位后可以四舍五入的情况下考虑数字的调整。例如，你说出自己之前的薪酬是55 000美元，你的上司会认为5万美元到6万美元是可以商量的合理范围。但如果你提出的薪酬是55 650美元，那么你的上司很可能考虑55 000美元到56 000美元之间是最合理的出价。

● **确认性偏差**

理性决策过程的一个假设是，我们能够客观地收集信息。但事实并非如此。我们是有选择地收集信息的。**确认性偏差（confirmation bias）** 是选择性认知的一个典型体现。我们会主动寻找能够验证我们过去经历的信息，同时低估与经验相悖的信息的重要性。我们也倾向于接受能够验证我们事先观点的表面性信息，而批评和怀疑对这些观点造成挑战的信息。我们甚至还倾向于主动寻找自己愿意听到的信息来源，高估支持性信息的重要程度，以及低估相反信息的重要程度。当我们认为自己拥有优质的信息并且坚信自己的观点时，是最容易发生确认性偏差的。幸运的是，如果一个人强烈地感到自己的决策需要高度的精确性，那么产生确认性偏差的可能性就会降低。

● **易得性偏差**

惧怕乘坐飞机的人比惧怕乘坐汽车的人更多。但如果乘坐商业飞机真如开汽车一样危险的话，那么其危险性就相当于两架满负荷飞行的波音747 飞机每周都坠毁，并且无一生还。因为媒体对空难更加关注，所以我们往往倾向于过分强调飞行的危险性而低估驾车的危险性。

易得性偏差（availability bias） 指的是我们倾向于在既有信息的基础上做出判断。人们身边易得的信息以及我们以往在类似信息基础上获得的直接经验对决策的影响力特别大。能够激起情绪的事件、记忆特别鲜明的事件，或者近期刚刚发生因此容易被回想起来的事件，都可以令我们高估一些不太可能发生的事件的频率，例如撞机、遭受疾患并发症，或者遭到解雇的比例。易得性偏差的观点也可以解释为何管理者在绩效评估时，往往对员工近期的行为考虑更多权重，而不太重视 6 到 9 个月之前的行为。

● **承诺升级**

另一个干扰决策的因素是承诺升级的倾向，其原因往往是非理性的。**承诺升级（escalation of commitment）** 指的是，在有明显证据证明一个决策是错误的情况下，人们仍然坚持这个决策。

承诺升级的行为在什么情况下更有可能发生？有证据显示，在人们在发现自己的行为导致失败并为此负有个人责任时，会升级对这种行为的承诺。对于个人失败的恐惧感会令我们在寻找信息和评估信息的时候发生偏见，导致我们只选择那些支持我们原先已经做过投入的信息。究竟是我们自己选择了错误的行为轨迹，还是我们被动接受它，似乎是无关紧要的。不论哪一种情况，我们都会感到负有责任并且升级投入。而且，决策权的分享（例如征求他人对决策的建议）也会带来更高程度的承诺升级。

我们通常认为承诺升级是完全没有根据的。然而，在面临失败时坚持原先的路径反而解释了历史上很多伟大事件的成功，例如埃及金字塔、中国的长城、巴拿马运河、美国帝国大厦，等等。研究人员认为，较为平衡

确认性偏差

我们会主动寻找能够验证我们过去选择的信息，并且低估与过去判断相悖的信息的重要性。

易得性偏差

我们倾向于在既有信息的基础上作判断。

承诺升级

承诺升级指的是在有明显证据证明一个决策是错误的情况下，人们还仍然坚持这个决策。

的做法是，加强对已投入成本的评估，以及不断重新估量下一步的行动是否值得再投入更多的成本。因此，我们所希望克服的，是不经思考的承诺升级倾向。

● 随机谬误

很多人觉得人类是可以控制世界的。我们倾向于认为我们能预测随机事件的结果，这就叫做**随机谬误**。

如果我们试图从随机事件中制造意义，尤其是当我们把某种想象中的模式变成了迷信，那么决策就会受到影响。这类模式有可能完全是臆想出来的（例如，我绝不能在某月13日星期五这天做任何重要的决定），也可能是从过去的行为模式中强化而来的（例如幸运衫）。

● 风险厌恶

从数学意义来看，我们应当认为价值100美元的金币如有50%的机会得到，那么其价值等同于一枚50美元的金币。毕竟这次赌博在进行多次试验后的期望价值是50美元。然而，除了好赌成性的人，几乎每个人都偏好确定价值的事物而厌恶具有风险的事物。对许多人来说，即使有50%的机会得到200美元，其价值也不如确定得到50美元高，即使从数学意义上看前者的价值比后者大一倍！更偏好确定的事物这种倾向就是所谓的**风险厌恶**（risk aversion）。

风险厌恶的现象可以对商业行为提供很多启示。例如，为了抵消一项基于佣金的工作的内在风险，公司愿意支付给这类员工比固定薪酬员工多得多的薪水。第二，厌恶风险的员工偏好以固定的方式去工作，而不愿意冒风险尝试新颖的工作方法。坚持过去被证明有效的策略能够将风险降到最低，但长期来看却会导致工作停滞不前。第三，对于一些进取心很强的人来说，如果他们拥有的权力可能被剥夺（对于大多数管理层来说是这样），那么他们往往会持有高度的风险厌恶倾向。这可能是因为他们不想将自己如此努力才得到的成果当作赌注。面临被撤职风险的CEO们也特别厌恶风险，然而可能一些风险稍高的投资策略实际上是对公司有利的。

● 后视偏差

后视偏差（hindsight bias）指的是，人们倾向于在事后错误地认为，事情的结果本来应该是可以准确预测的。当我们准确地预测了事物的结果时，往往倾向于认为结论本来是很显而易见的。

例如，最初在实体店运营的家庭电影租赁行业逐渐走向了衰败，而与此同时，在线视频分销机构正在崛起并逐渐蚕食了前者的市场。一些人曾经提出，如果Blockbuster这样的租赁公司早一些有效利用自身的品牌和分销渠道等资源去做在线视频业务和开发自动营业厅的新渠道，那么他们就不会走向失败了。虽然这些结论在目前显而易见，我们现在很容易

随机谬误

个体倾向于认为自己能预测随机事件的结果。

风险厌恶

偏好确定的中度收益，而不是风险大的结果，即使风险大的结果对应着更高的期望收益。

后视偏差

人们倾向于在事后错误地认为，事情的结果本来应该是可以准确预测的。

认为这些措施是可以不费力就想出来的，但是当时很多专家却没能事先预
测出行业的发展潮流。虽然针对决策者的批评不是没有价值，但正如畅销
书《引爆点》（*Blink and The Tipping Point*）的作者马尔科姆·格拉德威尔
（Malcolm Gladwell）所说，"事后看上去清晰的方向在事情发生之前往往鲜
有迹象"。

决策影响因素：个体差异和组织约束

我们在这里将转而介绍影响人们决策的因素，以及这些因素在多大程
度上受到谬误和偏差的影响。我们先讨论个体差异，再讨论组织约束。

个体差异

我们已经讨论过，实践中的决策过程有着有限理性、常见偏差和谬误、
以及直觉决策等特点。以人格差异为代表的个体差异也会让决策偏离理性
决策模型。

- **人格**

以追求成就和尽职尽责为代表的某些体现高度责任心的人格可能影响
承诺升级。首先，成就导向者厌恶失败，所以他们容易对承诺加大投入，
希望能主动制止失败。然而，尽职尽责的人则倾向于执行他们自己认为对
组织最好的事情，因此承诺升级的情况较少发生。第二，追求成就的个体
往往表现为很容易产生后视偏差，这可能是由于他们需要证明自己行为的
正确性。我们目前还缺乏证据去证明尽职尽责的人格是否能完全避免这种
偏差。

- **性别**

男性和女性谁更善于决策？这个答案取决于情境。当情境压力不大时，
男性和女性的决策质量基本等同。在压力下，似乎男性更容易以自我为中
心，决策风险性更大，而女性则更加具有同理心，所以她们的决策质量是
随着同理心而提高的。

- **一般心智能力**

我们知道，一般心智能力（GMA，见第 5 章）较高者处理信息的速度
更快，解决问题的准确性更高，学习的速度也更快，所以你可能认为他们
不容易受到一般决策谬误的影响。然而，一般心智能力似乎仅仅能帮助他
们避免其中一些谬误。聪明人也很容易产生定位偏差、自信过度、承诺升
级等问题，原因可能是聪明本身并不能让你意识到自己有可能过于自大，
或者在情感上有防御心。但这并不意味着智力不是一个重要的因素。经过
提醒，智力较高者可以更快学会什么是决策谬误，并且更有效避免它。

- ● 文化差异

各个文化之间的差异有着多方面的体现，包括时间导向、人们心目中理性的价值、对人类解决问题能力的看法，以及人们对集体决策的偏好程度等。首先，在时间导向上的差异能够帮助我们理解为什么埃及管理者的决策速度和考虑问题的精细程度要高于美国管理者。其次，北美地区特别重视理性，但其他地方并非如此。北美管理者有可能在制定决策时也是依靠直觉的，但他们也很清楚，将决策体现为理性决策是非常重要的，因为西方高度重视理性。在伊朗等国，理性和其他决策要素相比并没有占据居高临下的地位，因此，致力于让决策体现为理性化就没有太多必要。

再次，一些文化强调解决问题的重要性，而另一些文化可能关注接受情境设定的现实。美国属于第一类文化，泰国和印尼是第二类文化。因为解决问题型的管理者相信，他们可以改变现实，也应该改变现实，从而对自己有利，因此美国的管理者可能会早于泰国和印度尼西亚的管理者认定，某个状况已经成为问题，而后者可能选择接受现状。最后，日本是集体主义社会（见第4章），它比美国的个人主义社会（见第4章）更偏向群体导向。日本人重视服从和合作，因此，在日本CEO制定重大决策之前，他们会收集大量信息，并且用群体决策的方式来形成一致意见。

- ● 说服

任何看过广告的人都知道什么是说服。广告是组织为了影响人们认知（对产品的认知）和决策（购买决策）所采取的最简单直白的形式。企业社会责任（CSR，见第3章）也采用了说服的手段来达到积极的结果，也就是改变了人们对组织的期望。人们接受建议的程度不尽相同，但是的确可以说，我们每个人都在一定程度上可以接受说服。

决策中的组织约束

组织会对人们的决策范围施加约束，这可以是好事（避免偏差），也可以是坏事（阻碍了理性评估）。例如，管理者需要制定能够反映组织绩效评估标准和奖酬系统的决策，从而符合某些正式的规定，以及满足组织对工作进程施加的时间限制。以往发生的事例也同样可以对决策造成约束。

- ● 绩效评估

应用在管理者身上的绩效评估标准对他们产生着深刻的影响。如果一个部门经理认为如果没有听到任何负面评价就意味着他负责的工厂运营得很好，那么不难推断出他所管辖的工厂经理们会花很多时间确保这位部门经理不会听到负面信息。

- ● 奖酬制度

组织的奖酬制度可以影响个人决策，它指导着决策者做出对个人更有利的选择。例如，如果组织奖励风险规避的行为，那么管理者就更容易做出保守的决策。

- **正式规定**

大卫是位于美国得克萨斯州一家名为塔可钟的快餐店的值班经理，他谈到工作上面临的约束时这样评论道："我在做任何决策时都要考虑到规章制度。从如何制作玉米饼到多长时间打扫一次休息室。我的工作中并没有多少可以选择的余地。"大卫这样的例子并不少见。几乎大大小小的公司都会制定规章政策来指导决策，从而让个体服从组织所希望的行为方式。在这样的过程中，决策的自由程度会受到限制。

- **制度施加的时间限制**

几乎所有的重要决策都存在明确的时间限制。例如，新产品研发的定期报告必须在每个月的第一天接受管理委员会的审查。这样的要求增加了管理者在最后选择之前充分收集信息的难度。

- **先例的存在**

决策并非是在真空中制定的，而是都处在特定的情境当中。例如，我们每个人都能认同这种逻辑，即影响任何特定年份预算数字的最重要因素就是上一年的预算。今日的决策在很大程度上是多年来决策的结果。

如何看待决策中的道德性？

在所有的组织决策中，道德都应当是一个重要的准则。我们在本小节中介绍道德决策的三个方法。我们也会涉及谎言会对决策产生什么影响这个重要的问题。

三个道德决策准则

第一个道德准则就是**功利主义原则**（utilitarianism），这个观点认为，决策的制定只以结果为依据，理想的决策是可以为最多的人提供最多收益的决策。这种观点在商业决策中占主导地位。它与效率、生产率和高利润等目标相一致。请记住，功利主义并不一定是客观的。一项研究显示，功利主义的道德性是受到很多影响的，而这一点我们可能并没有意识到。人们通常会面临这样的道德困境：五个人的重量压弯了一座人行桥，它低下来影响了某一个铁轨的路线。一辆火车马上就要撞到桥身。你的选择是让五个人都被撞死，还是把一个体重较大的人推下桥去，拯救剩下四个人？在美国、韩国、法国和以色列，大概有 20% 的回答者选择把一个人推下桥去。这个比例在西班牙是 18%，在朝鲜是零。这个结果可能对应着文化功利主义价值观，因为一个小小的条件改变就造成了结果的改变，那就是让

功利主义原则
决策的制定原则是为最多的人提供最多的收益。

回答者用自己掌握的非母语来回答问题，结果是选择把一个人推下去的回答者更多了。在一个小组中，有33%的回答者选择推下去一个人，另一个小组44%的回答者选择推下去一个人。用非母语来回答问题给人一种情感上的距离，因此看上去支持了功利主义的观点。这似乎表明，我们所认为的实用主义倾向也有可能发生变化。

告密者

检举雇主或他人不道德行为的个体。

第二个道德准则要求人们的决策能够保障基本的自由和权利，正如美国人权法案等类似文件中叙述的一样。在制定决策的过程中强调权利，意味着尊重和保护个人的基本权利，例如隐私权、言论自由和遵循法定诉讼程序等。这一标准可以保护**告密者**（whistleblower）行使其言论自由的权利，让他们可以对媒体或政府机构揭露组织的不道德行为。

第三个道德准则是在组织中公平而且无偏袒地施加并执行某些规则，或者使利益与成本得到公平的分配。这种观点支持着，人们无论表现好坏都能获得同等报酬，以及用资历高低作为制定裁员决策的决定性因素。

选择合适的准则

为营利组织工作的决策者往往在运用功利主义准则时特别感到轻松。组织和股东的"最大利益"可以让很多令人质疑的做法变得可以说得过去，例如大量裁员。但许多批评家却认为这种观点需要被修正。社会上对于个体权利与公平的关注度正在逐渐提高，这意味着管理者必须提升运用这种非功利性的道德准则制定决策的能力。这个要求对于今天的管理者而言无疑形成了挑战，这是因为，在决策中满足个人权利与社会公平等准则比起作用于效率与利润的功利主义标准来说，存在更多的模糊地带。然而，产品涨价、对消费者出售质量有问题和影响健康的产品、关闭低效率的工厂、大批减员、将生产基地转移到海外以降低成本等行为虽然从功利主义目的来看确实是有理有据的，但是决策好坏的评价标准却不再只有功利主义这一条。

正是在这个意义上，企业社会责任的提出代表着积极的改变。正如我们审视功利主义的理想一样，当组织的目光关注在资产负债表上时，他们往往没有动机去应对有关公平性的问题。然而，人们正在对组织施加压力，让组织承担起应负的责任，这意味着可持续性发展问题已经开始影响着组织的利润。因为消费者越来越倾向于选择承担企业社会责任的组织所生产的产品和服务，高效的工作者也被这类组织吸引并且愿意为之工作，政府部门更是对组织朝向可持续性发展的努力提供激励政策。企业社会责任现在已经开始在商业世界产生了积极的意义，为功利主义思维加上了道德思考。

行为的道德性

越来越多的研究人员对行为道德性的课题产生了兴趣，这个课题专门分析人们在遇到道德困境的时候作何反应。研究告诉我们，当社会和组织中存在集体道德标准，而个人道德观中存在个体道德标准时，我们并不一定会遵循组织所倡导的道德标准，而且我们有时也会违反自己的道德标准。我们在行为上的道德性会依据不同的情境而存在差异。

行为的道德性

分析人们在遇到道德困境时实际如何表现。

撒谎

你会撒谎吗？大多数人都不愿意被人看成一个骗子。但如果我们简简单单认为只要撒了谎就一定是骗子，那么我们就都成了骗子。我们既会对自己撒谎，也会对他人撒谎。我们既会有意识撒谎，也会无意识撒谎。我们会编造大的谎言，也会制造小的欺骗。撒谎是我们每日最惯常的不道德行为之一，它会让我们勤勤恳恳致力于合理决策的努力都付之东流。

真相是，我们之所以撒谎的一个原因是谎言不容易被他人识破。在超过 200 项研究里，人们正确识破撒谎的概率只有 47%，这个成功率甚至还不如随机挑选。不论采取哪种测谎技术，结果都保持一致。例如，警方所采用的一种测谎技术是基于一种理论——人们撒谎时容易向上看和向右看。然而遗憾的是，研究人员测试了这项技术后并不支持它背后的理论。

不论我们能否识破谎言，撒谎对决策而言都是致命的。当事实被扭曲、人们的行为动机被掩盖时，管理者和组织都无法制定好的决策。撒谎本身也是一个道德大问题。从组织的角度来看，不论是采用高端的测谎技术还是尽力诱捕撒谎者，结果都不能让人满意。最持久有效的解决方案来自于组织行为学，组织行为学研究的是如何发扬我们天然的本性，创造一种谎言真空的环境。

创造力、创造性决策和组织中的创新

虽然理性决策模型通常可以提高决策能力，但理性的决策者同样也需要**创造力**（creativity），即创造新颖而又实用的想法的能力。一些不同于以往做法的新颖观点可能对解决问题来说非常合适。

创造力让决策者能够全面评估和理解问题所在，甚至看到其他人看不到的问题。虽然组织行为中的所有问题都具有复杂性，但是创造力的复杂性特别突出。为了简化该知识，图 6-2 提供了一个组织中创造力的**三阶段模型**（three-stage model of creativity）。这个模型的核心要素就是创造性行为，它包括"因"（创造性行为的预测指标）和"果"（创造性行为的结果）两类行为。

创造力

创造新颖而又实用的想法的能力。

三阶段创造力模型

该模型提出创造力包括三个阶段：因（创造潜力和创造环境）、创造性行为和创造性结果（创新）。

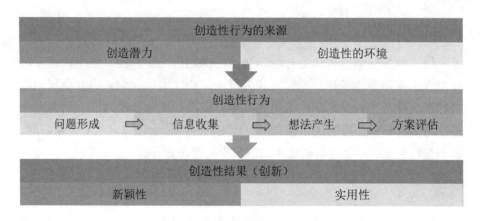

图 6-2　组织中创造力的三阶段模型

创造性行为

创造性行为通过四个步骤实现，这四个步骤存在接续性。

1）问题形成

任何创造性行为都始于一个需要解决的问题。因此，**问题形成**（**problem formulation**）的定义是创造过程中的这样一个阶段，即认识到存在尚未得到解决的问题，或者尚未被充分发掘的机会。

2）信息收集

问题已经明确，解决方案往往并不容易找到。我们需要时间了解更多信息以及处理新获得的信息。因此，**信息收集**（**information gathering**）指的是个体脑海中不断孕育解决方案的创造性的行为阶段。信息收集令我们能够识别创新机会。

3）创意产生

创意产生（**idea generation**）指的是创造性行为所包含的这样一个过程，即我们利用相关的信息和知识，针对某个问题提出可能的解决方案。有时我们会独立寻求解答，一些小事可能给我们带来灵感，令创意过程突飞猛进，例如散步和涂鸦。然而，越来越多的创意是集体合作的结果。

4）创意评估

最后，需要对我们提出的所有创意进行评估。因此，**创意评估**（**idea evaluation**）指的是这样一个创造性行为，即我们对潜在的解决方案进行评估，并找到最佳方案。

创造性行为的源泉

我们已经为创造性行为下了定义，它是三阶段模型的核心阶段。接下来我们将回到创造力的源泉：创新潜力和创新环境。

● 创新潜力

充满创造性到底是不是一种特定的人格？的确是的。富于创造的天才很罕见，不论是伟大的科学家霍金（Stephen Hawking），还是表演艺术家玛莎·葛兰姆（Martha Graham），抑或是商界天才乔布斯（Steve Jobs）都是创新领域的奇才。但是大多数人也都或多或少拥有和这些天才类似的创造性人格特征。创造性人格特征越明显，创造潜力就越高。创新是组织领导者为组织设定的最高目标之一，它的构成要素有：

1. 智力与创造力

智力与创造力是相关的。聪明的人往往更有创造力，这是因为他们更擅长解决复杂的问题。然而，智力较高者之所以拥有更多的创造力也可能是由于他们拥有更大的"活动记忆量"，也就是说，他们可以随时在脑海中调用与手中任务相关的更大量信息。同理，近期在荷兰的研究指出，个体的高度认知需求（学习欲望）与高度创造力有关。

2. 人格与创造力

大五人格特征中"经验的开放性"特征（见第 5 章）也与创造力相关。这可能是因为，开放的人们在行为上往往勇于破除成规、思维也更为发散。其他和创造力相关的特征还有主动型人格、自信心、冒险精神、对模糊条件的容忍度，以及坚韧不拔的人格。充满希望、自我效能（对自己能力的确信程度）和积极情感也能预测个体的创造力。此外，中国的研究也认为拥有高度核心自我价值的人比其他人更善于保持逆境中的创造力。可能与我们的直觉不符的是，一些研究支持"疯狂天才"理论，有的人患有精神疾病，但正是出于精神病理学的原因，他们拥有高度的创造力。很多历史人物成了这方面的例子，例如凡·高、约翰·纳什等等。然而，这个道理反过来却不能成立，也就是说，可能创造力高的群体，精神障碍的程度还是低于一般人的。

3. 专业度和创造力

专业度是所有创造性工作得以发挥作用的基础，因此它是创造潜力最重要的单一预测因素。电影剧本编剧、制片人和导演昆汀·塔伦蒂诺（Quentin Tarantino）年轻时代在一家录像带租赁商店工作，他在那里积累了像百科全书一样的电影知识。别人的专业度也同样重要。拥有广泛社交网络的人更有机会接触到各式各样的想法，也有机会接触到专家和别人的资源。

4. 道德和创造力

虽然创造力与我们所渴望的很多个体特征相关联，但它却和道德没有相关性。根据近期研究的结果，欺骗者有可能拥有比道德的人更灵活的创造力。原因可能是，不诚实和创造性可能都源于人们对突破规则的欲望。

● 创造性环境

我们大多数人都具备创造潜力，我们可以学习如何利用它。创造潜力固然很重要，但单凭它是不够的。我们需要身处创新环境，创造潜力才能真正实现。首先，可能最重要的因素就是激励程度。如果你没有动力去创造新事物，那么你就不太可能去做这件事。内在的激励指的是人们出于认为一件事情有意思、令人兴奋、满足或者具有挑战意义（第 7 章将具体介绍这个问题）而去做这件事，它与结果是强相关的。然而，工作环境如果对创造性工作提供奖赏和认可也是很有价值的。一个医疗团队研究发现，当且仅当创新氛围高度支持创新的时候，团队创造力才能转化为创新的成果。组织应当促进自由的思想，相互提供公平和有建设性的意见。将人们从繁杂的规则中解脱出来，也能够鼓励创新精神。员工应该拥有决定工作内容和工作方法的自由。一项中国的研究揭示了，结构性的授权（工作单位的组织结构允许员工拥有充分的自由）和心理授权（让个体感知自己得到授权）与员工工作创造力呈现相关性。斯洛文尼亚的研究发现，创造竞争性的环境和为了成功不计成本的文化反而会阻碍创造力的形成。

团队也影响创造力。我们将在第 10 章中看到，当今很多工作都是由团队完成的，很多人认为团队成员多元化可以提高团队创造力。过去的研究认为，多元化团队的创造力并不突出。而近期的研究却呈现了不一样的结果。一项针对荷兰团队的研究揭示，当明确要求一些团队成员理解和考虑其他团队成员的观点时（这种练习被称作"视角接纳"），多元化的团队呈现出了更高的创造力。领导力也有可能对创造力施加影响。一项针对 68 个中国团队的研究报告称，仅仅在团队领导者能够鼓舞成员、让成员充满信心的情况下，团队多元化才与团队创造力呈现正相关。

创造力结果（创新）

创造力模型的最后一个阶段是结果。我们可以将创新结果定义为，被利益相关者认为是新颖和有用的想法和方案。只有新颖性而不具备有用性，则并不能带来创新的结果。因此，拍脑袋的解决方案只有在能够真正解决问题的情况下才能被称之为创造性的方案。方案的有用性可能是显而易见的判断（例如 iPad 平板电脑的发明），也有可能是一开始仅仅被利益相关者认为是成功的方案。

组织可以从员工身上收获很多的新想法，这些都可以成为创新。但正如一位专家所言："任何想法在实施之前都是无用。"软技能可以帮助理念变成实际结果。一位研究人员发现，在一家大型农业公司里，如果有人有动机把理念变为实践时，并且当他拥有强大的社交技能时，创意才最容易得到实施。这些研究都体现了一个重要的事实：创新理念并不会自己实施，把它变成创新结果是一个社会过程，需要使用本书中的其他概念才能实现，例如权力和政治、领导力和激励等。

本章小结

人们并不是根据真实的外界环境做决策，而是根据他们目睹或者相信的事物做决策。理解人们做决策的方式能够帮助我们解释和预测行为，但是几乎没有几个重要的决策是简单明了、适应理性决策模型的。我们发现，人们会寻找足够满意的方案，而不是最优方案。人们也会在决策过程中流露出个体的偏见和倾向，甚至习惯于依赖直觉做决策。管理者应当鼓励员工的创造力，以及鼓励团队搭建通向创新决策的通途。

对管理者的启示

- 行为是跟随认知的，因此，要影响人们在工作中的行为，就应当评估人们对工作的认知。通常我们认为难以理解的行为可以通过审视行为背后的认知来理解。

- 意识到认知中的偏差和人们常犯的决策错误后，我们可以制定更好的决策。学习这些并不能保证我们永不再犯类似错误，但是它的确对我们有所帮助。

- 调整你的决策方法，令其适合国家文化背景以及你所在的组织所尊崇的价值标准。如果你所在的国家并不重视理性思维，那么你也不必过分强调遵循理性决策模型，或者让你的决策听起来极具理性。你应当调整你的决策方法，令其符合国家文化。

- 令理性分析与直觉相结合。这两种决策方法并不矛盾。两者兼用的话，你可以提高决策的质量。

- 尽量提高你的创造力。要积极寻找新的问题解决方案，尝试用新的角度来看问题，利用类推的方法提高创造力，聘用有创造力的员工。尝试破除组织和工作中那些阻碍创造力的事物。

第 7 章
激励理论

通过本章的学习，你应该能够：

1. 列举激励的 3 个关键要素；

2. 比较几种早期的激励理论；

3. 将自我决定论与目标设置理论进行对比；

4. 解释自我效能理论、强化理论、公平理论和期望理论的内涵；

5. 认识员工的工作投入度对于管理层而言有什么意义；

6. 说明几种当代激励理论之间的互补性。

激励

有一些人好像心中充满着走向成功的驱动力。一名每天只阅读课本 20 分钟就感到挣扎万分的学生可能在一天之内就能贪婪地看完一本《哈利·波特》小说。这两种情况的差异就在于情境的变化。因此，在我们接下来分析激励这个概念的时候，请记住，激励程度不仅仅对于不同的人来说有差异，即便是同一个人在不同时间点也是有差异的。

我们对**激励**（motivation）的定义是一个能够解释个体为了达到某个目标而体现的工作强度、工作取向和工作毅力等特征的过程。虽然一般来说激励与达成任何目标的努力程度都有关，但我们还是将话题集中于组织的目标上。

工作强度说明了一个人的努力程度有多高。我们大多数人在谈论激励时最关注这个要素。然而，高强度却不一定带来有利的工作成果，除非努力的方向对组织有利。因此，我们在考虑强度的同时，也要考虑努力的质量。朝向组织目标，或者和组织目标相一致的努力方向是我们所应当追求的。最后一点是，激励的持久性维度。它衡量了一个人能够持续努力多长时间。受到激励的人会为了实现目标而坚持尝试从事一项任务。

激励

激励是能够解释个体为了达到某个目标而体现的工作强度、工作取向和工作毅力等特征的过程。

早期的激励理论

关于员工激励的 3 个最广为人知的理论形成于 20 世纪 50 年代。虽然这些理论的效度至今依然受到质疑（我们将会涉及这一点），但是它们却代表着现代理论发展的基础。管理者在实践中仍然经常使用这些理论中的术语。

需求层次论

最广为人知的激励理论是亚伯拉罕·马斯洛（Abraham Maslow）的**需求层次论**（hierarchy of needs）。该理论假设，每个人都有 5 种不同层级的需求。近来，有人在层次的最高级提出了第 6 种需求，即内在价值，据称该层级最初也是马斯洛本人提出的，不过它已经被广泛认可。最初的 5 种需求层次分别是：

1. 生理（physiological）需求：包括饥饿、口渴、居住、性需求和其他身体需求。

2. 安全（safety-security）需求：指免受身体伤害和情绪伤害的安全保护需求。

3. 社交与归属感（social-belongingness）需求：包括爱、归属感、被接纳感和友谊等需求。

4. 尊重（esteem）需求：包括自尊、独立、成就感等内在需求以及社会地位、受认可和关注程度等外在需求。

5. 自我实现需求（self-actualization）：一种追求个人能力极限的内在驱动力，包括成长、发挥自身潜力和自我实现等需求。

根据马斯洛的观点，随着每一种需求在得到本质上的满足之后，下一种需求就成为主导性的需求。因此，如果你希望激励一个人，就需要了解此人的主要需求正处在哪个层级上，并关注如何满足比他所处的需求层级更高一个层级的需求。我们用最广为人知的需求金字塔的形式来描述这些层级，如图 7-1 所示。但马斯洛实际上仅仅使用层级的概念来表示不同的需求。

需求层次论

亚伯拉罕·马斯洛提出的五个需求层次包括生理、安全、社交、尊重和自我实现，在每一层需求得到实质性满足以后，更高层次的需求就会成为主导需求。

图　7-1

马斯洛的需求层次论得到了广泛的认可，尤其受到公司管理者的欢迎。这个理论从直觉上是富有逻辑且易于理解的，也得到了一些研究的证实。然而遗憾的是，大多数研究还没能证实这个理论，尤其是该理论在各种文化背景下是否成立？可能生理需求是唯一的例外。不过，陈旧的理论之所以经久不衰必有原因，尤其是这样一个直觉上如此富有逻辑的理论。因此，我们要了解激励理论，就必须了解需求层次论是一个盛行的、又广被接受的理论。

双因素理论

双因素理论

该理论将内在因素与工作满意度结合起来，并把外在因素和工作不满意结合起来。该理论也被称为"激励-保健"理论。

心理学家弗雷德里克·赫茨伯格（Frederick Herzberg）认为，个体与工作的关系是基本的关系，工作态度能够决定成败。他探究了这样一个问题：人们希望从工作中得到什么？他要求人们详细地描述他们对工作有特别的好感或特别的厌恶的情况是怎样的。人们的回答呈现了显著的差异。因此，赫茨伯格提出了**双因素理论**（**two-factor theory**）（也称作"激励-保健理论"，但后一种说法在当今并不流行）。

根据哈佛商业评论的近期报告，研究人员发现，存在几千种事件可以导致极度满意或者极度不满。

保健因素包括上司的管理能力、薪酬、公司政策、工作环境、人际关系以及工作安全感等。当这些因素都适宜时，人们不会产生不满，但他们也并没有感到特别满意。如果我们想要激励人们对工作的热情，赫茨伯格建议我们重点关注与工作本身相关的因素，或者那些能够从工作引申出来的结果，例如晋升机会、个人成长的机会、认可度、责任感和成就感。这些因素能够令人们感到具有内在价值。要注意赫茨伯格提出的理论包括两个维度：与"满意"相对的状态是"未达到满意"，而与"不满"相对的状态是"没有不满"（见图7-2）。

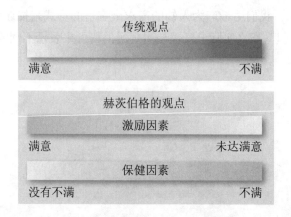

图 7-2　对比满意和不满的不同观点

双因素理论没有得到研究证据的足够支持。反对的观点主要集中在赫茨伯格研究方法论的局限性上，以及他的理论所基于的前提假设不一定成立，例如满意度与工作产出呈正相关性这个假设。后续的研究结果倾向于这样的结论，如果保健与激励因素对某人同等重要，那么它们都对此人有激励作用。

即使批评者众多，赫茨伯格的理论依然非常具有影响力，而且当前在亚洲的研究文章中被频繁引用。世界上的大多数管理者都很熟悉这个理论。

麦克利兰的需要理论

假设你手中有一个豆袋，而眼前有 5 个目标，每一个都比上一个更远更难。用豆子击中一米远的目标 A 是轻而易举的。如果你击中，就可以得到 2 美元。目标 B 稍远一些，但 80% 的人都能击中它，并获得相应的 4 美元。击中目标 C 的酬劳是 8 美元，但只有一半的人能够击中它。很少有人能击中目标 D，但其酬劳高达 16 美元，大概一半的人选择尝试目标 D。最后一个目标 E 的酬劳是 32 美元，但这个目标几乎不可能达到。你会选择向哪个目标努力？如果你选择目标 C，那么可能你是一个高成就型的人。为什么呢？请接着读下去。

麦克利兰的需要理论（McClelland's theory of needs）是由大卫·麦克利兰（David McClelland）等人提出的。这个理论主要关注如下 3 个需求：

- **成就需要**（need for achievement，nAch）指的是追求卓越、实现既定标准的需求。
- **权力需要**（need for powerment，nPow）指的是驱使别人改变原先行事方式的需求。
- **归属需要**（need for affiliation，nAff）指的是建立友好和亲密的人际关系的欲望。

在 3 种需要当中，麦克利兰等人最为关注的是成就需要。当高成就需要者认为一项任务成功的可能性是 0.5 时，即他们估计此事具有一半的成功机会时，他们的表现最为出色。他们不喜欢偶然性很高的赌博，因为从偶然的成功中，他们得不到任何的满足感。同样，他们也不喜欢成功的概率过高，因为那对他们的能力没有挑战性。他们喜欢给自己设置需要经过一定努力才能实现的目标。

将成就需要作为内部激励因素的观点，实际上事先做了两个文化假设，即两个美国文化特点——愿意接受中度的风险（这个条件排除了高度不确定性趋避特点的国家，相关知识参见第 5 章）和对绩效的关注（与高度成就需要特征的国家相吻合）。这种文化组合在英美国家中很常见，例如美国、加拿大和英国等，而在智利和葡萄牙等集体主义文化国家中却并不适

麦克利兰的需要理论
对成就、权力和归属的需要是能够解释激励水平的三大重要需求。

成就需要
追求卓越、实现既定标准的需求。

权力需要
驱使别人改变原先行事方式的需求。

归属需要
建立友好和亲密的人际关系的欲望。

用这种文化组合。

这三种需求对于工作结果而言至关重要。第一，如果工作性质要求个人承担主要责任和频繁汇报，并且还包含中度风险，高度成就需求者就会受到较高激励。第二，拥有高度的成就需求并不一定能塑造好的管理者，尤其是大型组织中的优秀管理者。高度成就需求者更加关注自己的个人表现，而不是致力于让他人表现优秀。第三，最高效的领导者在权力需求和归属需求方面表现得更为突出，根据近期的研究，高度权力需求者雷厉风行的风格往往会遭到归属需求（渴望被接纳）的干扰。

在跨文化情境中，当权力距离（第 5 章）的文化差异被考虑以后，麦克利兰的理论得到了一些研究支持。第一，成就需求被各个学科广泛关注，包括组织行为学、心理学和一般商业研究。第二，权力需求的概念也得到了研究支持，但人们所熟知的仅仅是一个宽泛的概念，而不是最初的定义。我们将在第 13 章中更详细讨论权力的话题。第三，归属需求的概念得到了研究的充分证实和接纳。虽然它看起来很像是马斯洛需求层次论中的社交需求，但实际上它是很独立的。很多人可能会很自然地认为人类肯定都有维护人际关系的意愿，所以我们当中没有人完全不在乎这种激励。第四，人格特征也影响着我们追求需求的满足。近期对喀麦隆和德国的成年人的研究发现，高度的神经质特征可能会减少人们维护人际关系的动机（见第 5 章）。随和性人格支持了人们对归属感的追求，而外倾性对此没有什么影响。

当代激励理论

当代理论有一个共同之处，它们都拥有一定数量的有效文献证据支持。我们将其称为"当代理论"，是由于这些理论代表着当前我们对于如何解释员工激励程度这个问题的思考状态。但这并不意味着这些理论的正确性是毋庸置疑的。

自我决定理论

玛莎说："感觉真是怪极了，我是以志愿者的身份加入人道主义社团工作的。我每周投入 15 个小时的工作时间帮助人们认养宠物，我非常愿意上班。3 个月之前，他们聘用我为全职工作者，每小时支付我 11 美元。虽然现在的工作内容和以前完全一样，但我却觉得快乐的程度大不如从前了。"

自我决定理论

一种关注内在激励正面效果、以及外部激励的负面效果的激励理论。

玛莎的说法是否违背了我们的直觉呢？在这里我们可以解释这个现象。它被称作**"自我决定理论"**（self-determination theory）。该理论提出，人们喜欢感到自己对事物具有控制力，因此，如果任何事件导致人们感到以前有兴趣的工作变成一种义务而不再是自主选择的活动时，激励程度就降低了。该理论在心理学、管理学、教育学、医疗研究领域得到了广泛使用，并且还衍生出了几种新的推论，包括组织评价理论和自我协调理论等，后面会涉及这些理论。

● 认知评价理论

组织行为学中有很多针对自我决定理论的研究都关注**认知评价理论**（cognitive evaluation theory）。这个补充性的理论做出了这样的假设，对一个任务给予外界的奖酬会降低人们对任务内在的兴趣。当人们因为工作而得到薪水时，往往就会否认这份工作是他们心里想要去做的工作，而这份工作更像是他们"必须"去做的工作。自我决定理论还认为，除了人们受到一种追求自主的需求所支配之外，也寻求自己能够胜任工作以及与他人建立积极的联系。该理论最重要的意义与工作的奖酬有关。

自我决定理论对奖酬的设置方法提出了怎样的建议呢？它要求我们在使用外在奖酬实现激励时更加谨慎，而且，出于内在动机而追求目标（例如对工作本身持有浓厚的兴趣）比外在奖酬的激励作用更加持久。同样，认知评价理论也认为，在很多情况下，施加外部激励会降低内在的激励水平。例如，如果一个计算机程序员因为自己喜欢解决问题而乐于从事撰写程序代码的工作，那么就会因为外界强加的标准和为此提供奖酬的行为而感到受胁迫，这样她的内在激励程度就会降低。她可能不愿意按照外部激励的要求而每日从事额外的撰写代码工作。一项元分析研究支持了这个理论，该研究证实了内在激励对工作质量的提高有作用，而外部奖励对工作量的提高有作用。虽然不论是否存在物质奖励，内在激励都能够预测绩效，但当物质激励（例如奖金）与工作绩效直接挂钩时，内在激励的预测力会低于两者不直接挂钩的时候。

● 自我协调理论

自我决定理论的一个近期发展方向是**自我协调**（self-concordance）理论，它研究人们追求目标的原因与其个人兴趣和核心价值是否一致的问题。组织行为学认为，如果人们因为内在原因而去追求实现工作目标，那么他们的工作满意度会更高，更感到适合自己的组织，并且绩效水平更高。不论在什么文化下，如果个体是因为内在兴趣而追逐某个目标，他们往往更有可能实现目标，更乐意从事自己的工作，并且即使目标不能实现，他们也能欣然接受。为什么会这样？其原因是，不论成败，努力过程的本身也是有意思的。近期的研究揭示，当人们本心不愿从事某种工作时，即使出于不得不做的原因而勉强去做也是可以做好的，不过他们会体验到高度的疲劳感。

这些知识对我们有什么意义呢？它启示我们在找工作的时候不要只图外在奖酬。对组织而言，它意味着管理者应该在外在激励之外也提供内在激励。管理者们要令工作变得有趣，认可员工的成就，并支持员工的成长

认知评价理论

　　自我决定论的一个衍生理论，认为对一个原先具有内在奖酬的任务给予外界的奖酬时，如果该奖酬被视为一种控制手段，激励水平会下降。

自我协调理论

　　人们追求目标的原因与其个人兴趣和核心价值是否一致。

和发展。感到能够控制并自主选择自己工作内容的员工更容易感受到工作本身的激励并且加深对雇主的承诺。

目标设置理论

目标设置理论

明确的目标、挑战和反馈可以提高绩效。

你可能对这句话耳熟能详："尽力而为就行了"。但是，"尽力而为"到底意味着什么？我们到底是否曾经达到过这个目标？埃德温·洛克（Edwin Locke）提出的**目标设置理论**（goal-setting theory）揭示了明确的目标、挑战和反馈对绩效存在巨大的影响。该理论认为，朝向目标努力的意愿是工作激励程度的巨大动力。

● **目标难度和反馈**

目标设置理论得到了广泛的支持。第一，足够的证据显示，设置明确的目标能够提高绩效。困难的目标一旦被人们所接受，能够带来简单目标所不能达到的高水平绩效。有反馈比无反馈带来更高的绩效。第二，目标难度越大，绩效水平越高。一旦人们接受了高难度的任务，我们可以推断人们会发挥最高程度的努力试图完成它。第三，当人们在达到目标的过程中得到反馈时，会表现得更好，也就是说，反馈能够指导行为。但并不是所有的反馈都同样有效。自我反馈指的是员工可以监控到自己的进程，或者从任务过程本身得到反馈，这种反馈的力量比外部反馈更强大。

如果员工能够参与到设置目标的过程中来，他们是否会更加努力呢？对此，肯定和否定的证据都是存在的。在一些研究中，请员工参与目标设置能够带来更优越的绩效。而在另外一些情况下，上司设置目标会令员工绩效更高。例如，一项中国的研究发现，团队采取参与式目标设置方法可以提高团队绩效。另一项研究发现，参与式目标设置会导致个体设置更容易达到的目标。如果设置目标时没有采用参与式的方法，那么要去实现目标的人需要清楚地理解目标的目的和重要性。

● **目标承诺、任务特点和民族文化特征**

目标承诺、任务特点和民族文化特征三个个人层面的要素也能影响目标和绩效的关系。

1. 目标承诺

目标设置理论假设个体会对目标做出承诺，即决心不会降低标准或抛弃这个目标。人们一般会（1）相信自己能够实现目标；（2）有实现目标的意愿。当目标公之于众，或者执行任务者是内控型人格，又或者目标是自己设立而非外界强加的时候，以及目标至少有一部分是基于个人能力而设置的时候，人们对实现目标就很可能做出承诺。

2. 任务特点

当任务比较简单时，人们对任务驾轻就熟的时候，任务之间相互独立而非相互交叉时，以及工作的可完成性比较高时，设置目标对绩效的作用就会更大。对于相互交叉的任务，设置群体目标的效果更好。

3. 民族文化特征

设立目标的做法在不同的文化下可能会产生不同的结果。在集体主义和高度权力距离文化背景下，中度可实现的目标比困难的目标更具有激励作用。然而，研究还未证明群体目标在集体主义文化下比在个人主义文化下更容易实现（见第 4 章）。要评价目标理论在不同文化背景下的作用还需要日后更多的研究结果来支持。

● 个体与促进定向

研究结果已经指出，人们在追求目标实现时，开展自我思维和行为的方式是不同的。一般来说，所有人都可以划分为两类，但每个人都可以同时展现出两类的特点。**促进定向**（promotion focus）的人致力于自我提升与自我实现，他们会接近能够令自己越来越趋向所渴望目标的条件。这个概念与第 5 章中谈到的"接近 - 趋避"模型中"接近"的部分很接近。**预防定向**（prevention focus）的人致力于完成任务和尽职尽责，从而避免接近令自己距离所渴望目标越来越远的条件。这个概念的某些方面可能与"接近 - 趋避"模型中"趋避"的部分很接近。虽然你可能发现两种策略都可以帮助我们实现目标，但是实现目标的手段却是迥异的。例如，你可以试想一下为了考试而学习。你可能实施促进定向的行为，例如认真阅读课堂材料和笔记，也可以采取预防定向的行为，例如避免从事干扰学习的活动，包括玩视频游戏、与朋友外出游玩等。

理想的情况是，促进定向和预防定向策略可以被同时采用从而达到更好的结果。请注意，一个人的心态如果是趋避（或者预防）性的，那么失败可能会对他的工作满意度形成很大打击。因此，要为他们设置可以达到的目标，减少分散注意力的事件，并提供固定的工作框架，从而减少错失目标的可能性。

● 贯彻目标设置理论

管理者如何将目标设置理论付诸实践呢？这往往取决于每个人自身。有一些管理者选择设立很高的绩效目标，这被通用电气公司称为"拓展目标"。一些 CEO 因为喜欢设立高难度的目标而为人们所熟悉，例如美国的退伍军人事务部长（宝洁公司前任 CEO）麦睿博（Robert McDonald）和大型电器零售集团百思买的首席执行官休伯特·乔利（Hubert Jol）等。但是也有很多管理者根本不去设置目标。一项近期的调查发现，当询问员工他们的工作是否拥有明确清晰的目标时，只有很少的员工给出了肯定的回答。

利用目标设置理论的一个更系统性的方法是采用"目标管理"计划。**目标管理**（Management by Objectives，MBO）在 20 世纪 70 年代是很受人

促进定向
　　致力于自我提升与自我实现的一种自我管理策略。

预防定向
　　致力于完成任务和尽职尽责的一种自我管理策略。

目标管理（MBO）
　　这种目标设置方法的特点包括目标明确、参与式方法、时间范围清晰、并且包括反馈。

们追捧的方法，并且一直沿用至今。目标管理的方法论强调，要用参与式的方法去设置有形的、可检验、可测量的目标。如图 7-3 所示，组织的整体目标被分解为组织各个层级的明确目标（事业部、部门和个人层面）。但是，由于低层管理者共同设置了自己的目标，因此目标管理既是从下到上的过程，也是从上到下的过程。目标设置的结果是连结了组织各个层级的目标层次结构。对于员工个体来说，目标管理能够为他们提供明确的个人绩效目标。

目标管理计划的很多构成要素与目标设置理论相符合。不论是商业、医疗、教育、政府还是非营利组织，你都可以看到目标管理计划的身影。目标管理的一个衍生版本是目标与结果管理（MBOR），在丹麦、挪威和瑞典等国政府已经采用了 30 年。虽然目标管理计划很受欢迎，但它们却未必总是奏效。当目标管理失败时，问题往往在于期望的目标过度理想化、缺乏高层支持、在目标完成时不能或不愿分配奖酬等。

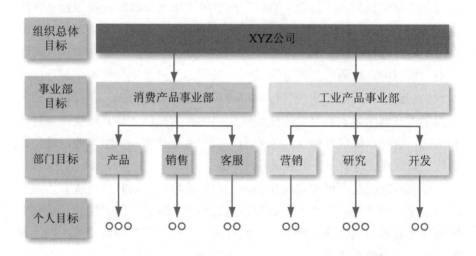

图 7-3　目标的展开

目标管理计划通常包括四个构成要素，它们分别是：明确的目标、参与式决策（其中包括目标设置）、明确的时间限制和绩效反馈。目标管理计划的很多元素都符合目标设置理论。例如，对完成目标工作而设置明确的时间限制，这与目标设置理论所强调的目标明确性是一致的。与此相似的是，我们先前注意到，在实现目标的过程中，反馈是目标设置理论的关键元素。在目标管理计划和通用的目标设置理论之间唯一的差异是，它们看待"参与"的态度是不同的。目标管理计划高度支持参与式目标管理，而目标设置理论却认为管理者为员工设立目标也同样是有效的。

● **目标设置与道德**

目标设置与道德的关系是复杂的。如果我们过分强调实现目标，就容易忽略其负面因素的影响。问题的答案可能在于我们对目标达成所设置的标准是什么。如果为目标达成设置奖金，我们可能会为了拿到奖金而罔顾道德。如果我们在追逐目标时，主要思考如何分配时间，那么我们的行为可能就更符合道德要求。然而，这仅限于当我们在思考时间分配的时候。如果我们在时间压力下感到焦虑，有关时间的思考可能反而会起反作用。在我们逐渐接近目标的时候，时间压力也会增加，这容易诱导我们采取不道德的行为尽快完成目标。我们尤其容易放弃难度高的任务，转而规避它，从而让自己的结果显得不那么难看，这两种选择都会让我们作出不道德的选择。

其他当代激励理论

自我决定论和目标设置理论都是得到广泛证据支持的当代激励理论。但是，这两个理论绝不是组织行为学有关激励话题的唯一重要理论。自我效能理论、强化理论、组织公平理论和期望理论都能解释激励过程和激励倾向的各个方面。

自我效能理论

自我效能理论（self-efficacy theory）（也称为社会认知理论或社会学习理论）指个体是否相信自己有能力从事一项任务。你的自我效能越高，你对自己能够成功的自信也就越强。因此，在逆境中，低自我效能的人很可能会降低努力的程度，甚至完全放弃努力，而高度自我效能的人则会更加努力，试图克服挑战。自我效能可以塑造一个向上的螺旋趋势，令高自我效能的人更努力投入到任务当中，这种行为可以进而提高绩效，从而反过来又增加了个体的自我效能。一项研究为此作了额外解释，自我效能可能与高度精神集中的能力有关，而正是这一点提高了任务绩效。

目标设置理论与自我效能理论并不是竞争关系，而是互补关系。正如图 7-4 中所示，当管理者对员工设立困难的目标时，激起了员工的高自我效能，他们给自己设立高绩效目标。这是为什么呢？对他人设立困难的目标能够体现出你对他们的信心。

- **提高自我效能**

提出自我效能理论的研究者班杜拉（Albert Bandura）还提出了提高自我效能的 4 种方法：

1. 技巧熟练；
2. 替代模仿；
3. 言辞说服；

自我效能理论

个体是否相信自己有能力从事一项任务。

4. 精神激励。

提高自我效能的最重要方法就是技巧熟练，也就是说，逐渐获得与该任务或工作相关的经验。第二种方法就是替代模仿，或者说，因为你曾经看到别人做过这项工作，因此对此更加自信。当你认为自己与被观察者很相似时，替代模仿的效果是最佳的。第三种方法是言辞说服，即因为某人劝你相信你拥有成功所必须的技能，所以你感到更具有自信。擅长激励的演讲者经常使用这一策略。最后，精神激励也能提高自我效能。精神上的刺激能令人达到一种精力充沛的状态，这有利于人们完成任务。一个精神兴奋的人能够实现更好的业绩。但如果一项任务需要稳定、低调的态度（例如仔细编辑手稿等），那么即使精神刺激提高了自我效能，但因为我们太想要快速完成，反而可能会对绩效产生负面作用。

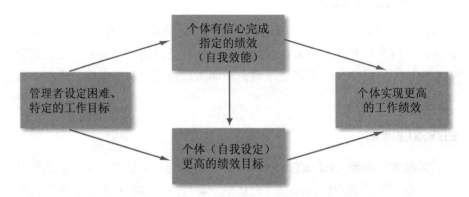

图 7-4 目标设定理论与自我效能理论的结合

才智能力和人格并不在班杜拉的建议列表当中，但它们的确也可以提高自我效能。智商高、责任感强并且情绪稳定的人特别有可能拥有较高的自我效能，甚至一些研究人员认为，自我效能可能并不像以往研究所认为的那么重要。他们认为它仅仅是拥有自信型人格的聪明人所必然附带的一种心理状态。

● **提高他人的自我效能**

管理者使用言辞说服手段提高他人的自我效能是通过皮格马利翁效应（Pygmalion Effect）实现的，该术语来源于古希腊神话中的雕塑家（皮格马利翁）爱上自己雕塑作品的故事。皮格马利翁效应代表了一种自我实现的预言，即"信则灵"的道理。它经常被用来描述一个人对某件事情的期望正好促成了这件事情的实现。一项研究的例子应该能说明这个原理。在一些研究中，研究者告诉教师，他们的学生智商很高，而事实上这些学生们的智商是从高到低分布的。与皮格马利翁效应相一致的现象是，因为教师相信了这些学生比一般人更聪明，因而投入了更多的时间，给他们设置更具有挑战性的任务，对他们的期望更高，所有这些都导致这些学生产生了更高的自我效能和更好的学习成绩。这种策略也经常在工作场所中被人们采用，当领导和下属之间的关系较强时，类似的结果是可以复制的，效果也的确能得到提高。

　　培训计划通过要求人们通过不断练习而提高技巧，从而主动掌握该技巧。事实上，实施培训之所以有效的原因是，它提高了自我效能。培训采取互动的形式以及事后提供反馈的做法令效果尤佳。高度自我效能者也能从培训计划中获得更多裨益，并且他们更有可能将培训的技能应用到工作当中。

　　智力和人格并没有出现在班杜拉的列表中，但是它们的确能够增加自我效能。智力高、富有责任心和情绪稳定的人，其拥有高度自我效能的可能性大大提高，甚至一些研究者认为自我效能理论不如以往的研究结果有意义。他们认为它只不过是一个聪明人加上自信人格的副产品。虽然班杜拉强烈反对这种结论，但一切还需要更多的研究才能验证到底哪种说法才是正确的。

强化理论

　　目标设定是一种认知方法论，它提出个体的目标指引着行为的方向。**强化理论**（reinforcement theory）与之相反，是一种行为观，认为强化能够调节行为。两种理论观点显然在思维方式上差异很大。强化理论家将行为看成是由环境所塑造的。他们主张，你不需要关心内在的认知，行为是由外部的强化所控制的——对任何应答的行为迅速提供反馈都能增加这种行为被重复的可能性。

强化理论
　　认为行为是其自身结果函数的理论。

　　强化理论忽视个体的心理状态，仅仅关注个体采取行为后所发生的事件。正因为该理论不关心行为最初的起因，严格来讲，它很难说是一种激励理论。不过，该理论的确为我们研究行为的控制因素提供了一种很好的手段，这就是我们在讨论激励时往往都要涉及强化理论的原因。

● 操作条件 / 行为主义和强化

　　操作性条件反射理论可能是强化理论当中和管理学最相关的一个内容，它认为人们可以学习特意按照某种方式去表现，从而得到自己想要的东西，或者避免自己不想要的东西。与反射行为和非习得性行为的差异是，操作性行为受到结果中有无强化因素的影响。强化因素可以增强某种行为，并且提高这种行为被重复的可能性。

　　斯金纳（B.F.Skinner）是操作性条件反射理论最忠实的拥护者，他说明了如果人们的某种行为得到正面强化，那么他们重复采取强化者所希望行为的可能性就很高。而且，如果奖励仅仅设置在所希望的反应发生之后，那么奖励的作用可以得到优化。如果行为没有被奖励，或者被惩罚，那么

行为主义理论

该理论认为行为跟随刺激的方式是相对无意识的。

这种行为重复出现的可能性会降低。操作性条件反射的概念属于斯金纳**行为主义理论**中的概念之一，该理论认为，行为跟随刺激的方式是相对无意识的。斯金纳的激进行为主义观点拒绝将感情、思维和其他心理状态看成是引发行为的原因。简言之，在行为主义观点下，人们会习得刺激和应答之间的联系，而他们的主观意识在建立这种联系的过程中是不起作用的。

社会学习与强化

个体的学习方式可以是别人的传授，也可以是自己观察别人身上发生的事情，还可以是自己的直接体验。我们主要是通过观察榜样的方式进行学习的，包括父母、老师、同学、电视或者电影演员、上司等。认为既可以通过观察，也可以通过直接体验来习得知识的理论被称为社会学习理论。

社会学习理论

认为既可以通过观察，也可以通过直接体验来习得知识的理论。

社会学习理论是操作性条件反射的一个衍生理论，它假设行为是结果的函数，但它同时也认可观察式学习和认知的作用。人们会按照自己的认知去对事物做出应答并且主动定义结果，而不仅仅是针对客观结果来应答。

公平理论与组织公平

安斯利是州立大学金融系的本科生。为了获得更多的工作经验，也为了增加自己找工作的机会，她接受了一家医药企业财务部暑假实习的工作。她对每小时 15 美元的津贴感到十分兴奋，这样的津贴比同届其他学生暑假实习的津贴要高一些。她在工作中遇到了乔什，乔什是州立大学近几年的毕业生，在同一个部门担任中层经理的职务。乔什得到的时薪是 30 美元，但他却感到很不满。乔什告诉安斯利说，他挣得不如其他医药公司的财务经理多。"这不公平"，他抱怨道，"我工作和他们一样努力，可我挣的却不如他们多。可能我应该跳槽到竞争对手那里。"

公平理论

个体会用自己的"投入产出比"与他人作比较，然后致力于消除所有的不公平。

为什么每小时 30 美元的员工对薪水的满意程度和工作激励程度还不如每小时 15 美元的人呢？答案可以通过**公平理论（equity theory）**来解释，如果将这个概念扩大，就涉及组织公平的原则。根据公平理论，员工会将自己从工作中得到的东西（他们的"产出"，例如薪酬、晋升、认可或者更大的办公室）与他们投入到工作中的东西（他们的"投入"，例如努力、工作经验和教育水平）相比。他们会用自己的"投入产出比"与工作相似的人作比较，尤其是和同事相比较或者从事同样工作的人。这种比较可以展示为图 7-5。如果我们认为自己的投入产出比与其他人相同，就达到了公平的状态，我们也会感知到情境的公平性。

根据公平理论，感知到不公平的员工会选择以下 6 种行为：

1. 改变投入（如果薪水不够就减少努力，如果薪水过高就增加努力）；

2. 改变产出（以计件方式得到工资的员工可以生产大量低质量的产品来提高薪水）；

3. 扭曲自我认知（"我过去曾认为我的工作速度很一般，但是现在我意识到我比其他人更努力。"）；

4. 扭曲对他人的认知（麦克的工作不如我以为的那样理想）；

5. 重新选择参照者（"我可能不如姐夫挣钱更多，但我比爸爸在我这个年纪时挣钱多出很多。"）；

6. 退出（辞职不干）。

比率的比较	知觉
$\dfrac{O}{I} < \dfrac{O}{I_B}$	由于奖酬过低所产生的不公平感
$\dfrac{O}{I} = \dfrac{O}{I_B}$	公平感
$\dfrac{O}{I} > \dfrac{O}{I_B}$	由于奖酬过高所产生的不公平感

注：这里 $\dfrac{O}{I}$ 代表员工，$\dfrac{O}{I_B}$ 代表相关的其他人。

图 7-5　公平理论

公平理论已经得到一些研究者的支持，但并不是广泛认可。虽然公平理论的主张并不一定都能自圆其说，该假设依然可以作为**组织公平**（或者工作场所公平）的重要铺垫。组织公平大致关注的是员工对权威和决策者在工作中如何对待自己的看法。大多数情况下，员工关注的是自己是否得到了公平对待，如图 7-6 所示。我们接下来将讨论和组织公平相关的一些具体话题。

组织公平

对于工作场所中公平性的总体认知，包括分配公平、程序公平、信息公平和人际交往公平等。

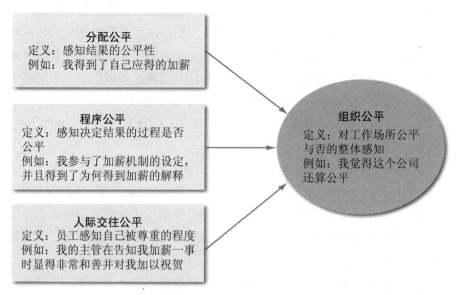

图 7-6　组织公平模型

- ● 分配公平

分配公平（distributive justice）关注结果的公平，例如员工获得的薪酬和认可。结果可以采用很多方式来分配。例如，我们可以把加薪总额按照员工人数平均分配，也可以根据哪个员工最需要加薪进行分配。然而，我们先前讨论过公平理论，员工倾向于认为，只有按照贡献分配才是最公平的。

这个原则对团队来说也适用吗？我们的第一感觉可能是，在团队中平均分配奖酬可能最有利于提高士气和团队合作，采用这种方式，没有谁比谁得到更多。然而，一项近期对美国国家冰球队的研究正好推翻了这个假设。根据队员贡献（在比赛中是否突出）区分奖酬多寡的方案吸引了很多优秀球员加入球队，提高了优秀球员留任的意愿，并提高了球队的赛场表现。

- ● 程序公平

虽然员工十分关心分配的成果（分配公平），他们也很关心成果分配的方式。分配公平关注的是分配了什么成果，**程序公平**（procedural justice）则关注成果是如何分配的。首先，当员工在决策程序中拥有发言权时，他们会感到程序更加正义。对决策的制定施加直接的影响力，或者至少可以对决策者呈现自己的观点，这都可以为我们创造一种控制感，让我们充满力量（我们将在下一章中讨论授权的概念）。

如果结果是有利的，人们可以得到自己想要的奖励，那么他们就不太会过分关心分配程序，因此，当人们认为分配是公平的时候，程序公平就显得不那么重要了。当结果不利时，人们就开始特别关注程序公平了。如果人们认为程序是公平的，那么员工对不利结果的接受程度就会更高。为什么会这样呢？试想一下，如果你希望得到加薪，而经理告诉你，你没有得到加薪，你可能很希望知道加薪的决策是如何制定的。如果你发现经理是根据员工的贡献决定加薪分配的，而你只不过是被同事比了下去，那么比起加薪是根据亲疏关系决定而言，你会更容易接受经理的决定。当然，如果你一开始就得到了加薪，那么你就不太会关心决策是如何做出的。

- ● 信息公平

除了结果和程序，研究显示，员工还关心两种其他的公平形式，它们与员工在互动中感受的待遇有关。第一种是**信息公平**（informational justice），它反映了管理者是否会针对关键决策给员工合理的解释，让他们了解重要的组织事件。管理者对待员工越是关注细节和真诚坦然，员工越是感到受到了公平的对待。

管理者应当真诚对待员工，不让员工对组织事件一无所知，虽然这是一条显而易见的道理，但是很多管理者依然对分享信息感到犹豫不决。尤其是坏消息到来时，不论是管理者告知信息，还是员工接收信息，都是一件令人不愉快的事情。对于坏消息，采取事后解释（"我知道情况很糟糕，我的确想给你那间办公室，但这个决策不在我的权力范围之内。"）比辩解（"我决定把办公室给山姆，但有没有这间办公室对你有什么重要的呢？"）效果更好。

人际交往公平

第二种与管理者和员工人际关系有关的公平是**人际交往公平**（interpersonal Justice），它指的是个体感知自己在多大程度上得到尊重和关心。与我们刚刚讨论过的其他三种公平形式相比，人际交往公平的独特之处在于，它存在于管理者和员工的每日互动之中。这个属性令管理者可以抓住（或者失去）机会令员工感到自己受到了公平的对待。在很多管理者眼中，对待员工时提高礼貌和尊重可能令自己显得太过"软弱"。他们可能认为激进手段的激励效果会更好。虽然，展示出类似于愤怒这样的负面情绪可能在一些例子中的确有激励作用，但是管理者时常太过分依赖这种手段了。例如，罗格斯大学（Rogers University）近期炒掉了男子篮球教练麦克·莱斯（Mike Rice），当这位教练辱骂和体罚球员的视频被公开传播后，他就遭到了解雇。

人际交往公平

在多大程度上重视员工的尊严。

公平性的结果

在讨论过这么多种公平后，我们需要回答到底公平对员工有什么意义。结果证明，意义是重大的。如果员工感到自己得到了公平的对待，他们可能会采取多种积极的方式应对。本小节所讨论的 4 种不同的公平形式都与任务绩效的提高和组织公民行为的提高（例如帮助同事）有关，也与反生产行为的降低（例如逃避工作职责）有关。分配公平与程序公平都与任务绩效有着较强的关系，信息公平与人际交往公平都与组织公民行为有着较强的联系。还有很多生理学反应与员工得到公平对待有关，例如员工睡眠的质量以及健康状况等。

为什么公平可以带来这么多积极的结果？首先，公平的待遇可以提高员工对组织的承诺，令员工感到组织是关心自己幸福的。其次，感到被公平对待的员工更加信任自己的主管，这种状态又可以降低不确定性，以及减轻自己被组织剥削的担忧。最后，公平的对待可以引发积极的情绪，而积极的情绪又可以促进组织公民行为。

即使我们采用各种各样的方法来提高公平性，感知的不公平还是有可能存在的。公平通常是一种主观的感觉，一个人认为不公平的事情，在另一个人看来又是非常公平的。一般来说，人们往往认为有利于自己的分配方案或者分配程序是公平的。因此，在处理感知的不公平这个问题时，管理者需要围绕问题的根源采取行动。此外，如果员工感到自己受到了不公平的对待，有机会表达自我的挫折感也可以降低他们的报复欲。

- 如何保证公平

组织如何影响成员对公平的认知，以及确保管理者遵守原则？这取决于每个管理者的动机强弱。一些管理者很可能依照自己遵守组织的公平原则的程度高低来衡量公平性。这些管理者会试图提出行为期望，并以此为手段令下属更遵从，创造一种面对员工的公平形象，或者建立体现公平的规范，等等。也有一些管理者根据自己的情绪制定决策，并以此体现公平。当他们的正面情感较高，或者负面情感较低时，其行为可能更体现公平性。

组织往往有意愿采取强有力的指导方针来规范管理层的行为，但这种做法的效果却不尽相同。如果管理者的工作包含很多客观规则和较少的主观性，那么比照规则去衡量公平性的管理者更容易采取公平行为，但如果管理者的公平行为是根据情感来决定，那么当他们拥有更多主观决策权的时候，行为可能会更加公平。

- 文化与公平

不同的国家都重视程序公平的基本原则，全世界的工作者都偏好基于绩效和工作技能的分配方案，而不是根据资历高低的分配方案。然而，在不同文化下，对于投入和产出的价值评估有很大差异。我们可以采用霍夫斯蒂德的文化维度（见第 5 章）来审视公平性差异的问题。有一项大型研究面向 32 个国家和地区的 19 万名员工，研究指出，对公平的感知在具备某些特点的国家中最重要，例如在个人主义、阴柔、不确定性趋避和低度权力距离等价值观下。组织可以针对人们对公平性的期待来量身定做某些行动计划。例如，在高度个人主义国家澳大利亚和美国，针对个人优秀绩效而设置的竞争性薪酬和奖励方案，有可能大大提高人们对公平性的感知。而在高度不确定性趋避的国家法国，固定薪酬和员工参与式决策可以帮助员工感到更高的安全感。瑞典的主要文化特征是阴柔，因此人际关系被认为是最重要的方面。因此，瑞典的组织更愿意提供让工作和生活得到平衡的方案，以及组织一些旨在获取社会认可的活动。相反，在澳大利亚，低权力距离是较强的价值观。对于个体而言，道德水平可能是令他们在澳大利亚组织中感到公平的最重要因素。因此，澳大利亚的组织可能更愿意公开地捍卫领导者和员工之间的不对等地位，并且提供体现道德领导力的一些信号。

期望理论

弗鲁姆（Victor Vroom）的**期望理论**（**Expectancy Theory**）是最广为人

们所接受的激励理论之一。固然该理论不乏批评者，但大多数证据都支持这一理论。

期望理论认为，按照某种特定方式行动的动机强弱取决于我们对特定结果的期待和它的吸引力。在大多数实践中，如果员工认为付出高度努力能够带来好的绩效评估结果，好的绩效评估结果能够带来组织奖酬，例如加薪或内在奖酬，而这些奖酬恰好能够满足员工的个人目标，那么他们就有动机付出努力。因此，该理论主要关注三对关系（参照图 7-7）：

1. **努力 - 绩效关系**（effort-performance relationship）。个体认为通过一定程度的努力会带来一定绩效的可能性。

2. **绩效 - 奖酬关系**（performance-reward relationship）。个体相信一定水平的绩效会带来所希望的奖酬的可能性。

3. **奖酬 - 个人目标关系**（rewards-personal goals relationship）。组织奖酬满足个人目标或需求的程度以及这些可能的奖酬的吸引力。期望理论能够有助于解释为何很多工人在工作中的激励程度不高，只是得过且过地拿着最低的薪水。

期望理论

该理论认为按照某种特定方式行动的动机强弱取决于个体对其行为所招致的结果有多高的期待和结果的吸引力。

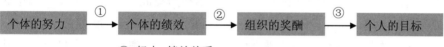

① 努力 - 绩效关系

② 绩效 - 奖酬关系

③ 奖酬 - 个人目标关系

图 7-7　期望理论

股票分析师是期望理论起作用的一个生动的例子。他们的职业是预测股价，他们对买入、卖出或者持仓的建议是否有效决定了他们是否能够保有这份工作。但一切不是那么简单。即使当市场是稳定的，即一半股票在下跌，另一半股票在上涨，分析师也很少对某些股票做出"应当出售"的评价。期待理论对此做出的解释是，对一个公司的股票给出"卖出"建议的分析师必须在由于评价准确而得到的利益与激怒该公司所冒的风险二者之间找到平衡。这样做有什么风险呢？其中包括，遭到公众的非难、专业人员的排斥和遭到信息封锁等。当分析师对一只股票给出"应当购买"的评价时，他们就不会面临这样的抉择，原因很明显，公司很愿意他们推荐投资者购买自己的股票。因此，整个激励结构意味着买入评价所带来的预期结果要好于卖出评价的预期结果，因此买入评价要远远多于卖出评价。

期望理论是否有效？一些批评家认为该理论的作用非常有限，只有当个体能够清晰地感知到"努力 - 绩效关系"和"绩效 - 奖酬关系"时才更有效。因为几乎没有人能够感知到这些联系，因此该理论有一些理想化。如果组织实际上真的根据绩效对个体给出奖酬而并非根据论资排辈、努力、技能好坏或工作难度等标准，那么期望理论可能会更有效。然而，这样的批评不仅没有推翻该理论，反而解释了为何相当一大部分劳动者对工作都不太投入的原因。

工作投入

当约瑟夫去医院上班，从事护士岗位的工作时，好像生活中所有其他事情都消失了，他完全投入到了自己的工作当中。他的情绪、思维和行为都只围绕照顾病人这一件事。事实上，他对工作十分全神贯注，甚至会忘记自己已经上了多久的班。这种全身心的投入，令他能够高效照顾病人，并且在工作中感到精神振奋。

工作投入度

员工在体力、认知和情绪等各方面都投入到工作中去。

约瑟夫的**工作投入度**（job engagement）很高，工作投入度指的是员工在体力、认知和情绪等各方面都投入到工作中去。管理者和学者都开始对提高工作投入度产生兴趣，他们认为，比起简单地喜欢一份工作或者认为工作有趣，有一些另外的因素对绩效的驱动力更高。研究人员试图测量这种深度的承诺。工作投入度与第 3 章已经谈到的员工投入度有关。

在过去三十年内，盖洛普（Gallup）公司一直在研究工作投入度与几百万名员工的优秀工作成果之间的关系。结果指出，在高度成功的组织中，高度投入的员工数量远远多于平庸的组织。群体如果拥有更多高度投入的员工，往往产出更高，安全事故数量更少，员工离职率更低。学术研究已经发现了一些积极的结果。例如，有一项研究发现，工作投入度与任务绩效和组织公民行为有关（OCB，见第 1 章）。

是什么让员工更愿意投入到工作当中呢？一个关键点是，员工在多大程度上认为工作投入是有意义的。这可能有一部分取决于工作特征和员工是否拥有充足的资源来实现高效工作。另一个因素是个体价值和组织价值之间是否匹配。能够激发员工使命感的领导行为也能够提高员工的投入度。

整合当代激励理论

在解释了好几个理论之后，如果我们能断言其中一个理论被证明是有效的，那么事情就变得简单许多。但本章中的很多理论都是在当代提出的。我们现在将这些理论结合在一起，帮助你理解它们之间的联系。图 7-8 可以帮助我们梳理有关激励理论的大部分知识。激励理论的基础是期望理论，已经在图 7-7 中体现。我们将逐一解释图 7-8。（我们将在第 8 章里更仔细地讨论工作设计的话题。）

　　首先，我们明确认可机遇是帮助或者阻碍个体努力的一个重要因素。请注意，左边"个体努力"这个方框还有一个箭头指向它，它来自于个人目标。根据目标设置理论，目标与努力的循环其本意是提醒我们目标指引行为。

　　期望理论预测员工在感知"努力和绩效""绩效和奖励""奖励和实现个人目标的满足感"三对关系以后，将付出高度的努力。这三对关系也受到其他因素的影响。要致力于实现高水平绩效，必须让个体感到实施和感知绩效评估系统是公平和客观的。如果个体认为绩效高是得到奖励的原因（不是基于年资、个人喜好或其他标准），那么"绩效 - 奖励"之间的关系就会变强。如果在真实的工作场所中认知评价理论是完全有效的，我们可以预测到，让奖酬完全基于绩效的做法会降低个体的内在激励水平。期望理论的最后一个连接线条是"奖酬 - 目标"之间的关系。如果高绩效奖酬能够满足员工最主要的需求，那么就可以得到高激励水平。

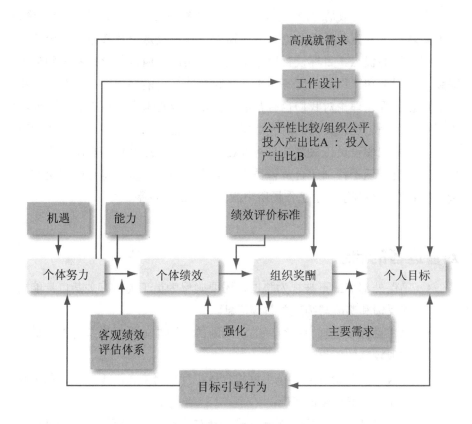

图 7-8　整合当代激励理论

　　更仔细审视图 7-8，该图中的模型考虑了成就激励、工作设计、强化、公平理论 / 组织公平等理论。高度成就导向者不受组织对绩效评估或者组织奖励的激励，因此对于高度成就需要的人来说，连接线从个人努力直接跳到个人目标。请记住，只要高度成就导向者的工作岗位给他们安排了个人责任、提供反馈和具备中度风险，他们往往就自然拥有了内在驱动力。他们并不关注"努力 - 绩效""绩效 - 奖励"或者"奖励 - 目标"之间的关系。

强化理论在模型中的作用是，说明组织奖酬能够提高个体的绩效。如果员工将奖酬体系视为对高水平绩效的酬劳，那么给予奖酬就可以加强和鼓励高水平绩效。奖酬在组织公平领域的研究当中占据了重要的地位。个体会把自身结果（例如薪酬）和他人相比较，同时也会考虑自己受到什么样的待遇。如果人们对奖酬感到失望，那么他们可能就会对程序公平性特别敏感，并且更加关注上司对自己是否关照。

本章小结

本章中的一些激励理论在预测力上有一些差异。马斯洛的需求层次论、双因素理论、麦克利兰需要论都关注需求。自我决定论及其相关理论有一些值得重视的优点。目标设置理论可能较为实用，但是却没有考虑到员工缺勤、离职率和工作满意度等因素。自我效能理论能够增进我们对个体激励的理解。强化理论对我们也有帮助，但是却没有考虑到员工满意度或者离职意图。公平理论为人们研究组织公平做了铺垫。期望理论也对我们有帮助，但是它假设员工决策几乎不存在约束条件，这个缺陷限制了它的应用。工作投入理论特别适合解释员工不同水平的承诺度。将这些理论结合起来，我们就得到了关于工作场所中激励问题的理论基础。

对管理者的启示

- 确保外部奖酬不被视为胁迫，还要确保为员工提供有关其自身能力的反馈和奖酬与绩效关系等信息。
- 思考目标设置理论：合理的、清晰的、困难的目标通常可以令员工实现较高的工作产出。
- 思考强化理论有关工作质量和数量、持续努力、旷工、消极怠工和工作事故等问题的影响。
- 从公平理论的视角去理解公平问题对工作效率、满意度、缺勤率和离职率等变量的影响。
- 期待理论给我们提供了有关员工产出、改善缺勤和离职率等绩效变量的一种合理解释。

第8章
激励：从概念到应用

通过本章的学习，你应该能够：

1. 说明工作特征模型（JCM）并评价它如何通过改变工作环境而激励员工；

2. 比较工作再设计的主要实现方式；

3. 解释特定的轮岗工作安排是如何激励员工的；

4. 解释不同的员工参与方案是如何激励员工的；

5. 解释各种可变薪酬方案怎样提高员工激励水平；

6. 说明灵活的福利制度如何将福利转化为激励；

7. 识别员工认可计划等内在激励方式。

通过岗位设计激励员工：工作特征模型（JCM）

工作结构对个体激励的作用比你所认为的要大很多。工作设计（job design）的理念认为，工作中某些元素的组合方式能够影响员工的努力程度。接下来我们要介绍的模型可以作为改变工作元素的契机。**工作特征模型（job characteristics model）**是由 J. 理查德，哈克曼（J. Richard Hackman）和格雷格·奥尔德汉姆（Greg Oldham）提出的，该模型可以用 5 种核心的工作维度对所有工作加以描述：

1. 技能多样性

技能多样性（skill variety）指的是一项工作要求从事各种不同的活动才能完成。汽车修理店的老板或者管理员的工作包括修理电气设备、重新组装引擎、修理车身、与客户交流等能力，因此在技能多样性上的要求就很高。而每日在车身修理厂连续 8 小时给汽车喷油器的岗位在这个维度上的要求就很低。

2. 任务完整性

任务完整性（task identity）指的是一项工作要求完成一整项界限清晰的任务。一个设计家具的木工需要选择木料、组装并且完成家具制作的工

工作特征模型
认为任何岗位都可以用如下五个维度加以描述：技能多样性、任务完整性、任务重要性、自主性和反馈。

技能多样性
指的是一项工作要求从事各种不同的活动才能完成。

任务完整性
指的是一项工作要求完成一整项界限清晰的任务。

任务重要性

指的是一项工作对其他人的生活或工作造成影响的程度。

自主性

指的是一项工作给予员工的自由度、独立度和安排工作或决定工作程序的自由程度。

反馈

指的是执行工作活动时所产生的、和绩效相关的直接和清晰的信息。

作，可以说这种工作具有较高的任务完整性。这个维度上得分较低的工作例如，操作一个工厂的车床只生产桌子腿这一种产品。

3. 任务重要性

任务重要性（task significance）指的是一项工作对其他人的生活或工作造成的影响。在医院加护病房应付病人各种需求的护士，其工作就有着高度的任务重要性。而在医院扫地的工作就不太具有任务重要性。

4. 自主性

自主性（autonomy）指的是一项工作给予员工的自由度、独立度和安排工作或决定工作程序的自主性。一个销售人员每天自行安排工作，并且不需监督就能够自己选择针对每一位客户的最有效的销售手段，这种工作就是高度自主的工作。如果一个销售员每天被分派特定的销售任务，并被要求对每一位潜在顾客都按照标准的销售说辞进行销售，那么工作自主性就很低。

5. 反馈

反馈（feedback）指的是执行工作活动时所产生的和绩效相关的直接和清晰的信息。组装 iPad 并且测试它们是否能够良好地运行，这是具有高度反馈的工作。在工厂中由工人组装 iPad，而由质量控制员进行测试和调试，那么这些工人就不会得到高度反馈。

工作特征模型的要素

图 8-1 显示了工作特征模型的主要轮廓。工作特征模型提出，当个体了解到（知晓结果）自己在所关心的（体验到意义）任务上做出了优异的成绩（体验到责任）时，就会感到内在的奖酬。这三种心理状态越是齐全，员工的激励、绩效和满意水平就会越高，而缺勤和离职的可能性就会越低。正如图 8-1 中所显示的，拥有高度个人成长需求的个体在其工作内容比较丰富时会体验到关键的心理状态，并且他们可能用积极的心态去回应。

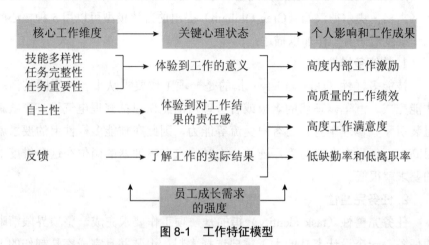

图 8-1　工作特征模型

工作特征模型的效能

有很多证据都支持工作特征模型，认为具备上述工作特征可以提高激励水平，并进而提高员工满意度和组织承诺。一项研究认为，当员工是"他人导向"（关注工作中他人的福利）时，工作内在特征和工作满意度之间的关系就会较弱，这意味着当我们关注他人时，我们主要的工作满意度并非来自于这些工作特征。另一项研究提出，我们对工作所拥有的心理归属感可以提高我们的激励水平，尤其当这种归属感为群体成员所共有时，该效果最强。还有研究探索了工作特征模型在特殊情境下的作用，例如虚拟工作场所，结果发现，如果多人共同采用线上方式工作而不是面对面工作，他们所感到的意义感、责任感和对结果的知晓度都会弱化。不过，管理者还是可以缓解这种问题，方法包括与员工建立互动关系、提高员工对任务重要性的感知、提高员工工作的自主性，以及增加反馈。

激励潜能分数（MPS）

我们可以把工作特征模型的核心维度结合起来，看成一个单一的预测指数，这就塑造了**激励潜能分数**（motivating potential score，MPS）。该分数计算过程如下：

$$激励潜能分 = \frac{技能多样性 + 任务完整性 + 任务重要性}{3} \times 自主性 \times 反馈$$

激励潜能分数高的工作至少在能够制造意义感的三个因素之中有一项得分较高，并且自主性和反馈方面均得分较高。如果某个工作岗位激励潜能高，模型给我们的预测是：激励水平、绩效水平和员工满意度都可以得到提高，同时缺勤率和离职率都是可以降低的。不过，我们其实可以把几个工作特征简单相加从而计算出一个激励潜能得分，而没有必要使用这个公式。请思考你自己的工作。你是否能独立工作？还是必须时常接受主管或者同事对你的监督？你的答案代表着你的工作岗位有多高的激励潜能。

激 励 潜 能 得 分（MPS）

体现工作岗位激励潜能的预测性指数。

工作特征模型的文化普适性

有一些研究测试了工作特征模型在不同文化下的适用性，但结果并不一致。该模型事实上相对而言更适合个人主义文化（考虑了员工及其工作之间的关系），这一点意味着丰富工作内容的策略在集体主义文化下可能不如个人主义文化下那么有效（例如美国，见第 4 章）。事实上，在拥有高度集体主义文化的尼日利亚进行的一项研究发现，虽然激励潜能得分显示其对工作维度具备高度影响力，但这种关联性却与在个人主义国家下收集的数据所体现的结论不同。作为对照的是，另一项研究认为，不论员工所在地是在美国、日本还是在匈牙利，工作岗位包含内在激励因素的多寡能够一样成功地预测工作满意度和工作投入度两个因素。这个研究领域还需要更多研究结论的支持。

采用工作设计的方法激励员工

"每天的工作都周而复始，"弗兰克这样说道，"站在生产线旁边，等待仪表板移动到特定的位置。把它拿下来，放到由流水线传送过来的自由者牌吉普车上，然后用束线绑好。我每天 8 个小时重复这样的工作。我才不关心他们每个小时支付我 24 美元的高薪。我都快要疯了。后来，我就是这样说的，我不会后半辈子都干这种工作。我的大脑都要变成浆糊了。因此我辞职了，现在我在一家印刷厂工作，每小时的薪水还不到 15 美元。但是我要告诉你，我的工作非常有意思。工作内容总在变化，我不断学到新的知识，这项工作让我感到非常有挑战性！我每天早上都希望立即进入到工作当中。"

弗兰克在吉普生产工厂的重复性劳动缺乏多样性和自主性，因此激励程度低。相反，他在印刷厂的工作令人感到充满挑战并且充满刺激。从组织学的角度来审视，弗兰克的前雇主没能把工作岗位设计成令人满意的样子，所以导致了离职率的提高。因此，工作再设计的概念变得具有很好的实践意义，也就是降低离职率，并且提高工作满意度等。我们看一看有哪些方法能将工作特征模型付诸实践，从而让工作内容变得更加有意义。

轮岗

轮岗

周期性把员工调离一项任务并从事另外一项任务。

如果员工因为日常从事过于重复的劳动而感到厌烦，一种解决方式就是**轮岗（job rotation）**，即周期性让员工调离一项任务，从事相同组织层级中要求具备相似技能的另一项任务（也称为交叉培训）。很多制造型公司都采用了轮岗的方法来提高灵活应对订单的能力。新任管理者有时需要经过轮岗才能了解整个公司业务的全貌。出于这些原因，不论是制造业厂房还是医院病房，能够进行交叉培训的情况都可以采用轮岗。例如，在新加坡航空公司，售票员可以承担行李管理员的工作，一方面可以实现交叉培训，另一方面可以让员工接触到组织其他方面的业务。大量进行轮岗是新加坡航空公司成为世界上顶级航空公司的一个重要原因。

经证明，采取轮岗可以提高员工工作满意度和组织承诺。此外，意大利、英国和土耳其的研究都指出，在制造行业，轮岗与组织绩效的提高有关。轮岗可以降低员工的厌烦心理，激励员工，并且帮助员工更好地理解自己的工作对组织有怎样的贡献。它还可以提高工作安全性，降低由于重复工作而导致的工伤，但这个话题目前是存在很多研究和争论的，研究结果并不一致。

　　轮岗的确还是有缺点的。重复从事某项工作可能令工作变成习惯性地例行公事，这会让决策变得更加自动和高效，只不过人们不再谨慎思考。第二，轮岗要求员工必须学习新技能，因此培训成本会上升。第三，让员工换到新的岗位会降低新岗位的整体生产率。第四，轮岗会对工作带来干扰，因为工作群体的成员必须适应新员工。最后，主管也必须花更多时间回答员工的问题并且监督调职员工的工作状况。

关系型工作设计

　　根据工作特征理论重新设计工作岗位有可能令工作变得更加具有内在激励性，学术界也在探索如何让工作变得更具有社交激励性。换句话说，管理者怎样设计工作岗位才能提高员工的积极性，令他们促进组织受益人（客人、客户、病人和员工）的福利？**关系型工作设计**的观点是，将重点从员工身上转移到员工工作表现所影响的对象身上。它同时也能够激励个体提高工作绩效。

　　一种令工作岗位提供亲社会性激励的方法是建立员工与受益人之间更紧密的联系。这个目的可以通过讲故事的形式实现。例如，客户认为公司的产品或者服务对他们产生了很大的效果。见到受益人，甚至仅仅观看他们的照片都能够令员工看到自己的行为对真实的人带来了影响，以及产生了实际的结果。这种做法令客户或者客人的概念对员工而言更加鲜明，也能唤起情感的触动，这些都可以让员工更多去思考自己的行为可能产生什么结果。最后，这种联系还可以增进员工对受益人观点的理解，这进一步又可以提高员工承诺度。

　　关系型工作设计关注的是亲社会性激励，对于采取企业社会责任行动的组织来说，这是一个特别突出的话题。我们在第 3 章中探讨过，企业社会责任行动通常包括邀请员工志愿投入时间和努力，有时还要使用员工的岗位技能（例如美国家居连锁店家得宝的员工帮助别人建造房屋），也有时并非如此（例如银行员工帮助慈善组织国际仁人家园给无家可归的人重建房屋）。不论哪种情况，参与的员工都可以和自己救助的受益人产生互动。还有研究显示，在公司发起的志愿者行动中，如果工作特征模型在有关意义和重要性的维度上特别突出，是可以激励员工成为志愿者的。不过，虽然亲社会型行为的激励性是值得关注的，但它和关系型工作设计并不相同。首先，企业社会责任行动是志愿参与的（而不属于岗位职责）；其次，员工参与的工作通常并不是惯常的工作内容（家得宝员工的本职工作并不是建造房屋）。然而，关系型工作设计倒是给企业社会责任活动提供了一种有趣的可能。

关系型工作设计
　　如此建构工作岗位，令员工看到通过自己的直接工作可以对他人的生活所造成的积极改变。

利用其他的工作安排激励员工

你一定了解，激励的方法是多种多样的，而我们仅仅讨论了其中的几种。还有一种激励方法是考虑采用弹性工作制，工作分担制，或者远程办公等方式。这些安排可能对于多元化的员工群体来说非常重要，这些员工可能包括双职工家庭、单亲家庭或者需要照顾患病家属或者年老家属的员工。

弹性工作制

苏珊是一个典型的早睡早起型的人。她每天早上就算 5 点起床也可以一整天精力充沛。不过，正如她自己所说的："每天晚上 7 点的新闻节目播出后，我就准备上床睡觉了。"苏珊在哈特福德金融服务公司工作，她的职务是理赔录入员，她的工作时间安排非常灵活。她的办公室早上 6 点开始营业，而晚上 7 点才关门。她完全可以决定自己如何在这 13 个小时内安排 8 个小时的工作时间。

弹性工作制

灵活的工作时间安排。

苏珊的工作安排就是**弹性工作制（flextime）**的一个例子，顾名思义，弹性工作即灵活的工作时间安排。员工每周必须工作特定的时长，却可以在某些规定之内灵活地安排这些工作时间。如表 8-2 所示，每一个工作日都由一些核心时间段组成，通常是 6 个小时，而这段时间的两端各有一些弹性时间段。核心时间段可以是上午 9 点到下午 3 点，而办公室的工作时间是从早上 6 点到下午 6 点。所有员工在核心时间段内都必须在工作岗位上工作，但他们却可以将剩下的 2 个小时工作时间放在核心时间段的前端、后端甚至两端。有了弹性工作制，员工就可以积累一些额外的工作时间并将它变成每个月的一个额外休息日。

弹性工作制已经得到了社会的高度赞同。根据近期的调查，大部分（60%）美国组织都提供某种形式的弹性工作制。这种现象不仅仅在美国存在。例如在德国，有 73% 的公司采用了弹性工作制，这种做法在日本也逐渐被人们所广泛采用。在德国、比利时、芬兰和法国，法律规定雇主不得拒绝员工从事兼职工作或者灵活安排工作时间的合理要求，例如照顾婴儿。

大多数证据都支持弹性工作制。可能从组织的角度来看，最重要的支持观点是弹性工作制能够提高公司利润。然而有趣的是，当且仅当弹性工作制被宣传为平衡工作和生活的手段时（而不是为了公司的利益），这种效果才有可能体现。出于种种原因，弹性工作制还可以降低缺勤率。员工可以根据个人需求来安排自己的工作时间，这种做法降低了懒惰和缺勤的现象，而且员工可以选择在自己工作效率最高的时候工作。弹性工作制还能够帮助员工平衡工作和生活，事实上，它已经成为评判一家公司是不是"家庭友好型公司"时最广为接受的标准。

表 8-1 弹性工作制示例

工作计划一	
占用时长	100%，即每周工作 40 小时
工作时间	上午 9 点—下午 5 点，周一到周五（每日 1 小时午餐时间）
工作开始时间	上午 8—9 点之间
工作截止时间	下午 5—6 点之间
工作计划二	
占用时长	100%，即每周工作 40 小时
工作时间	上午 8 点—下午 6 点半，周一到周四（每日半小时午餐时间），周五休假
工作开始时间	上午 8 点
工作截止时间	下午 6 点半
工作计划三	
占用时长	90%，即每周工作 36 小时
工作时间	周一到周四上午 8 点半—下午 5 点，每日半小时午餐时间，周五上午 8 点—中午（无午餐时间）
工作开始时间	周一到周四上午 8 点半，周五上午 8 点
工作截止时间	周一到周四下午 5 点，周五中午
工作计划四	
占用时长	80%，即每周工作 32 小时
工作时间	周一到周三上午 8 点—下午 6 点，每日半小时午餐时间；周四上午 8 点—下午 6 点；周五休假
工作开始时间	上午 8 点—9 点之间
工作截止时间	下午 5 点—6 点之间

不过，弹性工作制并不适用于所有的工作岗位，也不适用于所有的员工。对那些需要员工在某个确定的时间段一直守在办公桌前的岗位来说，弹性工作制并不是一个恰当的选择。而那些有强烈意愿将工作和生活分开的人们似乎并不倾向于利用弹性工作制所提供的便利。所以，将弹性工作制作为激励手段并不适用于所有人。另一个值得注意的事实是，英国的研究指出，在采取弹性工作制的组织里，员工的压力实际并没有减轻，这意味着弹性工作制并没能真正有助于实现工作和生活的平衡。

工作分担制

工作分担制（job sharing）指的是两个人或多个人共同分担一个传统意义上的全职工作。一名员工可能从上午 8 点工作到中午，可能另一名员工从下午 1 点工作到下午 5 点，或者他们可能都工作一整天，但两人隔日互相轮换。例如，福特汽车公司的顶级工程师朱莉·莱文和朱莉·罗科两个人制订了一个工作分担的计划，两个人都可以拥有充足的时间与家人共同度过，她们也能在这种工作安排下重新设计 Explorer 型号的跨界汽车。一

工作分担制
指的是两个人或多个人共同分担一个传统意义上的全职工作。

般来说，她们两人中会有一个人从下午稍晚些的时候一直工作到晚上，而另一个人在上午的时间段工作。她们两人都认为这个计划进行得很顺利，而难点在于，找到成功的工作配对关系需要投入大量的时间和准备工作。

在 2014 年，仅有 18% 的美国组织允许员工采取工作分担制，这个数据和 2008 年相比下降了 29%。工作分担制没有被广泛采用的原因是，很难找到合适的合作伙伴去分担一项工作，而且，对那些没有对工作和雇主做出完全承诺的人，传统的评价是负面的。然而，出于这些原因而拒绝工作分担制是非常目光短浅的。工作分担制能够为组织带来的益处是，可以为一个岗位带来两个人的才智，它还能够吸引具有高级技能的人才，例如抚养孩子和退休老人的夫妻可能无法承担全职工作。从员工的角度来看，工作分担制能够提高员工激励和满意度。

雇主决定采用工作分担制，有时是出于经济上的原因，也有可能是为了满足国家政策的要求。两个兼职员工分享同一岗位可能比全职工作的员工成本更低，包括薪酬和福利方面。但是培训费用、协调成本和行政费用却居高不下。另一方面，在美国，国家平价医疗法案可能令公司有动机支持工作分享的安排，从而避免支付政府要求为全职员工支付的各种费用。德国和日本的很多公司都一直在采用工作分担制，不过是出于另一个原因。德国的缩减工时补贴计划已经存在了将近 100 年，这个方案已经成功将就业率从经济危机的谷底拉升起来，它的重要内容就是将全职工作岗位改为由兼职工作人员分担。

远程办公

远程办公可能对于大多数人来说都是理想的选择，例如不需要每日上下班、拥有灵活的工作时间、穿着随意、不必受到同事的打扰等。**远程办公**（telecommuting）指的是在家办公，或者员工可以选择在工作场所之外的任意地方——通过电脑连接公司的办公室网络，每周至少在家工作两天。（一个很相近的概念是在虚拟办公室工作，它指的是几乎一直在办公室之外的地方工作。）在家办公的销售经理就是在采取远程办公形式，但销售经理如果出差时在车上办公，就不属于远程办公，原因是工作地点不是员工所自主选择的。

远程办公

通过电脑连接公司的办公室网络，每周至少在家工作两天。

虽然某些公司停止远程办公的消息频繁登上新闻头条，但是对于大多数公司而言，远程办公依然看上去方兴未艾。例如，在德国、英国和美国，几乎 50% 的经理被允许选择远程办公。远程办公对于中国来说实践案例较少，但依然是一个正在发展的趋势。在发展中国家，远程办公的比例居于 10% 到 20% 之间。在美国，积极鼓励远程办公的组织包括亚马逊、IBM、美国运通公司、英特尔、思科和一些政府部门。

从员工的角度来看，远程办公会增加他们的孤独感，从而降低工作满意度。研究指出，这种做法并没有减少工作和生活的冲突，原因可能是，远程办公通常导致实际工作时间超过了工作合同中的规定。远程办公者也容易陷入一种心不在焉的状态。不在办公桌前的员工、在会议中缺席的员工，以及那些不能每日分享信息和互动的员工在升职加薪方面都会处于不利地位，这是因为，在别人眼中他们没有经常上班"打照面"。一项体现企业社会责任的员工福利政策试图通过远程办公的形式降低汽车尾气排放，结果显示员工的每日行驶里程实际上增加了 45 英里，原因竟然是远程办公令他们的私人旅行安排增加了！

用员工参与计划激励员工

员工投入和参与（employee involvement and participation，EIP）简称**"员工参与计划"**，指的是利用员工的知识和能力来提高他们对组织成功的承诺度。如果员工可以参与决策过程，并因此增加了工作自主性和对自己职业生涯的掌控程度，那么员工的积极性就会更高、对组织更忠诚、工作效率更高并且对工作更满意。这些好处并不局限于个人层面，当团队得到更多的工作掌控力时，工作士气和工作绩效都会随之提高。

员工参与计划
　　指的是利用员工的知识和能力来提高他们对组织成功的承诺度。

员工参与计划的文化考虑

成功的员工参与计划应当是根据国家文化中的行为规范而量体裁衣的。传统文化下的员工看重正式的组织层级而并不重视员工参与计划。但这种情况正在发生转变。例如在中国，一些员工越来越不认可权力距离较高的传统文化。在一项研究中，对传统文化价值接受程度较高的中国工人在参与式决策活动中受益并不多，然而，不那么固守传统的中国工人在参与式管理环境下感到更满足、绩效评分也更高。另一项在中国进行的研究显示，让员工参与决策能够提高他们对工作安全感的认知和感受，因此提升了他们的幸福感。这些在中国发现的证据可以很好地反映出当前的文化转型。针对中国城市的研究指出，某些员工参与计划善于运用对员工进行咨询和与之沟通的手段，虽然这种员工参与计划并不包括让员工参与决策本身，但也提高了工作满意度。

不同形式的员工参与方案

在这一部分，我们详细讨论员工参与的两种形式：参与式管理和代表参与。

● **参与式管理**
参与式管理（participative management）的特征是共同决策，下级在很

参与式管理
　　下级在很大程度上分享其直接主管的决策权。

大程度上分享其直接主管的决策权。这种决策权分享的形式可以是正式的（例如汇报和调查），也可以是非正式的（日常询问），它能够通过建立信任和承诺而提高员工的激励水平。参与式管理有时被推崇为解决士气低落和工作效率低下等问题的灵丹妙药。实际上，在高效的参与式管理中，下属必须对领导者抱有足够的信任和信心。领导者应当避免采用威逼利诱的策略，也应当避免将该决策对组织造成的工作结果上的压力直接转嫁到员工身上。

针对"参与式管理 - 绩效"关系的研究曾经出现过不一致的结论。采用了参与式管理的组织的确能够令股价表现不凡、员工离职率更低、工作效率更高，但这些影响却并不显著。一些在个体层面的研究结果认为，参与式管理往往只能对员工工作效率、激励程度和工作满意度等变量产生轻微的影响。这并不意味着参与式管理对我们毫无帮助。不过，参与式管理的确并不是一个提高员工绩效的灵丹妙药。

- 代表参与

代表参与

员工通过派遣少量代表构成小组的形式参与组织决策。

几乎所有的西欧国家都要求公司执行**代表参与**（representative participation）的制度。执行这种制度的目的是，在组织中进行权力的重新分配，允许员工推举一小部分代表人参与决策过程，从而将劳动者与管理层和股东的利益摆在更为平等的地位上。代表参与制度最常用的两种形式是工作委员会和董事会代表。工作委员会是一些经过提名和选举的员工群体，当管理层制定和员工利益有关的决策时必须征求他们的意见。董事会代表是指员工代表团进入董事会，并代表员工利益发言。在英国、爱尔兰、澳大利亚和新西兰，代表参与制度都是最初被采用的员工参与计划。制定该制度的目的是，允许员工代表参与工会协议以外的议题讨论，并且所有代表都源自工会。不过，现在的代表团越来越脱离工会的体制，涵盖工会员工和非工会员工。

利用外部奖酬激励员工

我们在第 3 章中曾经讨论过，薪酬并非是提高工作满意度的唯一因素。然而，它的确能够对人产生激励效果，而公司却通常低估薪酬在留住人才方面的作用。一项研究发现，只有 45% 的雇主认为薪酬是失去人才的关键因素，却有 71% 的雇员认为这是首要原因。

如果薪酬真的这么重要，那么组织的薪酬水平应当高于、低于还是相当于市场价格？如何认定个体对公司的贡献有多少？我们将在这个章节考虑如下问题：（1）支付给员工多少薪水（取决于薪酬框架）；以及（2）如何支付员工薪水（可变薪酬方案和技能工资方案）。

支付多少：建立薪酬框架

支付员工薪酬有很多方法。一开始设立薪酬水平的过程包括：必须平衡内在的公平性——即工作对组织的价值（通常经由一种称为"职级评定"的技术手段来评估）、以及外在的公平性——公司的薪酬与该行业其他公司相比是否具有竞争力（通常经由薪酬调查来建立）。显然，最佳的薪酬制度应该是根据工作价值本身来决定，同时和人才市场的薪酬相比也要有竞争力。

如果支付高薪，公司可以吸引更高端的人才，员工的激励水平更高，并且愿意在公司工作更久。一项针对 126 家大型组织的研究项目发现，认为自己得到了具有市场竞争力的薪酬的员工具有更高的士气、工作效率更高，他们服务的顾客也感到更加满意。但是，薪酬通常是占组织运营成本比重最大的项目，这也意味着薪酬过高可能令公司的产品或服务更加昂贵。这是组织必须制定的战略决策，得失显而易见。

用沃尔玛做例子，似乎沃尔玛有关薪酬的战略决策并未成功。沃尔玛在美国门店数的年度增长率在 2011 年降到约 1%，而沃尔玛较强的竞争对手好事多（Costco）门店数增长率达到约 8%。好事多一个普通员工的年薪大约在 4.5 万美元，远远高于沃尔玛旗下山姆会员店普通员工 1.75 万美元的薪水。好事多的人才战略是：薪酬更高、业绩更高。高薪可以带来员工生产率的提高以及离职率的降低。鉴于沃尔玛随后提高了全员的工资水平，可能其高管也同意了这个看法。

如何支付：通过可变薪酬方案奖励员工个体

计件工资、绩效工资、奖金、利润分成和员工股票期权方案共同构成了**可变薪酬方案**（variable-pay program），它将员工的一部分薪酬与个体或组织的一些绩效测评方法结合起来。可变薪酬的部分可以是总体薪酬的一部分或者全部，可以在年底支付，或者是在达到绩效条件之后支付。它可以是由员工自主选择的，也可以是作为雇佣合同的条件而事先被接受。可变薪酬方案一直是针对销售人员和公司管理层常用的工资方案，但可变薪酬方案适用的岗位范围已经拓展到其他有激励潜力的岗位。

在全球范围内，大概 80% 的公司都执行了某种形式的可变薪酬计划。在美国，91% 的公司采用了可变薪酬方案。在拉美国家，超过 90% 的公司都在采用某种形式的可变薪酬计划。在拉美国家的公司中，员工整体薪酬中可变薪酬的比例也是最高的，约达到 18%。这个比例在欧洲和美国公司当中相对较低，只有 12%。至于管理层薪酬，亚洲公司比西方国家公司更经常采用可变薪酬方案。

可变薪酬方案
　　将员工的一部分薪酬与个体或组织的一些绩效测评方法结合起来。

遗憾的是，并非所有的员工都能看清薪酬和绩效之间的强相关性。采取绩效工资方案的效果存在很大差异。例如，一项在韩国针对 415 家公司进行的研究认为，以群体为基础的绩效工资对组织整体绩效有着较强的提高作用。在加拿大进行的研究又指出，只有当员工的努力和绩效同时得到奖励时，可变薪酬方案才能提高工作满意度。

薪酬保密性对于可变薪酬方案能否成功实现激励来说是非常重要的。虽然某些政府单位和非营利机构的薪酬在某些条件下被公开，但大部分美国组织都鼓励甚至要求员工做到薪酬保性。那么这是好还是坏呢？答案是，这并没有什么好处。薪酬的保密性对于工作绩效存在很大的负面影响。薪酬保密性甚至对于高绩效者的负面影响高于普通员工。它极有可能导致员工认为薪酬是主观随意制定的，这让他们产生挫折感。我们并不鼓励个体薪酬被广而告之，从而证明薪酬的公平性，但如果将薪酬的类型予以公开，让员工感到可变薪酬与绩效之间存在客观联系，那么可变薪酬方案的激励效果就能保留下来。

可变薪酬方案是否真的能够提高激励水平和生产率？一般而言的确如此，但这并不意味着可变薪酬方案对每一个人都能产生同等效果。很多组织同时采用了几种可变薪酬方案，例如员工股票期权计划（ESOP）和年终奖，因此管理者应当评估总的薪酬方案中每一种激励要素各自对员工激励的有效性，以及所有要素结合在一起的效果。管理者应当统计员工对绩效奖励的期望值，原因是，将所有激励要素结合起来，如果能够让员工感到高水平绩效能够给他们带来更丰厚的奖励，那么它就达到了最佳的激励效果。

接下来我们逐个详细讨论各种不同的可变薪酬方案。

● 计件工资

计件工资方案

在每一个生产单元结束后支付一定数额的薪酬。

计件工资方案（piece-rate pay plan）是一种一直以来广受欢迎的针对生产工人的薪酬工具，它指的是在每一个生产单元结束后支付一定数额的薪酬。它也可以用在当产出具备高度相似性，从而可以通过数量来测量的任何组织情境。单纯的计件工资方案是不包含底薪的，只按照员工生产产品的数量来计算薪酬。棒球场贩卖花生和苏打水的销售员通常采用计件工资方案计算薪酬。如果按照每袋花生 1 美元的酬劳卖掉 40 袋花生，那么此人就得到 40 美元的薪酬。他们工作越努力，就能卖掉更多的花生，从而得到更多的收入。另一种做法是，计件工资方案有时也用于销售团队内部的分配，这种情况下，棒球场销售员的薪酬就是按比例计算的、基于在一场比赛中整个团队卖掉的所有花生的袋数。

人们广泛熟知计件工资方案可以提高生产率并实现高薪酬，所以这种方案对于组织来说很有吸引力，对员工也有激励性。事实上，中国一所重

点大学在提高了教授发表论文的计件工资水平后，实现了研究产出上 50%
的提高。对于个体和团队形式的计件工资制度，员工最主要的担忧来自于
奖金的分配方面。德国一项近期的实验发现，在风险厌恶型个体中，有
68% 的个体更愿意采取个体形式的计件工资制度，而低绩效者更青睐团队
形式的计件工资制度。为什么？研究作者认为，风险厌恶型的高绩效者更
愿意把薪酬基于自己所能控制的任务上（他们自己的工作），看自己的能力
能带来什么结果。因为他们担心其他人会在团队里偷懒。这种担忧是很有
道理的，我们会在下一章详细介绍。

组织应当去验证自己所采取的计件薪酬方案是否的确对个体具备激励
性。欧洲的研究建议，当工作的速度被外在的不可控因素（例如客户要求）
影响，而不是被内在因素（例如同事、目标和机器）影响，计件工资的激
励作用最弱。不管怎么说，管理者必须留意激励方案会否导致员工用牺牲
质量的方法来提高产出速度。管理者也应该当心，由于奖励工作数量，计
件工资方案也有可能增加工伤的发生。

- **绩效工资**

绩效工资方案（merit-based pay）是根据绩效评估得分为个人绩效支付 **绩效工资方案**
薪酬的方案。该方案的最大优点是，绩效突出者能够得到更多的加薪。该 　根据绩效评估
方案如果设置合理，绩效工资方案能够令个体感知到绩效与奖酬之间的强 得分为个人绩效支
相关性。 付薪酬的方案。

很多大型组织都采用了绩效工资方案，主要针对领工资的员工群体。
绩效工资方案也在公共部门中逐渐普及。例如，纽约市公立医院体系按照
医生在缩减成本、提高病人满意度和改善医疗服务质量等各方面的工作效
果来支付薪酬。另一方面，在一些组织中也存在逐渐放弃绩效工资方案的
潮流，这些组织认为绩效工资方案并不能有效地区分出高绩效者和低绩效
者。如果距离年度考评和加薪还有好几个月的时间，高绩效者追逐奖励的
动力就会消失。已经采取绩效薪酬方案的公司也在重新思考如何有效分配
这部分薪酬。

即使绩效工资方案在人们心中具备很高的吸引力，但是绩效工资方案
还是存在很多局限性。其中之一是，绩效工资通常是基于年度绩效考评来
发放，因此它的效度受到绩效考评的局限，而绩效考评通常是主观的。这
就导致了歧视问题的发生，我们在第 2 章介绍过这个概念。研究显示，非
裔美国员工的绩效评估得分低于白人员工，女性的绩效评估得分高于男性，
在其他因素均为公平的情况下，在工资涨幅的分布上也存在人口统计学意
义上的差异。另一个局限是，涨薪总量是依据公司的经济状况和其他状况
而定的，这与个体绩效无关。例如，一所顶尖大学的同事在教学和研究方
面都非常优异，但加薪却只有 300 美元。为什么会这样？因为加薪总量是

非常小的。因此这次加薪更像是应对生活成本提高而不是基于绩效的薪酬。最后一点，工会总是抵制绩效工资方案。正因如此，在美国教师中采取绩效薪酬方案的情况是比较少见的。而基于年资的薪酬成为这一类人得到的主流薪酬方案，在该方案下所有员工都得到同样的加薪。

● 奖金

奖金

这种薪酬方案奖励员工近期的绩效,而不是历史绩效。

年度**奖金（bonus）**对于很多工作岗位来说都是整体薪酬中不可小觑的一部分。年度奖金曾经仅仅被用于高管层级，但现在已经在组织中各个层级都很常见了。奖金的激励作用应该比绩效工资更高，这是因为奖金不是为了多年前的绩效而支付薪酬（为多年前的绩效而支付的那部分薪酬已经被合并到基本工资中了），而是为了近期的绩效支付薪酬（绩效薪酬是积累性的，涨薪一般来说远远小于奖金）。此外，当公司的经营环境不好时，公司可以通过减少奖金来降低薪酬的总成本。例如，华尔街各大公司在2012年面临严格的政府审查时，华尔街员工2012年的年终奖被砍掉了三分之一之多。

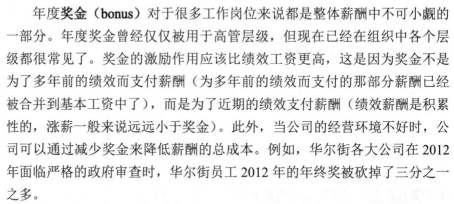

采取奖金方案的益处非常清晰，它能够有效激励员工。例如，印度的一项近期研究发现，如果在整体薪酬中为管理者和员工预留更高比例的奖金，生产率可以得到提高。这个例子同样也凸显了奖金的缺陷，它让员工的薪酬更容易遭到削减。这就让问题变得棘手，尤其是员工很容易对奖金产生依赖心理，或者把奖金认为是理所应当的。"人们已经提高了生活标准，就好像奖金已经不是奖金，而是他们期望年薪的一部分"，哈佛商学院教授杰·罗什（Jay Lorsch）这样评价道。纽约一家拥有9 700名员工的公用事业公司KeySpan把年底奖金与少量的绩效工资涨薪结合到了一起。KeySpan公司的高级人力资源副总裁伊莲·威斯坦（Elaine Weinstein）称这种方案的作用是改变了原来的"英才特权"文化。

● 利润分成方案

利润分成方案

在公司利润的基础上, 对全公司范围通过确定的公式而分配报酬的方案。

利润分成方案（profit-sharing plan）是在公司利润的基础上，通过确定的公式而分配报酬的方案。这些报酬可以是直接支付现金，也可以是特别针对高层管理人员的股权期权分配方案。你可能从新闻里看到过Facebook创始人马克·扎克伯格（Mark Zuckerberg）年薪只有1美元，但请别忘记该公司很多高管被授予了丰厚的股票期权。事实上，扎克伯格已经通过兑现一些股票期权而赚得了23亿美元。当然，大多数利润分享方案不会那么惊人。雅各布·卢克从13岁时就开始了替人整理草坪的生意。雅各布聘用了自己的哥哥以赛亚和朋友马塞尔，并给他们每人支付收入的25%作为酬劳。

研究普遍支持利润分成方案可以提高组织利润的观点。研究也发现这种方案与员工承诺度提高有关，在小型组织中尤为如此。利润分成方案也能够对员工态度产生积极的影响，员工反映自己在心理上更有主人翁的感觉。加拿大的近期研究指出，利润分成方案如果与其他绩效方案联合使用的话，可以激励个体实现高绩效。显然，如果公司不存在利润报表，例如非营利组织或者公共服务部门，那么利润分成方案就无法被应用。

- **员工持股方案**

员工持股方案（employee stock ownership plan，ESOP）是由公司设立的员工福利计划，员工能够以低价购买公司的股票，以此作为一种福利待遇。针对员工持股方案的研究显示，这种方案能够提高员工的满意度并促进创新行为。但是，在提高员工满意度方面，只有让员工从心理上感到主人翁的地位才有可能奏效。即使如此，员工持股方案也未必能做到让员工减少缺勤或者让员工更有激情。原因可能在于，员工的实际现金收入来自于后期将股票兑现的结果。所以，公司需要时常向员工报告公司业务的状况，以及提醒他们有机会正向影响公司的业绩，这样员工才能感到激励，并致力于提高个人绩效。

员工持股方案能够减少高级管理层的不道德行为。例如，当 CEO 持有公司股票时，他们操纵公司报表从而在短期内粉饰自身业绩的可能性会得到降低。当然，并非所有公司都愿意执行员工持股计划，员工持股计划也并不适合所有的公司。

> **员工持股方案**
>
> 由公司设立的员工福利计划，员工能够以低价购买公司的股票，以此作为一种福利待遇。

用福利计划激励员工

正如薪酬一样，福利既是留住员工的必要条件，也是一种激励员工的手段。托德是一个已婚男人，他有 3 个小孩，他的妻子是一名全职妈妈。托德在花旗银行的同事艾莉森也是已婚者，但是她的丈夫在联邦政府拥有高薪职位，并且他们没有子女。托德十分关心公司能否为自己提供良好的医疗计划和足够的寿险，这样才能对家庭提供足够的支持。相反，艾莉森丈夫的工作待遇已经包含了医疗计划，而且寿险对他们来说也不是最重要的考虑问题。艾莉森更感兴趣的是，公司能否为自己提供额外的假期和长期财务福利，例如可以实现延期缴税的储蓄计划。

标准化的福利计划不太可能同时满足托德和艾莉森的需要。然而，花旗银行可以采用弹性福利计划来满足他们各自的需求。

组织的奖酬应当与每个员工的个人目标相一致，这是期望理论的内容。弹性福利计划可以让每名员工选择最适合自己当前需求和实际情况的福利包，这样可以实现个性化的奖酬。**弹性福利计划**可以切合员工的不同需求，员工可以根据年龄、婚姻状况、伴侣的福利状况以及被抚养人的数量和年龄来选择。

> **弹性福利计划**
>
> 灵活的福利计划可以让每名员工选择最适合自己当前需求和情况的福利包。

总的来说，员工选择是否去工作，或者选择一家公司而不是另外一家公司，福利可以成为一个重要的激励因素。但是，弹性福利计划是否比传统的福利计划更具激励性呢？这很难说。一些组织已经转而采取弹性福利计划，这些组织称，员工留任的意愿、工作满意度和生产力都得到提高。然而弹性福利计划在激励的效果上却不能替代高薪酬。此外，随着世界上越来越多的组织采用了弹性福利计划，它所带来的个体激励效果很有可能会降低（这些计划会被视为标准的待遇）。弹性福利计划的缺陷是非常明显的：管理这些福利计划有可能产生很高的成本，而且识别不同条款对激励带来的影响也是非常具有挑战性的。

虽然我们认为弹性福利计划很有激励性，然而令人惊讶的是，并非全世界都在采用弹性福利计划。在中国，只有很小比例的公司采用弹性福利计划，很多亚洲国家也是如此。几乎所有的美国大型公司都提供弹性福利计划，并且，近期一项针对 211 个加拿大组织的调研发现，其中的 60% 都提供弹性福利计划，这个比例同 2005 年的 41% 相比有显著提升。一个针对英国公司的类似调查发现，几乎所有的大型组织都在提供弹性福利计划，其中的可选方案包括补充医疗保险、假期互换（同事之间）、公交折扣，以及儿童看护等。

采用内在奖酬激励员工

我们已经讨论过通过工作设计、薪酬和福利等外部奖酬来激励员工的方案。在组织层面，这些代表了所有的员工激励方案吗？完全并非如此。如果我们忽略公司所能提供的内在奖酬就大错特错了，例如员工认可计划。我们用一个例子开始介绍这方面知识。罗拉在佛罗里达州彭萨科拉地区的一家快餐店工作，每小时的薪水只有 8.5 美元，这份工作既无趣又缺乏挑战。但是罗拉谈到自己的工作、上司和公司时却非常激动："我喜欢这份工作的原因是，我的上司非常欣赏我付出的努力。他会在我上班的时候经常当着同事的面表扬我。在过去的 6 个月中，我已经两次当选月度优秀员工了。你看到墙上贴着我的照片了吗？"

很多组织都逐渐意识到罗拉所谈到的这一点：员工认可方案可以提高员工对工作的内在激情。**员工认可方案**是通过正式表扬员工的某些特定贡献从而鼓励其他员工也采取该行为。员工认可方案可以是自发的私人感谢，也可以是当众正式的表扬。在这些活动中，实现员工认可的步骤要清晰界定出来。

几年前，一项研究调查了各行各业的 1 500 名员工，询问他们认为什么才是工作当中最有激励作用的事情。他们的回答是惊人的。认可，认可，

员工认可方案

通过正式表扬员工的某些特定贡献从而鼓励其他员工也采取该行为。

再认可！其他研究指出，金钱激励可能拥有更强大的短期激励作用，但长期来看，非金钱激励才是最佳的选择。令人惊讶的是，并不存在足够的研究证据支持员工认可计划的激励作用，也没有足够的研究证明它是否在全球被广泛采用。然而，研究却指出，员工认可计划与自尊、自我效能和工作满意度等存在关联，内在激励所带来的更宽泛意义的影响的确是有研究记录的。

员工认可计划的一个明显优点是成本低廉，表扬是无成本的！不管有没有附带物质激励，员工认可计划都对员工存在高度的激励作用。尽管员工认可方案越来越受到人们的喜爱，也有人批评说，这种方案很可能体现着管理层对员工的政治操控。如果将这种方案应用到一些绩效决定因素相对客观的岗位上，例如销售岗位，员工认可方案更容易被员工认为是公平的。然而，对于大多数工作来说，绩效是否优秀的标准并不是那么明显，因此管理者操控公司制度、偏爱亲信的余地就会很大。这种滥用可能会损害员工认可方案的价值，并令员工士气降低。因此，如果公司采用正式的员工认可计划，管理层必须认真关注其公平性。如果没有执行正式的员工认可计划，管理层也应当认可员工付出的努力，从而实现对员工的激励。

本章小结

我们在本章中学到，理解个体激励因素对于组织绩效来说非常重要。如果员工感到组织认可自己的优异之处，自己得到组织重视，并可以得到符合自身能力和兴趣的岗位，那么他们就会受到激励，发挥最高的绩效水平。执行员工参与方案也可以提高生产力、员工对工作目标的完成度、激励水平和工作满意度。不过，我们不能忽略组织奖酬对激励的强有力影响。薪酬、福利和内在激励都必须经过审慎的思考和精心设计，这样才能提高员工激励水平，实现积极的组织目标。

对管理者的启示

- 认可个体差异。管理者要花一些时间理解对于每一位员工来说，什么才是最重要的需求。要将工作设计成与个人需求相一致，这样才能优化员工的激励水平。
- 使用目标设置和反馈等手段。管理者应当给员工设立明确而特定的目标，在追求目标的过程中，应该给予员工适当反馈，告诉员工追求目标的效果如何。

- 允许员工参与和自己有关的决策。员工可以参与制定工作目标、选择适合自己的福利方案、亲自解决工作效率和工作质量等问题。
- 将奖酬与绩效挂钩。奖酬应当取决于绩效水平，必须让员工了解程序的公平性。
- 考察制度的公平性。应当令员工感知到个人努力和工作成果能够解释员工之间在薪酬和其他奖酬方面的差异。

第 9 章
群体行为入门

通过本章的学习，你应该能够：

1. 区分不同类别的群体；
2. 说明什么是群体发展的间断性平衡模型；
3. 说明不同情境所要求的角色变化；
4. 说明规范对个体行为所产生的影响；
5. 解释群体地位和群体规模对群体绩效的影响；
6. 说明群体凝聚力和多元化为何可以增进群体绩效；
7. 比较群体决策的优点和缺点。

群体与群体身份

群体有利于工作的开展，但其自身也存在一些缺陷。我们如何把群体情境的优势最大化？我们可以首先对群体生活进行解析，从最基础的问题开始研究。在组织行为学（OB）中，群体包含两个或两个以上的个体，他们之间发生互动并且互相依赖，他们聚集在一起的目的是为了实现某个特定的目标。群体可以分为正式群体和非正式群体两种。**正式群体（formal group）** 是由组织架构确定的、有明确的工作安排并执行特定任务的群体。在正式群体中，群体成员所采取的行为是由群体目标所激发的，并直接以实现群体目标为导向。例如，一架飞机的 6 个乘务员构成了一个正式群体。而**非正式群体（informal group）** 既没有正式的架构也不是由组织安排的。非正式群体是在工作环境中自发形成的，主要应对社交需要而形成的群体。例如，不同部门的 3 个员工可以定期共进午餐或者喝咖啡，这就是非正式群体。这些个体之间的互动虽然是非正式的，但它也深刻地影响这些个体的行为和绩效。

群体

　　群体包含两个或两个以上的个体，他们之间发生互动并且互相依赖，他们聚集在一起的目的是为了实现某个特定的目标。

正式群体

　　正式群体是由组织架构确定的、有明确的工作安排并执行特定任务的群体。

社会认同

你是否注意到，人们通常对自己的群体持有强烈的情感？一部分原因

非正式群体

　　非正式群体既没有正式的架构也不是由组织安排的。非正式群体是在工作环境中自发形成的，主要应对社交需要的群体。

社会认同理论

　　社会认同理论是研究个体在何时以及为何把自己认为是群体成员的一种观点。

可能是，共同的经历会放大我们对事件的感知。你可能会预期到这样的现象，积极的共同经历可以加强我们和群体的紧密性。根据澳大利亚的研究，痛苦的共同经历也可以加强我们所感知到的人际关系亲密性和信任。请思考一项全国体育锦标赛的后续影响，支持获胜方的体育爱好者们可能显得情绪高昂，和这个球队有关的衬衫、夹克衫和帽子销售走俏。相反，失败一方的铁杆爱好者可能会感到灰心丧气、憋闷难言。为什么会产生这种差异？虽然爱好者自身与球队实际的比赛表现毫无关系，但爱好者们的个人形象是与球队高度统一的。人们用自己的个人形象对群体成就进行投入的倾向属于**社会认同理论**的范畴。

　　人的一生会发展出很多的群体身份认同。你可以根据自己所服务的组织来定义自己，或者自己居住的城市、职业、信仰、民族和性别等等。长期来看，你所隶属的群体对你个人而言，其意义可能会逐渐显现出来。一位在罗马工作的美国老外有可能时常意识到自己美国身份的特殊性，但如果他是从美国城市特尔萨转岗到另一个美国城市图森，就不会过多考虑自己国籍的问题。因此，哪个社会身份对情境而言具备特殊意义是可以选择的，或者，我们也有可能发现某些社会身份之间的冲突性，例如，一个人既是一名商业领袖，也是一个孩子的家长。在职场中，我们对工作群体的认同性通常高于我们对组织的认同性。不过，两者对于态度和行为的积极结果来说都很重要。如果我们对组织的认同度低，我们可能会感到满意度降低，也不愿意采取更多的组织公民行为（OCB，见第 1 章）。

圈子的内部和外部

圈内偏袒

　　这种观点认为自己群体内的成员比其他人更优秀，而群体外的人都一模一样。

圈外人

　　圈内人的反义词。圈外人可以包括不在圈子以内的所有人，但他们通常是被明确认定的一群人。

　　当我们认为自己群体内的成员比群体外的人更优秀，而群体外的人之间毫无差别时，**圈内偏袒**的现象就发生了。近期研究认为，低开放性和（或）低随和性（见第 5 章）的人格更容易受群体内部偏袒的影响。

　　当存在小圈子时，自然就有了处在圈外的人，有时候**圈外人**包括不在圈子以内的所有人，但他们通常是圈子内部成员所明确认定的一群人。例如，如果我的圈子是美国共和党，那么我的圈外人可能包括世界上任何非共和党派人士，但更有可能是美国另一政党的党员，也可能仅仅指的是民主党。

　　当存在圈内和圈外之分时，他们之间通常是互相仇视的。圈内圈外具有分歧的最鲜明的例子莫过于在个人信仰方面，甚至在工作场所中也是如此。例如，一项全球性研究发现，如果一个群体深度遵循宗教仪式并热衷于宗教讨论，那么当圈外人拥有更多资源的时候，人们会特别歧视圈外人并且充满攻击性。请思考一个例子，学者针对某个英国穆斯林组织开展研究，该组织支持基地组织，并且把态度温和的英国穆斯林视为圈外人。基地组织圈内人对态度温和的圈外人立场并非是中立的，而是强烈谴责温和派，诋毁他们是离经叛道者，对他们施加威胁，扬言会对他们进行攻击。

群体的发展阶段

有明确存在时限的临时性群体会经历一些有序而特殊的行为阶段（或者"不作为"阶段）：

1. 第一次会议设定群体的方向；
2. 群体行为的第一阶段以惰性为特点，因此进展缓慢；
3. 当群体已经耗尽规定中恰恰一半的时间时，群体行动会发生转变；
4. 这种转变会发动重要变革；
5. 转变发生之后，紧跟着到来的是第二个惰性阶段；
6. 群体最后一次会议的特点是行动明显加速。

这个模式被称为**"间断性平衡模型"**，在图9-1中展示。

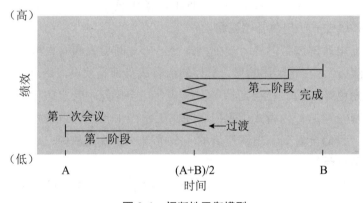

图 9-1　间断性平衡模型

我们将讨论该模型的每一个阶段。在第一次会议以后，群体的大致目标和方向已经确立，接下来出现的是行为模式和行为假设的框架，群体会在这个框架之下进行项目工作，有时候在群体成立之后的几秒之内这件事情就已经完成。一旦确立，群体的方向就会被固定，在群体存在期间的前一半时间内都不会被重新审视。这个时间段是惰性阶段，群体倾向于保持静止，或者进入一种锁定式的行为模式中，即使挑战最初模式和假设的新观点已经出现，也仍然无济于事。

研究结论中最有趣的发现是，群体会在第一次会议和正式的截止期限两个时间点的正中间经历转变，不论项目已经进行了一个小时还是六个月。中间时点的作用好像闹钟一样，提醒群体成员——时间是有限的，他们需要开始行动了。这种转变标志着第一阶段的结束，其特征是变革会集中爆

间断性平衡模型

临时群体会经历从惯性到行动之间转换的几个阶段。

发，旧的模式被放弃，新的视角被采用。这种转变将为第二阶段树立新的方向，建立新的平衡，并且进入新的惰性阶段。在新的惰性阶段里，群体将执行变革时确定的新计划。最后，群体开展最后一次会议，其特征是爆发一连串的行动来完成群体的工作。总之，间断性平衡模型的特点是，群体行为体现了长时间的惰性，中间被简短的革命性变化所截断，而这种变革的发生主要是由于群体意识到了时间期限。

有关群体行为阶段的模型是很多的，但上述模型是获得最多证据支持的主要理论。然而，请牢记，这个模型并不一定适用于所有群体，它只适用于具有明确时间期限的临时性任务群体。

群体属性一：角色

工作群体可以塑造成员的行为，工作群体也有助于解释个体行为和群体本身的绩效。能够用于定义群体属性的特征包括角色、规范、地位、规模、凝聚力和多元化。我们将在下面的段落中逐个介绍这些概念，先从第一个群体属性——角色开始说起。

莎士比亚说过"世界是一个大舞台，所有的男人和女人只不过都是舞台上的演员"。在这个比喻里，群体的所有成员都是演员，每个人都扮演着自己的**角色**（role）。社会期待着占据某个社会单元中特定职位的人应该具有某一套特定的行为模式。我们必须在工作当中和工作之余扮演各种各样的角色。我们会看到，理解行为的一个重要方面就是掌握一个人当前正在扮演何种角色。

角色

社会期待占据某个社会单元中特定职位的人应该具有某一套特定的行为模式。

比尔是 EMM 公司的工厂经理，这是位于菲尼克斯城的一家大型电器生产厂商。他扮演着很多角色，他是 EMM 的员工、中层管理者和电气工程师。在工作之余，比尔的角色就更多了，丈夫、父亲、天主教徒、网球手、雷鸟乡村俱乐部会员、业主委员会的主席等。这些角色中的大多数都是可以互相兼容的，但也有一些角色会发生冲突。比尔的宗教信仰对他在工作岗位上的管理决策会不会产生诸如裁员、虚报公司费用以及向政府机构上报准确的公司信息等影响？比尔最近得到一个去其他城市工作的升职机会，但他的家人却希望他留在菲尼克斯城。他的工作角色与他作为一个丈夫和父亲的角色之间能否保持平衡？

不同的群体会对个体施加不同的角色要求。正如比尔的例子，我们每个人都扮演多种角色，我们的行为会为了适应角色而改变。但是我们是如何知道自己扮演什么角色的？角色感知可以帮助我们形成什么是恰当行为的概念，并且帮助我们理解群体的期待。我们也试图搞清角色的各项参考值，从而降低角色冲突。我们接下来将继续讨论这些问题。

角色感知

我们对于自己在特定情形下应当如何表现的看法就是**角色感知**（role perception）。我们身边的刺激因素可以令我们感知到这一点，例如朋友、书籍、电影、电视等。比如当我们观看电视剧《纸牌屋》时，就会产生对政客的印象。再比如实习生计划的目的是，让新手观看专家的操作，从而学到如何按照公司期望的方式开展工作。

角色感知
我们对于自己在特定情形下应当如何表现的看法。

角色期望

角色期望（role expectations）指的是他人认为你在特定情境下应当采取的行动方式。例如，美国联邦法官被认为是拥有高度特权和尊严的角色，而足球教练则被认为是具有进取心、精力充沛和极具鼓舞精神的角色。

角色期望
他人认为你在特定情境下应当采取的行动方式。

在职场中，我们审视角色期望的方式被称作**心理契约**，即员工和雇主之间存在的不成文的约定。心理契约明确了我们的共同期望。对管理层的期望是公平对待员工、提供恰当的工作条件、清晰传达什么是适当的工作量、以及对员工反馈他们的工作表现。对员工的期望是体现出积极的工作态度、遵循指令，并且对组织体现出忠诚。

心理契约
一种不成文的约定，它明确了管理层和员工之间的相互期望。

如果管理层对心理契约不屑一顾呢？我们可以预测到这件事会对员工的绩效和满意度都产生负面效果。对餐厅经理进行的一项研究发现，和违反心理契约相关的现象是离职意愿提高。另一项面对各种不同行业的研究发现，心理契约被破坏与生产率下降、员工偷盗率升高和消极怠工等现象有关。

角色冲突

遵循一个角色要求往往就难以遵循另外一个角色要求，这种现象称为**角色冲突**（role conflict）。举个极端的例子，两三个角色期望可能会完全互斥。如果你是管理者，你要对自己培训的下属进行绩效评估，那么评估者和指导员两个角色就是冲突的。同样，我们也可能会体验到**角色间冲突**，即不同的、独立的群体对我们持有相反的期望。一个例子就是工作与生活的平衡问题，例如，家庭对比尔的期待是丈夫和父亲，而 EMM 公司对比尔的期待是管理层。比尔的妻子和孩子希望留在菲尼克斯城，而 EMM 公司期望员工能够积极响应和满足公司的要求。虽然从个人财务和职业生涯的角度考虑，比尔愿意接受调职，但家庭和工作角色两种期望之间出现了集中的冲突。有很多研究结果证明，工作与家庭冲突是大多数员工感到压力的重要理由。

角色冲突
个体遇到多个有差异的角色期望的情况。

角色间冲突
个体所隶属的多个独立群体对他的期望相反的情况。

群体属性二：规范

你是否曾经注意到，打高尔夫球的球手在对方击球入洞时会保持安静？为什么观察者不说话呢？答案就是，他们在遵守规范。

所有群体都可以形成自己的**规范（norms）**，即群体成员共同接受的行为标准，规范规定了他们在特定的情境下应该或不应该做的事情。群体领导者仅仅传达自己的观点是不够的，即使群体接受了领导者的观点，其效果也超不过三天。当群体同意并接受了一项规范，它就能影响成员的行为而不需要外界的监控。不同的群体、社区和社会都拥有规范，且这些规范是不同的。

规范与情绪

你是否注意过，一个家庭成员的情绪（尤其是强烈的情绪）可以影响另一个家庭成员的情绪？家庭可能是一种高度规范性的群体。任务性群体也可以是高度规范性的，成员每日共同工作，通过频繁的沟通可以增加群体规范所拥有的影响力。一项近期的研究发现，在任务性群体中，个体的情绪影响着群体的情绪，反过来的情况也存在。虽然这并没有什么值得惊讶的，不过，研究人员也发现，群体规范也可以决定个体和群体所体验到的情绪——换句话说，人们逐渐用同样的方式去解读共同的情绪。我们在第 4 章中学习过，情绪可以塑造观点，因此，群体规范效应也可以对群体态度和群体结果产生强有力的影响。

规范与遵从

作为群体的一员，你一定渴望被群体接受，因此，你就会倾向于按照群体规范行事。大量事实表明，群体能够对每个成员施加巨大压力，令他们改变自己的态度和行为，与群体标准保持一致。

群体为了令成员们遵从**规范（conformity）**而施加压力，这种压力可能会对个体成员的判断力产生影响，这种影响被所罗门·阿希（Solomon Asch）的经典研究所证实。阿希令人们组成七八个人的小组，并要求他们比较实验者拿着的两张卡片。一张卡片上有一条直线，另一张卡片上有 3 条长度不等的直线，其中一条与第一张卡片中的直线长度相等，如图 9-2 所示。直线的长短是很明显的。事实上，在一般情况下，要求受试者说出 3 条直线中哪一条与第一张卡片中唯一的一条直线长度相等，错误率不到 1%。

实验开始后，几位受试者先做了几套类似的比较练习。所有的受试者都给出了正确的答案。但在做第三套练习时，第一个受试者先给出了明显

错误的回答，例如说答案是图 9-2 中的直线 C。在该研究小组中的下一位
受试者也给出了相同的错误回答，其他受试者也都是如此。其他受试者都
属于研究团队，现在对此情况毫不知情的受试者面临着这样的困难抉择，
到底应该公开陈述自己的观点，与群体中其他人背道而驰，还是给出错误
的答案从而与其他人保持一致？

很多次实验和测试后的结果表明，75% 的受试者至少曾经做出过一次
从众的选择，也就是说他们知道自己的选择是错误的，但却为了与群体其
他人保持一致而选择答错。在一位普通的从众者所给出的多次回答中，错
误的比率是 37%。这个结论是否意味着我们的行为都只不过像机器人一
样？当然并非如此。个体会对所有群体的压力都采取遵从的行为吗？当然
也是并非如此。人们更多遵从自己的参照群体。**参照群体**是重要的群体，
人们意识到其他成员的存在，把自己认为是群体成员之一，或者希望成为
其成员，并且感到群体成员对自己来说意义重大。

参照群体

　参照群体是重
要的群体，个体属于
或者希望属于这个
群体，并且很有可能
遵从群体的规范。

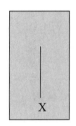
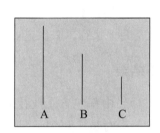

图 9-2　阿希实验所用的卡片

规范和行为

规范可以指导群体行为的任一方面。我们曾经提到，工作场所的规范
深刻影响着员工的行为。这可能不难理解，但是，直到 1924 年到 1932 年
间进行了霍桑实验后，人们才完整地意识到规范对员工行为的重要影响。
当时，西方电气公司设立在芝加哥的霍桑工厂对生产线工人实施了该实验。
后续研究也验证并强化了这个实验的总结论，下面我们将介绍霍桑实验的
具体内容。

研究人员首先考察了工厂实体环境（尤其是生产线光线强弱）和生产
率之间的关系。随着实验组光线的增强，实验组和控制组的生产率都提升
了。当光线减弱时，生产率还在持续提升。事实上，仅仅当光线强度降到
月光那么弱的时候，实验组的生产率才有所下降。这些事实让研究人员相
信，是群体动力而不是客观环境在影响员工行为。

接下来，研究人员把一个装配电话机的女性工人小组隔离出来，这样
便于观察她们的行为。在接下来的几年当中，这个小群体的产出稳步上升，
个人事假和病假的数量大约仅为普通生产部门的三分之一。显然，这个群

体的"特殊"地位极大地影响着它的绩效。群体成员认为自己是一个精英群体,之所以管理层让她们参与实验,是展示出对她们利益的关注。从本质上讲,在生产线上进行的光线实验中,工人们的反应实际上是来自于他们感到自己受到了更多的关注。

后来,一家银行为自己的转账观察室引入了一个薪资提升计划。最重要的发现是,员工个体并没有增加产出,相反,他们的角色绩效开始被群体规范所控制。成员担心如果自己大量增加产出,单位工作产出的激励比率就会被削减,公司期望中的每日产出可能会增加,最终可能会导致有人下岗,手脚慢的员工可能会遭到批评。因此,群体建立了一个"公平产出"的概念,既不太多也不太少。成员互相保证,从而确保他们的绩效报告几乎是平衡的。群体建立的规范还包括了一些禁止性的行为。例如,不要激进,也就是不要激进地提高工作产出;不要怠工,也就是不能过分减少工作产出;不要把同伴的情况对公司告密。群体执行着这些规范,对于违反者,可能采取点名、嘲笑,甚至击打上臂的方式作为惩罚。群体通过设置严格的规范和一丝不苟地执行,来保证群体在能力上限之内开展工作。

积极规范和群体结果

每个组织的目标当中都包含企业社会责任(CSR,见第3章)方面的行动,这方面的价值观对员工起到了规范作用。如果员工的思维与积极规范相一致的话,这些规范可能会得到强化,从而产生大量的积极效果。我们可以预测"政治正确"这种行为规范在各种情况下都能产生类似的结果。那么,积极规范对群体结果的作用到底是什么呢?流行的思想是,为了提高群体创造性,应该将规范的执行力度放松。然而,针对两性分布均匀的群体所进行的研究指出,政治正确这一规范如果较强,实际上群体创造力会得到提高。为什么出现这样的结果呢?群体对男性和女性之间的互动是存在清晰期待的,这降低了群体期待的不确定性,从而令群体成员愿意表达自己的创意,而不是在内心与守旧的规范作斗争。

积极的群体规范有可能带来积极的结果,但前提是其他条件的满足。例如,在近期一项研究中,当存在积极合作的群体规范时,较高的群体外倾性成功预测了成员更频繁的互助行为。虽然群体规范拥有强大的力量,但每个人被积极群体规范所影响的程度是不同的。个体人格和社会身份也是影响因素之一。此外,一项在德国进行的近期研究指出,人们对自己隶属群体的满意度越高,遵循群体规范就越认真。

消极规范和群体结果

勒布朗的同事总是恶意散布有关勒布朗的谣言,这让他烦透了。琳西也很厌烦一个工作上的同事，每当这名同事遇到问题时，总是对她和其他同事大喊大叫地发泄。米奇刚刚辞掉了牙科保健医生的工作，因为她的上司对她进行了骚扰。

这些例子有什么共同点呢？它们都是员工遭受到异常工作行为干扰的例子。我们在第3章中谈到过，反生产工作行为（CWB）或者**异常工作行为**（deviant workplace behavior）是违反重要组织规范的主动性行为，这种行为威胁到了组织和成员的良好状态。表9-1是典型的异常工作行为和例子。

表 9-1 典型的异常工作行为

类　　别	例　　子
生产	早退 有意延缓工作速度 浪费资源
财物	破坏物品 滥用设备 偷窃办公室财物
办公室政治	偏袒 背后传播谣言 指责同事
个人侵略性行为	性骚扰 言语辱骂 偷窃同事财物

几乎没有组织声称组织内部会容忍鼓励异常行为发生的环境，但这种环境的确是存在的。首先，正如我们此前讨论过的，工作群体的特征可以拥有积极或消极的属性。如果群体属性是消极的，例如工作群体表现出心理异常和攻击性的特点，那么谎言、不道德、伤害他人的行为就会发生。其次，据劳动者的反馈，近年来老板和同事之间的粗鲁行为和无礼行为更多了。工作场所的不文明行为以及异常工作行为对于被动接受者施加了很多负面的影响。在遭受过不文明行为困扰的员工当中，近一半声称考虑过换工作，有12%真正为此而辞职。此外，在一项针对1 500名应试者的研究中，人们发现，工作不文明行为不仅提高了人们的离职率，也增加了人们罹患心理压力和身体疾病的案例。第三，研究认为，工作难度的提高通常导致人们缺乏睡眠，这让人们很难管理情绪并控制自己的行为。由于组织致力于减员增效，员工通常被迫延长工作时间，组织的这些变化有可能是导致异常工作行为的间接原因。

规范和文化

集体主义文化和个人主义文化下，人们是否遵从不同的规范？当然是如此。但是，你是否知道，即使长年生活在同一社会中，我们的取向也有可能发生变化？在一项近期的实验中，一个态度中立的受试者群体进行角色扮演练习。练习分别强化了集体主义或个人主义的不同规范（见第4章）。研究人员接下来让受试者按照自己的意愿选择任务，也可也被圈内人或圈外人安排任务。当偏好个人主义的受试者得到选择机会时，以及当偏好集体主义的受试者被圈内人安排任务时，他们的激励水平明显增高。

群体属性三：地位；以及群体属性四：规模

前面已经讨论论过，我们所扮演的角色和所遵从的规范指导着我们在群体内的行为。然而，影响我们在群体内的角色以及群体功能的因素并不仅仅包括这两方面。你是否注意过这个现象是怎么产生的？群体倾向于分化为地位高和地位低的成员。有时群体成员的地位反映着他们在群体外的地位，但并非总是如此。此外，不同规模的群体，地位差异总是很大。我们现在来考察一下这些要素是如何影响工作群体效能的。

群体属性三：地位

地位

他人对群体或群体成员授予的一种经过清晰定义的位置或者阶层。

地位（Status） 指的是他人对群体或群体成员授予的一种经过清晰定义的位置或者阶层，它存在于所有社会中。即使最小型的群体也会逐渐产生地位之分。当个体感知到并认为自己拥有的地位与其他人感知其拥有的地位有所差别时，地位就会成为重要的激励手段，也会导致重大的行为结果。

● **是什么决定了地位？**

地位特征理论

认为地位特征的差异能在群体内创造出阶层的理论。

根据**地位特征理论**（status characteristics theory），地位有以下三种来源。

1. 一个人对其他人的权力。因为他们能够控制组织的资源，能够控制结果的人往往被视为拥有较高地位的人。

2. 一个人对群体目标做出贡献的能力。能对组织的成功做出重要贡献的人往往拥有较高的地位。

3. 个体的个人特征。有些个体的个人特征受到群体的尊重（相貌、智力、金钱或者友善等），这种人往往比不具备这些特征的人拥有更高的地位。

● **地位与规范**

地位会对规范所拥有的力量和人们的从众压力产生一些有趣的影响。

地位高的人如果对群体认同度不高（社会认同），通常比其他群体成员更容易发生"背离规范"的行为。他们也更有力量抵制群体地位低的人所施加的压力。地位高的人也比地位低的人更能抵制从众压力。受到群体高度尊重但却并不需要关心群体是否得到社会奖酬的人特别容易不屑于遵守社会规范。总的来说，增加群体中高地位者的数量有助于绩效的提高，但是效果却有限，这可能是因为这些地位较高者可能会给群体带来适得其反的规范。

- **地位与群体互动**

当人们想要在群体中得到较高地位的时候，往往特别喜欢发表个人意见。他们通常敢于大声说出自己的看法，批评别人、指挥别人，也经常打断别人说话。地位较低的人在群体讨论中表达意见的机会可能较少。地位低的成员在讨论中往往不那么积极。如果他们的专业见解对群体有益但又没有得到充分采纳，那么群体的总体绩效就会降低。然而这并不意味着全面由地位高者构成的群体是更优越的群体。一个中等地位者构成的群体如果增加一些高地位者可能会带来很多优势。群体成员充斥着太多高地位者对群体绩效可能反而不利。

如果地位低的成员拥有一些对群体有帮助的专业技能和知识，但却无法充分发挥他们的才能，那么群体的整体绩效就会因此而降低。可能这可以部分解释为什么群体中成员地位存在较大差异的情况与群体成员个人绩效较低、健康程度不佳，以及离开群体意愿提高有关。

- **地位不平等**

群体成员相信地位层级的公平性是很重要的。成员感知到不公平可能导致群体内部产生不平衡，这会激发各种纠正性的行为。层级明确的群体可能导致地位低者的憎恨之意。群体内部存在的巨大地位差异与个体绩效不高、健康程度堪忧、地位低者离职率提高有关。

- **地位与污名**

显而易见，你的地位影响着人们看待你的方式，不过，你所依附的人的地位也影响着别人看待你的方式。有研究显示，被污名化的人会把污名"传染"给其他人。这种"污名联想"效应可能会造成人们对被污名化者的亲朋好友或其他附属者产生很多负面的意见和评价，即使这种联想是非常简单和巧合性的。当然，有关文化地位的差异，很多研究基础本身是不值一提的。

- **群体地位**

在生命早期，我们会产生"我们和他们"的思维模式。你可能已经得到了正确的推测，如果你是圈外人，对于圈内联系紧密的成员而言，你的地位是较低的。从文化意义上讲，有时候圈内人代表着地位较高的社会主流人群，这就产生了对圈外人的歧视。可能为了应对歧视，地位较低的群体很可能利用圈内偏袒的现象去竞争较高的地位。高地位群体随即产生对低地位群体的歧视，这时，他们对圈外人的偏见会增高。在所有环节中，群体都会变得更加两极化。

群体属性四：规模

群体的规模是否会影响群体的整体行为？答案很明确，能。但其影响力取决于你所考察的变量。十几个人的小群体最适合群策群力地解决问题。如果群体的目标是发现某种事实，或者集思广益，那么大型群体应该更有效。成员数量在 7 人左右的小型群体在执行生产型任务时更为高效。

与群体规模有关的最重要发现之一是社会惰性（social loafing）。所谓社会惰性是指一个人在群体中工作时往往不如单独一个人工作时更努力。这个发现使如下的假设受到了挑战，即群体作为一个整体，不论其规模大小，其工作效率至少等于个体工作效率的简单加总。发现社会惰性的现象对于组织行为学而言是非常有意义的。当管理者对员工安排集体工作方式时，必须能够鉴别每一个个体的努力程度。此外，随着群体共同工作时间的加长，明显的个人绩效差异会带来更高度的社会惰性，而这件事情会降低员工的满意度和绩效。

社会惰性理论似乎只是较为适合西方的环境。该理论与个人主义文化相一致，例如美国和加拿大等国属于个人主义文化国家，这类国家的主流文化是"自利倾向"的。而这种主流文化在集体主义国家中并不流行，在集体主义国家文化中，个体会受到所在群体目标的激励。一些研究项目考察了美国员工、中国员工与以色列员工（中以两国都是集体主义文化）之间的差异，中国人和以色列人并没有社会惰性的倾向，他们在群体中的绩效实际上比个人独自工作的绩效还要优秀。

近期的研究指出，个体的工作道德感越强，那么行为中所体现的社会惰性就越少。此外，责任心和随和性（见第 5 章）越高，在发生社会惰性现象时，绩效越有可能持续保持较高水平。避免社会惰性有几种方法：

（1）设立群体目标，让群体拥有一个共同的努力方向；

（2）激发小组间竞争，从而令人们都关注一样的成果；

（3）采用同事互评的方法，令每个人都能评估其他成员的贡献；

（4）选择激励程度高并愿意在群体中工作的成员留在群体中；

（5）将群体奖酬的一部分与每个成员独特的贡献相挂钩。

近期研究指出，也可以通过公开展示组员个体绩效评分的方法以消除社会惰性的效应。

社会惰性

一个人在群体中工作时往往不如单独一个人工作时更努力的倾向。

群体属性五：凝聚力；以及群体属性六：多元化

为了让群体运转进入最佳状态，群体必须以高凝聚力的方式整体作战，但这并不是说每个组员的所做所想都必须完全一致。在某种程度上，从群体最初默契地形成角色和建立规范开始，就必须重视凝聚力和多元化等特性。群体是否愿意接纳各种各样背景的成员？我们首先讨论群体凝聚力的重要性。

不同的群体有不同的凝聚力（cohesiveness）水平，它指的是群体成员受到相互吸引，并且留在群体当中的意愿的强烈程度。一些工作群体非常具有凝聚力，这是因为群体成员花很多时间相处，或者因为小型群体能够提供更好的互动条件，又或者是由于遇到外界的威胁从而使群体成员更加团结。

群体属性五：凝聚力

各个群体的凝聚力是不同的。凝聚力指的是成员之间相互吸引并且有动力持续作为组织成员的程度。一些工作群体是具有高度凝聚力的，因为成员可能花大把时间在一起，群体规模小，或者存在群体目标，这些都可以引发高度互动，或者由于外部的威胁让群体成员更紧密团结在一起。

群体凝聚力能够影响工作效率。很多研究都指出，凝聚力与工作效率之间的关系取决于和绩效有关的群体规范。如果与质量、产量、与外界的合作程度等和绩效指标有关的群体规范很强，那么凝聚力高的群体比凝聚力低的群体工作效率更高。但如果凝聚力高而绩效规范低，那么工作效率也会较低。如果凝聚力低而绩效规范高，那么工作效率也会较高，但还是不如高凝聚力、高规范的情形。当凝聚力和与绩效相关的规范二者都很低时，工作效率就会下降到中低范围。图 9-3 归纳了上述结论。

图 9-3　凝聚力和绩效规范对生产率的影响

应当怎样做才能鼓励群体提升凝聚力？

（1）令群体规模小型化；

（2）鼓励成员对群体目标形成一致意见；

（3）增加成员相处的时间；

（4）提高群体的地位并增加人们加入群体的难度；

（5）激励群体间的竞争；

（6）对群体给予奖酬而不是对个体给予奖酬；

（7）令群体与外界隔离。

群体属性六：多元化

多元化

　　群体成员彼此之间相似或者相差的程度。

　　我们所考虑的最后一个群体属性是群体成员的**多元化**（diversity），也就是群体成员彼此之间相似或者相差的程度。总的来说，研究发现群体多元化是一把双刃剑。

　　多元化可能会造成更多的群体冲突，特别是在群体存续的早期，群体冲突的产生通常会降低群体士气，令群体流失更多的成员。一项研究将文化多元的群体（由各国成员组成）与同质化群体（由同一国家的成员组成）作对比。在荒野生存竞赛中，两个群体的表现都一样出色，但是多元化的群体成员对群体本身的满意度较低，凝聚力也较低，而且出现了较多的冲突。在群体成员的价值观和个人意见方面差异大的情况下，该群体往往产生更多的冲突，但是如果领导者能够将群体的注意力转移到关注完成手头的任务上，并且鼓励群体互相学习，那么这样的领导者就能够降低群体冲突，促进群体对问题的讨论。性别多元化也有可能对群体形成挑战，但如果群体强调自己的包容性，群体冲突和不满的情况就可以被降低。

　　文化与人口差异较大的群体如果能够跨过最初的冲突阶段，可能在长期来看绩效更好。为什么结论会是这样呢？

- ● **群体多元化的类型**

　　你可能已经猜测到，群体多元化的类型是很重要的。表层多元化指的是可以简单观察到的特征差异，例如国籍、人种和性别等，提示人们去注意可能存在的深层多元化。深层多元化指的是深层的态度、价值观和观点等多元化。不论对错，一位研究学者坚持这样的主张，"类似人种或性别这种多元化的存在，实际上对团队暗示了这样一种可能性，那就是很可能存在成员意见上的差异"。表层多元化可能在潜意识中暗示团队成员要在思想上更加开明。例如，两项针对 MBA 学生群体的研究发现，表层多元化可以带来更高度的开放性。

　　深层多元化的效果鲜为人知。在韩国进行的研究指出，让高度权力需求者（nPow，见第 8 章）与低度权力需求者同处一个工作群体，可以减少导致生产率降低的群体竞争；把成就需求相似的人放在一个工作群体，有可能提高任务绩效。

● 群体多元化的挑战

虽然人和人之间的差异可能导致冲突，但是这也是解决问题的一个独特手段。一项对于陪审团行为的研究发现，多元化的陪审员更有可能深思熟虑、分享更多的信息并且在讨论事实证据时更少犯错。总的来说，群体多元化的影响是多方面的。短期来看，多元化群体中的成员是面临很多困难的。然而，如果群体成员能够做到求同存异，在一段时间后，多元化可以帮助他们成为更加开明、具有创造力和成功的人。但是，即使结果很积极，但效果也并不明显。一篇研究文献这样陈述道："关于多元化的商业案例（有可论证的财务表现来佐证）依然难以得到当前研究结论的支持。"不过，另一些研究人员认为，我们不应该忽略高度同质性，它所产生的一些影响有可能是非常有害的。

多元化团队可能造成这样一个负面结果——**断层**（faultlines），表层多元化的团队更甚。断层指的是人们感知到的某些特征能够将群体分为两个甚至更多亚群体，这些特征可以是性别、种族、年龄、工作经验和教育水平等。

例如，A 小组有三位男性和三位女性，三位男性拥有在市场营销岗位上很相似的工作经验和背景，三位女性拥有在财务岗位上很相似的工作经验和背景。B 小组也有三位男性和三位女性，但是他们的工作经验和背景各异。男性中有两位是工作经验较为丰富的，另一位是职场新人；一位女性在公司工作几年了，另外两位女性是新人。此外，B 组的两位男性和一位女性具有市场营销方面的背景，其余的一名男性和两名女性具有财务方面的背景。因此，有可能断层会发生在 A 小组的男性和女性之间，而具有差异性的特征不会让 B 小组发生断层。

对于断层这个话题的研究结果显示，群体内部的划分一般来说是会破坏组织功能和绩效的。亚群体之间可能最终成为竞争关系，这种竞争会浪费核心任务的时间，并降低群体绩效。拥有亚群体，可能导致群体学习新事物的速度较慢，决策冒风险程度加大，创造力降低，并且更容易发生冲突。亚群体之间的信任程度也较低。还有一点是，群体内存在断层时，虽然总的来说群体的满意度较低，但是亚群体内的满意度却是较高的。不过，基于技术、知识和专业度的断层可能在一些特别强调工作结果的组织文化下是有益的。此外，如果为群体设置共同努力的目标，高度断层所导致的问题是可以被克服的。总之，如果强制要求从属于多个亚群体的成员进行合作，并且关注完成某一个目标，断层是可以被跨越的。

断层

人们感知到的某些特征能够将群体分为两个甚至更多亚群体。

群体决策

美国和很多其他国家的法律制度中都存在这样一个基本信念，即两个人的头脑比一个人的头脑更聪明，陪审团就是一个贴切的例子。组织中的很多决策都是由群体、团队或者委员会形成的。我们将在本小节中讨论群体决策的优点，以及群体动力对决策过程所带来的特殊挑战。最后，我们将提供一些优化群体决策机会的技巧。

群体与个体

群体决策已经被各种组织所广泛采用，但群体决策是否比个体决策更好呢？答案取决于很多因素。对于多步骤的决策而言，群体决策是一个很好的工具，它能够让信息收集的工作达到足够的宽度和深度。如果群体成员背景是多元化的，讨论产生的备选方案可能就更广泛，分析问题的角度也更深入。一旦大家同意了某个最终的解决方案，群体决策能够获得很多成员的支持和执行。然而，这些优点可能在很大程度上被群体决策的缓慢性、内部冲突以及遵从群体决策的压力等负面因素所抵消。

我们必须小心去定义这些冲突。韩国的研究指出，由于任务而产生的群体冲突可以提高群体绩效，而由于关系所产生的群体冲突可能会降低群体绩效。因此，在某些情况下，我们可以预测个体决策比群体决策更好。现在我们将考察群体决策的各项特点。

● **群体决策的优点**

群体能够拥有更完整的信息和知识。通过汇总几个个体的资源，群体能够为决策过程带来更多的建议，也提高了群体的异质性，他们提供了更多的各类观点，这样就能带来更多的选择机会。最后一点是，群体决策可以提高成员接受某种解决方案的可能性。参与了决策的群体成员更有可能强烈支持该决策并鼓励他人接受该决策。

● **群体决策的缺点**

首先，群体决策非常消耗时间，因为群体达成一致的解决方案往往需要很长的时间。其次，群体里存在从众压力，由于群体成员希望得到群体的接受和尊重，这种倾向往往会压倒任何公开发表的不一致意见。再次，群体决策很可能遭到少数人的控制，如果少数控制者的能力是中等甚至较差的，群体的整体效能会很低。最后，责任划分不清也会造成糟糕的群体决策。在个体决策的情况下，谁承担最后的结果是很明显的。在群体决策中，单个成员的责任被分散和稀释到整个群体当中了。

● **效果和效率**

群体决策是否比个体决策效果更好，这个问题取决于你对效果作何定义。群体决策往往比群体中个体的平均决策更精确，但却不如做决策最精确的个体。从决策速度的角度来说，个体决策更快。如果创造力对于完成任务来说非常重要的话，群体决策更有效。如果决策效果指的是人们对最终解决方案的接受程度，那么群体决策更有效。

但是我们在考虑效果的同时不能不考虑效率。绝大部分情况是，在解决同一问题时，群体决策比个体决策占用更多的时间。唯一的例外是，如果需要征集和比较不同的建议，个体决策者必须花大量时间阅读文件并与他人交流。管理者在决定是否采用群体决策的时候，必须权衡效果的提高幅度能否抵消效率的下降幅度。

群体思维

群体思维是群体决策的副产品，它影响着群体评估备选方案的客观性以及最终解决方案的质量。**群体思维（groupthink）** 与群体规范有关，指的是群体的从众压力阻碍了群体对异乎寻常的观点、少数派观点或者不受欢迎的观点的客观评价能力。

群体思维

群体规范促进形成一致意见，这影响了其他行动方案得到更真实的评估。

● 群体思维

群体思维的观点与所罗门·阿希的"唯一异议者"实验结论非常一致。与主流持有不同意见的个体会感到巨大的压力，迫使其压抑、保留或者修改他们的真实想法和信念。作为群体的成员，我们都感到与群体保持一致是令人感到舒服的，也就是说，成员更愿意成为群体的支持者，而不愿意成为一股颠覆性的力量，即使原始意见的颠覆实际上有可能提高群体效能。更关注绩效而不太关注学习的群体尤其有可能受到群体思维的伤害，并压制与多数派不同的观点。群体思维似乎最经常发生的情况是，当存在清晰的群体身份的时候，当成员对所在的群体保持着一种积极的印象并且致力于维护它的时候，以及当群体共同感知到其积极形象受到威胁的时候。

管理者应该怎样做才能减少群体思维呢？首先，可以监控群体规模。随着群体规模的壮大，人们会越来越胆小和迟疑，虽然并没有一个确定的人数范围能够保证彻底根除群体思维，但是当群体规模大约增长到 10 人左右时，个体就开始感到个人责任的减少。管理者也应当鼓励群体领导者扮演公正无私的角色。领导者应当积极征求所有成员的意见，而避免直接说出自己的意见，尤其是在思考解决方案的早期。此外，管理者应当指定某个群体成员扮演"魔鬼代言人"的角色，这个角色的作用是公开挑战主流观点，并提出新颖的观点。还有一条建议是，用做练习的方式激发讨论，并且说出各种不同的观点，同时避免对群体造成威胁或者激发成员捍卫其群体身份认同的情绪。可以要求群体成员先延迟讨论可能的收益。这样他们可以先谈到决策内在的危险或风险。要求成员首先关注方案的负面结果能够有效避免激起异议，并且更可能得到公正的评价。

群体转移或群体极化

群体转移

群体决策和作为组织成员的个体决策之间的改变。这种转移可以是朝向保守的，也可以是朝向激进的，但是这种转移总是比群体最初的态度更加极端。

群体转移（Groupshift）描述了群体成员在讨论既定备选方案并达成解决方案时候，往往对自己最初的立场加以夸张。在某些情况下，谨慎原则主导着群体，群体向保守的方向转移，而在另一些情况下，群体向冒风险的方向转移。群体决策与群体成员的个体决策之间是有一些区别的。群体中往往会发生这样的情况，即讨论过程会引领成员走向比自己原先的观点更加极端的方向。保守者比原先更加谨慎，而进取者会比原先冒更多风险。我们可以将群体极化现象视为群体思维的一个特例。群体的决策反映了讨论后逐渐明朗的主流决策规范是朝向更谨慎还是更激进的方向移动。

极化现象有以下几种解释。例如，有人认为，讨论会让成员更加习惯于相互接触，因此，他们更愿意表达自己原先就持有的较为极端的观点。另外一种意见认为，群体会分散责任。群体决策能够解除每个单独的成员对群体最终决策所背负的责任，因此成员可以持有比较极端的立场。人们选择极端的决策也有可能是因为他们想要显示他们与圈外人存在很大区别。处在政治或社会边缘的人会采取越来越极端的做法来证明他们对自己目标的坚持。而那些较为谨慎的人则倾向于采取更为稳健适度的决策，从而证明自己有多么理性。

接下来我们将讨论群体制定决策的技巧。这些技巧可以帮助我们修正群体决策的缺陷。

群体决策技巧

群体决策最常见的形式是发生在互动群体（interacting group）中。成员面对面的交流依靠的是语言或非语言交流。但是我们对群体思维的讨论已经显示出，互动群体通常进行自我监督，并且强迫个体成员采取从众意见。头脑风暴法和名义群体法（下面会介绍）是一些减少传统互动群体固有问题的有效方法。

- **头脑风暴法**

头脑风暴法

头脑风暴法鼓励任何备选方案，同时避免对方案进行批评。

头脑风暴法（brainstorming）鼓励成员提出备选方案，避免批评意见，从而克服了压制创造力的从众压力现象。在典型的头脑风暴讨论中，6个人围坐在一张桌子旁，群体领导清楚地陈述问题所在，令所有的参与者都能理解。然后，在既定时间内，大家畅所欲言，尽可能提出各种各样解决问题的方案。为了鼓励成员思考与众不同的方案，任何人都不得对发言者加以评论，甚至最古怪的提议也不会受到批评，所有的观点都被记录下来以供稍后的讨论和分析。

头脑风暴法的确能产生很多新的观点，但其效率却不高。有不少研究显示，独自工作的个体可以比头脑风暴会议找到更多的想法。原因之一就是"思维阻塞"。即当人们在群体中产生想法时，很多人都同时发言，这样就阻塞了个体的思维过程，最终也阻碍了观点的分享。

● **名义群体法**

名义群体法（nominal group technique）可能是效率更高的群体决策方法。名义群体法对决策过程中的讨论或人际沟通过程加以限制。群体成员虽然像传统会议一样是现场开展会议的，但是这种方法却允许群体成员自主思考。尤其是当问题被提出时，群体会采取下列步骤。

（1）在开始讨论之前，每个群体成员都要写下自己对解决问题的观点。

（2）在经过这一阶段的沉默之后，每个成员都要向群体中的其他人阐明自己的一种观点。在所有观点都陈述并记录完毕之前不能发起讨论。

（3）群体开始讨论观点，目的是令其更加清晰，并对它们加以评价。

（4）所有群体成员都独自安静地对这些观点进行排序。最终的决策结果是大家排序汇总结果中最靠前和集中的观点。

名义群体法的主要优点在于，允许群体正式聚集在一起，但却不会限制独立思考。研究结果普遍显示，名义群体法比头脑风暴法效果更好。

每一种群体决策方法都有自己的优缺点。到底选择哪种观点取决于你所关心的重点以及对成本和利益的权衡。如表 9-5 所示，互动群体有助于实现成员致力于找到解决方案，头脑风暴法能够提高群体凝聚力，而名义群体法则是一种用低成本方式获取大量方案的手段。

名义群体法

在这种群体决策方法中，个体成员面对面相处，它所采取的系统性方法可以综合每个人的独立判断。

本章小结

通过对群体的讨论，我们可以得到一些启示。第一，群体规范通过设置对与错的标准来控制群体行为。第二，地位差异令人沮丧，因此对员工的工作效率和留在组织中的意愿造成了不利影响。第三，群体规模对群体绩效的影响取决于任务的种类。第四，凝聚力可能对群体的工作效率有影响，这取决于群体中与绩效相关的规范。第五，成员多元化对群体绩效有复杂的影响，一些研究显示，群体成员多元化有利于绩效的提高，也有一些研究的结论正好相反。第六，角色冲突与工作压力和工作不满有关。通过细心的管理，群体是可以实现积极的组织结果以及找到最佳的决策方案。在下一章中，我们将更深入地探讨其中的几个结论。

表 9-2　评估群体效能

群 体 类 型			
效能标准	互动	头脑风暴	名义群体法
提议的数量和质量	低	中	高
社会压力	高	低	中
金钱成本	低	低	低
速度	中	中	中
任务导向	低	高	高
人际冲突的可能性	高	低	中
对解决问题的承诺	高	不适用	中
群体凝聚力的发展	高	高	中

对管理者的启示

- 认识到群体可能会对组织中的个体行为产生巨大的影响，其影响可能是正面的，也可能是负面的。因此，管理者要特别注意角色、规范和凝聚力这些概念，并理解它们在群体中是如何起作用的，从而理解群体可能的行为方式。

- 降低异常工作行为发生的概率，确保群体规范不支持反社会行为。

- 关注群体的地位差异。因为地位较低的人们不太愿意参与群体讨论，如果群体内部地位差异较大，那么地位低的成员意见可能得不到表达，才能也得不到发挥。

- 在组织员工群体时，应当采用大型群体去执行寻找事实这种性质的工作，并采用小型群体去做执行性质的工作。你也应当为大型群体设置能够衡量个人绩效的机制。

- 要提高员工满意度，你要确保员工正确理解自己的工作角色。

第 10 章
理解工作团队

通过本章的学习，你应该能够：

1. 分析团队在组织中盛行的原因；
2. 比较群体和团队的区别；
3. 对比团队的 5 种类型；
4. 识别高效团队有哪些特点；
5. 说明组织如何塑造具有团队精神的人；
6. 分清何时应当采取个体工作的方式以及团队工作的方式。

团队为何受到人们的欢迎

为什么团队工作如此盛行呢？简言之，因为我们相信团队是高效的组织形式。福布斯杂志出版人瑞奇·卡尔哥德这样写道："团队中的成员快乐地从事一个项目，并且相互扶助，这会令团队每一次都能超越具备聪明才干的个体。"在某种程度上讲，他是对的。有时候团队可以实现个人永远都无法实现的成功。团队比传统的部门或者其他永久性群体更适合以灵活和迅速的方式应对变化的环境。团队易于组织、安排、重新定向和解散。它是促进组织民主化和鼓励员工参与的有效手段。最后，研究显示，积极参与团队活动可以重新塑造我们的个体思维方式，甚至可以对我们自己的个人决策引入一种合作式的思维方式。

事实上，组织逐渐采用团队工作方式并不一定意味着团队一定是高效的工作方式。团队成员都是普通人，他们都会产生一时的狂热和从众心理，这容易令他们迷失，从而看不到最佳的决策。有哪些条件影响着团队成员的能力？团队成员是如何一同工作的？我们是不是真的偏好团队工作？可能未必如此。为了解决这些疑问，我们首先对群体和团队进行区别。

群体和团队之间的区别

群体和团队并不是一个概念。在第 9 章中，我们对群体的定义是，包含两个或两个以上的个体，他们之间发生互动并且互相依赖，他们聚集在一起的目的是为了实现某个特定的目标。

工作群体

在工作群体中，其成员之间互动的主要目的是为了分享信息和制定决策，从而帮助成员履行自己的责任。

工作团队

在工作团队中，所有个体的共同努力所产生的共同绩效水平高于个体努力结果的简单加总。

工作群体（work group）是这样一种群体，其成员之间发生互动的主要目的是为了分享信息和制定决策，从而帮助成员履行自己的责任。

工作群体没有需要也没有机会从事那些要求成员高度合作的集体性工作。因此，工作群体的绩效只不过是每位群体成员个人贡献的加总。工作群体不存在正面协同效应，也就是令总体绩效水平高于个人贡献的加总这样一种效应。即使存在互动和一定的相互依赖性，工作群体仍然是个体工作的集合。

另一方面，**工作团队（work team）**却能够通过成员之间的协调而产生正面的协同效应。所有个体的共同努力所产生的共同绩效水平高于个体努力结果的简单加总。

不论是工作群体还是工作团队，通常存在对成员行为模式的期待、形成集体规范的努力、积极的群体动力以及某种程度的决策行为（只限于规定成员范围的非正式决策）。工作群体和工作团队都可以被用来搜集意见、聚合资源或者协调后勤工作，例如工作安排等。然而，对于工作群体来说，上述工作的作用只限于帮助群体之外的决策者搜集信息。

虽然我们可以将工作团队视为工作群体的一个子集，但是团队成员之间的互动是拥有一个明确目的（象征性的目的）的，这也是构建团队的初衷（共生性）。虽然两个术语经常在不同的情形下被混用，但是它们之间的区别是值得注意的。图 10-1 能够说明工作群体和工作团队之间的区别。

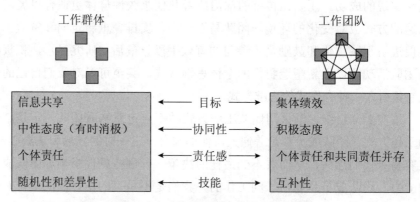

图 10-1 工作群体和工作团队的比较

这些概念能够帮助我们清晰地理解，为何那么多的组织都正在围绕团队工作方式而重组工作流程。管理层在寻找一种能够令组织提高绩效的正面协同效应。团队工作方式的广泛采用令组织有可能在不增加投入的条件下增加产出。然而，请注意我们提到的只是这种"可能性"。即使创造出团队也并不能完全确保正面协同效应出现。如果非要将"群体"称为"团队"，是不能提高工作绩效的。我们将在本章后面的部分学习到，高效的团队有一些特定的共同特征。如果管理层希望通过利用团队工作方式来提高组织绩效，那么团队必须具备这些特定的特征。

团队的种类

团队可以用于生产产品、提供服务、进行交易谈判、协调项目进展、提供咨询服务和制定决策等。我们将在本小节介绍组织中最常见的 4 种团队，即问题解决型团队、自我管理型团队、跨职能型团队和虚拟型团队（见图 10-2）。接下来，我们将讨论多团队系统，它采用了"团队的团队"概念，并且随着工作任务复杂性的提高而越来越得到广泛采用。

  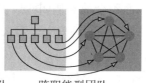 

问题解决型团队　　自我管理型团队　　　跨职能型团队　　　　　虚拟型团队

图 10-2　团队的 4 种类型

问题解决型团队

质检团队在多年前已经广被采用。这种团队最早出现在制造工厂里，它是固定的团队，定期见面开会，周期可以是一周或者每天，目的是确保产品符合质量标准和解决生产制造中的问题。设立质检团队的做法也延伸到了其他行业，例如医疗行业采用质检团队来提高医疗服务的质量。**问题解决型团队**（problem-solving team）一般不拥有权力自行决定如何处理他们的发现，但是如果对所有可能的发现事先配以执行方案，就可以取得一些重要的进展。

问题解决型团队
　　来自同一个部门由 5～12 名员工组成的群体每周见面几个小时，专门讨论提高质量、效率和工作环境等问题。

自我管理型团队

我们在上文中提到，问题解决型团队的作用仅限于提供建议。一些组织采取了进一步的措施，他们所成立的团队也能够执行解决方案并且为结果承担责任。**自我管理型团队**（self-managed work team）通常是由 10 到 15 人组成的群体，他们所执行的工作任务可以是高度相关的，也可以是相互独立的，并且能够承担一部分监督责任。在典型的自我管理型团队中，这类责任往往包括计划工作和安排工作、将任务分派给成员、制定运营决策、采取行动解决问题以及协助供应商和顾客等。完整意义上的自我管理型团队甚至可以自行挑选成员，并让成员相互进行绩效评估。当自我管理型团队成立之后，传统的监督管理角色的重要性越来越低，有时甚至可以取消该角色。

但是针对自我管理型团队是否一律有效这一问题的研究结果却令人莫衷一是。第一个研究焦点是，自我管理型团队或多或少是有效果的，其效果取决于为团队谋利的行为是否能得到奖酬。例如，一项针对工厂内 45 个自我管理型团队的研究发现，当团队成员感知到物质奖励取决于团队成员的贡献时，个体绩效和团队绩效都会升高。

第二个研究焦点是，自我管理型团队中的冲突对团队绩效的影响。一些研究结果指出，自我管理型团队存在内部冲突的时候，绩效就会较低。当出现争执的时候，成员就会中止合作，争权夺利的现象接踵而来，这会令团队绩效降低。然而，还有一些研究指出，如果成员感知到在发生冲突时自己可以畅所欲言，而不会被其他团队成员加以羞辱、拒绝或者惩罚的话，换句话说，如果成员感到心理安全，那么冲突对团队绩效就是有益的，可以提高团队绩效。

第三个研究焦点是，研究已经探索了自我管理型团队对团队成员行为的影响。研究结果依然是复杂的。虽然和其他个体比起来，自我管理型团队中的个体往往反映自己感到更高的满意度，但也有研究指出，他们的缺勤率和离职率也同样升高了。此外，一项针对英国企业劳动者生产效率的大型研究发现，虽然采用团队这一组织形式总的来说提高了劳动生产效率，但是并没有证据支持自我管理型团队比传统型团队（在缺乏决策权威的情况下）在绩效上更突出。

跨职能型团队

星巴克公司组建了一支由生产部、全球公关部、全球市场沟通部与美国区域营销部原先的人员共同构成的团队，去开发一个速溶咖啡的品牌 Via。这个团队的建议在得到实现后，Via 成为一种对于生产和分销来说成本效益都很理想的产品，并采用了一种紧密整合的、多口径的营销策略进行推广。这个例子说明了我们应该如何利用**跨职能型团队（cross-functional team）**来提高管理效能。它是由在组织中层级高度相当，但却来自不同工作领域的员工构成的团队，他们的目标是共同完成一项工作任务。

跨职能型团队是一种有效的手段，它令来自不同领域的人们能够交换信息、激发新想法、解决问题和协调复杂的项目。然而，因为跨职能型团队需要高度的内部协调性，所以非常难以管理。为什么呢？首先，随着团队需要不同的专业能力，团队中的权力会不断地转移，由于成员来自组织中差不多的层级，领导行为存在模糊性。团队应该在权力转移、产生冲突

跨职能型团队

员工来自组织中相当的层级，但却来自不同的工作领域，共同完成一项任务。

的可能出现之前，成功造就相互信任的氛围。其次，团队成立早期的进展通常是缓慢的，成员需要学会如何面对多元和复杂的团队构成。最后，建立信任和团队磨合都需要时间才能实现，对于来自不同背景、拥有不同经验和持有不同观点的人来说，这尤其是一个挑战。

总之，传统跨职能型团队的优势在于，不同领域不同技能的人可以面对面合作。如果成员的独特观点得到团队的考虑，那么这种团队可能会非常高效。

虚拟型团队

前面章节所描述的所有团队形式都是面对面直接交流的类型。**虚拟型团队（virtual team）**使用计算机技术来联结分布在不同地理位置上的成员，从而令他们达成共同的目标。不论是身在咫尺还是远隔重洋，团队成员都通过宽带网、公司社交媒体、电视会议和邮件等方式进行在线沟通。当今几乎所有的团队都或多或少地进行一些远程工作。

虚拟型团队的管理应该是和在办公室面对面的管理有差异的。有一部分原因在于，虚拟型团队成员的互动方式未必遵循传统层级。因为这种互动存在复杂性，研究指出，虚拟型团队的共享领导方式有可能极大提高团队绩效，当然这个概念还在发展之中。如果希望造就高效的虚拟型团队，管理者必须确保：(1) 成员之间建立互信关系（一封挑衅性质的电子邮件会严重损害团队信任）；(2) 团队互动过程受到严密监控（只有这样才能令团队牢记自己的目标，任何一个团队成员都不会成为"隐形人"）；(3) 团队的努力和成果在整个组织公开（这样就不会埋没团队的功绩）。

多团队系统

到现在为止，我们描述的团队类型基本都是小型的、独立运作的团队，这些小型独立团队的行为与组织的宏观目标是相关的。随着任务复杂性的加大，团队规模也会成长起来。团队规模的增大伴随着协调需求的提高，这造就了一个转折点，在转折点之后，增加新的团队成员是弊大于利的。为了解决这个问题，组织往往采用**多团队系统（multiteam system）**来解决这个问题。两个或者更多独立的团队共同承担一个更大的目标。换句话说，多团队系统可以称为"团队的团队"。

为了理解多团队系统，可以想象一个重大车祸后人们需要协调各种营救措施。急救医疗服务团队首先响应，并且将伤员送到医院。急救室的医生团队会接管伤员，为其提供医疗看护，接下来是康复团队。虽然急救医疗服务团队、急救室团队和康复团队是分别独立的，但是它们的行为却是相互依存的，一个团队的成功取决于另一个团队的成功。这是为什么呢？

虚拟型团队

使用计算机技术来联结分布在不同地理位置上的成员，从而令他们达成共同的目标。

多团队系统

两个或者更多独立团队共同承担一个更大的目标。换句话说，多团队系统可以称为"团队的团队"。

因为它们共同承担的使命是救死扶伤。

一些让小型传统型团队高效运作的因素不一定对多团队系统同样有效，甚至可能降低多团队系统的绩效。一项研究显示，多团队系统中如果设置了"接口人"，那么绩效就会更高。"接口人"的职责是与其他子团队的成员进行沟通。这样可以减少某些团队成员所必须进行的沟通工作，这一点是有益的，因为它降低了协调成本。在领导行为方面，多团队系统也与独立团队存在很大差异。虽然所有团队的领导质量都影响着团队绩效，不过多团队系统的领导者要在促进团队沟通方面和领导团队工作方面双管齐下。研究指出，在组织中受到领导者更多关注和得到更多投入的团队往往感到更有力量，这让他们在试图解决问题的过程中效率更高。

一般来说，团队规模过大或者团队中某些独特职能需要特别高度的协调性时，多团队系统就成为了最佳的选择。

塑造高效团队

团队往往是有意被组建起来的，但有时候它的发展过程却有着自己的程序。如果把团队比作"蜂巢"，它在过去 5 年的崛起代表了一种有机演化的过程。蜂巢形成的过程通常始于自由工作者。自由工作通常指的是专注于个人领域的专家们，他们独自开展工作，可以在短期内为组织提供专业的服务。在这个过程中，难点在于自由工作者如何才能有效地对组织宣传自己，以及组织如何找到适合自身需求的自由工作者。为了跨越这个鸿沟，专业互补的自由工作者们组建了团队，对外界（客户）展现为一个具有凝聚力的工作单位——蜂巢。这种团队作战方式被证明是非常成功的。

很多人都曾经试图寻找塑造高效团队的特定因素。一些研究则把过去找到的大量特征浓缩为一个相对集中的模型。图 10-3 归纳了当前我们对高效团队的认识。你会看到，它建立在第 9 章中有关群体的很多概念之上。

我们可以把高效团队的关键构成要素归纳为 3 个类别。首先是资源和其他情境影响因素；其次是团队的构成；最后，团队中发生的某些事情会产生一些过程变量，它们影响着团队效率。我们将逐一探讨这些要素。

情境：哪些因素决定了团队是否成功

与团队绩效存在最显著关系的四种情境因素包括：充分的资源、高效的领导和工作结构、互信的氛围和能够反映团队贡献的绩效评估及奖酬制度。

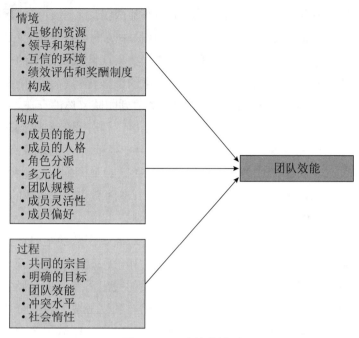

图 10-3 团队效能模型

- **充分的资源**

团队是整个大型组织系统中的一部分，每一个工作团队都依赖其自身以外的资源来维持运转。资源的稀缺性直接影响着团队工作的有效性以及究竟能否实现目标。重要的资源包括，及时获得信息、适用的设备、恰当的人员安排、鼓励和行政支持。

- **领导和工作结构**

如果团队成员无法在工作划分的方法和工作总量如何分配等方面达成一致意见，那么团队就无法开始工作。团队成员如何在具体工作上形成一致意见，以及人们如何协同与整合所有成员的种种技能都需要恰当的领导和组织结构，它可以表现为管理层领导，也可以是团队成员的自我领导。自我管理型团队的确能够承担很多以往由管理者承担的职责。但管理者的工作变成了在团队外部（而并非内部）对团队进行管理。

前面提到，领导力在多团队制度下是尤其重要的，在这种情况下，领导者把责任分配给团队成员，自己充当促进者的角色，确保团队相互合作而不是发生冲突。

- **互信的氛围**

信任是领导的基础，它能让团队接受领导者提出的目标和决策，并致力于将其完成。高效团队的成员信任自己的领导，他们之间也是相互信任的。团队成员之间的个人信任能够促进合作，降低相互监督的必要性，而且，成员之间相互信任谁也不会利用对方，从而建立了成员之间的紧密关系。团队成员认为自己可以相信团队中的其他成员时，更有可能愿意承担更多的个人风险而不是致力于自我保护。团队中总的信任水平是很重要的，信任在团队成员中间的分布也是很重要的。如果团队成员之间的信任度不对称或者不平衡，那么由于高度信任而带来的绩效优势就会被削减。在这样的情况下，由小团体所形成的联盟往往威胁到团队整体的存在。

信任是一种认知，当团队条件发生变化时，信任很容易遭到破坏。例如，新加坡的研究发现，在高度互信的团队中，个体争功的现象有所减少，坚持争功的人会被团队成员评为低贡献者。团队对个体施加的这种"惩罚"可以反映团队憎恶那种制造负面人际关系、制造冲突和降低绩效的人。

● **绩效评估及奖酬制度**

在个体层面进行绩效评估和激励可能会对高效团队的培养产生一定的干扰。因此，在对员工的个体贡献做出评估和给予奖酬之外，管理层也应当致力于建立一种混合的制度，既认可个人的突出贡献，也奖励实现优秀成果的团队整体。以团队为基础的绩效评估、利润分成、收入分成、小型群体奖励和一些对绩效体系进行的其他修订可以提高团队的努力程度和承诺度。

团队构成

美国小型企业管理局的负责人玛利亚·康特拉斯·斯威特（Maria Contreras-Sweet）提出，当她组建团队时，她会在潜在团队成员的身上寻找一系列特质，包括足智多谋、灵活性、言行谨慎（也反映了为人正直）。这些都是良好的品质，但是，在为团队招募成员时，我们并不需要考虑所有这些个人品质。团队构成这一类变量包括团队应该如何安排人手的问题，例如团队成员的能力和人格、角色的分派、多元化程度、团队规模以及成员是否偏好团队工作形式等。

● **成员的能力**

我们都听说过有些平时成绩平平的运动队因为得到了优秀教练的指导而产生了必胜的决心，并通过绝佳的团队合作最终以弱胜强的故事。但是这种例子既然能够成为新闻，必然是因为其罕见性。团队绩效有一部分取决于个体成员的知识、技能和能力。然而，成员的个体能力却是他们在团队中个人效能的上限。

研究为我们提供了关于团队构成和绩效的一些认识。首先，当任务要求充分思考（解决复杂问题，例如重新设计装配线）时，高能力的团队（大部分由高智商成员组成）会比低能力的团队做得更好。高能力的团队更适应变化的环境，可以更有效地利用现有的知识解决新问题。

其次，团队领导者的能力也非常重要。机智的团队领导者能够帮助才智不那么突出的团队成员努力完成任务。一个逊色的领导者也可能反而会拖累高能力团队的工作绩效。

- **成员的人格**

我们在第 5 章中已经说明了，人格可以对员工个体行为产生重大影响。大五人格模型中涉及的很多维度在团队效能方面也同样适用。责任心对于团队而言是至关重要的。责任心强的人非常善于对团队成员提供支持，而且他们还善于体察他人何时真正需要支持。责任心强的团队也有其他的优势。一项研究发现，组织化程度高、成就导向以及毅力等特定的行为倾向都与较高的团队绩效水平有关。

如果按照个体人格来搭配团队，可能效果会非常好。假设一个组织需要设立 20 个由 4 人组成的团队，组织共有 40 个高度具有责任心的人和 40 个不太具有责任心的人。那么下列哪种安置办法对组织最有利呢？（1）设立 10 个高度具有责任心的团队和 10 个不太具有责任心的团队；（2）在每个团队中都安排两个高度具有责任心的人和两个不太具有责任心的人。可能令我们惊讶的是，有证据显示，第一种做法是最佳的选择。如果组织设立 10 个具有高度责任心的团队和 10 个不太具有责任心的团队，那么所有团队的总体绩效都会更高。这可能是因为，在责任心参差不齐的团队中，具备高度责任心的个体不愿意努力达到绩效的峰值，而遵从群体规范的压力（或者仅仅是憎恨）会导致成员之间的互动变得复杂，并强迫高度责任心的人降低期望，并因此对群体绩效产生了负面影响。

那么其他的特质呢？拥有高度经验开放性特点的团队往往表现较好。研究显示，如果存在建设性的任务冲突，这一效果也能够加强。开放的团队中，团队成员更愿意相互沟通，更多想法能得到分享，这都让具备开放性特质的成员所构成的团队表现为思维活跃、乐于创新等特点。冲突本身并不一定提高这些团队的绩效，但经验开放性和情绪稳定性等特征可以帮助成员解决冲突，并且利用冲突来改善绩效。团队成员也必须至少具备一定程度的随和性。团队中如果有一名或多名特别难以相处的成员，或者个体成员之间在随和性方面差异过大，都会令生产率降低。虽然目前对于外倾性特质方面的研究还不够充分，但还是有一项研究指出，如果团队成员在外倾性特质上平均水平较高，那么在合作氛围下，团队成员的互助行为也较高。因此，和团队总体人格特质的重要性一样，个体的人格特质对于团队来说也同样重要。

- **角色的分派**

不同团队有不同的需求，选择团队成员的方式应当确保所有不同的角色都有人担任。一项对 778 个大型棒球队进行跟踪并且持续超过 21 年的研究结论强调了合理分配角色的重要性。你可能会预料到，由具备更多经验和技能的成员所组成的团队，其成绩更好。然而，那些担任核心角色并负责团队更多工作流程的人（例如投手和接球手），他们的经验和技能对于整个工作过程来说尤其重要。基于这些研究，管理者应当将最有能力，最有经验和最有责任心的人员放在团队最核心的角色上。

我们总共识别出 9 种可能存在的团队角色（见图 10-4）。成功的工作团队往往会根据成员的技能和偏好选择合适的人担任这些角色（在很多团队中，同一个体可能会承担多种角色）。为了令团队成员更高效地合作，管理者需要掌握每个个体成员能为团队带来怎样的优势，据此来选择成员，并为成员安排适合其偏好的工作任务。

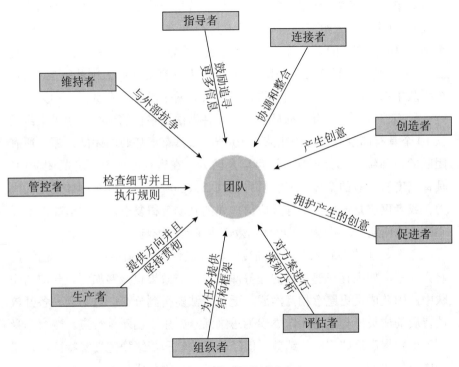

图 10-4 团队成员的潜在角色

- **成员多元化**

组织人口统计学

一个工作单位中所有成员在人口统计特征（例如年龄、性别、种族、教育背景或服务年限等）上的相似程度，它影响着离职率。

在第 9 章中，我们讨论了有关多元化对群体影响的研究。团队多元化对团队绩效有怎样的影响呢？在一个工作单位（群体、团队或者部门）中，所有成员在人口统计特征（例如年龄、性别、种族、教育背景或服务年限等）上的相似程度构成了**组织人口统计学（organizational demography）**的学科。组织人口统计学认为，例如年龄或入职日期等特征应该可以帮助我们预测离职率。其背后的逻辑是这样的：成员背景和经历差异度高的群体，其离职率较高，因为这样的群体当中沟通更困难，更容易发生冲突。冲突的增加令成员感到继续留任是缺乏吸引力的，因此员工辞职的可能性会增加。同时，权力斗争中的落败者也更有可能要么自愿离开，要么被强迫离开。结论是，多元化对团队绩效存在负面影响。

有很多人乐观地认为，多元化应该是一件好事。多元化的团队应当可以从各种观点中获益。然而，两项元分析结论显示，人口统计学方面的多元化基本上与团队绩效无关。第三项研究认为，人种和性别方面的多元化实际上会降低团队绩效。学界还存在各种不同的研究结论。其中之一认为，性别和民族多元化对某些由白人男性主导的职业而言是存在负面效果的，但是，在人口统计学意义上分布较为平均的职业上，多元化算不上是一个问题。工作职能、教育和专业度都与团队绩效相关，但是这些效果很微弱，也取决于具体的情境。

- **文化差异**

我们已经讨论过团队在各个方面多元化的相关研究。那么文化方面的差异呢？证据显示，文化多元化影响着团队工作过程，至少在短期来看是如此。但是我们要提出更深入的问题：文化地位方面的差异呢？这是值得讨论的，文化地位较高者通常是自己国家内部占据大多数或者主导地位的人种群体。例如，英国研究者发现，文化地位差异对团队绩效有影响，并指出高文化地位的成员数量较多的群体更容易实现群体中每一个成员的绩效都得到提高。这个结论并不是说多元化团队应该全部由一个国家内部高文化地位的个体组成，而是提醒我们，即使在多元化团队中，人们依然倾向于认同于自己固有的文化地位。

总而言之，文化多元化对于完成任务而言，貌似有助于收集各种各样的观点。但文化异质程度高的团队内部，成员互相学习和解决问题的难度更高。好消息是，这种难度会随着时间而减弱。

- **团队的规模**

大多数专家都同意，保持小型团队是提高团队效能的关键。亚马逊CEO 杰夫·贝索斯（Jeff Bezos）采用了"两个披萨原则"来说明问题，他说，"如果两个披萨不够一个团队吃的话，这个团队人数就过多了"。心理学家乔治·米勒（George Miller）称，"最具有魔力的数字是 7，也可以减少或者增加 2 个人"，这就是理想的团队规模。福布斯杂志的作家、出版人瑞奇·卡尔哥德（Rich Karlggard）这样写道，"大型团队几乎从未和巨大的成功沾边"。因为随着团队成员人数的增多，协调难度将会呈指数方式提高。

一般来说，最有效的团队包括 5～9 个成员。专家建议，应当采用尽可能少的成员去完成一项任务。遗憾的是，管理者通常容易在这一点上犯错误，让团队规模过大。找到一系列观点和凑齐足够的技能可能只需要四五个人，随着其他人的加入，协调难度将明显增加。当团队成员人数过多时，凝聚力和共同的责任心就会降低，社会惰性出现，人们也更不愿意沟通。大型团队的成员之间往往会出现沟通障碍，尤其是在遇到时间压力时更是如此。如果工作单元天然拥有较大的规模而又希望以团队形式工作的话，就要考虑划分子团队的方式。

● **成员的偏好**

并非所有的员工都是具有团队精神的人。如果可以选择的话，很多员工都会选择不加入团队。如果要求一个更愿意独自工作的人加入团队，有可能令团队士气降低，也会令个体成员的满意度降低。这意味着当管理者选择团队成员时，应当在考虑能力、人格和技能的同时也考虑个体的偏好。高效团队更多是由偏好团队工作方式的人组成的。

团队过程

和团队效能有关的最后一类变量是过程变量，例如成员对共同的计划和目标所做出的承诺、设立特定的团队目标、团队效能、团队身份、团队凝聚力、心理模型、冲突高低和社会惰性等。这些对于大型团队来说都至关重要，尤其是要求成员相互依赖的团队。

为何过程变量对团队效能来说如此重要呢？团队的产出要大于个人产出的总和。图 10-5 表示了群体过程是如何影响群体实际绩效的。研究实验室通常会使用团队的工作方式，因为可以利用不同个体的各种技能来实现比个体单独工作更有意义的研究成果。也就是说，团队能够带来积极的协同作用，在这个例子中，团队过程利大于弊。

● **共同的计划和宗旨**

反思

这种团队特征指的是团队会自我反省，在必要的时候调整自己的目标。

高效团队的首要任务是分析团队宗旨，为追求这一使命而设立各种目标，然后设计不同的策略来完成这些目标。能够清晰地营造使命感并建立有效手段的团队往往是高效的团队。这个论断显而易见，但令人惊讶的是，很多团队都忽略了这个基本的过程。高效的团队也会显示出自省（reflexivity）的行为特点，也就是说它们会自我反省，在必要的时候调整自己的目标。团队必须要有好的策划方案，而且也必须有意愿和能力适应外界条件的要求而改变这些方案。有意思的是，一些证据的确显示了高度自省的团队能够更轻易地处理团队成员在计划和目标上的冲突。

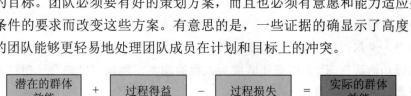

图 10-5　群体过程的效应

● **明确的目标**

成功的团队能够将共同的宗旨转化为明确的、可测量和实际的绩效目标。明确的目标能够促进清晰的沟通，也能够帮助团队保持对最终结果的关注。与个体目标方面的研究相一致，团队目标也是充满挑战性的。设置困难但确实可以达到的目标能够令群体绩效达到各方面的设置标准。例如，设置关注产量的目标能够提高产量，而设置关注精确率的目标则能够提高精确率等。

● **团队效能**

高效的团队具有高度自信，它们相信自己能够获得成功。我们称这种自信为**团队效能（team efficacy）**。对于曾经有过成功经验的团队来说，它们对未来成功的信念也较高，这进而激励他们更加努力。此外，团队内部对于团队成员个体能力的共同认知可以加强团队成员的个体效能和个体创造力之间的关系，这是因为它提高了成员从同伴那里获得建议的效率。管理者应当如何提高团队效能呢？存在两种方法，一种是帮助团队获得小小的成功从而建立自信，另一种是通过培训提高成员的技术能力和人际交往技能。团队成员的能力越强，团队产生自信并且实现成功的可能性就越高。

团队效能

团队成员集体认为他们能够成功完成某项任务。

● **团队身份**

我们在第 9 章中讨论过社会身份在人们生活中的重要性。当人们与自己所处的群体产生情感联系时，就更愿意对其投入更多的心力。对于团队而言同样如此。例如，对荷兰军人的研究指出，作为军人，他们已经被号召时刻准备着为自己的作战单元献身，即便如此，如果个体感到被其他团队成员接纳和尊重的话，他们往往更愿意为自己的团队付出。因此，认可个体的特殊技能和能力，以及创造互相尊重和包容的氛围，都可以帮助领导者和团队成员塑造积极的**团队身份（team identity）**，并且提高群体成就。

团队身份

团队成员之间的密切关系和对团队的归属感。

组织身份也很重要。团队很少在真空中运行。大多数情况下，团队之间有必要发生互动，这要求在团队间进行协调。具备积极的团队身份、但又缺乏积极的组织身份，会让个体变得更忠于团队，而不愿意与组织中其他团队进行协调。

● **团队凝聚力**

你是否曾经是一个"胶状团队"中的一员呢？"胶状团队"中，成员会感到他们之间存在紧密的关系。**团队凝聚力（team cohesion）**指的是团队成员之间存在紧密的情感联系，并且由于这种相互依存性，他们会致力于团队的共同目标。团队凝聚力是一个预测团队结果的有用工具。例如，在中国进行的一项大型研究指出，如果团队凝聚力高并且任务复杂，那么花高额成本进行晋升、奖励、培训等活动可以激发团队的创造力，并可以给团队带来更大的收益。凝聚力较低而且任务简单的团队不会由于受到激励而激发创造力。

团队凝聚力

团队成员之间存在紧密的情感联系，并且由于这种相互依存性，他们会致力于团队的目标。

团队凝聚力对于团队绩效而言是一个强有力的预测指标。当凝聚力受到损害时，绩效也会下滑。负面的人际关系是损害凝聚力的一个因素。团队可以培养成员之间的高度依赖关系和高质量的人际互动，从而抵消这种效应。

● 心理模型

高效的团队都拥有精确的**心理模型（mental model）**，这种针对团队环境中关键因素的规律性心理呈现方式是由团队成员共享的。（团队的使命和目标与团队提高效能的必备要素相关，那么可以说心理模型指的就是团队的工作方式。）如果团队成员的心理模型是错误的（这种情况最有可能发生于团队承受着高度压力时），那么他们的绩效就会下降。针对团队认知进行的 65 项独立研究的研究综述发现，共享同一个心理模型的团队往往内部互动也较频繁，团队激励程度更高，对待工作持有更积极的态度，并且团队绩效在经过客观评价后结果更优秀。如果团队成员对于如何做事的认识不一致，那么团队将为工作方法发生争执，而忘了究竟应该完成什么目标。

某医院的麻醉医师团队是一个由行动团队共享心理模型的典型例子。在瑞士进行的研究发现，麻醉师团队在手术进行时会交流两种独特的信息：用语言描述的方式互相监督对方的工作表现（不是批评而是对事件进行语音记录），以及"对房间说话"（即对所有人宣告事实，例如"病人的血压在下降"）。该研究发现，绩效高低不同的两个团队在这两类交流活动方面的频率是基本相同的。影响绩效结果的是沟通的顺序，以及是否能够维持共同的心理模型。绩效较高的团队在进行监督类的对话时，包含着辅助和指导的成分；在进行"对房间说话"类的行为时，团队的对话紧随其后。这项研究告诉我们的道理是很简单的：一方面要保持团队成员共同的心理模型，另一方面要在谈话中分享事实发生的经过，哪怕团队工作正在进行中！

● 冲突水平

冲突与团队绩效的关系是比较复杂的，而且这并不一定是坏事（见第 14 章）。关系型冲突指的是人与人之间的不和、紧张感和对他人的敌意，这种冲突几乎都会令团队功能失调。然而，当团队执行非日常性活动时，成员之间针对任务内容的冲突（称为任务型冲突）能够激发讨论以及对问题和方案的评估，从而带来更好的团队决策。根据一项在中国进行的研究结果，在团队工作的初期，适度的任务型冲突与团队创造力存在正相关，但是特别高度和特别低度的任务型冲突则与团队绩效存在负相关。换句话说，团队最初如何处理一个创造性工作的意见分歧不论过高还是过低都会降低绩效。

● 社会惰性

前文提到过，个体行为往往体现着社会惰性，当个体成员的贡献无法得到识别时，就会出现有人滥竽充数的现象。高效的团队会让成员从个体和集体两个方面都对团队宗旨、目标和做事方法承担相应责任，以这种方法来克服社会惰性的问题。因此，成员应当清晰地了解他们个人所承担的责任，以及他们共同对团队所承担的责任。

塑造具有团队精神的个体

我们已经清晰地解释了团队的价值以及描述了团队广受欢迎的现象。但是很多人天生并不具有团队精神，以往很多组织也一直重视个人的成就。团队工作方式更适合集体主义国家。如果组织希望引入团队工作方式，而其员工更多是生长于个人主义社会背景下的人，这种情况应该如何处理呢？我们现在来思考组织中团队建设的每一个阶段。

选聘：聘用具有团队精神的人

一些人本来就拥有令他能够成为具有团队精神的高效工作者的人际技巧。因此，当聘用团队成员时，管理者一定要确保求职者在拥有技术能力的同时也能扮演团队角色。塑造团队通常意味着克制"无论如何都要招聘到最佳才干者"的冲动。例如，纽约尼克斯篮球队的队员卡梅罗·安东尼（Carmelo Anthony）为球队争得了很多分数，但是统计数据显示，其中很多分数都是通过比其他高薪球员更频繁投篮而做到的，这意味着团队其他球员投篮的次数会减少。某些人的个人特征也令其适合在多元化团队中工作。一些团队成员喜欢通过努力解决难解的问题，由这样的成员构成的团队也往往能够高效利用年龄和教育程度的多元化而实现博采众长的目的。

培训：打造具有团队精神的成员

培训专家会培训员工体验团队工作的令人满足之处。研习班能够帮助员工提高解决问题、沟通、谈判、冲突管理和辅导新同事的能力。例如，欧莱雅公司发现，成功的销售团队不仅要求其成员具有高超的销售能力，还要求管理层下大力气进行团队建设。"让我们难以理解的现象是，我们的顶尖销售团队中很多成员之所以被提拔，仅仅是因为他们杰出的技术和执行能力，"欧莱雅的高级销售副总裁大卫·沃多克这样说道。由于引入了目的明确的团队建设活动，沃多克评论，"我们的团队工作不再是独立工作和纸上谈兵，而是的确具有很强的群体动力，而且是积极的群体动力"。塑造高效团队并不是一夜之间就能成功的事情，而是需要很长时间才能实现的。

奖酬：对具有团队精神的人提供激励

传统组织的奖酬制度必须经过重新设计以便鼓励团队合作而不是竞争。豪马贺卡公司在基本的个人激励制度中，基于是否能够有效实现团队目标而增加了年终奖金。全食食品超市将原先大部分绩效奖金都改成了基于团队绩效的方式计算。结果，团队会谨慎选择能够对团队效能做出贡献（即团队奖金）的新成员。在团队中越早营造合作氛围就越有利。从竞争性质转变为合作性质的团队不会立即习惯于分享信息，它们仍然会制定匆忙和草率的决策。以低度信任关系为特征的竞争性群体不会在奖酬制度转换的瞬间就转变为互相信任的群体。晋升、加薪和其他认可员工贡献的形式都应当被授予具有团队精神的个体，他们可以培训新同事、分享信息、协助解决团队冲突并且掌握必需的新技能。然而，这并不意味着我们应当忽略个体贡献，相反，个体应当得到应有的奖励从而匹配他们对团队所做的无私奉献。

最后，不要忘记内在奖酬这一点，例如，员工能从团队工作中获得同事情谊。作为成功团队的一员是一件令人兴奋而满足的事情。自我和队友的个人发展机会都可能会给人带来很高的满足感和有价值的体验。

注意！团队并不是万能药

团队工作需要耗费更多的时间和资源。团队工作要求更多的沟通、提高管理冲突的能力以及举行更多的会议。因此，团队工作方式必须实现利大于弊的结果才是上策，但这未必一定做得到。怎样才能知道你所在的群体如果采用团队工作方式是否会得到更好的效果？你可以进行三项测试。首先，这项工作如果由两个人以上承担会不会比一个人承担要好？最恰当的指标是工作的复杂性以及是否需要成员提供各种不同的意见。不需要多种意见的简单工作可能最好还是留给个人去完成。其次，该工作是否能够塑造令群体成员都认可的共同的宗旨或者一些具体的目标，它的意义是不是能够超过个人目标的加总？很多汽车经销商的服务部门都实施了团队工作方式，令客户服务、机械工、零件专家和销售人员共同工作。这样的团队能够更有效地承担集体责任，确保客户需求得到满足。

最后一个测试是判定群体成员是否相互依赖。当多个任务存在相互依赖性时，团队工作才有意义，也就是说整体的成功取决于每一个人的成功，而每一个人的成功又取决于他人的成功。例如，足球运动显然就是一个团队体育项目。成功需要个体球员之间的大量合作。相反，接力赛队伍、游泳队并不是团队，而是由独立的个体所组成的群体，他们的总体成绩只不过是个人成绩的加总。

本章小结

除了在工作场所中引入团队机制这样大规模的风潮之外，还没有什么其他潮流对职场产生过如此重大的影响。在团队之中工作要求员工与他人合作、共享信息、直面差异、为团队利益而牺牲自我利益等。

问题解决型团队、自我管理式团队、跨职能团队、虚拟团队以及跨团队系统这些概念有助于判定怎样为团队工作设置恰当的组织形式。自省、团队效能、团队身份、团队凝聚力和心理模型等概念让我们更清晰地看到了有关团队情境、团队构成和团队过程等重要问题。为了让团队达到最佳运行效率，应该对团队成员的招聘、塑造和奖酬等事项高度重视。此外，高效的组织也能认清，团队并非一定是高效率完成工作的最佳方法，而是需要慎重分辨合适的情况，并且深刻理解组织行为这门学科。

对管理者的启示

- 高效的团队拥有足够的资源、高效的领导、互信的环境以及能够反映团队贡献的绩效评估及奖酬制度。高效团队的成员拥有专业的技术、解决问题的能力、决策能力、人际交往能力和适合团队工作的人格特质。
- 高效的团队往往是小型的团队，团队成员能够符合角色要求，并且愿意为群体工作。
- 高效团队的成员相信团队所具有的能力，承诺为一个共同的计划或宗旨而努力，对于任务目标拥有精确的共同心理模型。
- 应当尽量选择擅长人际交往技能的人，因为他们更有可能成为高效的团队工作者，也应当为他们提供培训并提高他们的团队技能，并且奖励那些为了合作而付出努力的个体。
- 不要假设组织一定需要团队。如果某项任务不需要员工之间的相互依赖就能完成，那么让员工独立工作可能是更好的选择。

第11章
沟　　通

通过本章的学习，你应该能够：

1. 说明沟通的功能和过程；

2. 通过小型群体社交网络和小道消息来对比下行、上行和平行沟通；

3. 对比口头沟通、书面沟通和非语言沟通；

4. 解释沟通渠道的丰富性是怎样影响沟通渠道选择的；

5. 说明通过自动过程和控制性过程处理说服性信息的区别；

6. 识别高效沟通的常见障碍；

7. 说明如何克服跨文化沟通的常见问题。

沟通

沟通的力量是强大的：如果没有成员之间分享意义的活动，那么群体和组织就不复存在了。

在本章中，我们将分析沟通过程，以及找到令沟通更高效的方法。

沟通（communication）必须包括意义的转移和理解两方面。沟通不仅仅是意义的传达过程，还包括意义的理解。只有这样，我们才能传达信息和观点。假设完美的沟通过程是存在的，思想将传递给接收者，接收者将产生和发出者完全一致的心理图像。虽然这个概念听上去很容易理解，但是完美的沟通在实际生活中是不可能实现的。增进对沟通作用和过程的理解，可以帮助我们实现组织行为方面的积极变革。

沟通

意义的转移和理解。

沟通的作用

组织或群体中的沟通共有 5 种基本作用：管理、反馈、情绪分享、说服和信息交换。在群体或者组织中，几乎每一次沟通活动都执行着上述一种或者几种功能。五种功能的重要性是不分伯仲的。

● **管理行为**

通过沟通来管理成员行为有几种方法。组织里存在权力架构和由员工遵循的正式沟通条线。如果员工沟通的目的是为了完成自己职责描述中的任务或者服从公司的政策规定，那么这种沟通就起到了管理作用。非正式沟通也能控制行为。当工作群体取笑或者骚扰某一个产量过高的成员（这让其他成员显得过于懒散），他们所采取的这些行为就是非正式沟通，并因此影响了这个成员的行为。

- **反馈**

沟通也是反馈，例如对员工澄清工作任务、向员工解释他们的工作成绩好坏、以及告诉他们怎样才能改善绩效水平。我们在第 7 章的目标设置理论中看到了沟通有这方面的作用。不论是目标的形成、对工作进度的反馈，还是对优秀行为的奖酬，都需要沟通和激励。

- **情绪分享**

工作群体对很多员工而言都是主要的社交和互动场所。群体内沟通是一个非常基本的机制，成员通过沟通来展示自己感到满意还是挫折。因此，沟通为情绪分享的需要和社交需求的满足提供了一种途径。例如，在 2015 年密苏里州的费格森市，一位白人警察枪击了一名手无寸铁的黑人，此后，软件工程师卡尔·琼斯想要在公司和同事讨论这件事，以疏解自己的心情。另一个例子是，星巴克公司让咖啡师在咖啡杯上写下"种族共鸣"，从而和客人展开种族关系方面的闲谈。在这两个例子里，沟通起初可能是尴尬的，正是由于太过尴尬，所以星巴克公司叫停了这个活动，但琼斯和同事之间还是可以通过情绪的分享而建立起牢固的友谊。

- **说服**

说服和情绪分享一样，都是有利有弊的，效果究竟如何取决于其他因素，例如领导者可能试图说服工作群体对组织所倡导的企业社会责任（CSR）更加投入，或者也可能试图说服工作群体通过违法的行为来实现组织目标。这些例子虽然很极端，但这是为了让我们牢记，说服的行为可能是一柄双刃剑。

- **信息交换**

沟通的最后一个功能是信息交换，它可以促进决策的制定。通过数据的传输，沟通为个体和群体提供了决策所需要的必要信息，令他们可以通过识别和评估数据形成各种决策方案。

沟通过程

在沟通发生之前，它一定存在一个目的，即某条信息在信息发出者和信息接收者之间传递。发出者对信息进行编码（将其转化为象征符），然后通过媒介（渠道）将其传达给接收者，接收者再对其进行解码。这样做的结果就是将信息从一个人传达给另外一个人。

沟通过程

信源和信宿之间的传递过程，其结果是意义的转移和理解。

图 11-1 是**沟通过程**（communication process）。该模型的关键构成部分为（1）发出者（2）编码（3）信息（4）渠道（5）解码（6）接收者（7）噪声及（8）反馈。

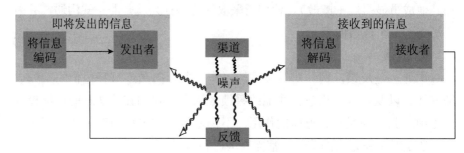

图 11-1　沟通过程

发出者通过对思维进行编码而创造了信息。信息是发出者编码活动的实际物理产物。当我们讲话时，所说的内容就是信息。当我们写作时，写出的文字就是信息。当我们做出某种姿势时，我们手臂的动作和面部表情就是信息。渠道是信息传输的媒介。渠道是由信息发出者选择的，他将决定采用正式渠道还是非正式渠道。**正式渠道**（formal channel）是由组织建立的，用于传输与成员的工作活动有关的信息。正式渠道一般来说是沿着组织的权力链条存在的。其他形式的个人信息或社会信息是通过**非正式渠道**（informal channel）传输的，非正式渠道是自然而然经由多个个体的选择而形成的。接收者是信息流向的人，它必须首先将象征符翻译成自己可以理解的形式。这一步称为信息的解码。噪声代表了沟通障碍，它会令信息变得模糊，例如认知障碍、信息超载、语义不详或者文化差异等。沟通过程的最后一个环节是反馈的回环。反馈指的是我们要检查所传达的信息是否成功地体现了最初的信息。它能够帮我们判定双方是否达到了相互理解的状态。

正式渠道

正式渠道是由组织建立的，用于传输与成员的工作活动有关的信息。

非正式渠道

非正式渠道是自然而然经由多个个体的选择而形成的。

沟通的方向性

沟通可以是纵向的也可以是横向的，既可以通过正式的小群体社交网络传播，也可以通过非正式渠道作为小道消息传播。我们进一步将纵向的沟通分为上行和下行的沟通。

下行沟通

从一个群体或组织的一个层级向更低的层级方向开展沟通称为下行沟通。当群体领导者和管理者与员工沟通目标安排、给予工作指导、解释公司制度和工作流程、指出问题或者提供绩效反馈时就使用了下行沟通。

当我们采用下行沟通时，信息送达的模式和情境是特别重要的。我们将在后面详细讨论沟通方式的话题，目前可以仅仅考虑下行沟通的终极形式——绩效评估。嘉年华游轮公司（Carnival Cruise Lines）的 CEO 阿兰·伯克利（Alan Buckelew）这样说道，"绩效评估可能是你必须亲身在场的唯一一次沟通"。新秀丽（Samonite）的 CEO 也同意这个观点，"电话会议是不能取代面对面互动的"。自动绩效评估的方法可以免除管理者与下属开展绩效面谈的辛劳，虽然这种方法非常高效，但却令管理者丧失了促进员工成长、激励员工和维护员工关系的机会。一般来说，员工如果缺乏指导和个性化沟通，他们就不太容易正确理解沟通信息的意图。擅长沟通的人不仅会在下行沟通时对原因做出解释，还会对自己所管辖的员工寻求主动沟通的机会。

上行沟通

上行沟通指的是信息流向群体或组织中的更高层级。它往往被用来对高层人员提供反馈，向其报告目标进展的情况和现存的问题。上行沟通能够令管理者掌握员工对工作、同事和组织的总的看法。管理者也会依靠员工对其进行上行沟通来征求如何改善状况的建议。

当今大多数管理者的工作责任都有所扩大，上行沟通已经变得越来越困难了，这是因为管理者要面临过多的事务，很容易为其他的事情分心。要实现有效的上行沟通，就必须尽量将问题写在标题中而不要写在正文中，为概述性的意见写出行动计划的要点，还要做好时间安排，从而有效地利用上司保持注意力的这段时间。此外，你还要留心自己是怎样陈述的，尤其是当你向经理沟通一个坏消息时更是如此。如果你想要拒绝一个任务，就一定要在陈述工作量难题或者对任务不熟悉的情况时，不仅征求经理的意见，还要展现出"能行"的态度。传达信息的方式可能和沟通内容的重要程度不相上下。

水平沟通

当沟通发生在同一工作群体之中的成员之间、不同工作群体相同层级的成员之间或者任何平等的员工之间时，我们将其称为水平沟通。

水平沟通能够节省时间并促进合作。一些水平沟通关系是获得了正式认可的。而更常见的情况是，人们会创造非正式的水平沟通关系来简化垂直沟通的步骤从而加快行动过程。因此，从管理者的角度来看，水平沟通是有利有弊的。因为严格遵循正式的垂直沟通路径可能是十分低效的，在管理层知晓并支持的情况下，采取水平沟通是非常有益的。但是违背正式垂直渠道却容易产生令沟通失调的冲突，例如成员越级报告，上司可能会发现在自己不知晓的情况下行动已经完成或者决策已经成型。

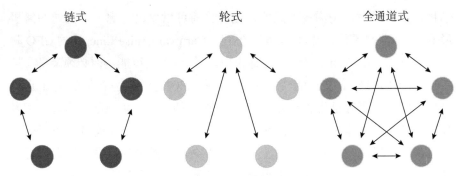

图 11-2　三种常见的小型群体网络

正式小群体网络

正式群体网络可能非常复杂，包括上百人或者六个以上的层级。为了简化我们的讨论，我们将这些群体网络简明地归纳为 3 种常见的小型群体，每个群体中只有 5 个人（如图 11-2 所示），这 3 种类型分别是：链式、轮式和全通道式。

链式网络严格遵循正式的命令链条，这种网络接近于那种严格的三层式组织中的沟通渠道。轮式网络依靠一个中心人物扮演所有群体沟通的核心通道，它模拟的是那种团队中存在强势领导者的沟通网络。全通道式网络允许所有群体成员都能积极互相沟通，它在实践中通常代表自我管理式团队，所有群体成员都能够自由提供意见，没有人担任领导角色。当今有很多组织都往往自认为是全通道式的网络，这就是说任何人之间都可以自由沟通（但有时这是不应当的）。

如表 11-1 所示，各种沟通网络的有效性取决于哪些变量和你有关。轮式结构有助于领导者的产生。如果你希望得到更高的成员满意度，那么就采用全通道式网络。如果信息精确性非常重要，那么链式网络则更好。表 11-1 告诉我们，没有一种网络能完美满足所有要求。

表 11-1　小型群体网络与有效性的标准

标　　准	网　　络		
	链　　式	轮　　式	全通道式
速　　度	中	快	快
精　确　性	高	高	中
出现领导者的可能性	中	高	无
成员满意度	中	低	高

小道消息
群体或组织中的非正式沟通网络。

小道消息

群体或组织中的非正式沟通网络被称为**小道消息（grapevine）**。虽然流言和闲谈属于非正式沟通，但它也是正式成员和应聘者的重要信息来源。有关公司的小道消息或者口耳相传的信息对于求职者是否加入组织有着非常重要的影响，小道消息的影响力甚至高于 Glassdoor 这种企业点评网站的评分（它也是非正式的）。

对于任何群体或组织来说，小道消息都是沟通网络的重要组成部分。它能满足员工的需求——秘密的交谈能够令分享信息的双方感到亲密和友谊。然而研究却显示，这种好处却是建立在牺牲圈外人利益的基础上的。它也可以令管理者感受到组织中的士气，识别员工认为重要的问题，并有助于了解员工的紧张情绪。也有证据指出，管理者可以通过研究员工社交网络从而了解好消息和坏消息是如何在组织中流动的。此外，管理者也可以留意哪些是热衷于闲谈的人（他们经常和别人闲聊不重要的小事）从而找到影响力较高的人（受到同事高度信任，并且社交网络较为宽广的人）。闲谈者往往是影响者。一项研究发现，热衷于社交闲聊的人影响力通常很大，即使在裁员期间，他们被留用的可能性也更高。因此，虽然小道消息可能未必经过组织的正式允许或者严格控制，我们还是能够理解它存在的理由，并且在一定程度上利用它。

沟通的模式

群体成员之间是如何传递意义的？人们一般会依赖口头、书面和非语言沟通等交流形式。虽然这个问题看似很简单，但是随着我们的讨论逐渐深入，沟通模式的选择在很大程度上影响着认知者对信息的反应，它可以增强沟通效果，也可以令其分心。某些沟通模式在某些特定类型的沟通中是人们所偏好的。我们将在后面讲解这方面最新的知识和实践。

口头沟通

传达信息的最主要手段就是口头沟通。演讲、正式的一对一沟通或群体讨论、非正式的流言或小道消息都是口头沟通的常见形式。

口头沟通的优点在于其速度较快并能及时得到反馈和实现信息交换。在信息传播速度方面，我们能够在最少的时间内传达语言信息并得到反馈。一位专家这样说过，"时常进行面对面的沟通依然是与员工之间交流信息的最佳手段。"如果接收者不确定自己是否理解该信息，可以通过快速的反馈令信息发出者迅速发现问题并将其纠正。遗憾的是，我们也应该认清一个事实——我们都不是好的听众。研究指出，我们容易感到"听者疲劳"，也就是说我们听不进其他人的信息，匆忙催促对方并给出具体的建议。格雷汉姆·博迪（Graham Bodie）教授说，"好的听众能够克服想要解决他人问题的倾向，并且坚守谈话本身的意义。"积极倾听要求我们屏蔽干扰、主动探求、进行眼神接触、解读对方的信息，并且鼓励说话者继续。如果我们是真心交流，而不是抱着评判别人的目的，这些做法可以帮助我们吸收更多的信息，并且建立互信。通过口头沟通实现的信息交流有着社会、文化和情绪的内涵。在这种文化社会交流当中，我们有目的地实现了能够跨越文化界限的信息交换，可以建立信任、实现合作，以及形成个体和群体之间的一致意见。

口头沟通的最主要缺点是，每当信息要经过很多人转达时，依次传递的人越多，信息失真的可能性就越大。如果你曾经玩过"打电话"的游戏，就能理解这个问题。在这个信息传播游戏中，每个人得到耳语后，都会以自己的方式对信息进行解读。即使我们认为信息是简单直白的，当信息到达终点时，其内容往往与最开始有很大差异。因此，口头沟通的"链条"对于组织而言通常是一种工作义务而不是有效的工具。

书面沟通

书面沟通常常通过书信、电子邮件、即时信息工具、社会媒体和其他能够传递文字或象征符的信息媒介来进行。它的优势在于到底采用了什么写作模式。当今的书面商业沟通经常采取书信、PowerPoint 演示文稿、即时信息工具、文字短信、社交媒体、手机应用和博客等方式。其中一些方式可以产生数字的或者物理的长期存档，也有一些方式是迅速的、转瞬即逝的信息交换。每一种书面形式的缺点也是独有的。因此，我们稍后将深入讨论每一种书面沟通方法的应用。

非语言沟通

我们每一次传达语言信息时，同时也在传达非语言信息。有时非语言沟通可以独立于言辞而存在。如果不考虑非语言沟通，那么对沟通这部分知识的讨论就将是不完整的。非语言沟通包括身体活动、我们说话时的声调或重音、面部表情、发出者和接收者之间的身体距离等。

我们可以主张每一个身体动作都含有意义，没有动作是纯属偶然的（但可能有一些是潜意识的动作）。我们会通过非语言的身体动作表达出我们的状态。例如，我们可以用微笑来表达信任，也可以打开双臂来表达平易近人，也可以通过站起来的动作表达权威。

如果你逐字逐句地阅读会议记录，会发现这不如真正在场或者观看视频录像时所得到的感触多。这是为什么？因为会议记录完全没有记录下非语言沟通的信息。每句话中的强调重点被忽略了，面部表情与声调都可以让沟通的意义更明确。声调是可以改变句子的意义的。面部表情也同样能够传达意义。两者结合在一起可以显示出骄傲自大、具有攻击性、恐惧、害羞以及其他特征。

沟通时身体距离的远近也是有意义的。沟通双方距离多远才合适是取决于当地文化规范的。一些欧洲国家的商务沟通距离在北美很多地方都令人感到距离过分亲密。如果某人站的位置离你过近而令你感到不适，那么很可能就代表着此人具有进攻性或者会对你进行性骚扰；如果比正常距离更远，那么就意味着对方对你所表达的内容不感兴趣或者感到不快。

选择沟通渠道

人们是如何选择沟通渠道的呢？媒介丰富性模型可以帮助我们解释管理者对于沟通渠道的选择。

媒介的丰富性

沟通媒介传达信息的能力是不同的。一些媒介是"丰富的"，因为它们可以：（1）同时承载多条线索；（2）允许迅速反馈；和（3）个性化程度高。缺乏这些特征的沟通媒介被称为"匮乏"媒介。面对面的沟通具有较高的**媒介丰富度（channel richness）**，因为它可以在每一次沟通中传达更多的信息，也就是多种信息线索（言辞、姿态、面部表情、手势、语调等），能够提供及时的反馈（语言反馈和非语言反馈），以及由于人在现场而意味着更多人情味。另一些丰富媒介的例子（按照媒介丰富度从高到低）包括视频会议、电话会议、现场演讲、语音留言等。缺乏人情味的书面媒介是缺乏丰富性的，例如正式的报告和公告、备忘录、信件、预先录制的发言，以及电子邮件。

媒介丰富度
　　每一次沟通中能够传达信息的多寡。

选择沟通方式

沟通媒介的选择取决于信息的内容是不是常规信息。常规信息往往是直白的，模糊程度很低，因此缺乏丰富性的媒介也可以有效地传达这类信息。非常规信息的内容可能是较为复杂的，有可能遭到人们的误解。管理者可以选择高丰富度的媒介来有效传达非常规信息。

● **选择口头沟通方式**

当你需要测量信息接收者对信息的接收程度，口头沟通可能通常是最佳的选择。例如，新产品上市的推广计划可能更适合与客户面对面沟通，这样你就可以看到客户针对你每一条提议的反应。另外，你也可以考虑信息接收者更偏好的沟通方式。一些人更关注书面沟通内容，而另一些人又偏好讨论。例如，如果你的上司要找你开会，你最好不要主动改为电子邮件沟通。工作环境的节奏也是一个影响因素。工作节奏快的环境可能更适合随时开会，而任务期限紧迫的项目团队可能在 Skype 视频会议上沟通更有效。

我们面对面沟通时，沟通过程本身可以传达很多信息，因此也必须在选择沟通方式时考虑到讲话技巧。研究指出，说话腔调的重要性比实际言辞内容高出一倍。最佳的说话腔调应当是清楚、温和的，这种说话方式有助于你的职业生涯发展。大声说话、质问别人、令人烦躁的声音、稚嫩的声音、用假声说话、气喘吁吁，或者毫无语气的声音是你个人发展的阻碍。如果你的腔调有问题，你所在的团队可以帮助你意识到这一点，你可以借此改变，也可以求助于专业的声音训练教练。

● **选择书面沟通方式**

书面沟通一般来说是传达复杂和冗长信息最牢靠的方式，对于简短的信息来说，书面沟通也最有效，例如，两句话就能说清楚的信息如果通过电话沟通可能会耗费 10 分钟时间。但是你应当注意书面沟通在传达情绪方面有较大的局限性。

如果希望信息更具体、更容易查证，那么可以选择书面沟通的方式。商业活动中往往使用信件来沟通，主要是为了维持商业联系以及记录沟通信息的目的，此时，信件上的签字也必须是真实手签的。此外，在面试后回绝应聘者时采用手写的感谢信一直都是一个不错的选择，手写的信封也通常能顺利通过行政人员的核查，信封完整地出现在接收者的桌面上。一般而言，你应当仅仅回应出于职业目的的即时通信信息，并且只在自己确认对方愿意收到这些信息的情况下才发给对方。请谨记于心，你们的对话不会被存储下来供未来查阅。手机信息是廉价的收发信息工具，迅速收到客户和管理者的信息可以帮助你在业务上取得进展。然而，有一些使用者和管理者也将信息看成是侵犯性和干扰性的，因此，一定要对此建立某种行为原则。不论是公对私还是公对公，社交媒体在销售领域实现了一些惊人的成就。例如，一家虚拟会议服务商 PGi 公司的销售代表发现，推特（Twitter）的桌面客户端 TweetDeck 对这个销售代表的潜在客户发出警示，称一位 CEO 正在发推特（Twitter）消息抱怨网络会议的不便，这个销售代表马上用虚拟会议的方式接入潜在客户，并以最快速度完成了交易。最后一点是，尽量少用博客、发论坛帖子和评论，这些做法对公众的影响力超过你的想象，你的言辞很可能轻易被人在 Google 搜索引擎通过搜索姓名的方式查找出来。

● **选择非语言沟通方式**

人们需要意识到沟通中还存在非语言的元素，在考虑言辞意义的同时也必须留意身体语言所传达的线索。不管你是信息的发送者还是接收者，你都应当特别留意语言信息和非语言信息之间是否存在矛盾。例如，如果一个人频繁查看手机上的时间，那么不管其说什么，这个动作都传达了他希望中止谈话的信息。有可能我们的语言表达着一种信息，而非语言沟通却传达着相反的信息，例如嘴上说信任，非语言信息却表达"我对你并没有信心"，这样可能会令人误解。

信息安全

对于几乎所有储存着客户和员工的私人信息或专享信息的组织来说，信息安全都是一个非常重要的问题。组织往往会担忧它们所需要高度保护的电子信息的安全性，例如医院的病人信息、用文件柜来保存的信息以及组织对员工加以信任并令员工知晓的事情。大多数公司都有意识地监督员工对互联网和电子邮件的使用，一些公司甚至采用了视频监督和电话录音。可能在一些情况下采用这些做法是有必要的，但这种做法也侵害了员工的权利。组织可以通过一些做法来减轻员工在这方面的焦虑，例如让员工参与制定信息安全政策，让员工有权了解自己的信息是如何被组织使用的。

沟通中的说服力

我们已经讨论过很多沟通方法。现在我们开始关注沟通的功能性——说服，以及一些令信息对听众而言更具有说服力的特征。

自动过程和控制性过程

要理解沟通过程，我们要考虑两种不同的信息处理方式。请回忆你最近一次购买一听苏打水时的情形。你有没有仔细分析产品的品牌？有没有选择打出最鲜亮广告的那个品牌？如果我们诚实回答这个问题，我们会承认炫目的广告和朗朗上口的广告语的确能够影响我们（消费者）的决策。我们通常依赖**自动信息处理过程**（automatic processing），这是一种对现象和信息进行相对表面分析的过程，它往往使用了我们在第 6 章中曾经提到过的启发式思维。自动信息处理过程只需耗费极少的时间和精力，因此，针对你并不关心的话题，用这种过程来处理具有说服力的信息是有道理的。其缺点是，这种方式容易使我们被各种小技巧所迷惑，例如好听的广告歌或吸引人的照片等等。

现在我们可以思考上次你选择所居住房屋的情形。你可能找到熟悉整个地区行情的专家，从各种信息来源收集房价信息，深思熟虑买房和租房各自的优缺点。在这个情况下，你的决策是依赖于要求付出更多辛劳的**控制性信息处理过程**（controlled processing），这是一种根据事实、数字和逻

自动信息处理过程
使用启发式思维对现象和信息进行相对表面分析的过程。

控制性信息处理过程
一种根据事实、数字和逻辑对事实和信息进行更深度考虑的信息处理过程。

辑对事实和信息进行更深度考虑的信息处理过程。控制性信息处理过程需要人们付出努力和精力，但付出了时间和精力去研究的人的确难以被小技巧所蒙骗。那么，是什么决定了人们采用自动信息处理过程还是控制性信息处理过程呢？要确定信息接收者采用哪种信息处理过程，我们有一些经验法则可以遵循。

- **兴趣水平**

面对有说服力的信息，人们选择自动信息处理过程或者控制性信息处理过程的一个最佳预测因素是他们对结果感兴趣的程度。兴趣水平可以反映出一个决策可能对你的生活产生怎样的影响。当人们对决策结果非常感兴趣时，可能会更仔细处理信息。这可以解释为什么人们在决定重要的事情时（例如在哪里居住）往往会寻找大量的信息，而在决定相对不那么重要的事情时（例如喝哪瓶苏打水）却不会这么做。

- **前期知识**

对某个方面了解很深的人往往更倾向于采用控制性信息处理过程。他们已经针对某个特定的行为进行过反复思考，因此他们不会轻易地转变自己的立场，除非有一些令人信服的原因促使他们这么做。然而，对于某方面了解特别少的人，即使没有很多证据，或者理由很肤浅，他们也会很轻易就转变自己的立场。总的来说，对某方面了解较深的人不太容易被说服。

- **人格**

在决定看哪一部电影之前，你是否习惯于先看五条影评呢？可能你还会研究一下这些影星和导演近期还参与了哪些其他的电影。如果你真的这么做过，可能你的**认知需求**（need for recognition）较高，具备这种人格特征的人往往更容易被证据和事实所说服。认知需求较低的人更容易采用自动信息处理过程，这类人更依赖直觉和情绪来形成他们对说服性信息的评价。

认知需求

> 描述人们对思考和学习保持持续欲望的人格特质。

- **信息特征**

另一个影响人们采用自动过程还是控制过程的因素是信息本身所具有的特征。如果信息是通过匮乏性沟通渠道传播的，人们无法与信息内容互动，那么人们容易开启自动过程来处理信息。反之，如果信息是通过丰富性媒介传播的，那么人们就会更慎重地处理信息。

信息定制

这方面知识最重要的意义是，你应当令说服性信息与人们可能会采用的信息处理方式相匹配。如果信息接收者对某个说服性信息不感兴趣，或者传达的精确度不高，又或者信息接收者的认知需求不高，以及信息通过匮乏的手段传播，那么他们很可能采用自动过程处理信息。在这些情况下，你可以将信息变得更具有感情，并且附上与你的理想结果具有紧密联系的图像。另外一方面，如果信息接收者对某个话题感兴趣，或者具有高度认知需求时，又或者信息是通过丰富性媒介传播的，那么你最好关注理性的论述以及用证据来说服对方。

高效沟通的障碍

一些沟通障碍可能会导致沟通低效或信息扭曲，我们需要认识并且避免这些沟通障碍。在本小节中，我们将选择最重要的内容来介绍。

信息过滤

信息过滤（filtering）指的是信息发送者有意识地操纵信息，从而令接收者只接收到有利于发送者的信息。一位经理对上司报喜不报忧就是信息过滤的一个例子。

一个组织如果纵向层级数量越多，那么信息经过过滤的程度就越高。不过，只要存在地位差别，就一定会造成一定的信息过滤现象。例如担心传达坏消息、希望逢迎上司等因素通常会导致员工有意猜测上司愿意听到哪些消息并告诉他们这些消息，这就造成了上行沟通中信息的扭曲。

选择性认知

选择性认知的重要性在于，沟通过程中的信息接收者会根据自己的需要、动机、经验、背景和其他个人特征去选择性地观察和聆听某些信息。信息接收者也会将自己的兴趣和期望带到沟通的解码过程中。例如，如果招聘中的面试官事先就认为女性求职者把家庭看得比职业重要，那么他可能会在所有求职者身上都看到这一点，而不论求职者是否真的这么认为。信息接收者看到的并不是真正的现实，而是对自己看到的事物进行解读后，将其称之为现实。

信息超载

个体处理数据的能力是有限的。当我们在工作中所必须处理的信息超过我们的处理能力时，结果就是信息超载（information overload）。我们已经在本书中看到，这个问题已经成为个体和组织所面临的巨大挑战。在某种程度上，你可以通过本章中介绍的以下步骤面对这种挑战。

当个体所拥有的信息量超过他们所能筛选和使用的能力时会发生什么？人们会对信息进行选择、忽略、置之不理或者遗忘。人们也有可能会延迟对信息进行深度处理，直至信息超载的状况结束。在上述任何情况下，

信息过滤

信息发送者有意识地操纵信息，从而令接收者只接收到有利于发送者的信息。

信息超载

我们在工作中所必须处理的信息超过我们的处理能力。

结果都会导致信息的丢失和沟通效果的降低。因此，应对信息超载现象就成为重要的问题。

在更宽泛的意义上，英特尔公司进行的一项研究显示，减少使用科技产品的频率是有道理的。一篇文章中这样说道，"避免让数字化公文的急速鼓点声打乱和重组你的任务列表。"一种极端的做法是减少电子设备的使用。例如，Coors Brewing 公司的管理者弗里茨·凡·帕萨岑（Frits van Paasschen）丢弃了台式机，仅仅使用移动设备。Eli Lilly & Co. 公司让销售团队停止使用笔记本电脑和其他设备，仅仅使用 iPad 工作。这些方法都提高了工作效率。

情绪

当你处在气愤或者心烦的情绪时，与处在快乐时的情绪相比，对同一信息的解读方式有可能会不同。例如，心情愉悦的人在阅读有说服力的信息时，会对自己的观点感到更加自信，因此，精妙的观点对他们自己观点的影响较为深刻。心情低落的人更有可能对信息的内容吹毛求疵，而心情积极的人则更有可能对沟通内容照单全收。狂喜与压抑等极端情绪很有可能会成为高效沟通的障碍。在这些情况下，我们很倾向于抛弃理智和客观的思维过程，转向情绪化的判断方式。

语言

即使当我们用相同的语言进行沟通时，不同的人也会有不同的解读。年龄和情境是造成这些差异的两个最主要因素。例如，当商业顾问迈克尔·席勒与自己 15 岁的女儿谈论她与朋友相处得如何时，他这样告诉自己的女儿，"你应当认识和测量自己的 ARA。"当席勒这样说时，他的女儿看着他的眼神很奇怪，席勒描述说就好像"他是一个外星人"。（ARA 意味着可靠、责任和权威。）不熟悉公司中术语的人可能对 ARA、交付（项目完成后可验证的结果）和"低垂的果实"（先处理最容易的任务）这一类的术语感到非常不解，而家长也很有可能对十几岁少年的专有语言感到惊诧万分。

沉默

沉默或者缺乏沟通这两种状态往往不为人所注意，这正是因为其定义就是信息缺位。"沉默不包含信息"这样的理解通常是错误的，沉默本身就传达了某人对某事不感兴趣，或者无能为力的信息。沉默也可能是信息超载造成的结果，或者因为需要时间考虑而延迟回复。不管原因是什么，研究显示，特意保持沉默或者克制沟通是很常见的，此举实际上问题重重。

我们的调研发现，超过 85% 的管理者回答，曾经对至少一个重要问题保持缄默。沉默可能对组织造成致命伤害。员工保持沉默意味着管理者对于正在发生的运营问题一无所知。对于歧视、骚扰、腐败和不检行为保持沉默意味着高层管理者无法采取行动根除这种行为。

沟通焦虑

在所有人口里，大概有 5% ~ 20% 的人都存在**沟通焦虑**（communication apprehension）的问题，或者也可以称为社会焦虑。这些人在口头沟通或书面沟通时会感到异常紧张和焦虑。他们会感到与他人面对面沟通是非常困难的，往往在必须使用电话的情况下也感到极度焦虑。因而，即使打一个电话会更快捷和恰当，他们也会转而使用备忘录或传真的形式来沟通。

> **沟通焦虑**
> 在口头沟通或书面沟通时感到异常紧张和焦虑的现象。

口头沟通焦虑者会尽量规避那种重视口头沟通的场合，例如在教学中口头沟通是最主要的信息传达方式。但是几乎所有工作都或多或少需要一些口头沟通。应当注意的是，有证据显示，高度口头沟通焦虑者会扭曲自己工作中对于沟通的要求，从而减少需要沟通的情况。因此，应当注意到有一些人可能在极大程度上限制自己的口头沟通，将这种做法合理化并告诉自己口头沟通并不是高效工作所必需的。

谎言

高效沟通的最后一条障碍是对信息的直接误传，或者称之为谎言。例如，故意不明说自己所犯的错误算作谎言吗？还是只有否认自己在错误中所起的作用才算作谎言？虽然谎言的定义一直令道德学家和社会学家百思不得其解，但是谎言的普遍性的确是毋庸置疑的。一个普通的人每天会说一到两个谎言，而另一些人的谎言比这个数量明显多得多。如果在一个庞大的组织中，问题就更复杂了，组织中每一天都会产生相当多的谎言。也有证据显示，人们在电话交谈中撒谎要比面对面容易得多，在电子邮件中撒谎也比用纸笔写信容易得多。

文化因素

即使在条件有利的情况下，高效沟通也不是容易的事。跨文化因素显然增加了高效沟通的难度。在一个文化中得到人们广泛理解和接受的身体姿势在另外一个文化中可能毫无意义，甚至卑鄙下流。只有 18% 的公司有针对跨文化员工沟通的文件说明。只有 31% 的公司要求，公司信息在投放到其他文化背景下时要考虑对其再次进行润色。

文化障碍

研究人员已经找到一些和跨文化沟通中的语言障碍有关的一些知识。第一个障碍来自于语义学。同一个词汇对不同的人有不同的意义，对不同民族文化背景下的人来说尤其如此。一些词汇无法被翻译到其他文化当中。例如，芬兰语 sisu 这个词的意思类似"勇气"或者"坚韧"，但这个词很难被翻译到英文当中。同理，俄罗斯的新资本主义者与英国或加拿大的沟通对象之间的谈话会陷入困境，因为英语中的"效率""自由市场"和"监管"这些词汇在俄语中并没有对应的词汇。

第二个障碍来自于词汇的隐含意义。不同语言中的词汇含有不同的隐含意义。美国和日本管理者之间的谈判会是很困难的，因为日本人的"hai"这个词经常被翻译成"是"，但是它隐含的意义却是"是，我在听"，而不是"是，我同意"。

第三个障碍是由语调的差异引起的。在一些文化中，语言是非常正式的。在另一些文化中，语言可以是非正式的。在一些文化当中，语调的改变取决于情境。人们在家里说话、在社交场合说话以及在工作场合说话都是不同的。在应当使用正式语言风格的时候使用个人化的非正式语言风格则是非常不恰当的。

第四个障碍是对冲突的容忍程度和解决方法存在差异。来自个人主义国家的人往往更能从容不迫地应对直接冲突，并且会直接揭示产生分歧的问题所在。而集体主义文化却更偏向隐晦地承认冲突的存在，避免充满个人情绪的分歧。他们会将冲突归结为情境所致，而不会归结为个体的原因，因此不会要求对方公开道歉或者弥补双方关系的裂痕。而个人主义文化则倾向于公开承认自己为冲突负责，并且当众道歉，从而弥补双方关系。

文化语境

高语境文化

该文化下的人们高度依靠非语言线索和一些细微的情景因素来与他人沟通。

低语境文化

该文化下的人们主要通过言辞来沟通。

语境影响着个体从沟通中获取怎样的意义，这种影响的程度在不同文化中有所差异。在**高语境文化（high-context culture）**中，例如中国、韩国、日本和越南等，人们高度依靠非语言线索和一些细微的情境因素来与他人沟通，一个人的官方地位、社会地位和声望等因素占据全部信息的比重非常高。没有说的话可能比说出来的话更加重要。反之，欧洲和北美人背后则体现着**低语境文化（low-context culture）**，他们主要通过语言和书面形式来传达意义，肢体语言和正式的职衔则排在第二位。（见图 11-3）

这些语境差异在沟通中存在重要的意义。在高语境文化中，沟通意味着沟通双方相互信任的程度相当高。看上去随意或者无关紧要的谈话实际上有可能体现出双方建立关系并产生互信的意图。口头达成的一致意见在高语境文化中意味着高度承诺。你的年龄、资历以及在组织中的阶层等身份背景会被人们所重视，而且这些在很大程度上影响着你的可信度。因此，管理者往往倾向于"提供建议"而并非直接下达命令。但是在低语境文化中，只有书面的、措辞精确的、甚至高度法律化的合同文本才有效力。与此相似的是，低语境文化非常重视做人的直接和坦白。人们认为管理者应当清晰而准确地传达他们希望传达的意义。

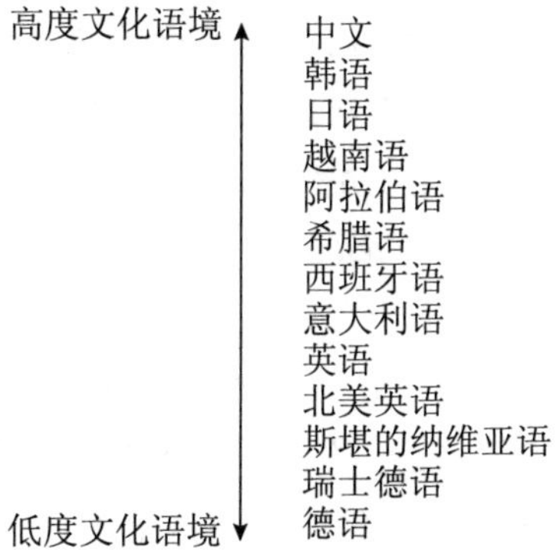

高度文化语境 ↑

　　中文
　　韩语
　　日语
　　越南语
　　阿拉伯语
　　希腊语
　　西班牙语
　　意大利语
　　英语
　　北美英语
　　斯堪的纳维亚语
　　瑞士德语
低度文化语境 ↓　德语

图 11-3　高度文化语境和低度文化语境国家

文化指南

我们可以从跨文化的商业沟通中汲取很多知识。我们可以认为，是文化背景造就了我们自己独特的观点。因为我们的观点的确存在差异，所以我们有机会通过高效沟通而实现相互帮助，从而实现最有创造性的解决方案。

根据跨文化沟通研究领域的专家弗莱德·卡斯米尔（Fred Casmir）的看法，我们通常难以与其他文化的人高效沟通，这是因为我们往往会从对方的文化根源来抽象地判断一个人。这种做法是非常缺乏情商的，并且效果很差，尤其是当我们根据观察到的特征做出错误的假设时。我们很多人都拥有丰富的种族血统，如果某人根据我们的身体特征来推断我们的文化背景，并据此称呼我们，我们通常会感到被冒犯。这些刻板印象通常是错误的，也通常与实际情况无关。

卡斯米尔指出，因为人们难以完全掌握各种文化特色，而且每个人解读自己文化的方式也不一样，所以在跨文化沟通中，人们应当更重视文化敏感性和对共同目标的追求。他发现，理想的情况是临时采取"第三文化"的做法，它指的是群体力图照顾到每个成员不同文化背景下的沟通习惯。尊重个体差异的亚文化会形成一些规范，这些规范会成为成员实现高效沟通的共同基础。高效沟通的跨文化群体往往具备高产和高创造性等特征。

在与其他文化下的人们沟通时，你应当如何减少沟通中的错误解读呢？卡斯米尔和一些其他专家为我们提供了如下建议。

1. 了解自己。清楚地知道你自己的文化身份和认知偏差，这对于理解其他人的观点来说很重要。

2. 营造互相尊重、公平和民主的文化氛围。创造公平和相互为对方考虑的环境。这将成为你们的"第三文化"，它在每个人的文化规范下都通用，有助于实现高效的跨文化沟通。

3. 陈述事实，而不要陈述你自己的理解。对他人言辞和做事的解读和评估往往依赖你的文化和背景，而不是观察到的客观情形。如果你选择只陈述事实，那么就可以听到他人对此事的解读。你应当尽量延迟做出判断的时间点，直到你认为已经花了足够的时间去观察和解读所有相关者对某个情形的不同观点，然后再下判断。

4. 考虑他人的观点。在发出信息之前，你应当站在信息接收者的角度考虑一下。对方的价值观、经历和参照系分别是什么？你对对方的学识、教养和背景了解多少？是否能帮助你了解此人？你应当试图把这些人视为某个群体的代表，在可能发生冲突时采取合作式的问题解决方法。

5. 主动维持群体身份。"第三文化"代表共同的文化基础，和其他文化一样，它的形成是需要时间来培育的。你可以提醒群体成员，大家具有共同的目标，需要相互尊重，以及适应个人沟通的习惯。

本章小结

你可能已经发现，沟通和员工满意度之间存在一些相关性。不确定性越低，满意度就越高。语言和非语言信息中的失真、模糊和矛盾现象都会令不确定性升高，从而降低满意度。关注每一次沟通所采用的方法和形式能够为你确保信息可以正确传达给接收者。

对管理者的启示

- 请牢记，你的沟通模式可以部分决定沟通的效率。
- 不论信息是如何传达的，你都要从员工那里取得反馈，从而确保员工真正理解你要传达的信息。
- 请牢记，书面沟通可能造成很多误解，不如口头传播更加高效。要尽可能与员工面对面开会沟通。
- 确保你的沟通策略与信息接收者和信息类型相匹配。
- 请牢记沟通中存在的一些障碍，例如性别和文化。

第 12 章
领导力

通过本章的学习，你应该能够：

1. 归纳领导的特质理论有哪些具体结论；

2. 认识行为理论的核心要点以及主要的局限性；

3. 比较多个有关领导力的权变理论；

4. 描述现代领导力理论以及它们与基础理论之间的关系；

5. 讨论领导者在创建道德组织时所起到的作用；

6. 说明领导者怎样通过营造信任环境以及教导下属从而对组织施加积极影响；

7. 说明我们对领导力的理解存在哪些挑战。

我们将在本章中讨论领导者和非领导者的区别。首先，我们将为读者介绍领导的特质理论。然后，我们将讨论领导行为的意义和重要性及其面临的挑战。在深入了解这些问题之前，我们首先解释领导这个术语的含义。

领导的特质理论

我们将**领导力**（leadership）定义为影响群体去实现愿景或者达到既定目标的能力。当然，你可能发现，并非所有的领导者都是管理者，也并非所有的管理者都是领导者。非正式领导力，即来自组织正式架构之外的影响力，往往比正式影响力更重要。是什么造就了领导者？既然能力卓越的领导者最突出的特点一直都是鲜明的人格特质，因此，领导力研究长期致力于关注领导者区别于普通人的人格、社会、身体和智力等个人属性。请注意，这些概念没有互斥性，事实上，有关哪些变量组合可以打造最佳领导的问题，目前的研究还未能明确。不过，我们正在致力于寻找这方面的结果。

领导力

影响群体去实现愿景或者达到既定目标的能力。

领导的特质理论

这类理论研究能够区分领导者和非领导者的个人特质和特征。

首先，**领导的特质理论（trait theories）**关注个人特征，包括大五人格模型中的人格特质（见第 5 章），并且关注能够预测两条独特结果（领导者出现与领导效能）的个人特征。基于近期的研究文献，我们对于人格特质和领导力的研究找到了两条结论：首先，个人特质可以预测领导力；其次，个人特质更适合用于预测领导者出现，而不适合用于预测领导行为是否高效。不论是个体展现了特定的特质，还是其他人认为此人拥有领导者的地位，都不一定意味着他是高效的领导者——即他的确能领导群体实现目标。即使如此，个人特质和领导力之间还是存在某些较强的关系，我们应当去了解。

人格特质与领导力

伟大的领导者身上有什么独特之处？总的来说，喜欢与人相处并且善于表达自己（外倾性）、高度自律和遵守承诺（责任心）、拥有创造力和灵活性（经验开放性）等等特质都是领导者与他人相比明显具备优势之处。我们将在这里逐一讲解。

● **大五特质**

研究人员对人格特质进行研究时，发现了较为一致的结论，外倾性对于高效领导的预测能力最强。然而，有时外倾性与领导者的出现方式（而不是领导者的领导效能）关系更强。善于社交和具备掌控力的人更擅长在群体中发表自己的主张，这能够提高外倾人格者在其他人心目中的领导地位，然而，高效领导者并不是专横跋扈的人。一项研究发现，在提出主张（外倾性人格的一个表现）方面得分特别高的领导者，在领导效能方面却不如得分中等偏高者。因此，即使外倾性可以预测领导力，但是这种预测关系可能也取决于人格的其他各个侧面。

随和性和情绪稳定性貌似不能预测领导力，但责任心和开放性却可以做到，尤其在领导效能方面可以得到很好的预测效果。例如，一项研究指出，责任心强的高管团队可以通过他们的领导能力提高组织的绩效。责任心和外倾性与领导的自我效能之间存在正相关（见第 7 章）。因为人们都愿意追随对自己的做事方向充满信心的人，所以这类人容易成为领导者。

● **黑暗特质**

权术主义、自恋和精神变态（见第 5 章）等黑暗人格与领导力的关系是什么？研究指出，这些人格并非与领导力完全背道而驰。一项在欧洲和美国进行的研究发现，在黑暗人格特征方面的常规（中等）分数是最理想的，分数过高或者过低都与低效的领导相关。甚至，该研究还提出，高度的情绪稳定性实际上有可能反而是造成领导低效的原因。不过，在黑暗人格特征和情绪稳定性两方面同时得分较高往往有助于领导者的出现。这项研究和国际上的其他研究都指出，提高自我认识以及自我管理的能力可能有助于领导者控制自身黑暗人格特质的影响范围。

情商（EI）与领导力

促进高效领导的另一个人格特质是情商（EI）。我们在第 4 章中探讨过，情商的一个重要构成部分是同理心。具备同理心的领导者善于察觉其他人的需求、聆听下属的言辞（或者没有说出口的话），并且能够敏感察觉他人的反应。能够展示出恰当的情绪并且管理好情绪的领导者更容易通过表达真实的同情和对高绩效的激情或者对未能完成绩效表现出恼怒，从而影响下属的情绪。情商和领导效能之间的关系是值得我们深入去研究的。研究人员已经证明，即使考虑过认知能力和人格等方面的因素，还是可以得出下列结论，即具备高情商的人更容易成为领导者。

行为理论

特质理论可以帮助我们预测领导力，但却无法解释领导力。高效领导者之所以高效，到底是因为他们做了哪些事情？不同类别的领导行为都是同样有效的吗？我们接下来要探讨的行为理论可以帮助我们确定领导力的具体体现。另一种审视角度是考察不同理论的实用性。特质研究可以作为确定领导者人选的理论基础。而**领导的行为理论**（**behavioral theories of leadership**）意味着我们可以将人们培养成领导者。

最全面的行为理论来自于美国俄亥俄州立大学的研究，该项研究旨在找到领导行为的独立衡量维度。该研究考察了上千种行为，然后逐渐缩减到两个维度，它们能够有效解释员工所能描述出的大多数领导行为。这两个维度被称为"创建结构"和"关怀"。

领导的行为理论
该理论认为，存在能够区分领导者和非领导者的特定行为。

创建结构

创建结构（**initiating structure**）指的是领导者在多大程度上会为了追求目标的达成而定义或架构自己和员工的角色，这类行为包括，试图对工作内容、工作关系和目标制定规划等。具有高度创建结构行为特点的领导者会"为群体成员分派特定的任务""期望员工维持特定的绩效标准"，并且"强调工作要赶上时间期限"等。根据一份领导力文献的综述，与创建结构具有强相关性的结果是群体和组织生产率得到提高和更高水平的绩效评估。

创建结构
领导者在多大程度上会为了追求达成目标而定义或架构自己和员工的角色。

关怀

关怀（consideration）指的是某人的工作关系具备相互信任、尊重员工想法和感情等特点。具有高度关怀行为特点的领导者会帮助员工解决私人问题、风格友善并且容易接近、像地位平等的同事一样对待员工，并且对员工表达出欣赏和支持（以人为本）。大多数人都愿意为懂得体恤员工的领导者工作。在一项近期的调查中，当研究者要求员工指出工作中最能激励他们的因素时，66% 的员工都提到了"赞赏"的因素。一篇文献综述发现，如果领导者的关怀行为较多，那么下属的工作满意度就会提高、激励水平更高并且更尊重他们的领导者。

文化差异

在行为理论的测试中，出现不一致结果的部分原因可能在于下属的偏好差异，尤其是文化背景方面的差异。我们在第 5 章中提到了研究文化价值观的 GLOBE 研究项目（研究了 62 个国家 825 个组织中的 18 000 名领导者），其中的一些观点认为，在世界范围内，人们对创建结构和关怀两个维度的偏好是有差异的。该研究发现，展现高度关怀行为的领导者在文化价值观不赞许一言堂的文化下最容易得到成功，例如巴西。一位巴西经理这样说道："我们不喜欢自作主张的领导者，他们往往不愿意让众人参与决策而选择了独自行动。而参与性正是我们的个性特点。"在巴西领导一个团队的美国经理可能需要提高关怀能力——例如团队精神、参与式决策和人性化。法国人对领导者的看法更加官僚化，因此法国人并不会迫切期待领导者展现人性化的行为和关怀下属。具有高度创建结构行为特点的领导者（相对来说更偏重任务导向）往往力图把工作做到尽善尽美，因此很可能采取相对独裁的方式做决策。展现高度关怀行为的经理（以人为本）可能会发现自己的风格在法国完全不适用。在其他文化下，这两类行为可能都很重要。例如，中国文化强调礼节、关怀和大公无私，但是中国文化也会同时具有高度绩效导向的特点。因此，在中国，关怀与创建结构两个维度可能都非常重要。

权变理论

一些意志坚强的领导者带领陷入困境的公司走出困境时，往往赢得很多人的崇拜。然而，预测领导是否能够成功这个问题不仅仅是找一些这样的英雄人物作例子就够了。此外，在极度恶劣情境下的成功策略并不能保证组织基业长青。研究人员参考了情境变量的影响，在条件 a 下，x 风格是恰当的，在条件 b 下，y 风格是恰当的，而在条件 c 下，z 风格才是恰当的。那么，条件 a、b、c 分别是什么？接下来我们将考虑用于分离独立的情境变量的三种方法，即费德勒模型。

费德勒模型

　　第一个较为全面的权变领导力模型是弗莱德·费德勒（Fred Fiedler）提出的。**费德勒权变模型**（Fiedler contingency model）提出，优秀的群体绩效取决于领导风格以及情境是否能允许该领导者掌握控制权。在该模型下，个体的领导风格被假设为固定不变。第一步，**最难共事者**（least preferred co-worker，LPC）量表可以判断某人的倾向是任务导向还是关系导向，方法是要求受试者回忆他们曾经共事的所有同事，并且描述他们最不喜欢与之共事的人。如果你对最不愿与之共事的人频繁使用褒义词（LPC 分数高）来描述的话，费德勒会将你归类为关系导向型。如果你认为应当使用贬义词来描述自己最不愿与之共事的人（LPC 分数低），那么你可能认为产量或任务更重要。

　　在得出分数之后，组织情境和领导者风格之间要进行匹配，这样才能预测领导效能。我们可以用三种权变维度（或者情境维度）来衡量领导情境。

　　（1）**领导 - 成员关系**（leader-member relations）指的是成员对领导者的信心、信赖和尊重程度。

　　（2）**任务结构性**（task structure）指的是工作任务在多大程度上被加以程序化的安排（即有结构和无结构）。

　　（3）**职位权力**（position power）指的是领导者对权力变量的影响程度，这些权力变量包括招聘、解聘、处罚、晋升和加薪等。

　　根据费德勒模型，工作的结构性越强，就包含越多的工作程序；职位权力越大，那么领导者的控制力就越高。图 12-1 归纳了有利的情境。有利的情境即领导者拥有较强控制力的情境，例如一位受人尊重的薪酬经理，人们对她非常信赖（"领导 - 成员"关系较好）；或者，需要完成的工作都是非常明确和清晰的，例如计算工资、开支票以及报告归档的工作（高度任务结构性）；又或者她对员工拥有相当大的奖惩决定权（职位权力较强）。不利的情形显示在图中的右半边，这种情况可能是，美国联合慈善总会的一个筹款团队不喜欢他们的主席（"领导 - 成员"关系较差、低度任务结构、低职位权力）。这位领导者在这种情况下只拥有很少的控制权。在 I、II、III、VII 和 VIII 几种情境下，任务导向的领导者工作效果更好。而关系型领导者可能在 IV、V 和 VI 几种情境下更如鱼得水。

费德勒权变模型
　　该理论认为优秀的群体绩效取决于领导风格以及情境是否能允许该领导者掌握控制权。

最难共事者量表
　　一种可以判断某人是任务导向还是关系导向的工具。

领导 - 成员关系
　　成员对领导者的信心、信赖和尊重程度。

任务结构性
　　工作任务在多大程度上被加以程序化的安排。

职位权力
　　领导者对权力变量的影响程度，这些权力变量包括招聘、解聘、处罚、晋升和加薪等。

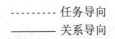

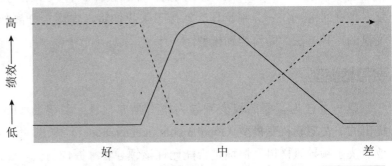

类别	II	I	III	IV	V	VI	VII	VIII
"领导-成员"关系	好	好	好	好	差	差	差	差
任务结构	高	高	低	低	高	高	低	低
职位权力	高	低	高	低	高	低	高	低

图 12-1　费德勒模型的发现

　　为了测试费德勒模型的总体效度而进行的研究最开始是支持该理论的，但对该模型的研究在近年来已经减少。因此，虽然该模型给我们提供了某些视角，但严格意义上讲将其用于实践还是有问题的。

情境领导力理论

情境领导力理论

这种权变理论关注领导关系中的下属。

　　情境领导力理论（situational leadership theory，SLT）关注领导关系中的下属。该理论认为成功的领导取决于是否能够根据下属的状态选择正确的领导风格，下属的状态指的是他们是否愿意并且有能力完成某个特定的任务。领导者应当根据下属的状态选择以下四种领导行为。

　　如果下属不能且不愿完成某项任务，领导者必须发出清晰和具体的指令。如果下属没有能力却愿意完成某项任务，领导者需要用高任务导向的行为去弥补下属所缺乏的能力，以及用高关系型的行为令下属对其言听计从。如果下属有能力完成任务却不愿意完成某项任务，那么领导者就必须采用高度支持和参与式的领导风格。如果下属既有能力又有意愿完成某项任务，那么领导者甚至可以什么都不做。

　　情境领导力理论在直觉上很容易被人所理解和接受。它认可下属的重要性，其根本逻辑是，领导者可以补偿下属有限的能力和激励水平的不足。然而，测试该理论的研究结果却一直令人失望。为什么？一些可能的解释是，该模型内部存在模糊之处和矛盾之处，研究方法论本身也存在各种问题。因此，虽然这个理论在直觉上很吸引人，也的确广受欢迎，但是它暂时还不能完全令我们信服。

路径 – 目标理论

路径 - 目标理论（**path-goal theory**）是罗伯特·豪斯（Robert House）提出的，这个理论采用了一些美国俄亥俄州立大学"创建结构和关怀"理论的精华，以及激励理论中的期望理论。路径 - 目标理论认为，领导者的职责是为下属提供信息、支持和其他必需的资源，从而帮助他们完成目标。（"路径 - 目标"这个术语意味着，高效的领导者需要为下属清晰地指出路径和工作目标，并尽力铲除障碍，令他们容易达到目标。）该理论做出了下列预测：

路径 - 目标理论
该理论认为，领导者的职责是为下属提供信息、支持和其他必需的资源从而帮助他们完成目标。

- 比起高度结构化和按部就班实施的任务而言，在任务模糊或者压力较大时，直接的领导风格更有效。
- 当员工从事结构化的任务时，支持性的领导行为可以提高员工绩效。
- 对于能力较强或者工作经验丰富的员工来说，直接的领导风格可能被员工视为是多余的。

当然，上文只不过罗列了一些简单化的结论。领导风格和情境之间的关系可以是非常个性化和多变的。一些任务既可以是高度压力性的，同时也可以是结构化的，员工可能在某些任务上工作能力强也富有经验，但对于另外一些任务却是生手。研究指出，关注目标的领导行为有可能造成缺乏责任心和情绪稳定性的员工感到精疲力竭。这个结论意味着，管理者设置目标的行为可以激励具备责任心的下属达成较高的绩效，但是对于责任心低的人来说却又造成了过度压力。

总而言之，路径 - 目标理论的理论基础和情境领导力理论在直觉上都令人信服，尤其是在达成任务目标方面。和情境领导力理论一样，将路径 - 目标理论用于实践必须谨慎，不过它依然不失为是理解领导力重要性的一个有用的理论框架。

领导 – 参与模型

我们要讨论的最后一个权变理论认为，领导者的决策方式与决策内容同等重要。**领导 - 参与模型**（**leader-participation model**）将领导行为与下属参与决策两个变量联系起来。与路径 - 目标理论相类似，该理论也认为领导者的行为必须进行调整，从而反映任务结构的特殊性（例如日常工作、特殊工作，或者介于两者之间的工作），但该理论并不能涵盖所有领导行为，并且其作用仅限于推荐哪种类型的决策适合下属参与。该理论阐述了各种不同的情境和领导行为被下属接受的可能性。

领导 - 参与模型
该理论提供一系列规则，用于确定在不同情况之下采用参与式决策的形式和多寡。

一位领导力研究专家提到："领导者们并不是在真空中存在。"领导力是领导者和下属之间存在的象征性关系。到现在为止，我们所提到的所有理论都假设领导者使用几乎同样的风格对待工作单位中的每一个人。请思考一下你在群体中的经历。领导者对待下属的方式是否经常因人而异呢？这其实是很常见的。

现代领导力理论

领导者对于组织和员工来说都是重要的。领导力是一门永远在发展的学科。我们已经探讨过现代领导力理论的基础知识，包括认识领导者出现的独特方式、发挥影响力的方式、以及指引员工和组织的方式。我们接下来将探索当前的一些主流概念，以及我们已讨论过的理论中某些相关联的内容。

领导－下属交换（LMX）理论

请回忆你所认识的一位领导者。这位领导者是否拥有偏爱的下属以及由这些人组成的圈子？如果你的答案是肯定的，那么你实际上已经认可了**领导－下属交换理论**（leader-member exchange theory，LMX）。LMX 理论认为，由于时间压力的关系，领导者会与一小部分下属建立特殊的关系。这些下属组成一个圈子，圈内人会得到领导者的信任以及额外的特殊关注，并且有可能会得到更多的特殊优待。其他人都属于圈外人。

领导-下属关系(LMX)
该理论支持领导者划分圈内人和圈外人的行为。圈内人有可能得到更高的绩效评估分数、离职率更低、并且工作满意度更高。

LMX 理论提出，在领导者和某位特定下属互动的早期，领导者就已经在内心私下把下属划归为圈内人或者圈外人。这种关系在一段时间以内会保持稳定。领导者会通过奖励或惩罚的方式来对待自己想要或者不想要形成紧密联系的下属，从而特意造成领导－下属关系的差异。在完整的领导－下属关系中，领导者和下属都是对这种关系有所投入的。

我们还不清楚领导者是如何对下属进行分类的，但有证据表明，圈内人在人口特征、态度、人格等方面与领导者具有相似之处，并且他们的能力要高于圈外人（见图 12-2）。领导者和下属如果性别相同，那么他们之间的关系要比互为异性更紧密（更高的 LMX 水平）。虽然人选是领导者定下的，但是对下属进行分类的决定却取决于下属自身的特征。

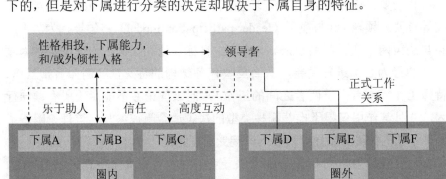

图 12-2　领导者与圈内人的相似性，以及他们与圈内人和圈外人的互动

对于 LMX 理论进行测试的研究一般都支持这个理论，有大量证据证明，领导者的确会对下属进行区别对待。这种区别对待绝不是随机因素造成的。圈内人会得到更高的绩效评估，他们在工作当中更愿意帮助他人或者采取组织公民行为，并且他们对上级的满意度往往更高。

一项在葡萄牙和美国进行的研究发现，当领导者被视为能够体现组织的价值和身份时，LMX 与"下属的组织承诺"两个要素之间的关系非常明显。其他研究认为，领导者对下属提供家庭支持时（例如帮助员工实现工作与生活的平衡），那么下属对 LMX 的投入更高，并且工作绩效更优秀。鉴于我们对"自我实现预言"（见第 6 章）的知识已经了解，这些研究发现对我们来说应当不足为奇。领导者会对自己认为最有可能实现优秀绩效的下属提供资源。由于领导者认为圈内人都是能力最强的下属，因此会按照强者的标准来要求他们，从而在不知不觉间实现了这个结果。

虽然圈内人的身份可以带来很多积极的结果，但也有研究指出，不论圈内人还是圈外人都会受到 LMX 的负面影响。例如，土耳其进行的一项研究显示，如果领导者在下属关系方面区分得过于明显（有的下属 LMX 关系很强，有的很弱），那么两种人都会表现为负面态度增强、消极怠工的行为增多。一项在中国和美国进行的研究指出，差异化的领导关系损害了团队信任和人们对程序公平的认知，尤其是当团队成员需要紧密合作时。另外一项研究指出，虽然圈内人实现了高绩效，但是团队整体会由于 LMX 环境而变得不协调，整体绩效水平反而会下降。紧密合作的团队虽然可以塑造支持性的环境，从而帮助圈外人保持信心和自我效能，但这种情况往往反过来又损害了员工和领导的关系。

魅力型领导

你认为领导者是天生的还是后天训练的？当然，一个人的确有可能一出生就拥有领导地位（例如福特家族和希尔顿家族的继承人），也可能由于过去的成就而得到领导地位（例如逐渐在组织阶层中攀升而成为 CEO），还可以是组织中公认的非正式领导者（例如一位 Twitter 员工了解公司的所有历史，因为他属于公司的"元老"级人物）。但是我们现在关注的并不是人们如何获得领导地位，而是如何成为伟大而杰出的领导者。两种当代领导理论——魅力型领导和变革型领导在这个主题上存在共同之处：它们都认为领导者是通过其言辞、理念和行为来鼓舞下属的个体。

● **什么是魅力型领导**

社会学家马克斯·韦伯（Max Weber）在一个世纪以前将魅力（该词汇起源于希腊语"天分"）定义为：个体人格的一种特质，这种特质令一个人与众不同，并被认为具有超自然的、超人性的，或者至少可以说是具有特别杰出的权力或者素质。普通人并不具有这些素质，因此，这样的人被看成是具有神性的人，或者成为人们的典范。他们正是由于这种特质才被视为领导者。

魅力型领导

该领导理论认为，当下属观察到领导者的某些特别行为时，他们会将其归结为英雄主义气质或者杰出的领导能力。

罗伯特·豪斯（Robert House）是第一位用组织行为学（OB）观点来思考魅力型领导的研究者。根据豪斯的**魅力型领导理论（charismatic leadership theory）**，当下属观察到领导者的某些特别行为时，他们会将其归结为英雄主义气质或者杰出的领导能力，并且把权力给予这些领导者。有一些研究发现魅力型领导者的特征是：他们都拥有愿景，愿意为了实现这个愿景而承担个人风险，敏感体察下属的需求，而且能够采取不平凡的行为（见表 12-1）。近期在希腊进行的研究认为，魅力型领导在下属间建立共同的群体身份认同，从而提高下属对组织的认同（承诺）。另一项研究指出，魅力型领导是下属工作满意度的预测指标。

● **魅力型领导是天生的还是后天培养的**

魅力型领导是否天生就拥有这些特征？人们是否可以通过学习而成为魅力型领导？两个问题的答案都是肯定的。

有的人天生拥有一些魅力特质令自己成为魅力型的人。事实上，对同卵双胞胎进行的研究发现，即使他们在不同的家庭中长大，并且从未见面，他们接受魅力型领导测试的得分还是很相似的。人格和魅力型领导也有关，魅力型领导很可能拥有外倾性人格，他们很自信，而且是成就导向型的人。请思考美国的奥巴马总统、克林顿总统、里根总统和英国首相撒切尔夫人。不论你是否喜欢他们，当他们执政时，人们总是在他们之间做比较，因为他们都拥有魅力型领导的特征。以下为 4 种魅力型领导者的关键特征。

表 12-1　魅力型领导者的关键特征

愿景及陈述	他们所提出的愿景应当表达为一个理想的目标，未来要远远好于现在。他们能够清晰地描述愿景的重要性，令其他人都能理解。
个人风险	他们愿意承担高度的个人风险，承担较高的成本，愿意为了实现愿景而做出自我牺牲。
敏感体察下属的需求	他们能够感知他人的能力，并且对他们的需求和情感给出回应。
不平凡的行为	他们的行为在其他人看来是标新立异、不循规蹈矩的。

资料来源：改编自 J.A. Conger and R. N. Kanungo, *Charismatic Leadership in Organizations*（Thousand Oaks, CA: Sage, 1998），p. 94.

研究指出，魅力型领导并不是专属于各国政客的特殊能力，我们每个人都能在自己有限的能力之内提高魅力型领导的特征。如果你积极认真地对待领导的角色，那么自然而然就会向追随你的人主动沟通达成愿景的方法和目标，这样做能够提升你在他人眼中的领导魅力。为了提高你的魅力指数，你可以用你的热情来感染其他人，激发他们的热情。提高语言的生动性、用眼神交流、面部表情和肢体语言来加强信息的重点。要调动下属的情绪，令他们发挥自己的潜能，营造你们之间的紧密联系从而激励他们。请记住，激情是可以传染的！

● 魅力型领导如何影响下属

魅力型领导是如何影响下属的呢？首先，是提出令人着迷的**愿景**（**vision**），它是一种将组织的现实与美好的未来联系起来从而帮助组织实现目标的长期战略。好的愿景应该是适合时代和情境的，并能反映组织的独特性。因此，下属并不仅仅是被领导者的激情所传染而已，他们实际上也受到了美好愿景的鼓舞。

愿景

实现目标的长期战略。

其次，愿景需要得到完整的陈述。**愿景陈述**（**vision statement**）是对组织愿景或使命的正式陈辞。魅力型领导者会向下属陈述愿景，令他们感知到总的目标和宗旨。魅力型领导者还会为下属设定合作和相互支持的文化基调。他们还会给下属设置较高的绩效目标，并且信任下属可以将其实现。通过这种方式，他们可以成功提高下属的自尊和自信。他们会通过语言和行动表达一套新的价值观，并且以身作则地成为下属模仿的榜样。最后，魅力型领导者会采用情绪感染的行为以及不遵循传统的行为，以此展示出对实现愿景的勇气和信念。

愿景陈述

对组织愿景或使命的正式陈辞。

研究指出，魅力型领导策略之所以能够起作用，是因为下属可以"捕捉"到领导者想要传达的情绪和价值观。一项研究发现，当员工为魅力型领导工作时，他们会感到强烈的工作归属感，这种感觉让他们更愿意提供协助并采取顺从的行为。

● 高效的魅力型领导取决于人还是情境

魅力型领导在各种不同情境下都可以发挥积极的作用。然而，下属的个人特征和情境的特征都有可能提高或者限制魅力型领导的作用。

提高魅力型领导效能的一个因素是存在压力。当人们感到危机来临时、身陷压力或者担心生命安全时，尤其容易接受魅力型领导的指挥。我们之所以在感受到危机时更愿意听从魅力型领导，是因为我们需要感受到领导者的勇气。其中有一部分原因是人们较为原始的反应。当人们达到心理兴奋状态时，即使在实验室环境下，也会更容易对魅力型领导做出反应。

一些人格特别容易受到魅力型领导的感染。例如，缺乏自尊和质疑自我价值的人往往特别容易接纳领导者所指引的方向，他们往往很难建立自己的领导风格或思考方式。对于这些人来说，情境本身远不如他们想要感受的领导魅力重要。

● 魅力型领导的缺点

遗憾的是，视梦想高于现实生活的魅力型领导并不一定总是为其所在的组织谋利。支持这种观点的研究证据显示，自恋者也会时常表现出与魅力型领导相类似的某些行为。很多道德败坏的人也拥有领导魅力，这种人往往将自己的个人目标凌驾在组织的目标之上。例如，安然（Enron）、泰科（Tyco）、世通（WorldCom）、南方保健（HeathSouth）等公司的领导者都曾经肆意利用公司资源为个人谋利，罔顾法律和道德，操纵股价上升，从而通过其个人拥有的股票期权兑现大量现金。一些魅力型领导（例如希特勒）甚至能够成功说服下属去追求一种灾难性的愿景。如果说魅力是一种权力，那么权力既可以是善行，也可以是恶行。

我们并没有说魅力型领导是效率低下的，总的来说，他还是十分有效的。但是魅力型领导并不一定是解决问题的关键。成功与否在很大程度上取决于情境、领导者的愿景、组织中的权力制衡和对结果的监督。

交易型领导与变革型领导

交易型领导者

通过清晰地陈述角色和任务要求进而指导下属朝向目标而努力的领导者。

变革型领导者

激励下属超越自身利益而追求组织利益的领导者。

魅力型领导理论关注领导者激励下属并提高下属对自己能力的自信。相反，费德勒模型、情境领导力理论和路径—目标理论所描述的领导者是**交易型领导者（transactional leaders）**，它的定义是，通过清晰地陈述角色和任务要求进而指导下属朝向目标努力的领导者。也有一系列研究关注与交易型领导相区别的**变革型领导者（transformational leaders）**，他们激励下属超越自身利益而追求组织利益。变革型领导有可能对下属产生很大的影响，下属的反应通常是组织承诺度的提高。维珍集团（Virgin Group）的理查德·布兰森（Richard Branson）是变革型领导的典范。他特别关心每一个下属的需求和忧虑，帮助他们用新的视角看问题，鼓舞他们为了总的目标付出额外努力。研究指出，当下属能够看到自己与客户和其他受益人的接触可以为对方带来积极的影响时，变革型领导的效果是最佳的。以下简单介绍了交易型领导和变革型领导的不同特征。

交易型领导者

权变式奖酬：采用契约的方式将奖酬和努力联系在一起，承诺对优秀的绩效给予奖励，认可下属的成绩。

积极的特例管理：观察并且寻找违背规则和标准的行为并纠正它们。

消极的特例管理：只干预不满足标准的现象。

放任式管理：不承担责任，更不作决策。

变革型领导者

理想感召（idealized influence）：提出愿景并营造使命感，令下属感到自豪，并且获得尊重和信任。

精神激励（inspirational motivation）：向下属传达自己对他们的高度期望，使用象征符让人们形成合力，用简单的方式表达重要的目标。

激发智慧（intellectual stimulation）：鼓励下属运用智力去理性和谨慎地解决问题。

个性化关怀（individualized consideration）：关心每一个下属，用个性化的方式对待下属，扮演教练的角色，对下属提供建议。

Source：Based on A. H. Eagly，M.C. Johannesen-Schmidt，and M. L. Van Engen，"transformational，Transactional，and Laissez-faire Leadership Styles：A Meta-Analysis Comparing Women and Men，" Psychological Bulletin 129，no. 4（2003），pp.569-591；and T. A. Judge and J. E. Bono，"Five Factor Model of Personality and Transformational Leadership，" Journal of Applied Psychology 85，no.5（2000），pp.751-765.

交易型领导和变革型领导是互补的概念，它们不是用于完成任务的两种截然不同的方法。最佳的领导者既是交易型的、也是变革型的。变革型领导建立在交易型领导的基础之上，它超越交易型领导之处是，鼓励下属付出努力并实现优秀的绩效。然而反过来并不成立，如果你不具备变革型领导的特征，仅仅是一个不错的交易型领导，那么你可能只是领导者中的平凡人。

● **全距领导力模型**

图 12-3 展示的是**全距领导力模型**。放任式领导的字面意思就是"随意放任（什么都不做）"，这是一种最消极被动的领导行为，因此也是最低效的领导行为。在特例管理中，领导者的主要任务是在正常运营中出现危机（特例）时去"救火"，这意味着他们只在出现问题时才着手解决，但这往往为时已晚。在权变式奖酬这种领导方式中，用事先决定的奖酬来认可员工的努力，它不失为一种有效的管理手段，但却无法令员工努力超越最基本的业绩的要求。

只有剩下的 4 种风格才属于变革型领导风格，这些领导者能够激励下属超越职责的最低期望，并且超越自我利益，去追求组织利益。个性化关怀、激发智慧、精神激励和理想感召这 4 种领导风格都会令员工更加努力、工作效率更高、士气和满意度均得到提高，还会令组织效能更高，降低离职率和缺勤率，并提高组织的适应性。根据这个模型，当领导者不断使用这 4 种变革型领导风格时，他们的领导效能通常是最高的。

● **变革型领导如何发挥作用**

变革型领导所在的组织往往把责任下放，管理者更愿意承担风险，薪酬计划往往对应长期目标，这些特点都利于企业实现内部创业。变革型领导也有其他发挥作用的途径。一项面对中国 IT 工程师的研究发现，

全距领导力模型
该模型用轴线的方式描述了 7 种管理风格：放任式管理、特例管理、权变式奖酬、个性化关怀、激发智慧、精神激励、理想感召。

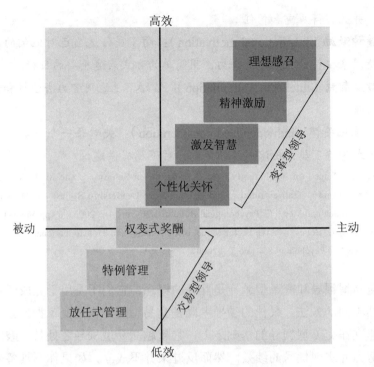

图 12-3 全距领导力模型

授权式领导可以提高员工对工作的积极掌控感，从而提高他们的工作创造力。另一项德国的研究发现，变革型领导对员工的创造力有提高作用，但也提示领导者需要警惕员工对领导的依赖关系，防止员工创造力因此而降低。

 变革型领导所在的组织中，高管层对组织目标的看法往往高度一致，这可以为组织带来优越的绩效。在这方面，以色列军方已经看到了积极的结果，变革型领导者通过促进群体成员间形成共识从而提高了绩效。

● **对变革型领导的评价**

 变革型领导的理念在不同岗位以及各种层级都得到了广泛的支持（校长、教师、海军司令官、国家部长、MBA 联合会会长、军官学员、工会商店的服务员、销售代表等）。总的来说，在拥有变革型领导的组织中，组织绩效往往较高。例如，一项针对研发型公司的研究发现，如果项目经理的变革型领导特征明显，那么这个团队的产品在一年后往往被评为优质产品，并且 5 年后团队利润更高。一篇对 117 项对变革型领导的测试研究进行回顾的文献综述发现，变革型领导可以提高下属的个体绩效、团队绩效以及组织绩效。

 变革型领导在不同的情境中效果是有差异的。一般来说，它对小型私有公司业绩的影响大于对庞大而复杂的公司业绩的影响。变革型领导的效果还取决于工作评估是在团队层面还是个人层面进行。关注个体绩效的变革型领导行为往往可以增进下属的个人发展能力，以及可以提高他们的自我效能。关注团队绩效的变革型领导行为则强调群体目标、成员共同认可的价值观和信仰、以及成员共同的努力。然而，变革型领导的效果并非在所有情况下都一样奏效。中国的研究指出，在团队情境下，成员对群体的认同感可能会强于变革型领导的影响。

- **变革型领导与交易型领导的对比**

我们已经看到，变革型领导会为组织带来所追求的积极结果。当我们对比变革型领导与交易型领导时，研究结论指出，变革型领导与低离职率、产量提高、员工压力和焦虑的降低等要素之间的关联远远大于交易型领导与它们之间的关联。但变革型领导这一理论却并非完美无缺。全距领导力模型在交易型领导和变革型领导之间做出了清晰的划分，但是对于高效的领导者来说，这种绝对清晰的划分可能并不存在。研究也显示了与该模型相反的结论，4 种变革型领导风格在提高领导效能方面的效果并非总是比交易型领导更优越。尤其是权变式奖酬的手段，领导者在实现目标以后分发奖酬，其效果往往与变革型领导一样好。虽然我们还需要更多研究才能得到更准确的结论，但是研究人员普遍支持的观点是，变革型领导如果应用得当则可以产生令人满意的效果。

- **变革型领导与魅力型领导的对比**

在学习变革型领导和魅力型领导的概念时，你可能已经意识到两者存在相似之处。不过两者也存在一些区别。魅力型领导更强调领导者与下属之间在沟通方面的行为特点（领导者是否展现激情和活力？），而变革型领导更关注的是沟通的内容（是不是令人向往的愿景？）。不过，这两个概念之间的相似之处还是多于差异。两个概念的核心都关注领导者如何鼓舞下属，某些特定的方式方法在两个概念中都有涉及。正因如此，一些研究人员认为这两个概念是可以互换的。

责任与领导

通过对各种理论的学习，虽然我们已经对高效领导力有了更深刻的认识，但是这些理论却并没有明确提及道德与信任的问题。有人认为，这两个问题对于领导力的研究而言是特别重要的。我们在这里将考虑一些明确阐述领导者提高组织道德性这方面的现代理论概念。这些概念和我们先前讨论过的理论并不是互斥的（变革型领导可能也是富有责任心的领导），不过我们还是可以主张，大多数领导者在各种分类方法上总是可以体现出特别突出的特征。

真诚领导

真诚领导的概念关注的是领导者的道德性。**真诚领导者（authentic leaders）**了解自己的角色是什么，清楚地知道自己的信仰和价值观，并且会坦率地根据自己的信仰和价值观采取行动。他们的下属认为他们是具有崇高道德的人。因此，真诚领导最主要的产物就是信任。真诚领导者愿意分享信息、鼓励公开沟通并且坚持为梦想而奋斗。因此，人们对他们非常信任。和这种行为相关的人格特质是谦逊，这是真诚领导的另一个特征。研究指出，体现谦逊特质的领导者往往愿意帮助下属理解领导者自己成长的过程。

真诚领导能够产生一种积极的赋能效应，并因此提高公司业绩，当高层管理者共同贯彻真诚领导风格时尤其如此。变革型领导（或者魅力型领导）虽然会提出愿景，并且非常具有说服力，但有时愿景本身就是错误的（例如希特勒），领导者也有可能更加关注满足个人的私欲或快乐，又如泰科公司（Tyco）的前任 CEO 丹尼斯·科兹洛斯基（Dennis Kozlowski）、安然公司（Enron）前任 CEO 杰夫·斯基林（Jeff Skilling）以及帆船集团（the Galleon Group）的创始人拉杰·拉贾拉特南（Raj Raharatnam）的例子等。真诚领导者不会采取这些行为，他们反而更有可能支持企业承担社会责任（CSR，见第 3 章）。

道德领导

领导行为不是没有价值导向的。在评估领导效能时，我们既需要评估领导者为了达到目的而采取的手段，也需要评估要实现的目标本身。领导者为下属提出道德期望，这种领导角色有时候是至关重要的。高层领导者的道德性不仅仅影响他们的直接下属，也会直接沿着指挥链条一直传导下去。这是因为高层领导者负责创造道德的文化氛围，并期待低层领导者按照道德的行为方针去执行。道德层次较高的领导者倾向于鼓励下属采取更多组织公民行为（OCB，见第 1 章），而他们的下属也愿意把出现的问题向上汇报。研究也发现，道德领导可以降低人际关系中的矛盾。

道德和领导力在很多方面都是互相重合的。那种经常和下属沟通真实、准确信息的领导者往往被人们认为是高效的领导者。由于领导者可以改变下属的观点，变革型领导中的道德性就成为重大的问题。魅力型领导也一样包含道德方面的选择。不道德的领导者可能会利用自己的魅力去控制下属，最终满足自己的个人目的。学者们将道德与魅力合并到一起，提出了一个新概念——**社会性魅力型领导（socialized charismatic leadership）**，这种领导风格具有一种利他的价值观（相对于以自我为中心而言），领导者以身作则去示范什么是道德的行为。社会性魅力型领导者有能力通过言传身教令员工的价值观与自身一致。

虽然组织所有成员都有义务遵循道德，但是很多旨在提高组织行为道德性的行动都针对领导者。因为高管层是为组织设置道德基调的人，所以他们必须提高自身的道德标准，以身作则地采取道德行为，并且鼓励和奖赏正直的人，同时还要避免权力的滥用。一项研究回顾发现，高层领导者以身作则的方法可以影响整个组织的管理层，促进他们采取道德的行为，并且塑造道德氛围，从而加强群体层面行为的道德性。这些研究指出，组织应当拿出一部分资金举办道德领导培训课程，尤其对于缺乏监管的行业来说更应如此。和价值观相关的道德领导培训课程特别应当成为承担跨国工作任务的领导者，或者管理跨文化团队的领导者的必修课程。

仆人式领导

学者们近期已经开始从一个新的角度来考虑道德领导的话题，它被称为**仆人式领导**（servant leadership）。仆人式领导往往超越自身的利益，寻找帮助下属成长的机会。他们在行为上的特点包括聆听、移情、说服、为别人服务以及积极开发下属的潜力。因为仆人式领导重视满足他人的需求，因此学者的研究重点在于他们为下属带来哪些额外的福利。一项研究考察了 126 名 CEO，发现仆人式领导与自恋的人格特征呈现负相关的关系，这个结论很符合我们的想象。

仆人式领导的优点在哪里呢？首先，一项针对 123 名主管的研究发现，仆人式领导风格能够提高下属对主管的忠诚度，也可以提高下属的自我效能，以及他们对公平的认知。这些因素都与组织公民行为有关。如果下属得到鼓励去采取尽职尽责的行为，那么仆人式领导和下属的组织公民行为之间的关系会得到增强。其次，仆人式领导可以提高团队的自我效能（即团队成员认为自身技能和能力较为优越的观点），这又可以令团队的绩效水平得到提高。最后，一项针对全国范围样本的调查发现，高度的组织公民行为与组织对成长和进步的关注程度有关，而组织对成长和进步的关注程度又与高度的创造力有关。另一项研究发现，仆人式领导和它所带来的服务型文化可以提高员工的绩效和创造力，同时也能降低离职打算。

在某些文化背景下，仆人式领导是主流的领导风格。当研究人员要求美国的被试者对领导者进行画像时，被试者倾向于把领导者画在群体的最前排，对下属发号施令。新加坡人则倾向于把领导者画在最后排，其行为更像是在征求群体的意见，并在后方提供支持。这个差异反映了东亚文化中领导者的典型形象更偏向仆人式领导，这也有可能意味着仆人式领导在这些文化中更高效。

仆人式领导

仆人式领导的特点是超越自身的利益，寻找帮助下属成长的机会。

积极领导力

在我们所探讨过的所有领导理论中，你可以看到优秀、拙劣和平庸的各种领导水准。我们现在开始思考的问题是，如何有意去营造积极的领导环境。

信任

信任

　　认为对方不会采取机会性行为的积极看法。

信任（trust）是一种心理状态，如果你对未来事情的发展抱有足够的信心，因此放心将自己的脆弱之处暴露给他人，那么这种心理状态就称为信任。即使你并不能完全掌控全局，但也愿意冒风险去相信对方会努力为你完成这件事情。下属信任领导，意味着他们认为自己的权利和利益不会因此而受到损害。你可能料到，变革型领导者的确可以得到下属的高度信任，这种信任会提高团队的信心，最终令团队绩效得到提高。信任是领导的主要属性，破坏信任会对群体绩效造成严重伤害。

- **信任的重要意义**

主管和员工之间的信任关系存在很多具体的积极意义。下面是一些最重要的研究结果：

- 令员工愿意承担风险并做出新的尝试

每当员工决定不再因循守旧地做事，而是对主管的规定采取一定的变通做法时，都会承担一定的风险。在这两种情况下，信任关系能够帮助员工跨出这一步。

- 信任能够促进信息的分享

如果管理者所表达的态度是自己愿意公正地听取员工的意见，而且愿意积极做出改变，那么员工就会更愿意发出自己的声音。

- 相互信任的群体拥有更高的工作效率

如果领导者在群体中设定了互相信任的基调，那么群体成员就会更愿意相互帮助，为对方多尽一份心，并且更加促进信任关系。

- 信任能够提高工作效率

信任自己上司的员工往往会得到更高的绩效评价，这意味着生产率的提高。

- **信任关系的发展**

是什么因素让我们相信一位领导者值得信任？有证据发现了 3 个要素：正直、仁爱和才干（见图 12-4）。

正直指的是诚实和真实。研究人员给了 570 名白领员工有关领导力的 28 条特征，迄今为止他们一直将诚实评为最重要的特征。正直也意味着言行一致。

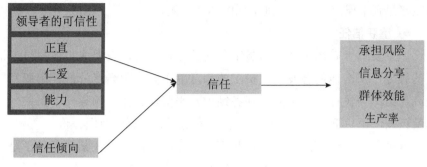

图 12-4 组织中的信任模型

仁爱意味着你信任的人把你的利益放在心里，即使你的利益未必与他自己的利益相一致。关爱和支持的行为可以成为领导者和下属之间的情感纽带。

才干包括个体在技能方面和人际交往方面的知识和能力。如果一个人的能力得不到你的欣赏，你就不可能依赖他，即使这个人做人很有原则并且充满善意。

- 信任倾向

信任倾向（trust propensity）指的是某一位特定的员工有多大可能信任领导。有一些人天生倾向于认为他人值得信任。信任倾向与人格特征中的随和性特质有紧密关系。自尊心较差的人往往不太容易相信他人。

- 信任与文化

信任在所有文化下的体现都是一样的吗？如果采用信任的基本定义，的确如此。然而，在工作环境中，雇佣关系当中的信任程度可能取决于各个文化下的不同认知。例如，中国台湾的一项近期研究指出，在家长式领导下，如果领导是仁爱和道德的，员工对领导的信任度往往较高。员工对家长式领导的积极反应可能仅仅存在于像中国台湾这样的集体主义文化当中，在这种文化下，儒家文化对等级制度和纲常关系起着主导作用。而在个人主义文化下（见第 4 章），我们也许会看到家长式领导风格会让某些不愿意被视为家庭等级式工作群体成员的员工叫苦不迭。而在个人主义文化下，员工建立信任的理由可能是领导的支持性和领导行为表现的一致性。

- 时间的作用

我们往往通过长时间观察一个人的行为而决定是否信任他。为了做到这一点，在某些情境下，如果信任的重要性较高，例如有机会投机取巧时，领导者需要展示自己的正直、仁爱和才干。一项对世界上 100 家公司开展的研究指出，领导者可以通过转换自己的沟通风格来建立信任，例如从"从上到下"的指令变为持续的组织内对话。而且，如果领导者时常与下属进行人际沟通，采用亲密、互动、包容的风格，并且遵循某个议程时，往

信任倾向
　某一位特定的员工有多大可能信任领导。

往能够得到下属信任，并得到下属的高度投入。

● **重获信任**

如果管理者破坏了他们与员工之间的心理契约，表现成不值得员工信任的领导，那么他们会发现，员工的满意度下降、承诺度降低、离职意愿提高、组织公民行为变少并且任务绩效水平降低。如果领导—下属关系原本就较差，辜负下属信任的领导者就更容易得到下属的负面评价。

这种关系被破坏后，信任还是可以恢复的，但仅仅在某些条件下是有可能的，还要取决于具体破坏信任关系的情况。如果原因是自己缺乏能力，最好的方法是对下属道歉，并且承认自己应该做得更好。如果问题在于自己不够正直，仅仅道歉是没有用的。不管信任关系是如何被破坏的，什么都不说或者拒绝承认愧疚永远都不是重获信任的有效策略。信任可以恢复，但它的前提条件是我们观察到违犯者现在保持采取值得信任的行为。然而，如果违犯者用欺骗作为手段，那么信任就永远不会回来了，即使他再道歉、许诺，或者长期采取值得信任的行为也无济于事。

导师计划

导师制

> 导师是对经验欠缺的学徒提供支持和帮助的资深员工。

领导者通常身负培育未来领导者的责任。**导师**（mentor）是对经验欠缺的学徒提供支持和帮助的资深员工。成功的导师善于为人师表。他们善于表达清晰的观点，也能够细心聆听并且发现学徒身上出现的问题。这种良师益友的关系可以对学徒的职业生涯和心理成长带来帮助。

是否所有的员工都参与导师计划呢？遗憾的是并非如此。不过，研究不断指出，雇主应当建立导师计划，因为这种制度既有利于导师，也有利于学徒。例如，韩国一项近期的研究发现，由于导师制的存在，导师们的变革型领导能力得到提高，导师和学徒的组织承诺和幸福感都有所提高。

你可能猜想导师关系可能会带来某些客观的结果，例如薪酬和工作绩效的提高。但是研究显示，这种导师关系的益处更主要是心理层面的。因此，虽然导师制有助于职业成功，但它对个人能力和人格却没有什么影响。拥有导师可能令人感觉良好，但是看上去拥有好的导师（或者任何一名导师）对学徒的职业发展却没有什么明显的帮助。导师制只不过能够提高你的自信心。

领导力概念面临的挑战

管理大师吉姆·柯林斯（Jim Collins）说道，"在 16 世纪，人们将所有无法理解的事情都归结为上帝的万能性。为什么庄稼会歉收？上帝使然。为什么人们会死去？上帝使然。现在，领导力成了新的万能答案"。这段经典的评论来自一家管理咨询公司。不过，组织的成功或者失败当然在很大程度上还是应该归结为领导力影响之外的一些因素，有时只不过是天时、地利、人和三者具备而已。我们将在本小节中介绍人们关于领导力价值的普遍观点以及它面临的挑战。

从归因视角看领导力

你可能还记得第 6 章中有关归因理论的内容，归因理论是关于人们如何推测因果关系的理论。**领导力的归因理论**（attribution theory of leadership）所阐述的是，领导力只不过是人们对他人的成功所做出的归因。我们往往会将领导者的某些成功归结于其才智能力、性格外倾、善于表达、好胜心强、理解他人以及勤奋努力等特质。在组织当中，我们往往倾向于将极端成功或极端失败的例子归结为领导者的个人原因，不过有些归因是正确的，但也有些是错误的。

> **领导力的归因理论**
> 这种领导力理论认为，领导力只不过是人们对他人的成功所做出的归因。

下属对领导的认知深深影响着领导效能。首先，一项面对 128 家美国大型公司的研究发现，即便人们感知 CEO 具有魅力并不一定导致公司客观绩效的提高，但是公司绩效的好坏却反过来能够令人们感知到 CEO 的魅力。其次，员工对领导者行为的感知可以在很大程度上预测出领导者是否会因为失败而遭到人们的责怪，这个结论与领导者本人的自我评估无关。最后，一项对超过 3 000 名西欧、美国和中东员工的研究发现，那些将领导行为赋予浪漫色彩的人往往相信自己的领导者是变革型领导者。

归因理论认为，对于领导者来说，更重要的事情是塑造领导者的形象，而并不在于实际的成就。希望成为领导者的人如果能够令他人感知自己是一个有头脑、有风度、善于言辞、积极上进、努力工作并且保持风格稳定的人，那么他的上司、同事和员工就更有可能会将其视为高效的领导者。

领导的替代品和中和剂

有一种领导力理论认为，领导者的行为在大多数情况下是无关紧要的。增加工作经验和举办培训活动是领导者工作（支持工作以及创建工作结构的能力）的**替代品**（substitute）之一。一些公司（包括视频游戏厂商 Valve Corporation、Gore-Tex 户外面料制造商戈尔公司、以及团队合作软件厂商 GitHub）都在尝试去掉领导者和管理层的一种新型组织形式。"无老板"的公司治理环境是依靠同事之间的相互依赖而形成的，同事之间相互确定团队的构成，甚至有时也能决定薪酬。组织的某些特征也能够替代正式的领导，例如清楚和规范的目标、严格的规范和程序以及具有凝聚力的工作群体等。另外，如果下属保持对组织奖酬较为淡漠的状态，那么领导的效果可能会被抵消。**中和剂**（neutralizer）令领导者的行为无法对下属的工作成果产生任何影响（见表 12-2）。

> **替代品**
> 增加工作经验和举办培训活动是领导者工作（支持工作以及创建工作结构的能力）的替代品。
>
> **中和剂**
> 中和剂（neutralizer）令领导者的行为无法对下属的工作成果产生任何影响。

表 12-2　领导的替代品和中和剂

关键特征	关系导向型领导	任务导向型领导
个体		
经验／培训	无效果	替代品
专业度	替代品	替代品
对奖酬的淡漠	中和剂	中和剂
工作		
高度结构化的任务	无效果	替代品
自身能够提供反馈	无效果	替代品
本质上令人满意	替代品	无效果
组织		
清楚而规范的目标	无效果	替代品
严格的规则和程序	无效果	替代品
工作群体的凝聚力	替代品	替代品

Source：Based on S.Kerr and J.M. Jermier，"Substitutes for Leadership：Their Meaning and Measurement，" *Organizational Behavior and Human Performance*（December 1978），p. 378.

有时候替代品和中和剂之间的区别可能并不是很清楚。如果任务本身就很有意思，那么理论告诉我们，领导的意义可能不会太大，因为任务本身就代表了一定的激励因素。但这意味着任务本身的有趣性中和了领导效果还是替代了领导效果？还是两种效应都存在？另外一个问题在于，虽然领导的替代品（例如员工特点、任务的属性等）对绩效来说是很重要的，但这也不意味着领导就不重要了。如果认为员工仅仅是由于得到领导的指引就决定致力于实现目标，那就把事情想得太简单了。我们已经介绍了几个变量，包括态度、人格、能力以及群体规范，这些变量都可以影响员工绩效和满意度。领导只不过是组织行为学学科总体模型的一个独立变量而已。

网上领导

如果你只能通过电子邮件方式与下属沟通，又怎么能领导他们呢？这个问题需要组织行为学的特殊研究。现今的领导者和员工越来越依赖网络工作，而不仅仅是在同一地点工作。

基于身份认同的信任

这种信任是建立在双方互相理解对方的意图、并且欣赏对方的需求和渴望的基础上的。

我们提出，需要通过网络领导的领导者要仔细考虑，自己要通过数据信息开展什么行动。这类领导者会面临特殊的挑战，其中最大的挑战体现在发展和维持信任关系上。**基于身份认同的信任（identification-based trust）** 是建立在双方互相理解对方的意图并且欣赏对方的需求和渴望的基础上的，这种信任关系如果缺乏面对面沟通是很难达到的。由于双方信任度往往较低，网上沟通往往受到阻碍。

我们认为，所谓高超领导技巧的概念即将纳入这种通过电子沟通方式实现支持、信任和鼓舞的能力，以及通过双方沟通的信息精确读懂对方情绪的能力。在电子沟通中，写作技巧有可能成为人际沟通技巧的重要延展，并达到以往从未涉及的研究深度。

本章小结

对领导的理解是理解群体行为的核心，因为正是领导者为我们走向目标指引着方向。因此，了解什么才是优秀的领导对于提高群体绩效来说是非常有价值的。大五人格模型展示了人格和领导力之间强有力而又稳定的关系。行为研究模式的最主要贡献是，将领导划分为任务导向（创建结构）以及人本导向（关心员工）两种风格。通过对领导情境进行思考，权变理论对行为研究模式又做出了改进。现代领导理论也对我们理解高效领导做出了重大贡献。对道德领导与积极领导的研究也让我们看到了激动人心的研究结果。

对管理者的启示

- 为了优化领导效能，你需要确保自己对创建结构和关怀两种领导行为的偏好与工作环境和组织文化相匹配。

- 你聘任的候选人应当具备变革型领导的特质，并曾经成功激励他人追求长远的目标。可以采用人格测试的手段去发现具备外倾性、责任心和经验开放性特质的候选人。

- 你需要与下属建立信任关系，因为随着组织稳定性和可预测性的逐渐升高，牢固的信任关系正在替代官僚的制度和规定，重新定义了人际期望和人际关系。

- 可以考虑对领导力培训活动做出更多投入，例如正式的课程、工作坊和导师制度。

第 13 章
权力与政治

通过本章的学习，你应该能够：

1. 区分领导力和权力；

2. 解释三种正式的权力基础，以及两种个人权力基础；

3. 解释权力关系中依赖关系的作用；

4. 列举各种权力策略或者影响策略，以及说明适合它们的情境变量；

5. 说明滥用权力的原因和结果；

6. 描述政治在组织中的作用方式；

7. 说明政治行为在组织中存在的原因、它的结果和道德性。

不论在学界还是实践中，权力和政治一直被认为充斥负面的意义。我们大多数人在谈到权力和政治时往往还不如谈到性和金钱更随意一些。拥有权力的人往往否认权力的存在，希望获得权力的人往往试图掩盖自己对权力的追逐，善于获得权力的人也不愿多谈自己是如何做到这一点的。

权力与领导力

权力

权力指的是某人 A 能够影响某人 B 的行为并令 B 按照 A 的意愿行事的一种能力。

依赖性

当 A 拥有 B 所需要的东西，那么 B 对 A 就产生了依赖关系。

我们通常抽象地去谈权力，谈到的是它所蕴含的尊重、自豪和顺从等方面内涵。在组织行为学（OB）中，**权力（power）**指的是某人 A 能够影响某人 B 的行为并令 B 按照 A 的意愿行事的一种能力。有的人拥有权力但可能并未使用它，权力是一种能力或者潜力。权力最重要的一点可能在于，它是**依赖性（dependence）**的函数。B 对 A 的依赖性越高，A 在双方关系之间拥有的权力也就越大。而依赖性又取决于 B 感知到自己有多少种选择，以及 B 认为 A 控制的可选方案是否重要。只有一个人控制了你所希望得到的东西，他才对你拥有权力。如果你想要得到大学毕业文凭，而只有通过某个特定课程的考核才能得到文凭，并且你当前的导师是这所大学唯一讲授这门课程的教师，那么他相对于你来说就拥有权力。你只能面对有限的选择，得到一定的分数并通过这门课对你来说是非常重要的。同样的，如果你的大学生涯完全由父母提供资金支持，那么你就会意识到他们对你拥有的权力。但是一旦你走出校门，找到一份工作，并且收入不菲，那么你父母所拥有的权力就会显著减少。

如果将我们对权力的定义和第 12 章中对领导力的定义进行仔细对比的话，我们会发现这两个概念是相互交织的。领导者可以把权力作为实现群体目标的手段。这两个概念的差异是什么？另一个差异体现在权力的必要条件并不是领导者和下属之间在追求目标上的一致性，而是仅仅需要存在依赖性。然而，要实现领导效果却需要双方追求一致的目标。第二个差异在于影响的方向不同。领导力研究关注的是领导者对下属的下行影响。它不重视横向影响和上行影响。而权力研究却会把各种因素都纳入考虑。第三个差异是，领导力研究大多强调领导风格，旨在寻求以下问题的答案：领导者应该在多大程度上支持下属？应该与下属分享多少决策权？相反，权力研究往往关注如何获得让对方顺从的技巧。第四个差异是，领导力研究关注领导者个体的影响力，而权力研究则认可群体和个体都拥有控制其他群体或个体的力量。

你可能已经注意到，权力的存在条件是，个体或者群体掌控着某些被其他个体或群体所需要的资源。如果领导者的领导地位根深蒂固，上述局面特别容易实现。然而，需要我们铭记的是，权力关系可能存在于生活中的方方面面。接下来我们开始探索权力的各种来源。

权力的基础

权力来自哪里？是什么令个体或群体能够对他人施加影响？我们要回答这个问题，就要把权力的基础或源泉划分为两个大类——正式权力和个人权力，然后再将两个大类分别划分为更具体的小类。

正式权力

正式权力的存在基于个体在组织中所拥有的职位。它可能来源于实施胁迫或奖酬的能力，或者来自于正式的权威。

● **强制性权力**

强制性权力（coercive power）来自于人们对不遵从指令而遭受负面后果的担忧。从体罚的意义来讲，它指的是真正实施，或者威胁说会对他人施加痛楚、限制行动或者控制对方生理上或安全上的需要，从而实现自身的权力。

在组织的层面上，如果 A 能够对 B 实行解雇、停职或降职，并且假设 B 重视这份工作，那么 A 就对 B 拥有强制性权力。如果 A 能够派 B 去做 B

强制性权力

这种权力基础来自于人们对不遵从指令而遭受负面后果的担忧。

厌恶的工作，或者处处让 B 感到尴尬，那么 A 也对 B 拥有强制性权力。强制性权力也有可能来自于对关键信息的屏蔽。在一个组织中如果某人拥有他人所需要的信息或知识，那么他就能够令别人依赖自己。

- **奖赏性权力**

强制性权力的对立面是**奖赏性权力**（reward power），人们会顺从奖赏性权力，是因为它能给自己带来利益。如果一个人能够派发他人认为有价值的奖赏，那么就对他们拥有权力。这些奖赏可以是经济上的奖赏，例如掌握薪水、加薪和奖金的权力，也可以是非经济上的奖赏，例如给予认同、提职、分派感兴趣的任务、友善的同事关系、符合个人期望的工作调动或者分派销售地域等。

- **法定性权力**

在正式群体和组织当中，可能通过法定性权力（legitimate power）的途径来获取更多权力基础是最常见的手段。法定性权力指的是能够基于自己在组织架构中的位置来控制和使用组织资源的正式管辖权。

法定性权力比强制性权力和奖赏性权力的应用范围更加广泛。具体来说，它的前提是组织成员接受了某个职位的权威性。我们将权力与等级制度紧密联系起来，组织结构图中长长的线条会让员工断定领导者是特别具有权威的。当校长、银行行长或者军官讲话时，教师、银行出纳员、中尉等人通常会听从他们的指挥。

个人权力

英特尔公司很多工作能力很强的芯片设计师都拥有权力，但他们并非管理者，也没有正式权力。他们所拥有的权力是个人权力（personal power），个人权力来自个体的独有特征。个人权力共有两种权力基础：专业的才能以及他人的尊敬和羡慕。个人权力和正式权力并不是互斥的，但个人权力却是可以独立存在的。

- **专家性权力**

专家性权力（expert power）指的是由于某人具有专业度、特定的技能或者知识而对别人产生的影响力。随着职业分工越来越专业化，我们对专家的依赖性一直在增加，只有这样才能达成目标。人们普遍公认外科医生因为其专业度高而对普通人拥有权力，我们大多数人都会遵循医嘱。计算机专家、税务会计师、经济学家、工业心理学家，还有其他各种各样的专家都因为其专业度高而拥有权力。

- **参照性权力**

参照性权力（referent power）来自于我们对一个具备我们所渴望的资源或特质的人所具有的认同感。如果我喜欢你、尊敬你并且羡慕你，那么你就对我拥有权力，因为我希望取悦你。

参照性权力来自于人们对某人的羡慕和希望成为此人的渴望。它能够解释为何名人代言商业产品能得到上百万美元的报酬。市场研究显示，例如篮球运动员勒布朗·詹姆斯（LeBron James）和橄榄球运动员汤姆·布拉迪（Tom Brady）这样的人有权力影响你选择运动鞋或者信用卡等产品的决策。如果稍加练习，你和我这样的普通人也可以像这些名人一样流利地演绎一句广告语，但是有购买力的公众对你和我这样的普通人并不认同。一些人虽然并未处在正式的领导地位上，但还是拥有参照权，并且可以对其他人施加影响，这正是因为他们拥有魅力和活力，受到我们的喜爱，并且左右着我们的情绪。

哪种权力基础是最有效的？

在强制性、奖赏性、法定性三种正式权力基础与专家性、参照性两种个人权力基础之中，哪一种权力基础对我们来说是最重要的呢？研究结果明确地显示，个人权力的效果是最好的。专家性权力和参照性权力与员工对上司的满意度、组织承诺水平和员工绩效水平呈现正相关性，而奖赏性权力和法定性权力则与这些结果无关。另一种正式权力——强制性权力反而有副作用，即它与员工满意度和承诺水平呈现负相关性。

参照性权力是一种高效的激励因素。请思考史蒂夫·斯托特（Steve Stoute）的公司，这家名为"翻译（Translation）"的广告公司所经营的业务是为品牌公司找到合适的明星代言人。斯托特为麦当劳找到了歌手和演员贾斯汀·廷伯莱克（Justin Timberlake）作为代言人，为休闲服饰品牌汤米·希尔菲杰（Tommy Hilfiger）找到了女歌手碧昂丝·诺斯（Beyoncé）作为代言人，还为运动品牌锐步（Reebok）找到了嘻哈歌手 Jay-Z 作为代言人。斯托特的业务几乎都可以归结为塑造参照权。他所服务的知名公司都获得了巨大的成功，这证明了斯托特生意观的正确性，消费群体购买与时尚人物相关产品的原因是他们对这些人具有认同感，并希望模仿他们。斯托特利用这些表演艺术家的声望触及到了年轻一代的文化。

依赖：权力的关键

权力的最关键决定要素是依赖性。在本小节中，我们将展示如何通过对依赖性进行深入分析从而帮助我们理解权力的大小。

一般依赖假设

我们首先介绍一条一般性的依赖假设：B 对 A 的依赖性越高，A 对 B

的权力就越大。当你拥有他人所需要的事物，而你是它的唯一控制者时，你就可以让他人依赖你，因此获得对于他们的权力。古语有云："在盲人的世界里，独眼人就成了国王！"如果资源是充裕的，那么拥有它不会给你增加权力。因此，你越善于扩大选择范围，就越能避免被迫将权力拱手让人。这个道理解释了为何大多数组织都尽力开发多个供应商，而不是把业务交给唯一的供应商。它也解释了为何如此多的人希望实现财务独立。财务独立可以减少其他人对我们拥有的权力，从而避免我们得到机会和资源的可能性受到限制。

是什么造成了依赖？

当你所控制的资源具有较高的重要性、稀缺性和不可替代性，那么依赖性就增强了。

- **重要性**

如果没有人想要你所拥有的东西，那么依赖就不会产生。然而，请注意依赖程度是有高有低的，既包括对生存资源的需求，也包括追求时髦或者寻求方便。

- **稀缺性**

我们从雇佣情境中存在权力的角度来观察稀缺性与依赖性之间的关系。当劳动力供不应求时，工人可以通过谈判得到更多的报酬和更好的福利，这种情况要远远好于求职者泛滥的职业。例如，当今的大学管理者寻找英语教师并不难，因为人才供大于求。而网络系统分析师却是一个紧俏的岗位，人才供不应求。结果是，计算机工程方面的老师拥有较高的谈判权，让自己享受高薪酬、清闲的教学任务和其他福利。

- **不可替代性**

一种资源的替代品越少，控制这种资源的人就拥有越多权力。例如，一些大学重视教师发表文章的成果，教授发表文章的数量越多，他所得到的认可就越高，他拥有的控制力就越强，因为其他大学也想要聘用发表文章数量多、影响力强的教师。

社会网络研究：一种评估资源的工具

一个评估资源互换和组织内部依赖性的工具名为社会网络研究。这种方法考察组织成员之间的沟通模式，从而识别信息在成员之间的流动性。在一个社会网络中，或者说，在拥有相同职业兴趣的人们当中，每个个体或者群体都可以被称为"节点"，节点之间的连接线被称作"链接"。当节点之间发生频繁沟通或者交换资源时，我们称它们之间的链接较强。没有直接沟通关系的节点之间是通过中介节点实现资源流动的。换句话说，一些节点扮演着中介的角色，连接起原本毫无联系的多个节点。如果用图表的方式描述社会网络中的个体之间所发生的联系，这种图被称作社会关系图，它起作用的方式就像一个非正式的组织结构图。它和正式的组织结构图之间的差异是，正式组织结构图所显示的关系是权力应该如何流动，而社会网络图所显示的关系是资源如何在组织中流动。社会网络图的例子如图 13-1。

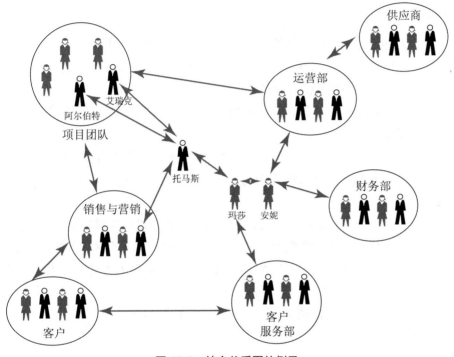

图 13-1　社会关系图的例子

网络可以生成重大的权力互动。处在中介位置的人往往拥有更多权力，因为他们可以利用从不同群体那里获得的独特资源为自己谋利。换句话说，很多人都依赖中介，这就让中介拥有了更多的权力。例如，诸如提高企业社会责任（CSR）意识等等组织文化方面的转变通常始于一个小型群体，其成员是相互连接的，这个群体不断成长，慢慢通过中介连接起其他群体。从英国国家健康服务局收集的数据显示，人们相信变革发起人（将为组织带来重大变革的人）如果占据信息中介的地位，往往能够取得更大的成功。然而，发挥这些作用并不是没有成本的。一项研究发现，承担建议型网络中心的人往往更频繁辞职，这可能是因为他们承担了过多的工作而没有得到相应的奖酬。

在组织中实施社会网络研究有很多方法。一些组织保存着电子邮件沟通的流向，或者记录着文件在部门之间的分享顺序。这些大数据工具可以帮助我们收集有关个体信息交换情况的客观信息。还有一些组织可以从人力资源信息系统里面找到信息，分析主管和下属之间的互动方式。这些数据来源可以被用于描绘社会网络图，显示资源和权力的流向。这样，领导者可以识别出，谁是对很多群体产生强影响力的中介，并且采取更有效的方式和他们交互。

权术

人们通常是利用怎样的**权术**（power tactics）将权力基础转化为特定行动的呢？影响上司、同事或者员工有几种可选的方法？人们经过研究，已经发现了 9 种施加影响的不同技巧。

（1）法定责任。依赖自己的权威地位或者声称自己的要求与组织的政策或规章相一致。

（2）理性说服。利用逻辑分析和事实证据来支持某个合理的要求。

（3）精神鼓舞。从被影响者的价值观、需求、希望和志向的角度激发其情感。

（4）协商。令被影响者参与计划的决策过程，以此获得其支持。

（5）交换。为被影响者提供一些利益作为酬劳，从而令其同意某个请求。

（6）个人魅力。出于被影响者与自己的友情或个人忠诚来要求其遵从某个请求。

（7）逢迎。在提出请求前先采用奉承、称赞或者其他友善的行为当做铺垫。

（8）施压。采用警告、反复要求和威胁等手段。

（9）联盟。获得更多其他人的帮助并以此来劝服被影响者同意自己的主张。

采用权术

这些权术的有效性并不是完全相同的。理性说服、精神鼓舞以及协商往往是最有效的方法，当被影响者对决策结果非常感兴趣时更是如此。施压往往会产生反面效果，它通常是 9 种权术当中效果最差的一种。你也可以同时或者按次序使用多种权术来提高效果，只要不产生冲突即可。同时使用逢迎和法定责任两种权术可以减少人们对你的负面反应，但只有当被影响者不太关心决策结果或者你所提及的法定政策属于常规型政策时才能这样使用。

假设我们要找到获得加薪的最有效策略。你可以一开始使用理性说服的方法。首先了解你的薪水和同级别的同事有怎样的差别，然后找到一份新的备选工作岗位，还要搜集数据来证明你的绩效非常优秀，或者用 Salary.com 等网站提供的薪酬计算器比较你和同岗位其他人的工资差异等，然后把这些信息都告诉你的上司。这样做的结果有可能令你惊叹。凯蒂·邓宁是唐·贾格达咨询公司的副总裁，她给上司发了一封邮件，其中有理有据地证明自己增加了公司的营业额，从而得到了 16% 的加薪。

理性说服的方法也许可以帮你实现加薪的目的，而其他权术的效果却取决于影响的方向和施加影响的受众。如表 13-1 所示，理性说服是唯一一种可以跨组织层级而应用的权术。精神鼓舞在从上对下的关系中效果最佳。施压的策略只有在从上对下的关系中才有效。个人魅力和联盟的策略在平行影响关系中最有效。其他决定着影响效果的因素还包括各种策略的使用次序、使用技巧以及组织文化等。

表 13-1 不同影响方向的优选权术

上 行 影 响	下 行 影 响	平 行 影 响
理性说服	理性说服	理性说服
	精神鼓舞	协商
	施压	逢迎
	协商	交换
	逢迎	法定责任
	交换	个人魅力
	法定责任	联盟

一般来说，一开始采用依靠个人权力的"软性"策略往往更有效，例如对个体具有针对性的精神鼓舞、理性说服和协商等。如果这些策略都失灵，你可以逐渐过渡到"硬性"的策略，例如交换、联盟以及施压等，这些"硬性"策略更侧重于正式权力，并且往往意味着更高的成本和风险。有趣的是，一个孤立的软性策略会比一个孤立的硬性策略有效得多，而将两种软性策略合并使用，或者将软性策略和理性说服合并使用的话，其效果好于任何孤立的策略，或者硬策略的各种组合方式。

权术是否能够取得理想的效果还取决于受众。特别乐于顺从于软性权力策略的人往往倾向于反思、更受内心因素激励、拥有更强的自尊心并且更具有控制欲。有可能顺从于硬性策略的人往往是行动导向的人，他们更倾向于被外界因素所激励，而且认为与他人相处的重要性远远高于坚持自我立场的重要性。

不同文化的权术偏好

在不同文化下，人们喜欢使用不同的权术。个人主义国家倾向于从个人的角度看待权力，认为权力是实现个人目标的合法手段，而集体主义国家倾向于从社会的角度看待权力，认为权力是帮助他人的合法手段。美国管理者更喜欢使用理性诉求的权术，而中国管理者更钟情于联盟的权术。美国人之所以采取理性的权术，是与美国人偏好直接面对冲突和通过理性说服的手段影响他人并解决问题的习惯相一致，而联盟的权术与中国人喜欢通过间接的手段面对难题和解决争论性诉求的习惯相一致。

权术的应用

政治技巧

政治技巧指的是为了达到自己的目的而影响他人的能力。

不同的人在**政治技巧**（**political skill**）上的选择也有差异。政治技巧指的是为了达到自己的目的而影响他人的能力。拥有高超政治技巧的人通常善于使用所有的影响策略。当自己的切身利益牵涉在其中时（例如某人必须对组织的重要结果负责），采用政治技巧解决问题就更有效。最后一点是，拥有高超政治技巧的人能够在未受他人觉察的情况下发挥自己的影响力，这一点至关重要（因为被认定采取了政治技巧往往会产生负面效应）。如果环境中的程序公平和分配公平并不完善，那么这些情境就很适合采用政治技巧。但如果组织的规则被公平实施、没有偏爱和偏向的现象，实际上政治技巧与工作绩效评估的关系是负相关的。

最后一点，我们知道组织的文化是千差万别的。一些组织文化是温馨、放松和互相支持的，而另一些组织的文化却是正式和保守的。一些文化鼓励参与和询问他人意见，另一些文化则鼓励理性处事，还有一些文化较为依赖施压的手段。能够适应组织文化的人往往拥有更多的影响力。典型的例子是，外向者往往在团队型组织中更具有影响力，具有高度责任心的人在重视独立执行技术性任务的组织中更有影响力。之所以适合组织文化的人拥有更多影响力，其原因是他们能够特别突出地完成那些被组织认为属于成功关键要素的工作。因此组织自身的性质会影响人们对于如何恰当应用权术的看法。

权力是如何影响人们的

到现在为止，我们已经讨论过什么是权力和如何获取权力的问题。但我们还没有涉及这样一个重要的问题：权力是否会腐败？

充分的证据显示，权力的确存在腐败的可能。权力容易令人将自己的个人利益置于他人利益之上。为什么会发生这种情况呢？有意思的是，研究指出，权力之所以驱使人们关注自身的利益不仅仅是因为当权者有能力这么做，更是因为权力令人们更关注自己内心的需求，将自己的目标和利益放大。权力还有可能令人们"物化"他人（把别人视为实现目标的工具），并忽略人际关系的重要性。

这并不是问题的全部。具备权力的人对威胁到自己权力的人往往有负面反应。得到权力的人往往会尽一切可能保住权力，在遇到权力威胁时，他们特别想要采取行动去保留权力，哪怕这些行动会伤及无辜。得到权力的人在面临道德风险时更偏向自私自利的决策（例如对冲基金经理所管理和投资的是别人的资产，因此他们有实施高风险决策的动机，这是因为他们会从资产增值中获得奖酬，而在资产损失时却不会遭到太多损失）。当权者更倾向于诋毁别人。权力也容易导致人们在制定决策时过分自信。

权力的变量

我们已经探讨过，权力的确会对我们产生某些重要的不良影响。不过，我们不能以偏概全，权力是复杂的。权力对每个人的影响并不一样，它也有积极的方面。我们接下来一一论述。

首先，权力对人们的腐化程度取决于掌权者的人格。研究指出，如果你的人格是容易焦虑的类型，那么权力对你的副作用并不大，因为你不太有胆量利用权力为自身谋利。其次，权力的腐败可以被组织制度所制衡。例如，一项研究发现，虽然权力容易让人们关注一己私欲，但如果行为的后果由本人承担，那么自利行为就会终止。再次，我们也有方法去弱化权力的负面影响。一项研究显示，如果我们对有权力的人表达感谢，那么这种行为会减少他们对我们的攻击性行为。最后，有些人即使拥有一点点权力也要滥用，往往最容易滥用权力的人正是从最初一无所有的状态慢慢走向权力顶峰的人。为什么会如此呢？似乎地位卑微对这些人来说是令人恐惧的，这种恐惧会对他们在得到权力之后的行为产生负面的影响。

你已经看到，一些因素能够缓解权力的负面效应。权力也存在普遍的积极作用。权力可以对人们提供激励，从而实现目标。它也可以提高人们帮助他人的意愿。例如，一项研究发现，乐于助人的价值观只有在人们感到具备一些权力的时候才会真正变成工作行为。

这项研究包含权力认识的一个重要的见解：并不是权力腐化了人心，而是权力揭示了人们心中原本就存在的欲望。沿着这个思路继续下去，另一项研究发现，权力只能诱惑道德认同感（道德对个人身份的重要性）较弱的人从事自私自利的行为。对于道德认同感较强的人来说，权力反而会提高他们的道德意识和行动意愿。

性骚扰：职场中的权力的不公

性骚扰（sexual harrassment）的定义是影响个体雇佣关系或者产生敌对工作环境的任何带有性色彩的不受欢迎的行为。根据美国同等受雇机会委员会（EEOC）的说法，性骚扰指的是人们在工作岗位中遇到"不受欢迎的

性骚扰

影响个体雇佣关系或者产生敌对工作环境的任何带有性色彩的不受欢迎的行为。

性举动、要求对方同意性行为以及其他带有性色彩的语言或身体行为"，它可以破坏工作绩效，或者营造一种"恐吓、冷漠或者侵犯性"的工作环境。虽然每个国家对于性骚扰的定义是不同的，但大多数国家都至少颁布了保护员工的相关政策，只不过，这些政策或者法律是否真的得到执行又是另外一回事了。针对同等受雇机会的立法在巴基斯坦、孟加拉和阿曼等国都已实行，但是有研究证明这些法律并没有得到贯彻。

一般来说，性骚扰在男权社会更普遍。例如，巴基斯坦的一项研究发现，93% 的女性工作者都曾遭受过性骚扰。在新加坡，高达 54% 的员工（不论性别）都称自己遇到过性骚扰。在美国和一些其他国家，虽然该比例明显降低，但依然令人担忧。调查显示，大概四分之一的美国女性和 10% 的男性曾遭遇性骚扰。美国同等受雇机会委员会的数据显示，性骚扰的频率是在降低的，现在，性骚扰案件在所有歧视案件中的占比是 10%，而在 90 年代中期占比是 20%。不过，在这个比例中，来自男性主诉的案件从 1997 年对总案件数占比 11% 上升到当今的 17.5%。在某些特殊岗位上，女性遭受性骚扰的比例异常之高。例如，研究发现，在餐饮行业，80% 的女性服务员都遭遇过来自同事或者客户的性骚扰，而对于男性服务员而言此比例是 70%。

管理者至少应该担负起保护员工的责任，令他们免于被敌对的工作环境所影响。管理者可能对于下属遭遇性骚扰毫不知情，但是这种情况对于保护自己和保护组织而言此全然无益。如果政府管理当局的事件调查员认为，管理者应该知晓性骚扰的情况，那么这位管理者和公司都有可能被指认为责任方。

政治：权力的运作过程

有人群的地方就有权力。人们想要为自己施加影响、获得奖励和晋升而塑造合适的环境。当组织中的员工将权力转化为行动时，我们就称他们参与了政治活动（politics）。擅长政治技巧的人能够更有效地运用自己的权力基础。仅仅认识到权力的必然性也是不够的，还要看到权力的重要性。

组织政治的定义

政治行为

并非作为正式组织角色所必须采取的，但却影响着或试图影响组织中利益分配的各种行为。

组织政治这一术语不乏各种各样的定义。从本质上来说，这些定义都侧重于描述组织政治如何利用权力来影响组织决策过程，或者在未经组织同意的情况下利用权力实施对自己有利的行为。就我们的这一论题，可以说，组织中的**政治行为（political behavior）**包含那些并非作为正式组织角色所必须采取的，但却影响着或试图影响组织中利益分配的各种行为。

这个定义囊括了人们在谈到组织政治时所涉及的主要含义。政治行为并不包括在特定的岗位要求之内。采取政治行为的人必然有使用权力基础的意图，其中包括设法对决策的目标、标准或过程施加影响。我们的定义足够宽泛，包括了各种政治行为，例如对决策者隐瞒重要信息、加入联盟、告密揭发、传播流言、对媒体泄露机密信息、为了共同利益而与组织中的其他人互惠互利以及代表自己本人或某个决策而四处游说等。这些手段往往意味着政治行为是负面的，但也并非完全如此。

现实中的政治

通过对经验老到的管理者进行采访，学者们发现他们大多数人都认为政治行为是组织生活中的一个重要部分。很多管理者都称，采取一定程度的政治行为是符合道德的，只要不直接对任何人造成伤害就没有问题。他们描述了政治行为的必要性，并且认为那些从不采用政治行为的人往往很难完成任务。大多数管理者也指出，他们从未接受过高效政治行为的训练。但你会疑惑，为何政治行为一定要存在呢？难道不能把政治行为从组织中完全根除吗？如果组织中所有成员都致力于同样的目标、怀有同样的兴趣，如果组织资源并不稀缺，如果绩效结果完全清晰和客观，这种可能性是有的。但这些情况并不符合我们真实所在的组织。

可能产生组织政治最重要的原因是，大多数用作资源分配参考的事实性依据都是有解读余地的。例如，到底什么才是好的绩效？什么是恰当的改进？是什么构成了令人不满意的工作？棒球联赛中任何一个棒球队经理都知道，一次击球距离超过400码的击球手是优秀的，而只能击出125码的击球手是差劲的。就算不是一个棒球天才也知道应当让400码的击球手上场，让125码的击球手离开大棒球队回到小棒球队去。但是，如果你要从280码和290码两个击球手当中选择一个呢？这时，次要考虑因素就会起到重要作用：赛场经验、态度、球手潜能、全垒打的能力、对球队的忠诚度等。多数管理决策都好比从280码击球手和290码两个击球手中进行选择一样，而不太类似从400码击球手和125码这两个击球手中做出选择。在组织生活中的广泛而又模糊的中间区域里，事实陈述往往不足以说明问题，因此组织政治就诞生了。

最后一点是，由于大多数决策都是在模糊的条件中做出的，既不充分也不客观的事实给人们提供了各种解读的空间，所以组织中的人们会竭尽所能地利用自己的影响力来实现自己的目标和利益。当然，这就造成了政治活动的土壤。一个人"为了组织福利所采取的无私奉献"可能在另一个人眼中就变成了"为了个人目标堂而皇之采取的无耻行径"。

政治行为的原因和结果

我们已经讨论过，组织中的政治行为是持续存在的，接下来我们将要讨论政治行为的原因和结果。

导致政治行为的因素

并非所有的群体或组织采用政治行为的程度都完全相同。在一些组织当中，政治行为是公开而猖獗的，而在另一些组织中，政治行为对目标的影响微乎其微。为何会存在这种差别呢？近期的研究和观察已经发现了一些看上去可以对政治行为产生鼓励作用的一些因素。其中一些因素是个人性格特征方面的，例如组织聘用的员工所拥有的品质，另一些是组织文化或内部环境因素。图 13-2 展示了个人因素和组织因素是如何分别助长政治行为并为组织中的个人和群体带来有利结果的（提高奖赏和避免惩罚）。

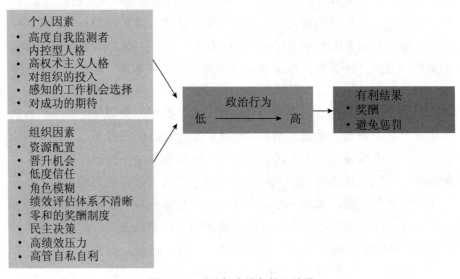

图 13-2　政治行为的条件和结果

● **个人因素**

在个人层面，首先，研究人员发现，特定的人格特质、个人需求和其他个人因素很可能与政治行为有关。例如在人格特质方面，我们发现那些自我监督能力强、内控型人格并拥有高度权力需求（nPow，见第 7 章）的员工更偏好采用政治行为。高度自我监控者对社交上的各种线索更加敏感，他们展现出对社会规范的高度顺从，并且可能比低度自我监控者更擅长政治行为。因为他们相信自己能控制外部环境，内控型的人更倾向于采取前瞻性的行动，从而掌控局势令其更符合自己的利益。自然而然，以控制欲和权力欲为特点的马基雅维利型人格（见第 5 章）更偏好使用政治手段来实现个人利益。

其次，个体对组织的投入、感知到拥有多少选择以及对成功的期望等因素都会影响一个人是否会采用不正当的政治行为。一个人对组织未来能够给予更多利益的期待越高，被强迫出局的损失就越大，因此他采取不正当手段的可能性就越低。与此相反的情形是，一个人的备选工作机会越多，例如人才市场情况很好，或此人拥有稀缺的知识或技能，或拥有显赫的身份、在组织外拥有有影响力的联系人，那么他采取政治行为的可能性就越大。

最后，某些人采取政治行为的原因仅仅是赌徒心态。这样的人通常善于解读人际关系，根据情境来调整行为，并且善于扩展社交网络。这些人也通常能从政治行为中受益。例如，一项面对中国南方的建筑公司所做的研究发现，政治技巧娴熟的下属得到上级推荐并获得奖金的可能性更高，而具有政治头脑的上司也特别积极回应具有政治头脑的下属。世界上其他国家的研究也显示了高度的政治技巧与被感知的优秀工作绩效具有相关性。

- 组织因素

我们固然认可个体差异在政治活动中起着重要的作用，但是却有大量的证据认为特定情境和文化也会助长政治活动。尤其是当组织资源的丰富程度在下降时、当前的资源模式在改变时以及出现晋升机会时，政治活动就会逐渐浮上水面。当组织资源减少时，人们就会采取政治行为来捍卫已经拥有的资源。其实任何变革都有可能造成矛盾并助长政治行为，尤其是那些意味着资源分配方式变动的重大变革。

很多文化特征都会成为政治行为的土壤，例如缺乏信任、角色模糊、绩效评估制度不清晰、零和博弈的奖酬分配制度、民主式决策、高度绩效压力、高层管理者自私自利等。因为政治行为并不属于员工正式角色的范围，因此角色模糊性越高，员工私下采取政治行为的机会就越多。角色模糊性意味着公司对员工缺乏明确的行为要求。在这种情况下，员工政治行为的范围和作用是难以控制的。

- 零和博弈

组织文化越是偏重"零和博弈"或"一输一赢"的方式来解决资源分配问题，就有越多的员工有动机尝试采取政治活动。**零和博弈（zero-sum approach）**将奖酬这块"饼"看作是大小不变的。一个人或一个群体的得益，必然来自于另外一个人或群体的损失。如果 1.5 万美元的年度加薪必须要在 5 名员工之间分配，某人拿到的加薪中超过 3 000 美元的部分必然来自于其余一个或多个员工。这种做法实际上鼓励了员工抹黑别人、突出自己的做法。

- 组织间因素

虽然组织文化决定了组织政治的作用方式，不过，不同组织之间的关

零和博弈

这种谈判策略将奖酬这块"饼"看作是大小不变的。一个人或一个群体的得益，必然来自于另外一个人或群体的损失。

系中也存在政治力量。一项研究显示，当两个高度政治化的组织发生互动时，两者之间发生的政治互动对合作项目是有害的。当内部政治行为较少的公司之间发生互动时，即使两者之间发生政治性争议，也不会导致合作项目的绩效受损。这项研究显示，在和高度政治化的组织建立联盟关系时，公司应当时刻保持警醒。

我们如何应对组织政治

大多数人都不具备高超的政治技巧，或者不愿玩弄政治游戏，因此对于大多数人而言，政治行为对他们的后果往往是负面的，包括工作满意度降低、焦虑和压力感上升、离职率上升、绩效受损等。有非常多的证据证明，对组织政治的感知与工作满意度呈现负相关性。政治活动会导致员工的绩效自我评价降低，这可能是因为员工感知到自己身处的政治环境是不公平的，从而导致激励程度大大降低。当政治活动过于频繁令人感到无法应对时，可能会导致员工辞职，这毫不奇怪。政治行为所导致的负面影响在大多数文化中都是存在的。在一项尼日利亚的研究中，两个事务所的员工认为工作环境充满政治性，他们报告称自己感到工作压力大，帮助同事的意愿也降低了。虽然像在尼日利亚这样的发展中国家中，工作模糊性更高、工作环境中的政治性更明显，但是它们也像美国一样看到了政治行为的负面结果。

在考虑政治行为的后果时，你需要牢记几条标准。第一，政治行为与绩效之间的关系会受到个体对组织政治的原因和做法是否理解的影响。研究人员指出，"如果一个人十分清楚谁应当负责做决策以及他们为何被选为决策者，那么他们就会比那些不理解组织决策过程的人更清楚事情为何会这样发生。"当政治行为和理解程度都很高时，绩效很有可能会提高，因为人们会认为政治行为是一种机会。这就能解释为何你会不断发现一些人具有娴熟的政治技巧。然而如果理解程度很低的话，那么人们就更可能对政治行为采取敌对态度，而这又会对工作绩效产生负面的效果。

第二，工作中的政治行为会减弱道德领导的效果。一项研究发现，男性员工对道德领导力的反应更加强烈，并且在组织政治和领导道德性都较高时，采取更多的组织公民行为。另一方面，女性好像更有可能在持续稳定的高道德、低政治环境中采取更多的组织公民行为。

自我防卫行为

为了避免被迫采取行动、遭受责怪或经受变革所采取的应激和保护性行为。

第三，当员工认为政治行为是一种威胁时，他们通常会采取**自我防卫行为**（defensive behavior），即为了避免被迫采取行动、遭受责怪或经受变革所采取的应激和保护性行为。（表 13-2 是一些这类行为的例子）。从短期来看，员工会感到防卫性行为能够保护自己的利益，然而从长期来看，这种做法会让他们感到疲惫不堪。总是依赖自我防卫的人最终会发现，这样做成了他们唯一掌握的做事方式。如果是这样，他们会失去主动开展工作的能力，也会失去同事、上司、员工和客户对自己的信任和支持。

表 13-2 自我防卫行为

规 避 行 为	
过度遵循规定	过分严谨地解释自己的责任，例如称"关于这件事，规定里写得很清楚……"或者"这是我们一贯的做事方式"。
推诿	将执行一件任务或做决策的责任推给别人。
装聋作哑	谎称不知情或者称自己没有能力，从而避免接受一件自己不想承担的任务。
拖延	有意延长任务期限，从而显得自己工作繁忙。例如，将 2 个星期的工作拖延到 4 个月才完成。
搁置搪塞	在公开场合表现出或多或少的支持，而私下里却什么都不做。
逃 避 责 任	
谨小慎微	这指的是为了自我保护而彻底记录所有行为来创造一种有能力和细心的形象。
过分保守	回避一切可能会对自己不利的情形。例如只承担成功可能性很高的任务，将具有风险的决策交给上司来做，用模糊的辞藻来表达意见，以及在冲突中采取中立态度。
自我辩护	用各种解释言辞来减少自己为负面结果所承担的责任，或者用道歉来表示遗憾等。
归咎外因	将负面结果归罪于本无必然因果关系的外部因素。
误传错报	通过曲解、修饰、欺瞒、挑拣或者混淆等等方式来操纵信息。
规 避 变 革	
避免变革	试图避免对自己有威胁的变革发生。
自我保护	用各种方式在变革中维护自我利益，例如保护信息或其他资源。

印象管理

我们都知道，人们总是想知道他人对自己的印象和评价如何。例如，美国北部的居民每年会在节食、健身俱乐部、化妆品和美容手术上花费数十亿美元，这一切都是为了让自己在别人的心目中更具有吸引力。在别人心目中形成正面的印象会为组织中的人们带来益处。例如，正面的印象一开始就能够帮助人们赢得组织中的工作机会，而一旦进入组织以后也会得到更高的绩效评价、更丰厚的加薪以及更快的晋升等。人们试图控制他人对自己形成的印象的过程被称作印象管理（impression management，IM）。以下将介绍几种印象管理的技巧。

1. 顺从

为了得到他人的准许而顺从他人的意见是一种逢迎的做法。

例如：一名经理告诉他的上司："在西部区域办公室重组计划这方面，

你是绝对正确的。我绝对赞同你的想法。"

2. 恩惠

为了得到他人的准许而做一些对其有利的事情也是一种逢迎的做法。

例如：一名销售人员对潜在的客户说："我多出两张今晚的剧院演出票。你拿去吧。这就当作对你花时间与我交谈的感谢。"

3. 借口

为了减轻一个明显而严重的困境而用另一个产生困境的事件来做解释。

例如：一个销售经理对上司说："我们没能及时在报纸上登广告，但反正没有人会认真看那些广告的。"

4. 道歉

为不理想的结果承担责任，同时希望得到原谅，这也是一种自我防卫式的印象管理技巧。

例如：一个员工对上司说道："对不起，我写的报告出错了。请原谅我吧。"

5. 自我推销

突出一个人的优点而隐瞒缺点，要求别人注意自己的成就，这也是一种以自我为中心的印象管理技巧。

例如：一个销售人员这样告诉自己的上司："马特三年来一直也得不到那个客户，而我在6周之内就做到了。我是最能为公司抓住客户的员工了。"

6. 夸大

声称你做的事情比其他人对这件事的看法更重要，这也是一种以自我为中心的印象管理技巧。

例如：一位记者对编辑说："我正在忙于撰写一个名人离婚的故事，这一定能够带动我们的销售量。"（而这个故事只能出现在娱乐版第3页。）

7. 奉承

恭维他人，从而让自己显得更好，并能得到别人的青睐，这就是一种印象管理技巧。

例如：一个新到岗的销售培训生对自己的同伴说："你处理客户的投诉真是有一套！我可做不到你这样好。"

8. 例证

做一些本来不必要的工作来显示自己特别尽心和努力，这就是一种积极的印象管理技巧。

例如：一位员工加班到很晚才发邮件，这样上司就可以知道他曾经加了班。

Source: Based on B.R.Schlenker, Impression Management (Monterey, CA: Brooks/Cole, 1980); W.L.Gardner and M.J.Martinko, "Impression Management in Organizations," Journal of Management, June 1988, p.332; and R.B.Cialdini, "Indirect Tactics of Image Management Beyond Basking." In R.A.Giacalone and P.Rosenfeld (eds.), Impression Management in the Organization (Hillsdale, NJ: Lawrence Erlbaum, 1989), pp.45-71.

为了测试印象管理技巧是否有效的大多数研究都和两个标准相关：面试成功和绩效评估。下面我们逐个讨论这两个标准。

● 面试与印象管理

有证据显示，大多数求职者都会在面试中使用印象管理技巧，并且这种做法的确有效。为了了解不同的印象管理技巧在面试之中的效果，一项研究收集了几千份应聘和面试材料，并将其划分为专注于表面功夫（让自己显得更职业化）、明显的面试策略（例如逢迎面试者或者夸大自己的成就）以及语言暗示（例如采用褒义词或者展示出激情）这几类。在所有的维度当中，印象管理都是预测应聘成功的一个明显指标。不过还是存在一些悬念的。如果面试官使用高度结构化的提问方式，也就是说将问题事先写在纸面上，并且关注应聘者的岗位素质，印象管理的效果就会被明显削弱。像印象管理这样的操纵性行为更容易在模糊和非结构化的面试中起作用。

● 绩效评估和印象管理

从绩效评估的角度来看，结果就不是这样了。逢迎与绩效评级存在正向的关系，也就是说逢迎上司的人会得到更高的绩效评估结果。然而，自我推销却有负面效果。进行自我推销的人往往绩效评估结果更差。这个一般性结论存在一个重要的条件。研究结果显示，擅长政治技巧的人擅长利用印象管理技巧达到更高的绩效评估结果，而不善于政治技巧的人则很可能因为试图进行印象管理而遭受不利的结果。有一项对 760 个董事会进行的研究发现，逢迎老董事会成员，例如表示同意、表达共同的态度和观点、赞扬他们，往往能够令一个人进入董事会的机会大大增加。另一项研究发现，逢迎上司的实习生通常被嫌弃，除非他们同时拥有较高的政治技巧。对于掌握政治技巧的人来说，逢迎上司可以得到上司更多的偏爱，以及让自己得到更好的绩效评价。

● 不同文化下的印象管理

关于人们对政治行为的反应，我们的结论是否在全球范围内都适用？我们是否应该认为其他国家的人，例如以色列人，在面对工作场所中的政治行为时会与美国人采取相同的反应？关于员工对组织政治的反应，几乎我们的所有结论都是来自于在北美进行的研究。其他国家所进行的极少量研究也提示我们，该结论需要一些小小的修正。一项针对美国和中国文化下管理者行为的研究发现，美国管理者认为协商和精神鼓舞等"温和说服"手段的有效程度高于中国文化下管理者的看法。这个发现对于分析印象管理技巧在个人主义和集体主义国家的有效性是有意义的。另一些研究认为，高效的美国领导者通过关注群体成员的个人目标以及手头的任务来实现影响力（一种分析式的方法），而具有影响力的东亚领导者则关注群体中成员的关系以及满足周围人群的要求来实现影响（一种整体性的方法）。这方面的研究还有待加强。

政治行为中的道德问题

虽然并不存在一种方法能将道德和不道德的政治行为清晰区分开来，但是你还是应当思考下列问题。例如，政治活动的用处是什么？有的时候我们采取政治行为并没有什么合理的理由。大型棒球联赛选手阿尔·马丁（Al Martin）声称自己曾在南加州大学足球队效力，而事实上并非如此。他是一名棒球选手，谎称自己曾经踢过足球对他并没有太多好处。像这样直白地说谎可能是印象管理的一个相当极端的例子，但我们很多人都曾经有过扭曲信息从而创造好印象的经历。要牢记于心的是，要清楚地判断这样冒风险究竟是否值得。另外一个需要扪心自问的问题是，采取政治行为所得到的好处是否能够超过他人为此遭受的伤害（或可能遭受的伤害）？为了得到上司的好感而逢迎上司外表形象的做法所带来的负面效果远远小于抢夺别人的功劳对他所造成的伤害。

最后一个问题，政治行为是否违背公平公正的原则？人们有的时候很难评价一个政治行动的代价和得益，但其是否违背道德这个问题却是很清楚的。如果一个部门领导高度评价自己偏爱的员工，同时贬低自己不喜欢的员工的绩效。通过这种方法给予前者加薪，而后者什么都得不到，这种做法对于不受偏爱的员工来说就是不公平的。

遗憾的是，有权力的人可能会非常善于将利己行为解释成是为了组织的利益。他们会非常有说服力地将不公平的行动说成是公平正义的行动。拥有权力、发言机会和说服力的人通常承担着道德风险，这是因为他们通常能够规避不道德行为所带来的惩罚。当你要面对一个和组织政治有关的道德难题时，要试着思考是否值得冒风险去玩弄政治权术，以及在这一过程中是否会有人受到伤害。如果你拥有牢固的权力基础，那么一定要意识到权力可能会导致腐败。要牢记这一点，无权的人更容易保持道德，其原因大可归结为这类人往往缺乏开展政治行为的余地。

描绘你的政治生涯

我们已经在上文中看到，并非只有政客才能从事政治活动。你可以切实在工作的各个方面应用本章介绍的知识。政治的另外一个用途是，它有助于你自身的职业生涯。

在你的职业生涯中，权力与政治所扮演的角色是什么呢？你的雄心壮志是什么？谁有权力帮助你实现它？你与这些人的关系是怎样的？要回答这些问题，你应当画一张政治关系图，它能帮助你理清你自己与能决定你职业生涯的人之间的关系。图 13-3 是一张政治关系图，我们会详细阐述图中的元素。

假设你未来的晋升取决于你的直接上司杰米等 5 个人。你可以从图中发现，你与杰米的关系很好（如果情况相反则你的情况的确很糟糕）。你与财务部的扎克关系也很好。然而，你和其他人的关系是，要么很一般（例如莱恩），要么根本没有联系（杰亚、马蒂）。该关系图的一个明显启示是，你需要制定一个清晰的计划去加深你对这些人的影响，同时与他们建立更牢固的关系。如何才能做到这一点呢？

影响他人的最佳方法之一是通过非直接的方法。如果你与杰米的前同事马克在一个网球队里打球，而你知道马克和杰米是好朋友关系，那么在多数情况下，通过影响马克也可以影响杰米。为什么不在 CJ 的博客里发表一篇文章呢？同理，对于其他 4 位决策者和他们分属的网络，你也可以通过这样的方法来影响他们。

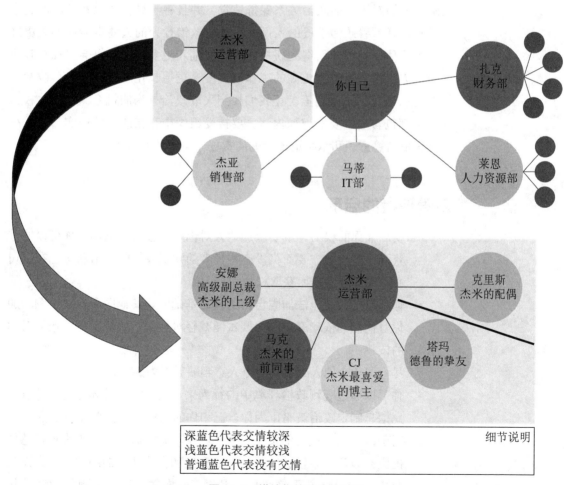

图 13-3 描绘你的政治关系图

Source: Based on Clark, "A campaign Strategy for your career," Harvard Business Review（November 2012），pp.131-134.

上述的一些做法可能在你看来有一些过于玩弄权术了，然而，你需要铭记的是，只能有一个人可以得到晋升，你的竞争者可能也画了这样一张关系网。我们在本章前半部分提到过，权力和政治是组织生活的必然组成部分。

本章小结

几乎没有员工情愿在职场和组织中充当一个完全没有权力的人。不同的人对各种权力基础的反应是不一样的。专家性权力和参照性权力来自于个体的特征。与此相对照的是，强制性权力、奖赏性权力与法定性权力都来自组织。一个人能力超群是他得到最广泛追随者的重要原因，而它作为一种权力基础也能够令群体成员的绩效提高。

高效的管理者基本都能接受组织的政治本质。一些人拥有超群的政治头脑，他们对无形的政治关系保持警觉，并且善于进行印象管理。比起个性天真或者不善政治手段的人而言，善于政治行为的人通常能够得到更好的绩效评估，也因此而得到薪资的更大涨幅和更多的晋升机会。拥有政治手腕的人也更容易得到更高的工作满意度，更擅长化解工作压力。政治关系图可以为我们出谋划策，让我们找到采取政治行为的机会。最后，权力和政治都包含着重要的道德内涵。要接受组织中存在政治的现实，就要准备好采取道德意识和承担道德行为的责任。

对管理者的启示

- 要加强你的权力，就要增加他人对你的依赖性。例如，你可以通过获取一些上司需要而又没有替代者的知识或技能来增加自己在上司心中的地位，从而获取权力。
- 你独自一人是无法加固自己的权力基础的。其他同事也在试图增加你对他们的依赖度，而你要试图减轻对他们的依赖并增加他们对你的依赖。
- 尽量避免令他人处在一个令人感到缺乏权力的位置。
- 你可以通过观测政治环境中的行为来预测他人的具体行动，并且据此信息制定政治策略，为你自己和你的工作部门获得优势地位。
- 对于缺乏政治技巧的员工或者不愿参与政治游戏的员工来说，感知的组织政治复杂性会降低工作满意度和自我认知的绩效，令人感到焦虑，并导致离职率增高。因此，如果你能娴熟运用组织政治技巧，那么可以试图帮助他人理解具备政治敏感性有多么重要。

第 14 章
冲突与谈判

通过本章的学习，你应该能够：

1. 说明冲突的三种类型以及冲突点的位置；

2. 概括说明冲突的发展过程；

3. 比较分配式谈判和综合式谈判；

4. 应用谈判过程的 5 个步骤；

5. 说明个体差异对谈判过程存在哪些影响；

6. 描述影响谈判的社会因素；

7. 评价第三方谈判的角色和作用。

冲突的定义

学术界不乏对冲突的各种定义，但是为众人最熟知的定义是将冲突视为一种对差异或者对立状态的感知。如果没有人意识到冲突，那么人们普遍同意这种情况等同于冲突并不存在。在冲突过程的起始阶段还包括一些特征，例如对立、无法共处或者互动。

我们可以将**冲突**（conflict）定义为这样一种过程，它始于一方感知到另一方对自己关心的事情产生或者即将产生负面的影响。冲突产生于正在进行的活动之中，当互动变成意见分歧时，冲突就产生了。人们会在组织中看到各种各样的冲突：例如目标不一致、对事实的不同解读方式、对于一些行为的不同期望等。我们的定义包含了激烈程度不同的各种冲突，从公开挑衅以及暴力行为到细微的意见分歧都可以被视为冲突。

现代冲突观认为，不同类型冲突的差别在于它们的效果。**功能实现型冲突**（functional conflict）是支持群体实现目标或者提高群体绩效的冲突，因此，它是一种具有建设性的冲突。例如，工作团队成员对于什么提高产量最有效的方式发生了争论，如果各种特别的视角都能得到公开的讨论和比较，这就有可能是一种功能实现型冲突。如果冲突阻碍了群体实现高绩效，就是一种破坏性冲突，或称为**功能失调型冲突**（dysfunctional

冲突

冲突始于一方感知到另一方对自己关心的事情产生或者即将产生负面的影响。

功能实现型冲突

支持群体实现目标或者提高群体绩效的冲突。

功能失调型冲突

阻碍群体绩效的冲突。

conflict）。如果有人争夺控制权，干扰了团队对任务的关注度，那么这就是功能失调型的冲突。图 14-1 描绘了这种冲突所产生的结果，它们的轻重程度不同。为了理解各种不同类型的冲突，我们将依次介绍并指出冲突点的所在。

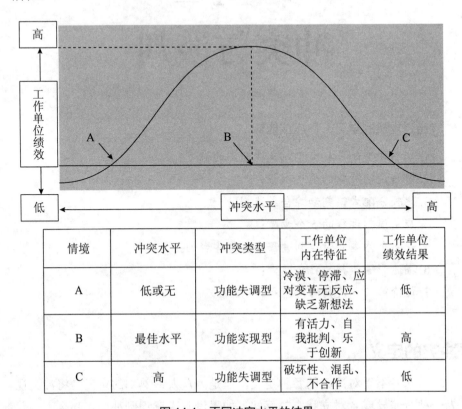

情境	冲突水平	冲突类型	工作单位内在特征	工作单位绩效结果
A	低或无	功能失调型	冷漠、停滞、应对变革无反应、缺乏新想法	低
B	最佳水平	功能实现型	有活力、自我批判、乐于创新	高
C	高	功能失调型	破坏性、混乱、不合作	低

图 14-1 不同冲突水平的结果

冲突的类型

关系型冲突

基于人际关系的冲突。

任务型冲突

和工作的内容和目标相关的冲突。

过程型冲突

关于完成工作不同方法的冲突。

理解冲突的一种方法是识别分歧的类型，换句话说，冲突到底是关于什么？它到底是不是在目标上的分歧？是不是人和人之间的磨合不好而导致了相互不满？或者，冲突的原因只不过在于做事情的方式不同？虽然每一个具体的冲突都是独特的，不过，研究人员还是能够将其分为三种不同的类型：任务型、关系型和过程型。**关系型冲突**（relationship conflict）关注的是人际关系。**任务型冲突**（task conflict）指的是和工作的内容和目标相关的冲突。**过程型冲突**（process conflict）和完成工作的不同方法有关。

● 关系型冲突

研究显示，关系型冲突（至少是工作场所中的关系型冲突）往往都是功能失调型冲突。为什么会这样呢？人际关系冲突中内在的摩擦和敌意很可能加剧人格冲突，并降低相互理解的程度，而这种情况会阻碍组织达成任务目标。在三种冲突中，关系型冲突对个体心理疲劳程度的影响最为深远。因为这种冲突是基于人格差异而发生的，你应该能理解，关系型冲突有可能对组织绩效造成破坏。毕竟，我们不能改变同事的人格，我们对人格遭到抨击的自卫心理要远远高过行为遭到抨击的情况。

● **任务型冲突**

虽然研究人员认为关系型冲突会造成组织功能失调，但有关任务型冲突和过程型冲突是否属于功能实现型冲突的问题，观点却存在分歧。早期的研究认为，群体内部的任务型冲突与群体绩效的提高有关。但是近期对116项研究的回顾却发现，从广义上讲，任务型冲突基本与群体绩效无关。不过，更进一步的分析却发现，高管团队的任务型冲突与绩效存在正相关性，而在组织较低层级发生的冲突则与绩效呈负相关性。这可能是因为，在组织内部身居高位的人们不会认为冲突对他们的地位产生威胁。这项研究综述还发现，任务型冲突是否同时伴随着其他类型的冲突，这也是一个重要的问题。如果任务型冲突和关系型冲突同时出现，任务型冲突很可能是负面的，而如果任务型冲突单独出现，那么它很可能是正面冲突。另一些学者认为，冲突的强度是重要的因素。如果任务型冲突的程度较低，冲突实际上往往没有涉及重要的问题；而如果任务型冲突的程度较高，那么内部纠纷很可能演变成关系型冲突。中度的任务型冲突是最理想的，一项在中国进行的研究支持了这个观点，处于组织发展早期的中度任务型冲突可以提高群体的创造力，但是如果程度过高就会降低团队绩效。

此外，团队的不同人格属性对此问题也有意义。一项研究证明了，如果团队中的个体均是开放性人格，并且情绪稳定性也较高，那么他们就有能力利用任务型的冲突提高群体的绩效。这个结论的原因可能是，人格开放和情绪稳定的团队能够正视任务型冲突，并且把关注重点放在吸取不同意见以解决问题上，而不是把任务型冲突转变为关系型冲突。

● **过程型冲突**

那么过程型冲突又如何呢？研究人员发现，过程型冲突总是围绕任务指派与任务角色两方面发生。围绕着任务指派而发生的冲突通常是由于有人认为他人在逃避责任，围绕任务角色而发生的冲突可能会让某些群体成员感到自己被边缘化。因此，过程型冲突通常会演变成私人恩怨，最后转化为关系型冲突。当然，争论做事的方法反而比实干更浪费时间。关于角色和责任的争执和辩论对事情的进展毫无助益，对于这种群体，我们每个人都似曾相识。

冲突点的所在

认识冲突的另外一个方式是考虑它的所在，即冲突发生在关系框架中的具体位置。冲突的所在分为三种类型。**二元冲突（dyadic conflict）**指的是两个人之间的冲突。**组内冲突（intragroup conflict）**是在群体之中或者团队之中的冲突。**组间冲突（intergroup conflict）**指的是群体之间或团队之间的冲突。

几乎所有关于任务型冲突、关系型冲突和过程型冲突的文献都关注组内冲突（在群体之内发生的冲突）。这是非常合理的，由于群体和团队之所以存在正是出于要完成某项特定的任务。然而，这些研究并未涵盖我们应当知晓的所有冲突点的位置。例如，研究发现，组内任务型冲突对绩效产生影响的前提条件是，团队存在支持性的文化氛围，即使犯错误也不会受到惩罚，每一位团队成员都能相互帮扶。但这个发现是否有助于理解组间冲突对组织的影响呢？举一个美国橄榄球联赛的例子，一支球队要适应新的战术和改善战绩，某种程度的任务型冲突（程度不能过高）有助于团队战绩的提高，尤其是在团队成员相互支持时，结果很明显。但是我们是否关心一个球队的成员支持其他球队的成员这个问题呢？可能我们并不会关注它。事实上，如果群体之间存在竞争关系，即只有一个球队可以得到胜利，那么组间冲突可能是无法避免的。不过，这种冲突还是应该得到控制。组间冲突过大可能造成小组成员的压力过大，从而影响他们之间的互动。例如，一项研究发现，团队之间存在高度冲突导致个体高度关注自己是否符合自己团队的规范。

你可能很惊讶地发现，在发生组间冲突的时候，某些个体可能起着重要作用。一项关注组间冲突的研究发现，个体在群体内的位置和他面对群体间冲突的方式是互相影响的。在自己群体内处于比较外围地位的成员更容易解决自己群体和其他群体之间的冲突。不过，这种现象成立的前提是，该外围成员依然愿意对自己的群体负责任。因此，如果你是群体的核心人物，你反而难以成为管理组间冲突的最佳人选。

综上所述，理解功能实现型冲突和功能失调型冲突不仅要求我们识别冲突的类型，还要明确它发生的位置。虽然任务型、关系型和过程型冲突有助于我们了解组内冲突和二元冲突，但这些概念却无助于解释组间冲突。那么我们应该如何让冲突尽可能变得有益呢？如果能更好地理解我们接下来将要探讨的冲突过程，就能找到一些潜在的可控变量。

冲突过程

冲突过程（conflict process）可以划分为5个阶段：潜在的对立或不合、感知与冲突的个人化、意图、行为与结果。这个过程可以表示为图 14-2。

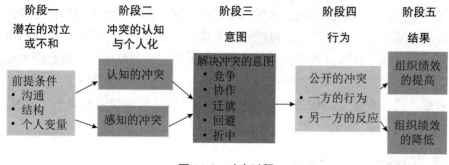

图 14-2　冲突过程

第一阶段 潜在的对立或不和

冲突发展过程的第一阶段是，一些有可能会产生冲突的条件（冲突的起因或来源）逐渐浮现。这些条件不一定直接带来冲突，但这些条件却一定是冲突产生的必要条件。我们在这里简单将这些条件归纳为 3 个大类：沟通、结构和个体变量。

● **沟通**

沟通问题是冲突的起源之一。语义理解上的分歧和误解，以及沟通渠道中的"噪声"往往是导致敌对性的原因（知识见第 11 章）。研究认为，这些因素以及行话和信息不充分等问题都可能造成沟通当中发生障碍，或者形成导致冲突的前提条件。当沟通过多和沟通过少时，发生冲突的可能性都会增高。显然，只有沟通在一定范围内才会产生有益的作用，超过了这个范围就会导致沟通"过犹不及"的问题，反而又会带来更多的冲突。

● **结构**

我们这里所提的"结构"一词包括如下问题：群体规模、要求群体成员所承担的任务具备多高的专业性、管辖权是否清晰、成员与目标的匹配性、领导风格、奖酬系统以及群体之间相互依赖的程度等等。如果群体规模越大、群体活动的专业程度越高，那么发生冲突的可能性就越高。任职期与冲突的发生具有相反的关系。具体来说，某人在组织中的资历越高，发生冲突的可能性就越低。因此，当群体成员都是新成员，以及当离职率较高时，冲突发生的可能性最高。

● **个体变量**

最后一类可能的冲突来源是个体变量，它包括人格、情绪和价值观。人格特质特别不随和的人、神经过敏的人、自我监控程度强的人（见第 5 章）可能更经常与他人发生争执，当冲突发生时他们的反应也往往十分蹩脚。情绪的波动也会带来冲突，即使产生情绪的原因并不是对方。例如，一位员工经过一个忙乱的早晨后来到办公室，可能会将之前的愤怒感带到工作当中，也可能会造成会议现场的紧张气氛。此外，当人们的偏好和价值观有差异时，冲突发生的可能性也会提高。例如，一项在韩国进行的研究发现，如果群体成员不满于群体对他们所期望的成绩水平，就会产生更高的任务型冲突；如果群体成员不满于群体对他们所期望的人际关系亲密程度，就会产生更高的关系型冲突；而当群体成员的权力需求不一致时，围绕个人地位也会产生更多冲突。

第二阶段 认知与个人化

如果第一阶段中列举的条件对某人所关心的事情带来负面影响，那么潜在的对立或不和就会在第二阶段中变成现实。

我们在冲突的定义中曾经提到过，冲突所涉及的一方或几方一定已经注意到那些前提条件的存在。虽然冲突一定是人们认知到的冲突（perceived conflict），但这并不意味着它一定是个人化的冲突。只有冲突达到被感知（felt conflict）的水平，即个体对冲突产生个人情绪，此时冲突各方才会感到焦虑、紧张、挫折感和敌意。

认知的冲突

> 一方或多方发觉到出现了产生冲突的条件。

感知的冲突

> 对冲突产生了焦虑、紧张、挫折感和敌意等情感变化。

第二阶段是非常重要的，因为在第二阶段中，冲突的核心问题会被清晰地界定出来，冲突双方开始明确冲突是关于什么。将冲突清晰地界定出来是非常关键的，因为只有如此，人们才能找到一些可行的解决方法。大多数研究证据都认为，人们倾向于背叛双方合作的策略，除非存在清晰的信号显示，他们要共同面对强有力的竞争者。然而，如果我们两人对你的薪酬所产生的分歧是基于一种零和的情境（你的薪酬上涨意味着我加薪的可能变少），那么我让步的可能性就会远远低于双赢的情境（总体薪酬上涨，我们都能得到加薪）。

其次，情绪在感知的形成过程中也扮演着重要的角色。消极情绪容易导致我们将问题看得过于简单，会令我们失去信任之心，也会导致我们用负面的方式来解读对方的行为。相反，积极的情感可以令我们发现各个因素之间存在更多的潜在关系，用更宽阔的视角来看待问题，并且找到更多新颖的解决方案。

第三阶段 意图

意图

> 按照既定的方式采取行动的决定。

意图（intention）是掺杂在人们的感知、情绪和公开行为之间的概念。它指的是人们决定按照既定的方式采取行动。意图和行为之间可能产生不对应的情况，行为不一定准确地反映意图。

运用合作（满足对方要求的程度）和主张（满足自我要求的程度）这两个维度可以帮助我们划分5种解决冲突的意图：竞争（主张但不合作）、协作（主张而又合作）、回避（既不主张又不合作）、迁就（不主张但合作）与折中（中度主张与中度合作）。

意图并不是固定不变的。在冲突发生的过程中，如果一方能够理解另一方的观点，或者从情绪上回应另一方的行为，那么意图就可能会发生改变。一般来说，在 5 种解决冲突的意图中，人们是有选择偏好的。将才智能力和人格特征两方面因素结合起来，我们可以很好地预测一个人的意图。

● **竞争**

当一个人努力满足自己的利益而不顾此举如何影响对方的利益时，那么这个人的意图就是**竞争**（competing）。在资源稀缺的情况下，我们往往持有竞争意图。

竞争

　为了满足自己的利益而不顾此举对冲突对方的影响。

● **协作**

当冲突各方都希望令所有人满意，那么就会开展合作，并且寻求共赢的结局。在**协作**（collaborating）中，各方都意图通过理清各方分歧而解决问题，而不希望让所有人都迁就。如果你希望令各方目标都完全实现，达到双赢的结果，这就是协作。

协作

　冲突各方都希望令所有人满意的情形。

● **回避**

有的人在意识到冲突的存在时，会希望退出或者压制冲突。**回避**（avoiding）冲突的做法包括试图忽略冲突的存在，或者避免遇到与你发生分歧的人。

回避

　希望退出或者压制冲突的愿望。

● **迁就**

希望对方平息怒火的一方可能会将对方的利益放在自身利益之上，牺牲自我利益来维持双方关系。我们将这种意图称为**迁就**（accommodating）。例如，不顾及自己的想法而支持他人的意见，这种做法就是迁就。

迁就

　有一方将冲突对方的利益放在自身利益之上。

● **折中**

折中（compromising）意味着没有明确的赢家和输家。折中代表了人们愿意认可冲突存在的合理性，并且接受一种可以让双方都得到部分满意的解决方案。因此，折中的最大特点是，各方都意图在某些方面有所放弃。

折中

　冲突各方都意图在某些方面有所放弃的情形。

一个文献综述比较了多个研究以后发现，在四种行为的效果中，开放型人格和高协作性都与优秀的群体绩效有关，而规避或者竞争型的策略会导致明显较差的群体绩效。这项研究结论进一步证明了，冲突的存在或者冲突的类型都不是问题本身，真正的问题在于人们是如何应对冲突的以及在冲突发生时如何管理冲突过程。

第四阶段 行为

第四阶段是一个动态的互动过程。例如，如果你命令我，我的反应是，因为你威胁我，所以我也要威胁你，并且如此循环下去。图 14-3 把冲突行为用视觉形式表示出来。最底部是认知、错误理解和观点差异。随着紧张程度逐渐上升，它们变为了微妙、非直接和受到高度控制的状态。例如，一名学生在班里质疑老师刚刚提出的观点。冲突的激烈程度会沿着轴线向上而升高，在最高点上成为极具破坏性的冲突。很明显，罢工、暴乱和战争属于轴线上较高的部分。在轴线较高位置的冲突几乎都是功能失调型冲突。功能实现型冲突往往只会出现在轴线中偏低的位置。

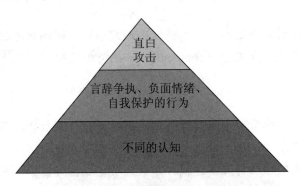

图 14-3　冲突程度的动态升级

在冲突发生时，意图会转化为某种可能的行为。首先在竞争意图下，我们会主动与团队成员开展竞争，付出更多个人努力来实现结果，以及摒弃合作。其次在协作意图下，我们会和其他成员共同探究多种解决方案，并且尽可能找到能够同时满足各方的方案。回避意图的行为包括，拒绝对问题进行讨论，以及不再努力实现群体目标。持迁就意图的人会把自己的人际关系放在比冲突问题更重要的位置，尊重他人的意见，并且有时会和对方形成子群体。最后，当人们选择折中时，双方都做好准备（并且实际也这么做）牺牲自己的部分利益，并且希望每个人都采取同样的态度，这样协议就会被所有人通过。

如果一个冲突是功能失调型冲突，那么冲突各方应当如何解决才能将其平息呢？或者反过来说，如果冲突程度过低而需要更加激烈一些，我们又有哪些选择呢？这就是我们称之为**冲突管理（conflict management）**的技巧。通过对解决冲突的几种意图的介绍，我们实际上已经描述了几种解决冲突的技巧。在理想条件下，一个人的意图应当能够准确转化为相关的行为。

冲突管理
通过解决冲突和刺激冲突发生的技巧来达到理想的冲突水平。

第五阶段 结果

冲突各方在行为和反应之间的交替会造成冲突的结果。在图 14-1 的模型中我们已经介绍过，如果一个冲突能够增进群体绩效，那么这个冲突就是功能实现型冲突；如果冲突损害了群体绩效，那么冲突的结果就会导致群体功能失调。

- **功能实现型冲突的结果**

如果冲突能够提高决策的质量、激发创造力和创新、鼓励群体成员的兴趣和好奇心、为解决冲突和缓解紧张感提供一种出口，以及促进一种鼓励自我价值和变革的环境，那么这种冲突就是建设性的冲突。中等冲突能够实现鼓舞情绪的作用，并激励群体成员提高对工作的积极性和投入程度。

冲突可以有效解决群体思维的弊端（相关知识见第9章）。因为有冲突存在，群体不再按照常规程序批准一些决策，这些决策往往来自于一些不太合理的假设、对有关方案不恰当的考虑或者其他因素。冲突有挑战现状的作用，因此能够促进新想法的产生，令群体重新评估目标和行动，并且让群体更灵活地应对变革。如果人们可以公开讨论到底什么是崇高的目标，就更可能会带来功能实现型的结果。高度分化的群体无法有效处理根本的分歧，并且往往会接受次优的冲突解决方案，这样的群体也有可能有意识地避免共同决策，不会去主动解决冲突。在各种情境下的研究都认为，积极的讨论是可以带来正面作用的。在工作风格和经验上面具有较大差异的群体成员之间往往可以共享更多信息。

- **功能失调型冲突的结果**

一般来说，人们很清楚冲突对群体或组织绩效具有较大的破坏性：如果双方针锋相对的状态没有得到有效控制，那么双方就会产生不满，而这种不满会瓦解双方的共同基础，最终对群体导致毁灭性结果。有大量的文献证明，功能失调型冲突会降低群体效能。它产生的负面结果包括：沟通受阻、群体凝聚力的降低、群体目标在成员间内斗的过程中被置于次要位置等。各种各样的冲突都会降低群体成员的满意度和信任度。当群体成员之间积极的讨论演化为公开的冲突，信息分享过程就会被明显破坏。更极端的是，冲突会令群体的功能戛然停止，甚至威胁到群体的存续。

- **管理功能实现型的冲突**

要尽量避免破坏性冲突，首先一个关键点是要认可不一致意见的存在。很多明显的冲突之所以发生，往往都是由于当事人使用了不同的语言去粗略描述相同的行为。例如，营销部的人员可能会关注"分销问题"，而运营部的人员可能会用"供应链管理"来描述与前者本质相同的问题。要实现成功的冲突管理，就要认可存在看待问题的不同角度，鼓励双方进行公开而坦诚的讨论，这种讨论关注的是利益点而不是问题本身。其次，要求对立的群体指出解决方案中哪些具体问题对他们来说是最重要的，然后集中精力探究对方如何满足他们的关键需求。虽然没有一方能够完全得到自己希望的东西，但是双方都能得到对自己来说最重要的东西。再次，成功解决冲突的群体往往可以公开讨论相悖的意见，并时刻准备好处理可能随时出现的冲突。最具有破坏性的冲突往往出现于人们没有直接面对冲突和解决冲突的情况。公开的讨论容易促成人们对出现的问题形成共同的认知，也方便群体提出一种双方都能接受的方案。最后，在冲突的解决过程中，管理者必须强调双方共同的利益，这样，意见相左的群体就不会过分维护自己的观点，或将冲突理解为私人恩怨。能够以合作方式解决冲突的群体，以及对群体总体目标保持清醒认知的群体可以比竞争性的群体更高效地解决冲突。

- 文化差异

冲突解决策略在不同国家中存在差别，这主要是集体主义／个人主义（见第 4 章）两种不同的文化倾向和动机造成的。集体主义文化认为，一个人深处在社会情境中，而个人主义文化却将人视为独立自主的个体。因此，集体主义者更有可能试图维持群体内关系，并且试图维护群体整体的利益。他们会避免把冲突直接表达出来，而是更希望用间接的手段解决意见上的分歧。一项研究指出，中国高科技公司的高管层偏好协作而不是迁就和回避的方式解决问题。集体主义者也可能更愿意展示出关心的态度，并通过第三方来解决分歧，然而个人主义者却更有可能通过直接和公开的方式来面对意见的差异。

跨文化谈判中也可能存在信任问题。一项对印度和美国谈判者开展的研究发现，研究对象报告称在他们与对方的跨文化谈判中不存在充分的信任。低度信任与发现双方共同利益点的机会减少有关，发生这种现象的原因是，跨文化谈判者往往不太愿意公开自己的信息和索取对方的信息。另一项研究发现，美国和中国的谈判者都倾向于受到群体内偏见的影响，这让他们更偏好自身文化下的谈判伙伴。对于中国谈判者来说，当他们需要对谈判结果负主要责任时，这个现象尤其明显。

我们已经讨论过冲突的本质、原因以及结果，现在我们可以转向谈判的话题，谈判通常可以解决冲突。

谈判

谈判渗透到群体与组织里的每一次互动当中。有一些谈判是很明显的：例如劳资双方进行谈判。有一些谈判并不那么显而易见，例如管理者与员工、同事和上司之间的谈判，销售人员与顾客之间的谈判，采购人员与供应商之间的谈判等。还有更微小的谈判，例如一个员工同意代替同事工作几分钟，从而在未来某个时刻得到对方的照顾。当今的组织结构比较松散，组织成员往往需要和自己没有管辖权的同事一同工作，甚至还要和与自己并非一个上司麾下的同事共同工作，正因如此，谈判技巧是非常重要的。

谈判

双方或者多方对分配稀缺资源问题的决策过程。

我们可以将**谈判**（**negotiation**）定义为双方或者多方对分配稀缺资源问题的决策过程。虽然我们经常以短期的经济眼光来看待谈判结果（例如谈判一辆汽车的价格等），但是组织中的每一次谈判其实都影响着谈判者们的关系，也影响着谈判者的自我感觉。在不同程度的互动下，有时维持社会关系和行为道德性和每次讨价还价的短期结果一样重要。请注意，我们总是交替使用"谈判"和"讨价还价"这两个词汇，它们可以互换。

谈判策略

谈判有两种基本的方法——分配式谈判与综合式谈判。表 14-1 中显示，两者在目标、动机、焦点、利益、信息分享以及关系的持久性上都存在较大的差别。我们将分别给每个方面做出定义并且解释二者的区别。

表 14-1　分配式谈判与综合式谈判

谈判特征	分配式谈判	综合式谈判
谈判目标	尽力得到更大的馅饼	增加馅饼的大小，从而令双方都满意
谈判动机	我赢你输	双方共赢
谈判焦点	自我地位（"在这个问题上我一定要坚守这一点。"）	利益产生（"你能否解释为何这个问题对你来说很重要？"）
利益分配	相互对立	利益一致
信息分享	低度信息分享（分享信息只会被对方利用）	高度信息分享（分享信息能够令各方得到令自己都满意的结果）
关系持久性	短期关系	长期关系

● 分配式谈判

假设你看到网上销售一辆二手车的广告，这辆车看上去状态很好，你去考察后发现，这辆车正好是你希望买的。车主告诉你他希望的售价，而你却不想付那么多。接下来你们两个人就开始谈判售价。在这种情况下，你所采用的谈判策略被称为**分配式谈判**（distributive bargaining）。分配式谈判的最重要特征是其"零和"的结果，也就是说，我的任何所得都来自于你的损失，反之亦然（见第 13 章）。你让卖主答应的每一美元折扣都是你所省下来的，而卖主从你这里每多得到一美元就增加了你的成本。因此，分配式谈判的精髓就在于双方谁能从固定大小的馅饼中得到更大的一块。**固定大小的馅饼**（fixed pie）指的是双方要分配的固定数量的商品或服务。当馅饼的大小固定时，或者双方认为是这样，人们就会进行分配式谈判。

分配式谈判的精髓可以显示为图 14-4。A 和 B 分别代表谈判双方，双方的目标点都界定了什么是自己希望达到的结果。双方也都有一个抵制点，抵制点是可接受的最差结果。如果一方的让步超过了抵制点，那么这方宁可令谈判破裂也不会接受这样的不利结果。这两点之间的部分构成了一方的愿望范围。只要 A 和 B 的愿望范围存在一定的交叉，那么令双方都能达成愿望的解决方案就是存在的。

分配式谈判
　　为了划分固定数量的资源而进行的谈判，是一种一赢一输的情形。

固定大小的馅饼
　　认为双方只能划分固定数量的商品或服务的思维。

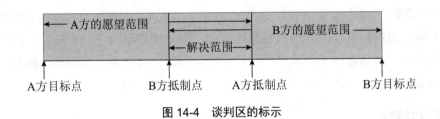

图 14-4　谈判区的标示

如果你处在分配式谈判当中，你可以采取的最佳做法就是令自己的第一出价是高价。原因之一是，较高的第一出价会显示自己的权力。拥有权力的个体很有可能是第一出价者，在会议中第一个发言，从而获得谈判优势。高出价之所以是个好策略，另一个原因在于第 6 章中提到的定位偏差。人们往往把注意力集中于最开始的信息。一旦谈判锚点被确定下来，人们往往不会根据后续的信息对它进行适当调整。精明的谈判者会在一开始提出报价时就确立锚点，多项谈判研究显示，出价较高的锚点有利于设置锚点的一方。

- **综合式谈判**

杰克商店是芝加哥的一家奢侈品店，其店主是吉姆·威瑟和蓝斯·劳森两人。在经营的早期，威瑟和劳森两人能够轻易从那些大有作为的设计师手中获得上百万美元的货物。他们与设计师的交情非常好，设计师们愿意在给杰克配货时免去预收款。当 2008 年经济衰退期到来时，杰克商店的存货销售出现了问题，设计师送到该店的商品难以及时回收货款。即使很多设计师都愿意以延迟付款的方式给该店供货，但是威瑟和劳森还是拒绝了这种提议。郑多利（Doo-Ri Chung）是一位美籍韩裔设计师，他感叹道："这些人长久以来一直支持着我们，双方关系非常好。当他们出现现金流不畅的问题时，我们也希望能够对他们有所支持。"这位设计师的态度体现的是他愿意进行**综合式谈判**（integrative bargaining）。与分配式谈判相反，综合式谈判的前提假设是，必须存在一个或几个能够产生双赢解决方案的情境。当然，杰克的例子显示，综合式谈判达成的必要前提是双方进行有效合作。

综合式谈判

寻求一个或几个能够产生双赢解决方案的谈判。

- **选择议价方法**

从群体间行为的角度来看，综合式谈判比分配式谈判更为人们所偏好，这是因为前者能够稳固双方的长期关系。综合式谈判能够令谈判各方关系更加稳固，并且当他们离开谈判桌时各方都会感到自己获得了胜利。而分配式谈判会令其中一方成为失败者。分配式谈判往往令各方产生敌意、加深分歧，但是他们还要长期在一起工作下去。研究显示，在谈判反复发生的环境里，如果失败的一方对谈判结果感觉良好，那么他在后续的谈判中就会更偏向合作的态度。

那么，为什么我们在组织中看不到很多综合式谈判呢？答案在于，这种谈判的成功是有必要条件的。其中包括,谈判各方都要开诚布公地分享信息并表明自己关注的利益所在,双方都要敏感地感知对方的需求以及双方都愿意更灵活地处理问题。正因为这些条件在组织中很难存在,因此谈判总是自然而然以不计一切后果的形式发生。

迁就和折中都是实现双赢谈判结果的最大敌人。两者都降低了综合式谈判的动力。毕竟当你或者对手都很容易缴械投降时,就没有人愿意去寻找创造性的解决方案了。可以用两姐妹争执谁应当得到橙子的情形作为一个经典的例子。姐姐想要橙子是为了喝果汁,而妹妹想要橙子是为了烘烤蛋糕,而她们两人完全不知道对方的目的。如果其中一人轻易放弃,并把橙子让给另一个人,那么她们两人都不会有动力去发现对方为何需要这个橙子,所以她们永远不会找到双赢的解决方案:两人都可以得到橙子,因为她们所需要的是橙子上并不相同的部分。

谈判过程

图 14-5 为我们提供了一种谈判过程的简化模型。这个模型将谈判视为 5 个不同的步骤:(1)准备与计划;(2)定义基本原则;(3)澄清与辩论;(4)谈判与解决问题;(5)收尾与执行。

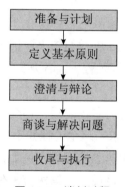

图 14-5 谈判过程

● **准备与计划**

这可能是谈判过程中最重要的部分。在开始谈判前,你需要事先仔细准备。冲突的本质是什么?谈判前期的历史是怎样的?有哪方参与谈判,他们对冲突的理解分别是怎样的?接下来,你要考虑希望达到什么目标,用文字形式列出"最有利的结果"和"能够接受的最差结果"。假设你是戴尔电脑公司的采购经理,你的目标是从键盘供应商那里尽量大幅度降低成本,那么你需要确保你的目标在谈判中成为最高目标,不要被其他问题所影响。接下来,你也要评估对方的目标是什么、对于对方而言很重要的无形利益或者隐含利益是什么？他们有可能会妥协于怎样的结果？你要仔细思考对方最有可能放弃哪些利益。人们往往会在谈判还未开始时就低估了对手愿意在关键问题上让步的意愿，谈判结果对于持这种心态的人来说往往是较差的。

最佳替代方案（BATNA）

BATNA 是英文 the best alternative to a negotiated agreement 的缩写，它指的是一方的谈判底线。

一旦你收集到足够的信息，就可以开始拟定谈判策略。你的策略中应当包括你自己和对手谈判协议的**最佳替代方案（best alternative to a negotiated agreement，BATNA）**。你的最佳替代方案决定着谈判协议对你而言的最低价值。高于最佳替代方案的任何开价都要好于谈判僵局。相反，除非你能够给对方提供他认为比自己既有的最佳替代方案更有吸引力的开价，那么你的谈判就不会成功。

几乎在所有条件下，拥有更优越的替代方案的一方都容易在谈判中获得优势。因此，专家建议谈判者在谈判互动开始之前确定最佳替代方案的可行性。这样，你可以胸有成竹地用事实和数据反驳对手，并维护自己的谈判位置。然而，这条普遍性原则还是存在一个有趣的例外——完全没有替代方案的谈判者有时会选择破釜沉舟，因为他们根本不在乎谈判破裂会导致什么结果。

- **定义基本原则**

在制订计划和策略之后，就应该开始与对方共同定义基本原则是什么以及谈判本身的过程是怎样的。例如谁来负责进行谈判？谈判应该在什么地方举行？是否存在一些时间限制？如果存在的话，时间限制是怎样的？谈判将会围绕哪些特定的问题进行？如果谈判出现僵局，你是否会遵循特定的步骤来解决问题？在这些过程中，各方也会交换最初的提议或者要求。

- **澄清与辩论**

当你们已经交换过最初的立场之后，你会和对方解释、展开说明、澄清、支持并证明你最初的要求。这个过程并不一定会导致双方对立的结果。相反，这是一个相互引导和熟悉的过程，例如，这些问题为何对你自己很重要，以及应当如何才能满足最初的需求等。你要给对方提供一些证明材料，来支持自己的立场。

- **谈判与解决问题**

谈判过程的精髓就在于有舍有得，其目的是形成最终的协议。正是为此，双方的退让才是非常必要的。谈判结果有可能会改变谈判关系，这一点要铭记于心。如果你赢得了谈判，却导致了对方的憎恨和敌意，那么更明智的做法应当是采取妥协的风格。如果维持双方关系会让你显得容易被利用，你也可以考虑稍微激进一些的风格。谈判关系的重要性可以用例子说明，对谈判过程或者招聘面试过程感觉良好的人，往往对工作感到更满意，一年后离职的可能性更低，然而这和当时谈判的实际结果并没有关系。

● **收尾与执行**

谈判过程的最后一步是将共同达成的协议以正式文本的形式落实下来，并且设计一系列必要的执行和监督过程。对于大多数谈判来说，不论是劳资谈判，还是谈判租约，都要求谈判双方敲定具体的条款并落实在正式合同当中。对于另外一些情况，谈判的收尾过程都很简单，用简单的握手来表达即可。

影响谈判效能的个体差异

是否一些人比其他人更有可能成为优秀的谈判家？答案可能比你想象的更复杂一些。有四个因素影响着个体谈判的有效性，它们分别是人格、心情与情绪、文化以及性别。

● **谈判中的人格特征**

如果你知道谈判对手的人格是怎样的，是否能够预测对手的谈判策略呢？因为人格和谈判结果仅仅是"稍稍"具有相关性，这个问题的答案最多就是"有一些可能"。大多数研究都关注大五模型中的随和性人格特征，原因很明显，随和型的人通常表现为合作和顺从，为人和善，避免冲突。我们可能会认为随和性这种人格特征可能会令谈判者在谈判桌上吃亏，尤其在分配式谈判中。然而，研究证据却显示，总体上随和性与谈判结果并没有太多的关系。

自我效能（见第7章）是个人层面的变量，它与谈判结果呈现稳定的影响关系。这个研究结果非常符合我们的直觉，自认为能在谈判中取得成功的人们往往真的可以高效进行谈判。原因可能是由于自信度高的人会设置较高的要价，不太愿意退让，并且表现出令对方畏缩的自信心。虽然具体的成因机制还不清楚，但是谈判者的确有可能在走近谈判桌前通过提高自信心而获得更好的结果。

● **谈判中的心情与情绪**

心情和情绪是否影响着谈判？的确如此，但是它们对情绪的影响方式还是取决于谈判情境。例如，怒气冲天的谈判者通常能令对方屈服，这是因为对方相信，你的气愤代表你已经不能再做出任何退让了。然而，有一个因素控制着这个结果，那就是权力。只有你在谈判中与对手权力相当时，才可以发怒。如果你权力较弱，发怒的实际意义可能反而是导致对方采取更加强硬的手段。假装的发怒，或者表层饰演的发怒效果不理想。但是真实的发怒（深层饰演）的确能够起到效果（见第4章）。如果你的一贯脾气就是将怒气爆发出来而不是深藏和报复，实际上这样做是可以令对方进一步退让的，这是因为对方会认为这位谈判者很难对付。发怒的策略是否有效也依赖文化情境，例如，一项研究发现，和美国或者欧洲的被试者相比，东亚的被试者在发怒时，令对方退让的可能性更高。这是可能是因为东亚人给别人的刻板印象是较为克制的。

另一个相关的情绪是失望。一般来说，当人们发现谈判对手很失望时，往往会进一步退让。焦虑也会对谈判产生影响。例如，一项研究发现，对谈判感到特别焦虑的人往往采用欺骗手段对待谈判对手。另一项研究发现，焦虑的谈判者对谈判结果的期待并不高，他们往往会迅速接受对方的出价，并且迅速退出谈判过程，而这都会令自己在谈判中获得较差的结果。即使连难以预测的情绪对谈判结果也有影响。研究人员已经发现，如果谈判者展现出情绪无常的状态（一会儿是正面情绪，一会儿是负面情绪），可以得到对方更多退让，因为这种做法会令对方感到自己难以获得控制权。一位谈判者这样总结道："你可能用一种方式面对一直关注的事情，突然间来了一件全新的事情，你又必须突然重新聚焦在新的事情上。"

● **谈判中的文化差异**

不同文化下的谈判风格是否有差异呢？答案十分显而易见，的确如此。一般来说，在相同文化下谈判的效果比在不同文化下更好。例如，一个哥伦比亚人更擅长和哥伦比亚人谈判，而不善于面对斯里兰卡人。

在成功的跨文化谈判中，首先，谈判者的开放性人格特别重要。这意味着我们为跨文化谈判选择谈判者时，要注意他们是否具备开放性人格，这种人格可以有助于避免一些因素的干扰，例如时间压力，因为时间压力往往会令我们无法学习如何理解对方。其次，因为不同文化下的情绪表达也有差异，谈判者尤其需要注意跨文化谈判中的情绪互动。例如，东亚文化中的人认为，使用气愤来达到目的并不是一种合理的技巧，因此他们对于谈判对手表示沮丧时的反应是拒绝与对方合作。

● **谈判中的性别差异**

在组织行为学（OB）的很多领域当中，男性和女性并没有很大区别。但是谈判却不一样。男性和女性在谈判风格上具有明显差别，谈判对手对待男性和女性的方式也截然不同，这种差异直接影响着谈判结果。

女性在谈判中的典型特征是比男人更合作、更友善。虽然这个观点是有争议的，但是它的确有一些道理。男性认为地位、权力和得到认可是更有价值的，而女性却认为同情心和利他行为更有价值。此外，女性往往比男性更珍视人际关系，男性往往比女性更关注谈判所产出的经济结果。

这些差异既影响谈判中的行为，也影响着谈判的结果。与男性相比，女性行为的武断性和自利倾向更低，更容易妥协。一项研究综述总结道："和男性相比，女性发起谈判的意愿较低，如果的确发起了谈判，她们的索求更少，更愿意接受对方的出价，给对方的出价更加慷慨。"一项对卡耐基梅隆大学 MBA 学生的研究发现，57% 的男性 MBA 学生在求职时选择首先开价，而只有 4% 的女性 MBA 学生选择这样做。两者最终的差异就是男性和女性的年薪差异高达 4 000 美元。

一项全面的文献综述认为，男性未必在所有情境下都能获得更好的谈判结果。证据显示了男女在某些情境下谈判能力相仿，女性有时也会超过男性。在代替他人进行谈判时，男性和女性的谈判结果更加类似。换句话说，比起为自己争取利益，所有人都更善于为其他人代言。凡是能令谈判的预测结果更准确的因素，往往都降低了性别差异的影响。当各种谈判解决方案都得到明晰的界定时，男性和女性能够从谈判中得到相同的结果。当面对有经验的谈判者时，男性和女性的谈判成绩也几乎相等。该研究的作者提出，当情境较为模糊时，即条件未界定、谈判者更缺乏经验，刻板印象可能起更大的作用，谈判结果才体现较大的性别差异。

社会情境中的谈判

此前，我们的大部分探讨都是关于谈判双方仅仅进行一次会面的谈判情况，并且谈判者与其他人隔离开来。然而，在组织中，很多谈判都是开放式和公开式的。如果你想要找出工作群体里谁应该去做繁琐的工作，如果你要和上司争取海外公差的机会，或者如果你要为自己的项目争取更多预算，那么谈判中就增加了社会性的成分。你的谈判对象可能是认识的人，未来还要继续在一起工作，而且谈判过程和结果有可能成为别人热议的话题。要真正理解实践中的谈判，我们必须考虑声望和人际关系等社会因素。

声望

声望指的是其他人对你的想法和评价。在谈判情形下，获得"值得信任"的声望是很重要的。简言之，在谈判过程中建立信任更有可能实现利于双方的综合式谈判。建立信任的最有效方法是在反复发生的互动中体现真诚。这样，其他人会更愿意给出开放式出价，它可能包括多种结果的可能性。此举有助于实现双赢的结果，因为双方可以合作寻找既对自己重要、又对对方有利的结果。

有时我们根据一个人的人格特征的口碑来决定是否相信他。人格特征是否有助于帮助人们形成"值得信任"的口碑？能力和正直两方面如果结合起来，是可以做到的。拥有高度自信和认知能力的谈判者会被谈判对手视为强者。对方也会认为他们擅长精确描述情境和自己的资源，当他们针对困境提出创造性的方案时，也更容易得到信任。拥有"正直"声望的人也容易实现有效的谈判。在对方眼中，他们更信守承诺、更善于精确展现信息，因此其他人更愿意把得到他们的承诺视为讨价还价的关键内容。这将为谈判者开启很多可能性，对于未被视作值得信任的人来说，这些可能性都是不存在的。最后，声望高的人更容易获得欣赏，容易结交朋友和盟友，换句话说，他们拥有更多的社会资源，这让他们更容易在谈判中得到权力。

人际关系

对于重复性谈判来说，重要的不仅仅是声望。谈判中还存在各种社会关系和人际关系，这意味着谈判者不仅仅要评估哪些条件最适合自己，还要开始思考什么条件最适合对方，以及最适合整个谈判关系。如果重复性谈判中有了信任，双方的可选条件范围就会被增宽，今天一方对另一方的恩惠或者退让可能促使对方在未来用某种形式进行回报。重复性谈判也有助于综合式谈判。部分原因在于，随着时间的延长，人们开始用更人性化的方式去看待谈判对象，双方产生了情感连结。由于信任和依赖已经建立起来，重复性谈判也可以让综合式谈判更有可能实现。

第三方谈判

迄今为止，我们已经分析了直接谈判形式的讨价还价。不过偶尔情况下，个体或者群体的代表人也会声明自己无法通过直接谈判解决双方分歧。如果是这样，他们可能会诉诸第三方，请求第三方帮助他们找到解决方案。第三方的角色包括三种：中间人、仲裁人和调解人。

中间人

采用理性分析和说服的方法为双方提供备选方案的中立第三方。

中间人（mediator）是中立的第三方，他们采用理性分析和说服的方法为双方提供备选方案和其他帮助。在劳资谈判中和民事法庭上，中间人的角色被广泛采用，他们的总体有效性令人印象深刻。例如，同等受雇机会委员会（EEOC）数据显示，通过中间人调停解决问题的比例是 72.1%。不过，中间人能否成功的关键在于情境，冲突双方必须有动力进行讨价还价和解决问题。此外，冲突强度不能过高，中间人最起作用的情况是中度冲突。最后一点，谈判双方对中间人的认知是很重要的，中间人起有效作用的前提条件是他们被视为中立方，不具胁迫性。

仲裁人

身具权威、能够对协议做出裁决的第三方。

仲裁人（arbitrator）是身具权威、能够对协议做出裁决的第三方。实行仲裁可以是自愿的（经谈判双方要求），也可以是强制的（由法律或者合同强制）。仲裁比中间人的优越之处在于，仲裁总是可以产生解决方案。它是否存在缺点在于仲裁人的形象有多强硬。如果有一方感到全面溃败，那么这一方一定会感到不满，冲突还会在后续重新浮现。

调解人

被信任的第三方，为谈判对手间协调非正式的沟通机会。

调解人（conciliator）是被信任的第三方，他们为谈判对手间协调非正式的沟通机会。这个角色之所以被熟知，是因为罗伯特·杜瓦尔（Robert Duval）在电影《教父》的第一部中所演绎的角色。作为唐·柯里昂的养子和受过训练的律师，杜瓦尔成了柯里昂家族和其他黑手党家族之间的中间人。把调解人和中间人的实际效果做比较是很困难的，因为两个概念存在很大的重合。在实践中，调解人的角色往往不仅仅是创建沟通的通路，他们也会积极发现事实、解读信息以及规劝发生分歧的双方寻找解决方案。

本章小结

虽然大部分人都会想当然地认为冲突会破坏群体和组织的绩效，但这种看法经常是错误的。对群体或单位的运行功能来说，冲突既可以是建设性的，也可以是破坏性的。冲突的水平有可能过高或过低。两种极端情形都会令绩效降低。最理想的冲突水平能够刺激群体突破停滞状态、激发成员的创造性、帮助成员释放压力以及播撒变革的种子，而不会升级为破坏性的冲突或者阻碍沟通协作。

对管理者的启示

- 当出现对组织至关重要的问题并需要执行不受欢迎的决策时（成本缩减、执行不受欢迎的政策或纪律），应当选择独裁型管理风格。你需要确保员工了解你的逻辑，确保他们保持对工作的高度投入并实现高产出。

- 如果你的目标是了解对方，将不同观点综合起来，或者让大家形成一致意见并获得承诺，又或者你需要解决人际关系中的情绪问题，你应当选择综合式的谈判策略。

- 你可以在下列情况下通过对他人的迁就而建立信任。例如发现自己犯错误时、需要体现理性分析时、听取他人意见时、问题对别人的重要性大于对你自己时、当你希望令对方满意并维持合作关系时、当你想要让对方欠你人情从而有助于解决未来的问题时、当对方比你具有优势而你要尽量减少损失时以及当你需要员工从失误中学习经验时等。

- 当目标很重要但为此产生纠纷又不值得时，当你的目标与势均力敌的对手互斥时，或者当你需要对复杂的问题暂时给出一个方案时，你可以考虑折中的做法。

- 分配式谈判可以解决分歧，但是通常会造成一方或者多方谈判者满意度降低，因为分配式谈判是对抗性的，而且只关注短期结果。而综合式谈判则相反，它致力于找到让各方都满意的结果，并且建立长远的和谐关系。

第 15 章
组织结构原理

通过本章的学习，你应该能够：

1. 识别组织结构的 6 个要素；
2. 认识职能型、事业部型和矩阵型组织结构的特点；
3. 认识虚拟型组织、团队型组织和环型组织的特点；
4. 描述裁员对组织结构和员工的影响；
5. 解释有机组织和机械组织的区别；
6. 分析不同的组织结构设计对组织行为有何影响。

什么是组织结构

你是否曾经注意过，不同的工作情境对人们的行为有何影响？我们知道，并非所有的情境都能实现高效的组织行为（OB）。通过仔细分析，我们得知组织的结构对行为有着巨大的影响。**组织结构（organizational structure）** 界定了任务是如何正式分工、分组和协调的。管理者在设计组织结构时需要留心 7 个关键因素：工作专业化、部门化、指挥链、管理幅度、集权与分权、正规化和跨界活动。表 15-1 展示了每一个关键因素，它们能够回答有关组织结构的重要问题，下面的章节将分别对这些要素进行介绍。

组织结构

组织结构界定了任务是如何正式分工、分组和协调的。

表 15-1　设计恰当的组织结构必须回答的关键问题和答案

关键问题	能够解答的因素
1. 任务应该分解细化到什么程度？	工作专业化
2. 对工作进行分组的基础是什么？	部门化
3. 员工个体和工作群体向谁汇报工作？	指挥链
4. 一位管理者可以有效指导多少个员工？	管理幅度
5. 决策权应该放在哪一级？	集权与分权
6. 应该在多大程度上利用规章制度来指导员工和管理者的行为？	正规化
7. 不同领域的员工是否需要定期互动？	跨界活动

工作专业化

在 20 世纪初，亨利·福特通过建立汽车生产流水线而富甲天下。福特公司的每一名员工都分配到特定的、重复性的任务，例如装配汽车的右前车轮。通过把工作分解成较小的、标准化的任务，工人反复进行同一种操作，这样福特公司就能够凭借技能相对有限的员工，每隔 10 秒钟就生产一辆汽车。**工作专业化（work specialization）**或者劳动分工描述了组织中的任务被划分成若干步骤的细化程度。工作专业化的精髓在于，将工作划分为一系列的步骤，每一个步骤都由一个单独的员工来完成。因此，每个人专门从事工作活动的一部分，而不是全部活动。总的来说，工作专业化是一种高效利用员工技能的方法，并且还可以通过提升频繁重复程度而提高技能水平。这样做可以减少任务来回变换、放置上一工作步骤的工具和器械、以及准备下一工作环节所浪费的时间。

但到了 60 年代，一切似乎变得过犹不及。工作专业化所带来的"人力不经济"现象开始浮现，例如厌烦情绪、疲劳感、压力感、低生产率、低质量、缺勤率上升、离职率上升等，这些现象逐渐盖过了工作专业化的优势（见图 15-1）。管理者可以通过扩大（而并非缩小）工作活动的范围而提高生产率。给予员工各种各样的工作，允许他们完成一件完整的工作，以及允许他们组成技能轮换的团队，这些都能明显更高产量，并且也能提高员工的满意度。

> **工作专业化**
> 组织中的任务被划分成若干步骤的细化程度。

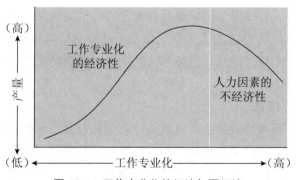

图 15-1　工作专业化的经济与不经济

当今大部分管理者都意识到某些工作的专业化所能带来的经济效应，以及过度实施工作专业化而导致的问题。当工作角色可以被划分为特定的子任务或者子项目时，工作专业化的条件就是存在的。你可能已经猜到，工作专业化通常应用于制造业中，它也可以为制造业之外的其他行业带来优势，尤其是以工作分享和兼职工作为主流的行业。亚马逊公司的"机械强人"（Mechanical Turk）计划、"高级编程师"（TopCoder）等类似计划都促进了微型专业化的新趋势，这种趋势意味着编程、数据处理或者数据评估等工作中的极小型任务都可以被一位程序经理外包给全世界范围的其他工作人员，然后这位程序经理可以将结果拼凑起来。工作专业化在过去关注的是将制造任务在同一个工厂中划分成特定的责任范围，当今的工作专业化则根据科技、专业性和地域的因素，将复杂的任务划分为特定的构成要素来执行。

部门化

部门化

将工作进行分类组合的过程被称作部门化。

一旦通过工作专业化完成任务细分之后，就需要按照类别对它们进行组合，以便把具有共通性的工作到一起协调。将工作进行分类组合的过程被称作**部门化**（departmentalization）。

- **职能部门化**

对工作活动进行分类的最常用方法是根据活动的各项职能进行划分。制造业的管理者通过把工程、会计、制造、人事、采购等方面的专家划分成常设的部门来组织工厂。一个医院的主要职能部门可能有研究部、外科手术部、护理部、财会部等。而一个职业足球队则可能设立球员人事部、售票部、旅行及后勤部门等。这种按照职能区分进行部门化的方法，主要优点在于把同类专家集中在一起，这样能够提高工作效率。

- **产品或服务部门化**

我们也可以按照组织生产的产品和服务来进行部门化。宝洁公司将每一个重要的产品都置于一位高层管理人员的管理之下，例如汰渍洗衣粉、帮宝适纸尿裤、心绵卫生纸以及品客薯片等，这些高层人员在全球对该产品都负有责任。这种做法的主要优点在于能够更好地对绩效结果负责，这是因为和一个特定产品和服务相关的所有活动都是在某一位特定的管理者指导之下进行的。

- **地理区域部门化**

如果一个公司是根据地理位置进行部门化设置，例如把销售职能划分成西部、南部、中西部和东部等，这些部门都是围绕地理位置进行组织划分的。当组织的顾客分散在广阔的地理位置之上，或者不同地域的顾客拥有相似的需求，那么这样的组织形式就是十分恰当的。因此，丰田公司近期将管理架构改为按照地域划分的结构，丰田公司 CEO 丰田章男称这种做法"可以开发和交付比以前更好的产品"。

- **流程与客户部门化**

按照流程进行部门划分的方法既适合服务客户也适合生产产品。从未去过相关政府服务部门办理驾照的人可能发现自己需要周转多次才能最终拿到驾照。拿到驾照的一般流程可能分为 3 个步骤，每个步骤都由一个单独的部门来负责：（1）监管部门的批准；（2）驾照部门处理该请求；（3）财政部门收取费用。部门化的最后一种方法是根据组织希望寻找的客户类型划分。

- **部门化对组织行为学的启示**

有趣的是，组织并不会一直保持他们最初采取的部门化方式。例如，微软公司常年采用客户部门化的组织形式，也就是说围绕其消费者的类型设置组织结构，例如普通消费者、大型公司、软件开发商和小企业。然而，在 2013 年 6 月公司 CEO 史蒂夫·鲍尔默（Steve Ballmer）致全体员工的一封信中，他提出公司的组织构架要转向职能型的部门化方式，理由是公司需要促进持续创新。新的工作部门将根据传统职能的方式来划分工作，包括工程部、营销部、业务拓展部、战略与研发部、财务部、人力资源部和法务部。

鲍尔默期望微软公司的组织结构变革"可以重新塑造我们与客户、软件开发商和关键创新合作伙伴的交互方式，对外传达一致的信息，以及综合展示一系列产品"。我们在本书中看到，如果组织有意开展变革，让公司实践与组织目标相一致，尤其是与领导者的目标相一致，那么如果将这些变革强有力执行下去，组织经营情况得到改善的可能性将被提高。在微软公司的例子里，变革的结果还未能体现——鲍尔默是一位强有力的领导者，他在两个月之后声称自己即将退休（正式离开微软的时间是 2014 年），而后续变革还在发生。微软一直深陷在组织重构中，公司宣称在一年内将重新确定领导人选和团队架构。

指挥链

虽然指挥链曾经是组织结构设计中的基石，但现在它的重要性已经远远不如以往了。即使如此，当代的管理者也不应小觑它的影响，尤其是在对人们的生命安全发生潜在影响的行业，人们需要尽快听从决策者的指挥。**指挥链**（chain of command）是一根连续的权力线条，从组织最高点延续到最低层级，它规定了谁向谁汇报。

- **权威**

讨论指挥链的话题就一定不能规避权威和命令统一性这两个话题。**权威**（authority）指的是管理岗位必然拥有的权力，包括发出指令、并令下属遵从。为了促进各层级员工的合作，指挥链中每一个管理岗位都有自己的特定位置，每一个管理者都被授予一定的职权，这样他们才能更好地履行自己的责任。

- **命令统一性**

命令统一性（unity of command）这个原则有助于保持权威链条的连续性。它意味着，一个人应该对一个唯一的主管负责任。如果指挥链的统一

指挥链
　　一根连续的权力线条，从组织最高点延续到最低层级，它规定了谁向谁汇报。

权威
　　管理岗位必然拥有的权力，包括发出指令、并令下属遵从。

命令统一性
　　该概念指的是一个下属应该仅对唯一主管的命令负责任。

性遭到破坏，一个员工有可能需要处理几个不同领导互相冲突的指令和他们所代表的不同的任务优先级，这种情况经常体现为组织结构图中的虚线汇报关系，它描述了一位员工需要对多位管理者负有责任的情况。

- **指挥链对组织行为学的启示**

时代在发展，组织设计的基本原则也在发生变化。现在一名基层员工能在几秒钟内得到 20 多年前只有高级管理人员才能得到的信息。运营层面的员工也拥有了以往管理层才能拥有的决策权。随着自我管理式团队、跨职能团队和多名上司的新型组织设计思想盛行，你可以看到为何权力与命令统一性的概念越来越无足轻重了。但许多组织仍然认为通过强化指挥链可以优化组织的生产效率。事实上，一项针对 1 000 名以上管理者进行的调查发现，其中 59% 的人都同意这句话："我们公司的组织结构图中存在一条假设线。在这条线之上，人们讨论战略问题，而战略的执行是由这条线以下的人来完成的。"然而，这次调查研究也发现，如果决策过分依赖等级制度，那么基层员工对于组织战略的接受度（同意和积极支持）就会受到抑制。

管理幅度

管理幅度
一个管理者可以有效管理的下属人数。

一个管理者可以有效管理几名下属？**管理幅度**（span of control）的概念描述了组织要设置多少层级，并配备多少管理人员。在其他条件都相同时，管理幅度越宽，组织层级越少，每个层级管理的员工数量越多，那么组织效率可能越高。

假设有两个组织，都有将近 4 100 名操作人员。如果一个组织的管理幅度为 4，另一个为 8，如图 15-2 所示，管理幅度宽的组织比管理幅度窄的组织在管理层级数量上少两层，可以少配备 800 多个管理人员。如果每名管理人员的年平均薪水为 5 万美元，则管理幅度宽的组织每年单在管理人员薪水上就可以节省约 4 千万美元！显然，在成本方面，管理幅度宽的组织效率更高。但是，如果管理幅度过宽，由于管理人员没有足够的时间为下属提供必要的领导和支持，管理效能则会下降，员工的绩效也会下降。

管理幅度窄也有其好处。为了尽可能降低模糊性，最好把管理幅度保持在 5 ～ 6 人。管理幅度窄主要有三个缺点。第一，由于管理层级增加，管理成本会大大上升。第二，它使组织的垂直沟通更加复杂。管理层次增多也会减慢决策速度，并使高层管理人员趋于孤立。第三，管理幅度过窄容易造成上司对下属的监督过严，妨碍下属的工作自主性。

近几年的管理趋势是拓宽管理幅度。拓宽管理幅度与各个公司努力降低成本、削减企业一般管理费用、加速决策过程、增加决策灵活性、拉近与顾客的距离、对下属授权等趋势是一致的。但是，为了避免因管理幅度

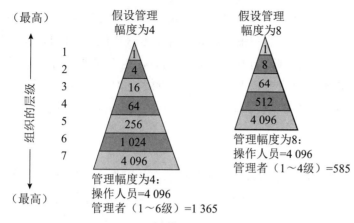

图 15-2　不同管理幅度的对比

加宽而导致绩效降低的情况发生，各个组织都大大加强了员工培训的力度和投入。管理人员已经认识到，如果自己的下属能够充分了解工作，或者能够从同事那里得到帮助，那么自己就可以更好地控制较宽的管理幅度。

集权与分权

　　集权（centralization）指的是决策权集中于组织中某一点的程度。在集权式的组织当中，所有决策都是高层管理者做出的，低层管理者只不过是在执行高层管理者的指示。还有另一种极端的组织实行**分权式的决策方式**（decentralized decision making），决策权被下放给具体采取行动的管理者或者群体。集权的概念仅仅包涵正式权力，也就是说，某个岗位的固有权力。

　　● **集权与分权对组织行为学的启示**

　　集权式的组织与分权式的组织在组织结构上存在差别。分权式的组织在解决问题时反应更加迅速，有更多的人为决策提供自己的见解，员工也不会感到自己与影响自己工作的决策者距离过远。集权与分权的作用是可以预测的：集权型组织更适合避免组织陷入失误（错误的选择），而分权型组织更适于避免疏漏（机会的丧失）。

　　由于管理人员不断努力令组织更加灵活、反应能力更强，这形成了当前分权给低层管理者的趋势，因为他们离具体的工作更近，并且往往比高层管理者对问题有更深的了解和见解。例如，西尔斯百货和潘尼百货授予门店经理相当大的权力选择进哪些货。这令各门店与当地商户相比竞争力更强。另一个类似的例子是，宝洁公司授权员工小群体不按照常规的等级制度决策而是独立决定开发新产品，该公司得以迅速推出更多能够立即上市的新产品。一项研究调查了大量的芬兰组织，研究显示，分设在多个办公地点的研发部门较为分散化，这样的研发部门比集中在一个办公室的研

集权
　　决策权集中于组织中某一点的程度。

分权式的决策方式
　　决策权被下放给具体采取行动的管理者或者群体的程度。

发部更擅长变革创新。

　　对于拥有多个海外办公地点的公司而言，通常分权是很有必要的，因为公司需要更本地化的决策，从而对各个地区实现利润的机会、特殊的客户类型和特定的法律进行快速反应，同时，也有必要进行集权式的监管，责成地区管理者对业务负责任。如果不能成功对两者进行平衡，不仅组织的业务有可能受影响，组织与外国政府的关系也有可能受损。

正规化

正规化

组织中的工作得到标准化的程度。

　　正规化（formalization）指的是组织中的工作实行标准化的程度。如果一项工作的正规化程度较高，就意味着完成这项工作的人对工作内容、工作时间、工作手段没有太多自主权，这样能够让产出结果保持一致性和标准化。在高度正规化的组织中，有明确的职务说明书，有详细的组织规章制度，以及对工作过程的详尽规定。工作标准化不仅减少了员工选择其他行动方案的可能性，而且员工也没有必要思考其他的工作方案。在正规化程度较低的组织中，工作行为的程序性较低，员工在工作中拥有较大的自主权。

　　组织之间或组织内部不同工作岗位之间的正规化程度差别很大。一项针对 94 家中国高科技公司的研究结果显示，组织正规化会破坏分权型组织中的团队灵活性，这意味着组织正规化并不适合要求大量互动的岗位，也不适合需要灵活和创新的组织。例如，给大学教授打电话推销新书的出版社工作人员，他们的工作自由度很高，他们只有最基本的推销说辞，在需要的时候可以随意调整，他们并不需要遵循太多的规定和程序，而只需要每周提交一份销售报告，并对不同主题的新书出版提出建议。另外一个极端是，一些职员和编辑每天必须早上 8 点准时坐到出版社办公桌前上班，并且必须严格遵守管理层制定的详尽规章制度。

跨界

　　我们已经讨论过组织所创造的清晰的任务结构和指挥链。这些制度可以对某些特定任务实现控制和协调，但是如果组织中责任划分太细致，那么在群体间进行协调可能会呈现非常糟糕的结果。要克服各自为战的问题并且在一定程度上保留结构化优势，就要鼓励或者创造跨界的角色。

跨界

一个人与自己正式被指派进入的群体以外的人群建立联系。

　　在一个组织中，**跨界（boundary spanning）**是一个人与自己正式被指派进入的群体以外的人群建立联系。经常与信息技术部打交道的人力资源管理者所进行的工作就是跨界工作，或者，研发团队的员工从产品团队得到某些理念并推行下去也是跨界工作。这些活动可以有效防止正式组织结构过于僵化的弊病，当然也可以提高组织和团队的创造力。

组织可以设立正式的制度来促进跨界活动。一种方法是设立正式的协调角色，或者让组织中不同领域的人构成委员会。员工发展和成长活动也可以促进跨界。拥有不同职能背景的员工（例如营销或会计）更容易跨界。很多组织设置轮岗制度，让新员工更理解组织的各个方面工作，以此塑造促进跨界的积极氛围。最后一种鼓励跨界的方法是让员工关注组织的整体目标和大家共同的组织身份。

跨界活动并非仅仅在同一组织内部发生，它也可以在发生在组织之间。从外部来源获得信息对于高度创新性行业来说特别有利，在这些行业中维持竞争地位是极具挑战性的。对于鼓励广泛内部沟通的组织而言，这个结论更明显。换句话说，当内部跨界紧随外部跨界时，外部跨界可以产生更好的效果。

常见组织结构的设计

组织结构设计存在多种名称，这个概念是在不停演化的，这也应对着工作方式的变革。下面我们将介绍三种常见的组织结构设计方式：简单组织结构、官僚式组织结构和矩阵式组织结构。

简单组织结构

一家小型零售商店，一个坚韧不拔的企业家所经营的电子公司，一家处于飞行员罢工困境中的航空公司，它们之间有哪些共同点呢？答案是它们可能都采取了**简单组织结构**（simple structure）。

简单组织结构的部门化程度比较低，管理幅度较宽，权力集中于一个人，正规化程度也比较低。它是一种"扁平化"的组织，它通常只有 2～3 个层级，组织非常松散，决策权力集中于某一个人。大多数公司在初创时期都是简单结构组织，很多创新型的技术公司的生存时间可能不会很长，例如手机应用开发公司一般来说组织设计都比较简洁。

请思考一个零售商店的例子，这个零售店的所有权属于杰克·格德，并且他自己管理这家零售店。他聘用了 5 个全职的销售人员、1 个出纳员，还有几个专门在周末和假期顶替其他人的员工，但管理零售商店的"主角"还是杰克自己。对于小型企业而言，这是非常典型的情况，不过，处在危机当中的大型公司也通常会简化其组织结构（当然达不到上述程度），从而集中资源办大事。

简单组织结构的优势就在于它的简单性。它能够快速、灵活地行动，运营成本较低，权责划分也十分清楚。简单组织结构的最主要劣势是，这种组织结构只有在小型组织中才能得以维持。随着组织规模的壮大，简单

简单组织结构

简单组织结构的特点是部门化程度比较低，管理幅度较宽，权力集中于一个人，正规化程度也比较低。

组织结构会越来越不适用，这是因为简单组织结构的正规化程度比较低，再加上权力高度集中，往往导致高层堆积过多的信息。随着规模增长，决策速度往往会减慢，这是因为核心管理者试图对所有事情亲力亲为。这就解释了为何很多小型公司成长不起来。如果组织结构还维持以前的状态而没有壮大起来，那么公司通常会失去发展的动力，最终会导致组织走向失败。简单组织结构的另一缺点在于它存在风险，也就是说所有的事情都由一个人决定。组织最高决策者如果患病，组织的信息传递和决策能力都可能会遭到停滞。

官僚式组织结构

标准化是所有官僚式组织结构最关键的概念。去看看你开支票的银行，你买衣服的百货商店，征收税务、卫生保健、提供当地消防服务的政府部门，就不难了解这种组织结构了。这些组织都依靠标准化的工作程序来进行协调和控制。

官僚式组织结构

这种组织结构将日常营运任务高度专业化、将规章制度正规化以及将任务按照职能部门分类，令权力高度集中，管理幅度缩小，并且令决策沿着指挥链条进行。

官僚式组织结构（bureaucracy）的特点是，将日常营运任务高度专业化、将规章制度正规化以及将任务按照职能部门分类，令权力高度集中，管理幅度缩小，并且令决策沿着指挥链条进行。官僚结构是部门化程度最高的组织形式。

官僚式组织结构在很多人的心目中都是贬义词。然而，官僚式组织结构的确有长处。最大的优点在于能够让组织高效地执行标准化的工作。将相似的任务归类并交给职能部门去完成能够带来规模经济的效应，尽量减少人手和设备的重复配置，令员工有机会与自己的同事用"共同的语言"进行交流。因为规章制度在组织中能够替代管理者的主观决策，所以官僚式组织结构对中低层的管理人员要求较低，并可以节约成本。对于高管层级以下人员，官僚式组织结构不太需要具备创新能力和经验的决策者。

我们来倾听一家公司中四位管理人员之间的对话。生产部经理说："你知道吧，要不是我们生产出东西来，这个地方简直什么工作成果都没有。"研发经理这样说："你说的大错特错了，要不是我们设计出来，才真的什么都没有呢。"市场部经理又插嘴道："要不是我们把东西卖出去，一切都是空谈。"愤怒的财务经理回应说："不论你们把东西生产出来、设计出来还是卖掉，要不是我们把结果统计出来，谁也不知道到底结果怎样！"这样的谈话突出了官僚式组织结构中专业化的分工会产生冲突的问题，在上述冲突下，部门目标僭越了组织的整体目标。

官僚式组织结构的另外一个弊端是我们都熟悉的——人们往往会过分遵守这些规章制度。当实际情况无法精确地符合制度的要求时，往往不存在商量的空间。官僚式组织结构只有在员工面对熟悉的状况并事先已设好决策规则时才会有效。我们应该仔细研究两种官僚式组织结构：职能式和矩阵式。

- **职能式组织结构**

职能式组织结构（functional structure）根据专业、角色或者任务划分员工群体。例如，组织被划分为生产部、营销部、人力资源部和财务部等。很多大型的组织都采用这个架构，不过，为了对业务机会快速做出响应，组织结构正在发生变化。职能式组织结构也有优势，在单一职能部门下，业务专员更容易成长为业务专家，效果比在多元化职能的单位更好。清晰的职业成长路径一直延伸到组织最高层次和自己专业相符的职位，这种机会本身就可以激励员工。

如果组织只关注一种产品或服务，职能式组织结构的效果最明显。然而，由于官僚层级决定了沟通路径，所以也会导致僵化的、过分正式的沟通。各个单位部门之间的协调会成为问题，单位之内和单位之间产生的混战也会导致员工激励水平降低。

- **事业部式组织结构**

事业部式组织结构（divisional structure）根据产品、服务、客户和市场的地理位置来划分员工所在的工作单元。它是高度部门化的组织形式。有时这种架构是按照不同事业部类型而分类的：按产品 / 服务划分的组织结构（包括猫粮、狗粮、鸟粮等业务部门是向动物食品生产商汇报的）；按客户类型划分的组织结构（例如门诊部、住院部和药房是向医院行政管理部门汇报的）；以及按地理区域划分的组织结构（例如欧洲、亚洲和南美洲等区域部门是向公司总部汇报的）。

事业部式组织结构的优缺点和职能式组织结构相反。它能促进不同工作单元之间的协调、及时完成任务、符合预算目标、开发新产品并在市场上推广，同时照顾到各个工作单元的特殊需求。它能清晰界定和产品相关的所有活动的责任范围，但是职能有重复、成本也有浪费。有时这种情况是有益的，例如一个组织在西班牙和中国各有一个工作单元，组织需要对新产品设计市场策略。两地的市场专家都可以对本区域的市场活动提供恰当的文化视角。然而，在两个国家同时设置市场部员工可能导致组织的成本上升，原因是，他们在两地承担的任务是基本相同的。

矩阵式组织结构

矩阵式组织结构（matrix structure）结合了职能与产品两种部门化形式的特点。我们可以在广告公司、航天公司、研发实验室、建筑公司、医院、政府部门、大学、管理咨询公司和娱乐公司见到这种组织形式。采用矩阵式管理结构的公司包括：ABB 公司、波音公司、宝马汽车、IBM 和宝洁公司等。

职能式组织结构

　　根据专业、角色或者任务来划分员工群体的组织结构形式。

事业部式组织结构

　　事业部式组织结构根据产品、服务、客户和市场的地理位置来划分员工所在的工作单位。

矩阵式组织结构

　　这种组织形式创造了双线管理权威，将职能与产品两种部门化形式的特点结合在一起。

矩阵式组织结构最明显的特点是突破了"控制统一性"的条条框框。矩阵式组织结构中的员工同时有两个上司：职能部门经理和产品经理。表 15-2 是一所工商管理学院的矩阵组织结构。学术部门都是职能型单位，如会计学、决策与信息系统、市场营销学等。另外，特定教学项目（即产品）则与职能部门相交叉。这样，矩阵组织中的成员就要面对双重指挥链，同时为职能部门与产品部门服务。例如，一位负责讲授本科生会计课程的教师，就处于本科生项目主任和会计系主任的双重领导之下。

表 15-2　工商管理学院的矩阵式组织结构

教学项目 学术部门	本科生	硕士生	博士生	研究人员	高管课程学员	社区教育服务
会计						
金融						
决策与信息系统						
管理						
市场营销						

矩阵式组织结构的优势在于，当组织中的各种活动比较复杂又相互依存时，它有助于各种活动的协调。矩阵式组织结构还有利于减少官僚的现象，双线管理权威可以避免组织成员只顾维护本部门的利益而将组织目标放在第二位的现象。矩阵组织结构的主要不足在于，它会带来一定程度的混乱，使组织滋生争权夺利的现象，并给员工带来较大压力。命令统一性一旦不复存在，管理的模糊性就会大大增强，这样往往会导致职能经理和产品经理之间的冲突和权力斗争。

新型组织结构设计

许多组织中的高层管理人员为了加强组织的竞争力，都开始设计新型组织结构。这些结构减少了组织中的层级数目，并试图开放组织的边界。我们将在本小节中讲解三种新兴的组织结构设计方式：虚拟型组织、团队型组织和环型组织。

虚拟型组织

虚拟型组织

　　将重要商业职能外包的小型核心组织。

可以租借，何必拥有？这个问题抓住了**虚拟型组织（virtual organization）**的实质，虚拟型组织也常被称为网络型组织或模块化组织。它通常是将重要商业职能外包的小型核心组织。虚拟型组织的集权程度很高，但部门化程度很低，或根本就不存在部门化。

在图 15-3 所展示的虚拟型组织中，管理层将所有主要的商业职能外包。组织的核心是一个小型管理层群体，它们的工作是直接管理组织内部的活动，并且协调那些为虚拟型组织提供生产、配送等重要职能的外部关系。图中的虚线代表着以合同形式维持的合作关系。从根本上讲，虚拟组织架构中的管理者会将大多数时间花在沟通协调和管理外部关系上面。

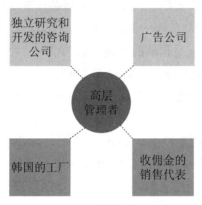

图 15-3　虚拟型组织

虚拟型组织的最大优点是它的灵活性，这种特点令拥有创意却又缺乏资金的个体能够与大型组织展开有效的竞争。虚拟型组织也可以通过削减办公空间和管理层人数来节省大笔资金。虚拟型组织的弱点随着它广泛被采用而逐渐显现出来。组织总是处在不断地变迁和重构当中，这意味着各种角色、目标和责任都会变得含糊不清。这会成为政治行为的土壤。因为组织成员之间缺乏互动，这种组织缺乏共同的文化和共同的目标。团队成员通常相隔千里，联络并不频繁，因此他们很难分享信息和知识，这种情况也极大地遏制了创新，并且会延迟对问题的反应时间。令人感到讽刺的是，有一些虚拟型组织比起那些建立起繁复沟通与合作网络的组织反而更缺乏适应性和创新能力。

团队型组织

团队型组织寻求解除指挥链，采用高度授权的团队来替代组织部门，打破了纵向和横向的边界，并且拆除了公司与客户和供应商之间的外部障碍。

没有了垂直的边界，管理层次就更加扁平，不同地位和不同阶层之间的差别也大大缩小。跨层级的团队（包括高层管理者、中层管理者、主管与运营人员）、参与式的决策以及 360 度绩效考核（同事和上下级分别对某人进行绩效评估）都是团队型组织所采取的做法。例如，丹麦公司 Oticon A/S 是世界上最大的助听器生产厂商，在这家公司，官僚层级的所有迹象都消失了。每个人都在统一的移动办公台工作，工作是在项目组之间（并非职能部门之间）协调的。

团队型组织

团队型组织采用高度授权的团队来替代组织部门，打破了纵向和横向的边界，并且拆除了公司与客户和供应商之间的外部障碍。

团队型组织一旦步入充分运行的状态，就可以打破地理界线。当今大多数美国公司都将自身看成是团队导向的全球化的公司，例如可口可乐和麦当劳这样的公司在美国本土以外经营的业务规模甚至和美国本土不相上下。其中一些公司正在考虑如何在组织结构中增加区域管理单位。还有一些例子，团队是按需设置的。例如一些中国公司在 5 年内在石油和天然气领域进行了 93 起并购，在每一起并购后都纳入了一个新团队，从而解决自身在中国的资源无法满足预测的市场增长的情况。团队型组织对此提供了一种解决方案，因为该组织将地理位置看成是一种技术性问题和物流问题，而不是一个组织结构问题。简单而言，其目标是打破文化障碍，并且发现更多的机会。

有一些组织所创造的团队纳入了员工、客户和供应商。例如，为了保证供应商按照精细的要求供应重要的产品备件，霍尼韦尔国际公司（Honeywell）让自己的工程师与供应商的管理层以合作伙伴的方式共同工作。

环型组织

环型组织

环型组织的核心是高管层，他们将愿景对外圈的职能人员（包括管理者、业务专员和普通工人）传达。

请思考射击靶心的同心圆。中间的靶心是高管层，外圈的圆环按照职能分类分别是管理者、业务专员和普通工人。这就是**环型组织（circular structure）**。这种组织结构会不会显得很混乱？实际上，这仍然是一种官僚结构，只不过高管层是在组织的核心位置，他们向外圈传达愿景。

环型组织对于具有创造力的创业者来说具备天然的吸引力，一些小型的创新公司声称自己拥有这种组织结构。然而，在当前很多混合型的组织结构中，员工很容易搞不清楚应该向谁汇报，以及谁是公司的主要控制者。不过，我们还是有可能看到环型组织逐渐流行起来。这个概念在直觉上具备吸引力，例如它有助于传达企业社会责任方面（CSR）的愿景。

精干型组织：缩减组织规模

我们曾经描述过的一些组织结构，其目标往往是提高组织的敏捷性，从而创造出一个精干、聚焦、灵活的组织。缩减组织规模是一种令组织更加精干的系统性方法，其中包括关闭某些地方的办公室、裁员或者出售不增加价值的业务部门。缩减组织规模并不一定意味着减少你的办公空间，当然这种情况也有可能会发生。

有一些公司缩减规模的目的是让精力可以聚焦在公司的核心竞争力上面。美国捷运公司声称其在过去 10 年中一直致力于在几次裁员中达到这一目的。2001 年裁减 7 700 个岗位，2002 年裁减 6 500 个岗位，2008 年裁减

7 000 个岗位（员工总数的 10%），2009 年裁减 4 000 个岗位。2013 年裁减 5 400 个岗位（剩下员工总数的 8.5%），被认为是"十年来最大的缩减开支行动"。公司在 2015 年又裁掉了 4 000 个岗位。每一次裁员的同时都进行了一场组织结构变革，此举反映了客户偏好的变化，公司的业务重点正在从客户个人服务转向在线客户服务。根据公司 CEO 肯·谢诺尔特（Ken Chennault）的说法，"我们的公司和行业正在由于科技而发生转变。在这些转变下，我们不仅有机会也有必要调整公司的组织架构和成本结构"。

即使精干型组织有诸多的好处，缩减组织规模对组织绩效的负面影响也令人们争论不休。缩减劳动力的规模可以立即带来整体工资成本大幅下降的有利结果。用缩减规模的方式来增强组织战略聚焦能力的公司在发布消息后往往其股价立即上升。一个近期的例子是俄罗斯的高尔基汽车公司（GAZ），在总裁波·安德森（Bo Andersson）炒掉 5 万名工人（员工总人数的一半）后，首次实现了多年来的业绩上升。从另一方面看，在那些仅仅裁员而没有重新调整组织架构的公司中，利润和股价反而通常会降低。发生这种现象的原因之一是裁员这一行动对员工态度有影响。在裁员后留下来的员工通常担心未来还会再发生裁员，因此对组织的承诺也就不如先前了。压力可能会造成员工生病请假的频率增加，令员工在工作中难以集中精神，也会降低员工的创造力。组织规模缩减也有可能造成员工主动离职率提高，结果导致重要的人力资源流失。最后，公司不仅不是精干型组织，反而失去了活力。

简言之，成为精干型组织，可以提高组织的敏捷性、效率和产量，前提是必须谨慎裁员，通过各种方法帮助员工渡过这一阶段，方法包括对人才的投资、加强沟通、邀请员工参与决策，以及安置好失业员工等。

组织架构差异的原因

此前我们已经介绍了许多种组织设计方案。图 15-4 重现了我们之前的讨论要点，它是两种极端组织设计模型的结构示意图。我们把其中一个极端称为**机械结构模型**（mechanistic model），它与官僚结构大致是同义词，其特点是：工作过程高度标准化、高度正规化、管理层级更多。另一个极端被称为**有机结构模型**（organic model），这个模型的特点是结构扁平、决策的正式程序更少、多位决策者并存，以及更偏好灵活的做事方法。

我们记住这两种模型后，要考虑这样几个问题：为什么有的组织选择机械式结构，而另一些组织却选择了有机式结构？是什么影响着组织结构的设计？我们将在这里讲解组织架构的主要原因和决策因素。

机械结构模型

　　这种组织结构的特点是，广泛部门化、高度正规化、有限的信息分享网络和集权。

有机结构模型

　　这种组织结构的特点是，结构扁平、采用跨层级和跨职能的团队工作形式、低度正规化、综合的信息分享网络和参与式决策。

机械结构模型 　　　　　　　　　　　有机结构模型

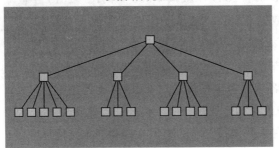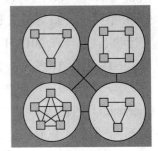

- 高度分工
- 部门僵化
- 决策链清晰
- 管理幅度窄
- 集权
- 高度正规化

- 跨职能团队
- 跨层级团队
- 信息自由流动
- 管理幅度宽
- 分权
- 低度正规化

图 15-4　机械结构与有机结构的对比

组织战略

由于组织结构是管理人员用来达到组织目标的一种手段，而组织目标是由组织总体战略决定的，因此，结构应当追随战略是很符合逻辑的观点。如果管理者对组织战略或者组织价值观进行了大刀阔斧的改变，那么也必须调整结构，令其符合新的方向。例如，近期的研究结果指出，组织文化的某些方面可能影响着企业社会责任行动能否成功。如果组织结构支持文化方向，那么相关的文化行动就更可能在操作上得以实现。当今的大多数战略框架都关注三个战略维度：创新战略、成本最小化战略以及模仿战略。与它们相匹配的则是不同的组织结构设计。

● **创新战略**

创新战略

创新战略关注的是引进重要的新产品和服务方式。

一个组织在多大程度上关注推出重要的新产品和服务方式？**创新战略**（innovation strategy）追求有意义的、独特的创新。显然，并非所有的公司都追求创新。苹果公司和 3M 公司是追求创新的公司，但英国玛莎百货这样的传统型零售商却并非如此。创新型公司会采用有竞争力的薪酬和福利吸引人才，以及激励员工尝试有风险的创新。一定程度的机械结构实际上对创新是有利的。成熟的沟通渠道、用于增强员工长期承诺的组织政策、以及清晰的权力通道都会有助于变革迅速、顺利地实现。

● **成本最小化战略**

成本最小化战略

成本最小化战略强调成本控制、避免不必要的创新和市场费用，并且降低产品售价。

实行**成本最小化战略**（cost-minimization strategy）的组织对成本加以严格控制，尽量避免不必要的成本，主动降低价格，只销售具备基本功能的产品。沃尔玛公司和一些生产通用产品或自有品牌杂货的公司所追求的就是成本最小化战略。追求成本最小化战略的组织通常不关注提高员工承诺度的政策。

- **模仿战略**

采取**模仿战略（imitation strategy）**的组织追求的是风险最小化、利润最大化，只有在一种新产品或新市场的开发潜力被创新组织证明之后，它们才进行大胆投资。生产大众时尚服装的厂家剽窃设计师的设计风格，这种做法就是模仿战略。惠普公司和卡特彼勒公司也是这样做的，这两家公司追寻富有创新精神的小型竞争者的步伐，但只有在竞争对手证明了市场的确存在后，再以优质的产品争夺市场。意大利一家小型时尚笔记本厂商 Moleskine SpA 也采取了模仿战略，但是相反的是，这家公司意图在世界范围开设大量零售店，它模仿的是成功的大型时尚品牌 Salvatore Ferragamo SpA 和 Brunello Cucinelli 的扩张战略。

模仿战略

模仿战略指的是等待竞争对手证明了市场的确存在后，再以优质的产品争夺市场。

- **结构匹配**

表 15-3 描述了每种战略所匹配的组织结构。创新公司需要有机结构的灵活性（当然我们已经注意到，它们也有可能采用机械结构的某些元素，而成本最小化战略追求的是机械结构的高效和稳定。采取模仿战略的公司会将两种结构结合起来。它们采用机械结构来维持对当前业务的稳定控制和较低的成本，但是也会创建有机结构的子单元去寻找新的业务机会。

表 15-3　针对各种组织战略的最佳结构选择

战　　略	结 构 选 择
创新	有机结构：结构松散、专业性低、正规化程度低、分权
成本最小化	机械结构：严密控制、工作高度细分、正规化程度高、高度集权
模仿	有机结构或机械结构：松散和严密的管控属性同时存在。对当前业务实行严格管控，对新业务实行松散管控

组织规模

组织规模对组织结构存在很大影响。雇用 2 000 名以上员工的组织往往具备高度的工作专业化和部门化，垂直层次较多，并且规章制度也比小型组织更加繁复。然而，随着组织的扩大，组织规模对组织架构的影响会逐渐减少。为什么会这样呢？拥有 2 000 名员工左右的组织，其机械性已经较强，再增加 500 名员工，影响也不大。但对于仅有 500 人的组织而言，再增加 300 人可能会导致组织结构的机械化程度大大增强。

技术

技术（technology）指的是组织把资源投入转化为产品的能力。每个组织都至少拥有一种将财力、人力和物力等资源投入到产品或服务当中去的技术。例如，中国家用电器厂商海尔采用生产线流程进行大批量的产品制造，辅之以更灵活和创新的组织结构，专门应对消费者的新需求去设计新产

技术

组织把投入转化为产品的能力。

品。此外，大学则可能拥有大量的教学技术，例如常用授课方法、案例分析法、体验式学习法、一些设定好的程序学习法以及在线教育和远程学习等。不管教学技术如何变化，组织结构都会根据技术发展的水平而发生调整。

环境

环境

组织外部可能影响组织绩效的多种体制或力量。

组织的**环境（environment）**是由组织外部可能影响组织绩效的多种体制或力量构成的，其中包括供应商、客户、竞争者、政府主管部门以及社会力量群体等。和静态的环境相比，动态的环境会大大增加管理者面临的不确定性。为了减少关键竞争市场的不确定性，管理者有可能会令组织结构更加扁平，从而更迅速地感知和应对威胁。包括百事公司和西南航空公司在内的大多数公司都在组织结构中设立了社交网络部门，其任务是对博客中的负面信息做出回应。还有一些公司形成了共同的战略联盟。

任何组织的环境都可以用三个维度来表示：能力空间、活跃性和复杂性。我们将对它们分别进行讨论。

● 能力空间

能力空间指的是环境支持组织发展的能力。丰富性和成长性的环境能提供充裕的资源，这些资源能够在组织资源相对贫乏时提供一些缓冲作用。

● 活跃性

活跃性指的是环境不稳定的程度。动态的环境和高度不可预测的变革令管理层很难做出准确的预测。由于信息技术的发展速度如此之快，越来越多组织所在的环境都十分不稳定。

● 复杂性

最后一点，复杂性指的是环境要素的异质性和集中性。简单的环境是同质、集中的，例如烟草行业，该行业的生产方法、竞争环境、监管压力等方面在很长时间内都没有变动。高度异质、分散的环境是复杂的、多元化的，例如宽带网行业，这样的环境中往往存在众多竞争者。

● 三维度模型

图 15-5 在三个维度上归纳了我们对环境的定义。图中的箭头指的是环境越来越趋向高度不确定性。这样，在具备稀缺性、活跃性和复杂性特点的环境当中运营的组织面临着高度的不确定性，原因是这些组织面对的环境是高度不可预测的，它们仅能容忍很少的错误空间，还需要不断监测环境中各种各样的要素变化。

有了对环境在三个维度上的定义，我们可以针对环境的不确定性和组织结构设计做出一些结论。环境资源稀缺性、活跃性和复杂性越强，组织就越应当采取有机型组织结构。环境资源越充裕、稳定性越强并且越简单，组织就越应当采取机械型组织结构。

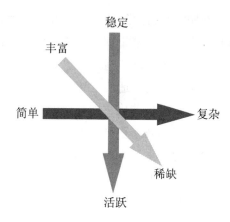

图 15-5　环境的三个维度

体制

　　影响组织结构的另一个因素是**体制**（institutions）。体制指的是能够指导恰当行为的某些文化因素。体制理论描述的是，存在一些力量引导很多公司采取类似的组织结构，并且关注某些不容改变的压力，这和我们之前学习的知识并不一致。事实上，很多制度理论家关注的是，有时候公司行为貌似是绩效导向的，但实际上却是存在一些不容置疑的社会规范和遵从性。

> **体制**
> 　　体制是这样一些文化因素，它引导很多公司采取相似的组织结构，但这些因素并不一定意味着高度的适应性。

　　最重要的体制因素来自于监管的压力。例如，某些行业是受到政府监管的，从业者必须遵从清晰的汇报关系和严格的信息控制。有时，决定组织形式的原因只不过是由于惯性，公司采取特定的组织结构只不过是由于一贯如此。在高度权力距离的国家，组织形式可能包括严格的权威关系，这是因为这种关系在该文化下更具备合法性。有的学者将日本组织所遇到的缺乏适应性问题归结为组织面临着需要维持权威关系的体制压力。

　　有时组织开始采用特定的组织结构是由于潮流和趋势的引导。一些组织试图复制其他成功公司的经验，原因只不过是为了取悦投资人，而不是因为它们真正需要这种组织架构来实现提高业绩的目的。近期很多公司试图复制类似谷歌公司所采取的有机组织形式，结果却发现这样的架构与自己的运营环境完全不符。我们经常很难发现体制压力的存在，这是因为我们往往把它认为是想当然的条件。但实际上体制压力却是非常强的影响因素。

组织设计与员工行为

　　在本章开头，我们提出组织结构会对组织成员产生深刻的影响，其中包括哪些具体的影响呢？

　　回顾我们所提到的各种证据，我们可以得出相当清楚的结论：不能泛

284 组织行为学精要 第 14 版

泛而论！并非所有人都偏好有机组织的自由度和灵活性。采取不同的组织结构需要考虑不同的因素。在高度正规化、结构化的机械组织中，正式的政策和程序中所蕴含的公平公正感（组织公平）是预测员工满意度的一个重要因素。在更具个人主义、员工适应性更强的组织当中，员工更重视人际关系中的公平公正。当面临标准化、清晰化的工作任务时，也就是说在机械组织中，一些员工的工作效率更高、对工作也更满意。因此，应该说如果我们要研究组织设计对员工行为有何影响，就必须涉及个人偏好差异的问题。要研究这一问题，我们可以考虑员工对工作专业化、管理幅度、集权程度、可预测性与自主性、以及对某些文化的偏好程度是怎样的。

工作专业化

一般来说，证据表明工作专业化会令员工生产率提高，但这是以工作满意度降低为代价的。然而，工作专业化并不能持续提高生产率。当从事重复性和狭窄任务的"不经济性"超过工作专业化带来的"经济性"时，各种问题就开始出现，产量也开始降低。由于越来越多的劳动者受过高等教育，他们渴望工作本身具有激励性，我们似乎已经达到了临界点——由于专业化程度比以往更高，生产率受到它的影响而开始下降。生产率的降低通常提示公司需要设置管理和监督的角色，而更好的解决方案在于重新划分工作职能和工作责任。

管理幅度

我们可以肯定地认为，并没有证据支持管理幅度与员工满意度或绩效之间存在关系。人们认为较宽的管理幅度可能提高员工绩效的看法之所以很吸引人，是因为较宽的管理幅度会令上级的监督离我们更远，个人主动性能够得到较好的发挥，但研究证据却并不支持这个观点。一些人喜欢独自工作，另一些人则更喜欢随时都能联系到上司。我们在第 12 章中讨论过几种权变领导理论，在该理论下，我们可以用员工的经验和能力、任务的结构性等因素解释为何不同的管理幅度能够带来不同程度的员工绩效和满意度。然而，的确有证据显示，管理者的工作满意度会随着下属数量的上升而增加。

集权

我们有足够的证据证明集权与工作满意度有关。一般来说，集权程度不那么高的组织，往往自主性较强。自主性与工作满意度是有正向关系的。但是，一个员工可能会重视自由度，而另一个员工可能会认为自由的环境所带来的模糊性给人带来了挫败感。

可预测性与自主性

我们可以提出这样一种比较显而易见的结论：人们并非随机地选择雇主。人们会受到雇主的吸引，并接受雇主的选择，他们会留在与自身人格特征相符的组织当中。偏好高度可预测性的求职者很可能会寻找并且接受机械结构的组织雇佣，渴望自主的员工可能会留在有机结构的组织当中。因此，结构对员工行为的影响无疑被大大降低了，因为这种选择过程能够促使个人特质与组织特征相匹配。此外，公司应当致力于建立、促进和维持组织结构的稳定性，这是因为，技巧娴熟的员工可能由于组织发生了重大变动而决定离职。

国家文化

研究结论显示，国家文化能够影响人们对组织结构的偏好。相对于低度权力距离的国家来说，在希腊、法国和大多数拉丁美洲国家等高度权力距离的国家中，组织中的员工更容易接受机械结构。因此，如果要预测组织结构如何影响员工的绩效与满意度，就必须将文化差异问题与个体差异问题结合起来考虑。

最后，组织结构设计发生改变影响着在职业生涯方面按部就班前进的人们。对于日本、英国和美国管理者的研究发现，经过组织裁员而进入混合式组织架构的员工往往认为他们未来的职业发展空间消失了。不论这种看法是否得到了验证，他们的思维模式显示出组织结构的确影响着员工心态，因此必须精心设计。

本章小结

本章的主题是，组织的内部结构是否有助于解释和预测员工行为。也就是说，除了个体与群体的因素之外，人们工作时所在的结构关系应该也会对员工的态度和行为产生影响。这种观点的论据是什么？一个组织的结构在多大程度上降低了员工所感知的模糊性，或者在多大程度上清晰解答了他们对下列问题的顾虑："我应该做什么"，"我应该怎样做"，"我向谁汇报工作"，"如果我有问题，去找谁来帮忙？"那么组织结构就可以在多大程度上影响员工的态度，并有助于或者激励他们提高工作绩效。

对管理者的启示

- 虽然工作专业化可以提高运营效率，但是请注意，过分的专业化也会导致不满，并且导致激励程度降低。

- 避免设置僵化的官僚制度，因为它会限制员工的力量和自主性。
- 灵活工作场可以作为一种选择增加到现存的组织架构，但在此之前，应当首先平衡远程工作的优缺点。
- 组织精简可以实现成本的节约，并且令组织聚焦在自身的核心竞争力上，但只有必要时才可以这样做，因为裁员可能会对员工的情感造成负面打击。
- 在设置组织结构时，管理者需要考虑环境中资源的稀缺性、动态性和复杂性，并平衡组织结构中的有机元素和机械元素。

第16章
组织文化

通过本章的学习，你应该能够：

1. 描述组织文化的常见特点；

2. 对比组织文化对人和组织功能的正反两方面影响；

3. 说明有哪些因素能够创造并维持组织文化；

4. 展示组织文化是如何传递给员工的；

5. 说明塑造道德文化、积极文化和精神支持性文化的异同点；

6. 说明国家文化对组织文化的解读方式有怎样的影响。

什么是组织文化

有一位管理者在回答别人询问他对组织文化的看法时，他给出的答案与美国最高法庭法官贾斯汀·波特·斯图尔特（Justin Potter Stewart）对"色情"这一范畴的定义基本一致："我无法准确下定义，但当我看到它时，就能下判断。"我们都曾体验过组织中不可描述的文化精髓。这种弥漫性的氛围可以对员工行为产生较强的、可测量的影响。我们现在开始通过探索这个现象的各个侧面来认识这个重要的组织行为（OB）要素。

组织文化的定义

组织文化（organizational culture）指的是组织成员所共同持有的意义体系，它能够将一个组织与其他组织区分开来。组织文化的精髓可以用下列 7 个主要特征来概括。

组织文化

组织成员所共同持有的意义体系，它能够将一个组织与其他组织区分开来。

1）**创新与冒险**：组织鼓励员工进行创新和冒险的程度。

2）**注重细节**：组织期望员工做事缜密，善于分析和注意细节的程度。

3）**结果导向**：组织的管理层在多大程度上将注意力集中在结果上，而不是强调实现这些结果的手段和过程。

4）**人际导向**：组织的管理层在多大程度上考虑组织内部的决策结果对组织成员的影响。

5）**团队导向**：组织围绕团队而非个人组织活动的程度。

6）**进取心**：组织成员具备进取心、竞争意识而非贪图安逸的程度。

7）**稳定性**：与成长相对，组织活动更重视维持现状的程度。

以上每一种特征都可以依据程度高低来打分，以这 7 个维度的特征来评价组织，就能得到组织文化的综合描述，其中包括工作在组织中是如何进行的，以及成员应该如何表现等，这就成为组织成员对组织产生共同理解的基础。组织文化所关注的是，员工如何理解组织文化所具有的上述特征，而并非他们是否喜欢组织文化。也就是说，组织文化是一个描述性的术语。针对组织文化的研究试图衡量员工如何看待他们所在的组织，从而衍生出这样的问题：组织文化是否鼓励团队工作？是否奖励创新行为？是否挫败了员工的主动性？与此相对的是，工作满意度是一个评价性的术语，它衡量的是员工对组织的期望、奖励措施等等有什么感觉。表 16-1 展示了两个拥有完全不同组织文化的公司。

组织是否具有统一的文化

组织文化代表了组织成员的一种共同的认知。当且仅当拥有不同背景或者来自不同组织层级的个体对组织文化的描述接近一致时，组织文化的陈述才是有效的。

主流文化

主流文化代表了组织大多数成员所共同拥有的核心价值观。

在组织当中，**主流文化**（dominant culture）代表了组织大多数成员所共同拥有的**核心价值观**（core values），它令组织有了与众不同的个性。也正因如此，我们才能够断言鞋类电子商务网站 Zappos 的文化十分重视对顾客的关照，公司也大力投入到提高货物运输的速度和效率上，并且据此去理解 Zappos 管理层和员工所采取的行为。

核心价值观

被组织上上下下所接受的主要或者主流价值观。

以下为两种不同组织文化对比。

1. A 组织

这个组织是一个制造型的公司。公司对管理者的期待是，完整地记录所有的决策。"优秀的管理者"指的是那些能够使用具体数据来支持自己提议的管理者。可以带来重大改变或者招致风险的创造性决策不会得到鼓励。由于失败项目的管理者通常被公开批评和惩罚，管理者往往尽量避免执行与现状不符的提议。一位基层管理者引用公司内部常说的一句话说，"既然以前也没有错，那就不要多此一举了"。

公司中存在大量的规章制度，并要求员工遵守。管理者严密监视员工，确保他们的行为没有越轨。管理层关注提高生产效率，并不关心员工士气和离职率。

所有工作活动都是围绕个体设计的。公司存在清晰的部门和权责条线，公司希望员工与自己职能部门或者指挥链条之外的员工尽量减少正式接触。

绩效评估和奖酬仅仅关注个人努力，公司倾向于把年资作为确定加薪和晋升的最主要因素。

2. B 组织

这个组织也是一个制造型的公司。然而在这家公司，管理层鼓励并且奖励冒险和变革。基于直觉的决策被认为和理性分析的决策同等重要。管理层尝试新科技、时常成功引入创新产品，并为此感到骄傲。公司鼓励产生创新想法的公司或者经理放开手脚去试验。即使失败，也会被认为是获取了宝贵的经验。公司自豪于能够实现市场导向，以及快速应对正在变化的消费者需求。

公司不存在很多要求员工遵守的规章制度，监管是松散的，因为管理层相信员工是努力工作并且值得信任的。管理层关注提高生产效率，但也相信生产效率的提高来自于认真对待员工。公司作为一个好的工作环境而享有盛誉。

工作活动围绕工作团队设计，公司鼓励团队成员进行跨职能和跨权威层级的互动。员工积极讨论团队之间的竞争。每个团队都设置了工作目标，奖金的多寡是基于对目标的达成状况。公司给员工相当大的自主权，允许他们自主选择达成目标的手段。

每个组织都拥有主流文化，除此之外，大型组织还存在**亚文化**（subculture），从而对应同一部门或同一工作地点的群体成员所面临的共同问题或者学习共享的经验。大多数大型组织都存在一个主流文化和诸多亚文化。例如，采购部的亚文化可能包括主流文化的核心价值观，例如进取心，还包括该部门员工的特殊价值观，例如冒险精神。如果组织文化仅仅由亚文化组成，那么主流文化的作用就会大大降低。正是文化当中"共享意义"的内涵让它对行为产生了强有力的指导和塑造作用。

亚文化

组织内部存在的小型文化，通常由部门的任务和地理区隔所决定。

强文化与弱文化

文化是可以被划分为强文化和弱文化的。如果大多数员工（在他们对研究调查的回应中）对组织的使命和价值观都持有同样的观点，那么这种文化就是强文化；如果成员各持己见，那么这种文化就是弱文化。

在**强文化**（strong culture）中，组织的核心价值观不仅深入人心而且广为人知。接受核心价值观的成员数目越多，文化对成员行为的影响也就越深刻。这是因为，高度一致和高强度的共享价值观会在组织内部营造一种对行为具有高度规范性的氛围。例如，零售巨头诺德公司（Nordstrom）的员工非常明确地知道公司对他们的期望是什么，而这种期望深深影响着他们的行为。

强文化的一个具体结果应该是降低员工的离职率，这是因为在强文化

强文化

强文化中组织的核心价值观不仅深入人心而且广为人知。

中，组织成员与组织的立场保持高度一致的看法。这种目标的一致性带来了凝聚力、忠诚度以及组织承诺，而这些事实又进一步降低了员工离开组织的意愿。

文化与组织正规化

我们已经阐明了高度正规化的组织往往是可预测的、有序的而且一致性较强。同理，强文化也塑造行为。因此，我们应当将正规化和文化视为殊途同归的两种手段。组织文化越强，管理层就越不需要制定正式的规章政策来指导员工行为。这些指导原则在员工选择接受组织文化时，已经内化于心中了。

组织文化起到什么作用

我们来仔细考察一下组织文化的功能，并评估一下文化对组织的氛围、道德观、可持续性和创新产生哪些影响？接下来，我们将探讨文化在什么条件下可能成为一种财富或者负担。

文化的功能

文化确定了游戏规则。第一，它有分界线的作用，即它能够使不同的组织明显区分开来。第二，它表达了组织成员对组织的认同感。第三，它能够令组织成员把对组织的承诺视为高于个人利益。第四，它有助于增强社会系统的稳定性。文化是一种社会"黏合剂"。它通过为组织成员提供适当的言行标准，从而把整个组织凝聚在一起。最后，文化作为一种观念形成机制和观念控制的机制，可以指导并塑造员工的态度和行为。组织行为学对最后一种功能的研究兴趣最高。

存在正式规章制度的强文化确保了员工的行为是相对一致和可预测的。在当今组织趋向分权化的潮流中，文化的重要性比以往更高，但颇具讽刺意味的是，这种潮流也令塑造强文化更困难了。当正式权力和控制系统的影响力由于分权而减少后，文化中"共同意义"这一特点令组织中的所有人愿意为了同一方向而齐心协力。然而，将员工组织成团队的形式会令员工对团队和团队价值的忠诚度高于对整个组织和组织价值的忠诚度。此外，在虚拟型组织中，缺乏频繁的面对面交流会令人们更难以建立共同的规范。强有力的领导者最好能够频繁和大家沟通共同的目标和任务的优先次序，这对于创新型组织来说是尤其重要的。

个体与组织的匹配性指的是求职者或员工的态度或行为是否与文化相匹配，这一点深刻影响着谁能得到这份工作，谁能得到更好的绩效评估结果，或者谁能得到晋升。迪士尼主题乐园的员工看上去都很有魅力、干净、整洁，脸上还带有灿烂的微笑，这并非巧合。该公司会主动选择能够表现出这种形象的员工。

文化营造氛围

有些人的积极心态能够激励别人表现出色，也有的团队不仅本身毫无斗志还会把别人拖下水，如果你有这种感受，那么你就已经体验到了文化氛围的影响。**组织氛围**（organizational climate）指的是组织成员对组织和工作环境的共同认知。从这个角度看待文化，就好像在组织层面看待团队精神一样。当所有人对事情的重要性和进展顺利程度持有相同的一般认知时，这些态度的总和就会大于个体态度的简单相加。一项综合分析研究发现，在几十份不同的样本之中，员工的心理氛围与个体的工作满意度、对工作的投入度、组织承诺以及激励水平都有关系。积极向上的总体工作氛围与高度的客户满意度和公司财务表现也有关系。

人们研究了文化氛围的几十种维度，其中包括创新、创造力、沟通、温暖与支持、员工投入、工作安全性、公平正义、员工多样性、客户服务等。管理者可以采用几种研究结果来改善自身组织设计和团队建设的计划。例如，如果一名员工所处的氛围是积极支持员工多样性的，那么他就会更愿意与同事合作，而不会计较同事的人口统计学背景。几种文化氛围之间有可能产生相互作用，从而产生某些行为。例如，如果工作氛围积极支持对员工授权，而同时组织还拥有要求个人承担责任的文化氛围，那么组织绩效水平就会提高。文化氛围也影响着人们的习惯。如果文化环境积极支持员工认真履行安全防护工作，那么每个人都会穿着和佩戴安全防护装备，并且遵循安全规程，而他们平时不会特别关注安全问题。有很多项研究显示，积极倡导工作安全的文化氛围缺失降低了所记载的工伤次数。

组织氛围

组织成员对组织和工作环境的共同认知。

文化的道德性

即便组织文化并没有公开追求道德目标，但它也并不一定具备道德中立性。在长期积累下，**道德工作氛围**（ethical work climate，EWC）会逐渐发展成公司文化氛围中的一部分，它指的是成员对于是非对错所持有的共同观念。道德工作氛围反映了组织的真实价值观，它也塑造了组织成员的道德决策。

研究人员已经提出了道德氛围理论和道德氛围指标，以此来对组织文化的道德性进行分类和测量。在 9 种已经明确的道德氛围指标之中，有 5 种是组织中所常见的，它们分别是：工具、关怀、独立、法律与准则、以及制度。每一种都解释了管理者和员工对所在的组织所持有的一般心态、

道德工作氛围（EWC）

成员对于是非对错所持有的共同概念。道德工作氛围反映了组织的真实价值观，它也塑造了组织成员的道德决策。

期望和价值观。例如，在工具性道德氛围下，管理者制定决策的前提假设是，员工（和公司）都受个人利益所驱使（自私性）。而在关怀性道德氛围下，管理者的行为可能是出于这样的期待，他们的行为将会对最大数量的利益相关者（员工、客户和供应商）产生正面影响。

鼓励独立性的道德氛围依赖个体遵循个人道德观从而决定自己的工作行为。强调法律与准则的道德氛围要求管理者和员工采用一种外部的道德指南，例如专业的行为规范准则。强调制度的氛围往往依赖内部的、标准的期待来实现，例如公司的政策手册。在公司生命周期当中，往往会从一种道德氛围发展为另一种道德氛围。

组织的道德氛围对个体所认为的恰当行为方式有着较强的影响，以至于研究人员能够通过各种类别的道德氛围来预测组织结果。例如，工具性道德氛围与员工的工作满意度和组织承诺呈现相关性，即使这些道德氛围支持着员工和公司的自利性行为。工具性道德氛围与员工的离职意图、工作场所中的霸凌以及异常工作行为有关。关怀氛围和制度氛围则可以带来更高的工作满意度。关怀、独立、制度，以及法律和准则氛围可以降低员工的离职意图、工作场所中的霸凌，以及导致组织功能失常的行为。研究指出，道德文化能够带来长远的益处，并且能够平衡多方利益相关者的权利，包括员工、股东和社区。具备道德性的氛围鼓励管理者承担冒险责任、勇于创新，并且遏制管理者沉迷于竞争的现象，并且指引管理者不仅仅留心目标本身，更要留心实现目标的方式。

文化与可持续发展

可持续发展

行为实践可以长期维持，原因是支持这种实践的工具或结构没有在流程中被破坏。

可持续发展（sustainability）指的是行为实践可以长期维持，原因是支持这种实践的工具或结构没有在流程中被破坏。一项调查发现，大量高管将可持续发展视为最重要的成功要素之一。可持续发展管理的概念始于环境保护运动，它鼓励人类与自然和谐共处。社会可持续性实践解决的是社会体制长久以来被公司行为所影响的问题，以及反过来的情况，不断变化的社会体制也有可能影响组织。

例如，澳大利亚的农民一直集体致力于提高用水效率、降低土壤侵蚀，以及采取能够确保长期维持农业经营的耕种手段和收获手段。另一个例子是，3M 公司采取了一个创新的防污染计划，该计划植根于公司的下列文化原则：保护自然资源、生产对自然影响最小的产品，以及与监管部门合作促进环境保护。

为了真正创造可持续的经营业务，组织必须营造长期导向的文化，并将这种价值观付诸实践。换句话说，需要为可持续发展本身创造一个可持续的体系！在一项工作场所调查中，致力于降低能源消耗的公司发现，征求群体的反馈可以明显降低能耗，效果好于仅仅发布有关资源节约重要性的阅读材料。换句话说，针对能源节约开展讨论，以及将能源保护的价值观纳入到组织文化当中，带来了员工行为方面的积极改变。正如我们所讨论过的其他文化实践一样，可持续发展观也需要时间和支持才能真正为大家所接受。

文化与创新

最具创新性的公司往往有如下特点：开放、打破传统、高协作性、愿景驱动和加速文化。初创公司通常拥有典型的创新文化，它们规模小、行动敏捷，并且关注解决问题，这样才能生存和成长。请思考数字音乐界的领导者、近期刚被 Spotify 公司收购的 Echo Nest 公司。Echo Nest 公司作为一家初创公司，是一家打破传统、高度灵活和开放的公司。它们甚至为用户在音乐应用上设置了"音乐黑客节"，也在整个公司营造了音乐文化。所有这些举动也同时与 Spotify 公司的文化相应和，两家公司的文化实现了无缝匹配。由于组织文化相似，Echo Next 和 Spotify 在整合后才有可能保持初创企业的创新性。

作为初创企业的对立面，请思考拥有 30 年历史的 Intuit 公司，根据福布斯杂志的排名，这家公司是世界上最具创新性的前 100 家公司之一。Intuit 公司的员工会参加工作坊，学习如何进行创造性的、反传统的思考。这些学习活动启发了管理者通过木偶剧的形式和售卖烘焙糕点的形式随附推销他们开发的应用样品。该文化强调公开负责。"我曾经看到一位高级管理者的创意在他们进行 9 个月的努力之后被否决，原因是其他人找到了更好的方法。他站到所有人面前承认，'这是我的失误。我应该早些检查我的假设'，"《精益创业》一书的作者艾瑞克·莱斯（Eric Ries）这样描述道。莱斯作为一名创业顾问，他所考虑的是这家老资格的软件公司凭借独特的文化实现了与初创公司不相上下的创新。

Alexion 制药公司也是被福布斯杂志评为最具创新性的公司之一，它和 Intuit 公司一样，其运营历史早就度过了普通的创新生命周期阶段。然而，和 Intuit 公司相反，这家治病救人的制药公司管理层并不善于自我宣扬。Alexion 制药公司之所以能够实现持续不断的创新，是由于公司存在关爱的文化，即使患病者数量较少、研发费用巨大、成功率很低，该文化也支持开发专门治疗疑难杂症的药品。

文化是一种财富

我们已经讨论过，组织文化可以提供一种积极的道德环境，也可以促进创新。文化还可以通过多种方式显著影响公司利润。

一个明显的例子是 ChildNet。ChildNet 是坐落于佛罗里达州的一家非营利性儿童福利组织，它在 2000 年到 2007 年之间的组织文化可以被描述为"冷酷"一词（在此期间由于美国联邦调查局对其首席执行官指控诈骗和伪造，导致他被辞退）。"我们并不清楚是否还能保有工作以及谁会来接管"，员工麦琪·狄乐丽（Maggie Tilelli）这样说。然而，通过改变组织文化，公司进行了重点挽救行动，ChildNet 在 4 年之内翻身成为顶尖的事务所，并且在 2012 年获得了《劳动力管理》（*Workforce Management*）杂志评选的综合杰出最佳奖项获得者。ChildNet 的例子体现了组织文化对公司结果的积极影响，然而，Dish Network 公司却演绎了特定文化与行业或组织难以匹配的例子。Dish Network 公司在各个方面都是一个成功的商业故事，公司是全美第二大卫星电视提供商，该公司令其创始人查理·厄根（Charlie Ergen）成为世界上最大的富翁之一。然而，公司近期名却列美国最差雇主公司之一，员工评论道，造成这个结果的原因是创始人厄根所创造和推行的事无巨细的管理风格。根据员工所描述的情景，公司需要繁琐地记录加班时间，用扫描仪扫描指纹从而按照分钟记录工作时间，还有公开斥责（主要来自厄根本人）下属、管理层态度傲慢并且互不信任、每个季度如同血洗一般的裁员、不能在家工作等问题。一位员工在网上敬告另外一个员工，"你身处在一个有毒的环境之中……赶紧去找一个新的工作，这样你可以把自己的能力用于行善而不是作恶。"

文化作为一种负担

文化能够提高员工对组织的承诺度，并且令员工的行为更具有一致性，这些显然是文化对组织的益处。从一个员工的角度看，文化之所以具有价值，是因为它规定了事情是如何进行的，以及什么才是最重要的。但我们也不应当忽视，文化（尤其是强文化）有可能令组织功能失调，从而影响着组织的效能。惠普公司曾经是世界上首屈一指的计算机制造商，但由于公司高层管理团队功能失调的状态逐渐向下蔓延，公司开始迅速丢失市场份额，财务也出现了损失，员工人浮于事、创造力锐减、感到不受认可并且容易采取极端行为。

- **制度化**

当组织正在经历**制度化**（institutionalization）过程时，也就是说组织的价值在于其自身，而不在于它所提供的产品或服务，组织就开始拥有了自己的生命，而不再依赖于创始人或其成员。制度化的组织即使已经偏离了最初的目标，也不会停止运转。可以被组织接受的行为模式对员工来说已经不言自明。这种状态并不一定是绝对负面的，但它却意味着，那些应该被质疑和分析的行为和习惯早已被视为是理所当然的事，这种状态会扼杀

制度化

制度化的组织开始拥有自己的生命，不再依赖于创始人或其成员，并且追求永恒存在。

创新，最终公司将维持组织文化这一目的本身当做组织的目标。

- **变革的障碍**

当共同的价值观与那些推动组织效能提高的价值观不再一致时，文化就成为一种负担。这种情况最常见于组织环境经历快速变革的时候，沿袭下来的文化已经不再适合组织。行为的一致性在稳定的环境中是有价值的，而在应对变化时却成了组织的负担，令组织无法迅速应对变化。

- **多样化的障碍**

组织文化会造成员工多元化方面的多重障碍。首先，聘用在种族、年龄、性别、身体健康状况或者其他特征方面与大多数员工有差别的新员工会造成这样一种矛盾：对于员工带到工作中的差异化观点，管理者希望展示出对其给予高度支持的态度，然而新员工如果想要融入组织当中，就必须接受组织的核心文化价值以及当前的价值体系。其次，正因为当人们试图与主流文化进行同化时必须抑制自己的独特行为和独特优势，而强文化在消除这种优势方面具有强大的力量，因此强文化有可能成为组织的负担。最后，一种强文化如果容忍偏见的存在、支持亲疏有别，或者漠视与主流文化不同的人，那么它甚至会破坏公司正式颁布的多元化政策。

- **加深组织功能不协调**

我们已经讨论过，文化的核心是一套积极的价值观和态度。这种共识可以创造一种较强的前进动力。然而，如果公司文化的核心是负面的、功能失调的管理制度，那么就会产生同样强有力的下行力量。一项调研覆盖了酒店行业位于几百个不同地理位置的几千名员工，调研发现，即使公司层级的文化是普遍积极的，但在以低满意度或者满意度下降为特征的局部组织文化下，员工离职率较高。我们从本书中学到，低工作满意度和高离职率意味着组织功能失调。负面的群体态度和负面的群体结果意味着文化对个体具有较强的影响力。

- **并购的障碍**

作为传统，当管理者在衡量并购的决策时，所考虑的关键因素总是财务上的优势和产品协同效应等。而近年来，文化兼容性也逐渐成为主要的考虑因素之一。在所有其他条件都相同的情况下，并购的结果是否成功，貌似更多取决于两家组织的文化是否能够相容。如果不能兼容，两个组织的原有文化对于新公司而言就是一种负担。例如，贝恩咨询（Bain and Company）的一项调查发现，70% 的收购兼并案例并未有效增加股东价值，合益咨询公司（Hay Group）发现，在欧洲超过 90% 的收购兼并案例并未达到财务目标。由于成功率如此之低，德勤咨询公司（Deloitte Consulting）的劳伦斯·贾（Lawrence Chia）分析道，"失败通常是由于'人'的原因。A 公司员工的做事方式与 B 公司完全不同……你找不到目标上的共同点"。

文化冲击通常被认为是美国在线（AOL）和时代华纳（Time Warner）合并后所发生问题的主要原因之一。美国在线和时代华纳公司在 2001 年的并购价格高达 1 830 亿美元，这是美国公司史上最大的兼并活动。这个兼并事件的结果是一个重大灾难。仅仅 2 年时间，新公司股价下跌了 90% 左右，据报道新公司爆出了美国历史上规模最大的财务损失。

文化的营造和维系

一个组织的文化并不是凭空冒出来的。组织文化一旦形成，就很难消失。是什么力量影响着组织文化的营造？又是什么在组织文化形成之后加强和维系着它？

组织文化如何开始

一个组织现行的管理方式、文化传统和做事的一贯方式，在很大程度上可以归因为以往的努力成果和成功。这就令我们发现了组织文化的最终源头：组织的创始人们。创始人不受先入为主的惯例或者意识形态的影响，他们描绘了组织发展的愿景，组织最初的规模较小，这令创始人可以轻易地把愿景灌输给所有成员。

营造文化的方法有三种。第一，创始人可以只聘用和留下那些和自己的想法、感觉相似的人；第二，他们将自己的思考和感受方式通过社交传递给他人；第三，创始人也通过自己的行为鼓励员工与自己保持一致，并且帮助员工内化他们的信仰、价值观和前提假设。当组织实现成功时，创始人的人格往往被嵌入到文化当中。例如，韩国巨型企业现代集团积极应对激烈竞争、风纪严明的独裁风格与人们口中描述的创始人郑周永（Chung Ju-Yung）的个人风格完全一致。创始人对组织文化产生巨大影响的例子还包括比尔·盖茨（Bill Gates）与微软公司、英格瓦·坎普拉德（Ingvar Kamprad）与宜家家居、赫伯·凯莱赫（Herb Kelleher）与西南航空公司、弗雷德·史密斯（Fred Smith）与联邦快运，以及理查德·布兰森（Richard Branson）与维珍集团等。

保持文化的活力

组织文化一旦建立起来，组织会采取内部措施来维持文化的现状。员工的选聘过程、绩效评估标准、培训与发展活动以及晋升过程都是为了确保组织所雇佣的员工能够与组织文化保持一致，对支持组织文化的员工施加奖励，惩罚（甚至驱逐）挑战组织文化的员工。在维持组织文化的过程中，有三种力量起着重要的作用，它们分别是：人才甄选活动、高层管理人员以及社会化过程。我们将分别讨论这些影响因素。

● 人才甄选活动

组织甄选过程的明确目标是，识别并雇用那些有知识、有技能、有能力来执行组织工作的人。由于决策者对候选人是否适合于组织的判断将显著影响谁能被雇用的最终决定，所以最终的决策会识别出那些在价值观上至少与组织有一些基本相同之处的人。甄选过程也会为求职者提供一些信息，那些认为自己的价值观与组织价值观有出入的人可以退出候选人之列。因此，甄选过程的特点是双向选择，允许雇主或求职者规避匹配错误的现象，并屏蔽掉那些有可能攻击或破坏组织核心价值的员工，从而将组织文化维持下去。

● 高层管理人员

组织高层管理人员的举止和行为对组织文化也有重要的影响。高层管理者通过自己的言行举止建立了规范，令其渗透到组织中去。这些规范包括：公司是否鼓励冒险、管理者应该给下属多大的自由、什么是得体的着装、什么样的行为有利于加薪、晋升和获得其他的奖酬。

● 社会化过程

不管组织的人员甄选和录用工作做得多么优秀，新员工还是需要帮助才能顺利适应主流文化。帮助新员工适应组织文化的过程被称为**社会化（socialization）**过程。很多员工报告称，他们的新工作岗位与自己的期待不符，社会化过程可以减轻这个问题的影响。例如，Clear Channel Communications 广播公司、Facebook、谷歌和其他公司都采取了清晰的新员工入职程序，包括指定"入职教练"、举行社交活动、个性化的入职计划以及分派直接的工作任务等等。"当我们把人们看成不同的个体时，或者当我们允许人们将自己的个人特色带到工作中时，人们对工作的满意程度就会更高，工作成果也就越好，"哈佛大学的研究人员弗朗西斯卡·基诺（Francesca Gino）如是说。

社会化

帮助新员工适应组织文化的过程。

我们可以将社会化过程分解为三个步骤：前期阶段、碰撞阶段与调整阶段。这个过程可以由图 16-1 来表示，它对新员工的生产效率、对组织目标的承诺度与最终选择是否留在组织的决定都有影响。

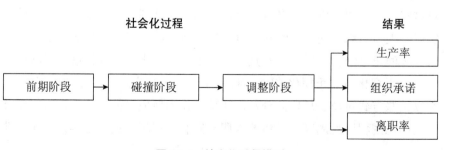

图 16-1　社会化过程模型

1. 前期阶段

前期阶段

在员工加入组织之前学习社会化过程的阶段。

前期阶段（prearrival stage）认为每一个员工个体刚进入组织时，都会对工作和组织形成一套价值观、态度和期望。例如，商学院的主要使命之一就是帮助商学院的学生社会化，将他们的态度和行为训练成公司所希望的样子。新员工进入一家具有强势市场地位的组织时，刚开始会对该组织形成一系列的假设，例如在该组织中工作究竟是什么样子的。大多数新员工都会认为耐克公司是生机勃勃、令人兴奋的，或者认为一家知名的法律事务所是高压力、高奖励的。一个人在加入组织之前对组织文化的了解多寡，以及他的人格具有多高的主动性等要素都能有效预测他们是否能顺利调整自我并适应新的文化环境。

2. 碰撞阶段

碰撞阶段

在社会化过程的碰撞阶段中，新员工看到组织的真实情况，并且面对着自身期待和真实情况之间的差异。

选聘阶段可以令潜在员工熟悉组织的整体状况。一旦进入组织以后，新成员就进入了**碰撞阶段**（encounter stage），这时他们会直接面对期望与现实存在差异的问题，包括对工作、同事、上司或者组织整体的期望。如果他们的预测是准确的，那么碰撞阶段只不过是早期认知的固化。然而，事实却总是相反。一个极端的例子是，现实的情况让一位新成员的幻想破灭，以致他做出辞职的决定。恰当的招聘和甄选过程会在很大程度上防止这种结果发生，鼓励新员工在组织中结交友谊也能达到这一效果，这是因为友善的同事会帮助新成员渡过这一阶段。

3. 调整阶段

调整阶段

在社会化过程的调整阶段中，新员工改变自我和调整自我，从而适应工作本身、工作群体和组织。

最后，为了解决在碰撞阶段中遇到的问题，新成员必须改变或者经历**调整阶段**（metamorphosis）。后文所提到的几种备选方案可以促进碰撞阶段的形成。大多数研究都显示，社会化措施有两种主要形式。管理层越是依赖正规化、集体主义、固定化、有序列的一系列社会化过程并侧重于权力的剥离，那么新来者的差异就越快消失殆尽，取而代之的是标准化和可预测的行为。这些制度化措施在警察局、消防局还有其他重视遵循制度和命令的组织中很常见。非正式、个人主义、随机性、多变性等组织特征以及强调权力赋予的过程更容易令新来者对自己的角色和工作方式产生新鲜的感觉。在创造性工作领域，例如研究和开发、广告和摄影等，组织更依赖这些个性化的手段。大多数研究都认为，高度制度化的工作方式有助于实现个人与组织之间的匹配和高度组织承诺，而高度个性化的做法可以带来更多的角色创新。以下将对几种新员工的社会化方案进行进一步陈述。

1. 正规化与非正规化 组织越倾向于使员工与实际的工作环境相分离，并以某些方式对员工加以区分从而明确其作为新成员的角色，那么组织社会化的正规程度就越高。具体的入职导向和培训项目就是这样的例子。非正规化的社会方法包括让员工直接上岗，不对其给予特别的关注。

2. 个人与集体 新成员可以按照个性化的方式进行社会化，在许多专业性较强的工作领域中就是这样。也可以要求新成员形成团队，令他们接受内容一致的培训，如新兵训练营的例子。

3. 固定与可变 当新员工由"局外人"向"内部人"转变时，在时间安排上可以是固定的，也可以是变化的。固定时间安排的方式是，事先设定标准化的转变阶段，例如轮换式的培训项目，又例如试用期，例如，会计师事务所和律师事务所会在决定是否令一个员工成为真正的合伙人之前，让他担任 8～10 年的助理岗位。在可变的时间安排下，组织不会事先告知员工角色转换的时间。它描述了这样一种典型的晋升制度，即只有认为一个人真正"准备充分"了，才会让他晋升到下一阶段更高的岗位。

4. 有序性和随意性 有序社会化的特点是，组织设定一些"榜样"来训练和鼓励新员工，学徒制度和辅导方案就是这样的例子。而随意社会化的特点是，故意不设定榜样，让员工自己去思考和摸索。

5. 赋予式和剥夺式 赋予式社会化假设新员工的素质和资格是工作成功的必要条件，因此该社会化过程对这些素质和资格提供认可和支持。而剥夺式社会化的方法则是尽量去除新员工的某些特点。大学兄弟会和女生联谊会的成员往往先要表示"承诺"，才能进入剥夺式社会化过程，从而将自己塑造为组织中的恰当角色。

社会化的三个过程结束时，成员已经内化和接受了组织和工作群体的规范，他们对自己的能力十分自信，感到被同事信任和重视。他们理解组织的制度，不仅仅包括自己的任务，也包括规则、程序以及非正式的习惯做法等。最后一点是，他们知道组织对自己的期望是什么，也清楚组织会用怎样的方式来测量和评估自己的工作。如图 16-1 所示，在调整阶段取得成功应该对新员工的工作产量和组织承诺都存在正面影响，并且还可以降低他们离开组织的意愿。

研究人员考察了员工的态度在社会化过程中是如何改变的，他们选择测量入职头几个月几个特定时间点的员工态度。一项研究记录了一种称为"蜜月期"或"宿醉反应"的模型，这种模型所体现出的现象是，员工最初的自我调整总是以工作满意度下降为标志的，因为他们的理想与组织生活的现实在这一期间进行了交锋。新员工可能会发现，上司和同事给自己的社会支持程度在头几周内逐渐下降，每个人都会回到日常的工作状态。新员工的角色冲突和角色过载效应会随着时间而提高，在这些方面问题较为突出的员工会感到组织承诺度和满意度大幅度下降。原因有可能是，在新员工的最初调整期里，各种需求和困难都在增加，至少短期内如此。

小结：组织文化如何形成

图 16-2 归纳了组织文化是如何建立和维系的。最初的组织文化来自于创始人的个人哲学，它对招聘标准和公司成长造成了较强的影响。社会化过程能否成功度过，取决于在选聘过程中新员工的价值观与组织价值观能否匹配，以及高层管理者对员工社会化过程提供了多高的投入。高层管理者的行为奠定了组织氛围的基础，例如什么是可以接受的行为，而员工的行为则维持着组织文化。

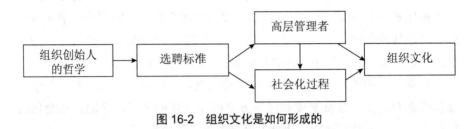

图 16-2　组织文化是如何形成的

员工如何学习组织文化

文化通过多种方式被灌输到员工的心中，最有效的方式就是故事、仪式、物质象征和语言。

故事

亨利·福特二世（Henry Ford II）在担任福特汽车公司董事长期间，下面这个故事无人不晓。当福特公司的管理人员骄傲自大时，福特先生就会提醒他们："福特公司的大楼上写的是我的名字。"其意义很明确，经营福特公司的人是亨利·福特二世而不是别人。

现在，耐克公司一些高级经理们通常会花大量时间给员工"讲故事"。他们会讲到创始人之一、俄勒冈州径赛教练比尔·鲍尔曼（Bill Bowerman）来到培训班，将橡胶倒入他妻子的华夫饼烤盘上，只是为了制作更好的跑鞋。这时他们所讲的故事实际上体现了耐克的创新精神。当新员工听到有关俄勒冈州跑步明星史蒂夫·普瑞佛纳恩（Steve Prefontaine）如何将跑步变成一种专业的体育运动并且想方设法获得更好的运动器械时，他们听到的故事实际上体现了耐克服务于运动员的承诺。

这样的故事在很多组织中都广泛流传，故事的效果是将现在与过去联系起来，为现实的做法寻找历史上的依据。其中往往包含对组织创始人亲身故事的描述、破除旧规则的故事、一些白手起家的成功传奇、大幅裁员的历史、员工调职到其他地方的例子、对过去所犯错误的反应措施以及组织的应对方式等。员工也会用自己的语言描述自己在社会化过程中如何调整自我，从而与公司匹配或者不匹配的故事，例如入职第一天的情况、和别人最初的互动以及对组织生活的第一印象等。

仪式

仪式（ritual）是能够表达并强化组织核心价值观的一系列重复的活动，它体现了哪些是重要的目标、哪些是重要的人或可有可无的人。还有一些公司采用了非传统的仪式去支持文化价值观。例如，美国金普顿酒店连锁是《财富》最佳工作场所 100 强名单中的公司，该公司有举行"客房清洁奥林匹克比赛"的传统，其中包括蒙上眼睛铺床和吸地板比赛。在市场营销公司联合娱乐集团，员工在一年中会有几次在特殊的工作时间到达公司，例如在傍晚到达公司并且一直工作到第二天早上。公司 CEO 杰罗德·摩西斯（Jarrod Moses）提出这样的要求，是为了塑造一种鼓励创造力的文化。他这样说的："一个人的生物钟受到干扰之后，往往会产生一些有趣的创意。"

仪式

能够表达并强化组织核心价值观的一系列重复的活动，体现了哪些是重要的目标、哪些是重要的人或可有可无的人。

象征

公司总部的设施格局、高层管理者所配备的汽车型号以及是否配有公司飞机，这些都是**物质象征**（material symbol）的例子。其他的物质象征还包括办公室空间的大小、办公家具是否精美、高层管理者的高额奖金以及工作时的着装等。这些都对员工传达了某些信息——谁更重要、高层管理者是否希望塑造人人平等的氛围、以及什么行为是恰当的行为，例如是冒险还是保守、是独裁还是鼓励参与、是个人主义还是崇尚社交等。

物质象征

物质象征能够体现谁更重要、高层管理者是否希望造就人人平等的氛围，以及什么行为更恰当。

美国德克萨斯州 Dynegy 电气公司是一个特意使用物质象征的例子。公司总部看上去并不是典型的公司总部风格。公司中几乎没有几间私人办公室，即使高级管理层也一样。办公空间基本都是由办公隔间、公共空间和会议室构成。这种非正式办公环境的随意性对员工传达了公司重视公开、平等、创造性和灵活性等价值观。一些公司为高层管理人员提供豪华汽车座驾和专属司机，甚至提供专属飞机。也有一些 CEO 自己驾驶公司汽车，坐飞机也选择经济舱。还有一些公司，例如芝加哥衬衫制造商 Threadless 公司体现了一种勇于尝试的氛围，鼓励高度创造性的文化。这家公司开会的地点是在经过改造的联邦快运仓库中停放的一辆露营车，员工平时穿着短裤和拖鞋，办公室装饰着迪斯科球和闪亮的装饰品，这些都是每个团队自己的选择。

有些文化以工作环境中的额外福利著称，例如谷歌公司（Google）的地滚球游戏场地、FACTSET 研究公司的馅饼/奶酪/蛋糕卡车摊位、Autodesk 软件设计厂商办公室可以"带狗上班"、SAS 公司的免费诊所、微软公司的有机水疗设施、户外装备专业厂商 REI 为员工提供的免费租赁装备的福利。还有一些公司为员工提供用于思考创意的额外时间，可以和领导者交流、也可以在办公场地之外的地点思考，从而对员工传达公司的价值观。例如，以知名生物技术公司 Genentech 为代表的很多顶尖公司都给员工提供带薪假期。Genentech 公司给每个员工提供每六年一次的六周带薪假期，这体现着公司追求平等和创新思维的文化。

语言

许多组织以及组织内的许多子单位都使用语言沟通帮助成员认同组织文化，证明自己接受组织文化以及帮助保护该文化。组织往往创造自己的特殊名词来称呼一些和业务有关的设备、职员、关键人物、供应商、客户或者产品。新员工最初可能对那些简称和行话感到毫无头绪，但一旦经过同化的过程之后，他们就掌握了某个特定文化或亚文化的共同语言特征。

如何影响组织文化

我们先前已经讨论过，组织的文化是由创始人设定的，此后便很难变化。最理想的情况是，强势的创始人（一个或多个）对组织文化设计胸有成竹。然而，这种情况很少发生。组织文化通常随着时间的推延而呈现有机成长的特点。如果我们把文化的发展视为一个进行的过程、并且体现在每位员工的行为之中，我们就可以找到提高组织环境道德性、积极性和精神支持性的方法，接下来我们将分别讨论这些方法。

道德文化

虽然不同行业和文化存在差异，但是，道德的组织文化总是存在一些价值和流程上的相似性。因此，管理者可以通过以下原则来营造道德文化。

- 公开以身作则

员工会把高级管理人员的行为看作恰当行为的样板，不过，其实每个人都可以成为对道德氛围产生积极影响的榜样。高层管理人员应当传达正面的信息。

- 宣传道德准则

如果你承担领导职能，那么你应该通过宣传道德准则的方式，尽量减少道德的模糊地带。组织道德准则陈述了组织的主要价值观和员工必须遵循的道德准则。

- 提供道德培训

应该安排研讨会、工作小组以及培训计划，通过这些活动来强化组织的行为标准，澄清组织允许或不允许的范围，以及就可能存在的道德两难困境提供建议。

- 对符合（不符合道德）的行为进行公开褒奖（惩罚）

针对管理者的决策是否符合组织道德标准的问题对管理者进行评估。该评估应该不仅针对目标，也应针对手段。道德的行为应该得到公开的奖励，不道德的行为也应该受到公开的惩罚。

- 提供道德保护机制

组织需要建立正式机制，方便员工讨论道德两难困境，鼓励他们举报不道德的行为，确保他们不担心因此而受到斥责。可以采取的方法是明确下列人选：道德顾问、道德监控官，或者承担联络角色的道德联络员。

要营造一个广泛接受的、积极正面的道德氛围，就必须从组织高层开始做起。一项研究表明，当高层管理者特别强调道德的价值观时，主管采取道德领导方式的可能性越高。这种积极正面的道德态度会传导给员工，从而减少员工在工作中的异常行为，并且令员工更加愿意合作与互助。几项其他的研究也得出了类似的一般结论：高管层的价值观能够很好地预测员工的道德行为。

一项针对审计官员的研究发现，如果员工感知到组织领导者为了要求他们采取不道德行为而施加压力，这种感知往往与员工采取不道德行为的意图提高有关。显然，错误的组织文化会对员工道德行为施加负面的影响。最后，如果员工的道德价值观与其所属部门的道德价值观相一致，那么这样的员工会更容易得到晋升，因此我们也可以认为道德文化是一种自下而上流动的过程。

积极文化

乍提到营造积极向上的组织文化，未免显得有些过分天真和幼稚，或者好像在鼓励实施一种愚民政策。我们之所以相信这个潮流，是因为我们看到管理实践与组织行为学的研究正处在融合的过程中。**积极的组织文化**（positive organizational culture）关注发挥员工的优势，实施奖励多于惩罚的制度，并且鼓励个人层面的活力和成长。接下来我们分别讨论这些话题。

- 发挥员工的优势

虽然积极的组织文化并不否认问题的存在，但它却侧重于教育员工如何发挥自己的强项。管理学大师彼得·德鲁克（Peter Drucker）这样说道："虽然多数美国人都不清楚自己的强项是什么。如果你问他们这个问题，他们会茫然地看着你，或者利用自己对学科知识的掌握来回应你，然而这些都不是正确答案。"如果你所在的组织文化能够帮助你发现和发挥自己的优势，这不是很好的事吗？

积极的组织文化

这种文化关注发挥员工的优势，实施奖励多于惩罚的制度，并且鼓励个人层面的活力和成长。

- ● **赏多于罚**

虽然大多数组织都十分关心外部奖酬，例如加薪和升职，但是却通常忘记小型和廉价的奖酬也能起到明显的作用，例如口头表扬。在营造积极向上的组织文化的过程中，一个重要的方面就是发现员工的正确做法。很多管理者对口头表扬往往惜字如金，这一方面是因为他们担心员工毫不费力就获得表扬，另一方面是因为他们认为口头表扬在人们心中价值不大。员工一般不会要求上司表扬自己，因此管理者通常意识不到忽略这一重要工具会对自己造成多大的损失。

- ● **重视员工活力与个人成长**

如果一个组织的员工认为自己仅仅是一架机器上的齿轮，那么这样的组织无法发挥员工最佳的能力。积极向上的文化通常认可某一个工作岗位和理想的职业生涯之间存在差距，因此它不仅仅支持员工对组织效能做出贡献，也同时寻求组织能够为员工提供价值，令他们的能力有所提高（个人和职业双方面的提高）。

- ● **认可外部情境**

积极文化是一剂万灵药吗？虽然很多公司推行积极组织文化的某些方面，但这依然是一个新概念，我们并不确定在何时以及在怎样的条件下能够令它发挥最大的作用。

并非所有的国家文化都像美国文化一样乐观，即使是美国文化当中，积极文化的推行程度也受到了一定的阻碍。这些限制可能来自公司文化和行业特点。例如，Admiral 这家英国保险公司的呼叫中心成立了"快乐部门"，专门组织写诗、桌上足球、英国传统的 Conker 比赛（和栗子有关）以及"靓衣节"等员工活动。这种文化可能和保险行业的其他公司所保持的严肃文化南辕北辙。人们对于积极文化的追求是否太过热情，从而令它变成了一种胁迫或统治手段，令人失去自我？一位批评家曾经这样说道："支持积极乐观这样一种传统的社会信仰对一些具备特定精神状态和人格特质的人有利，但这样做同样也会令不符合这类描述的人远离主流人群。"虽然营造积极文化的确对组织有利，但组织也同样需要客观地看待问题，不要为了追求积极的文化而损害组织效能。

精神支持性文化

西南航空公司（Southwest Airlines）、惠普公司（Hewlett-Packard）、福特公司（Ford）、男士服饰公司（Men's Wearhouse）、泰森食品公司（Tyson Foods）、汽车后市场备件分销公司（Wetherill Associates）和牙膏厂商（Tom's of Maine）等公司案例存在哪些共同之处？答案是，在美国公司当中，这些公司是推行精神支持性文化的代表。

● **什么是精神支持**

工作场所的精神支持并不是指组织宗教活动。这个概念与上帝和神学无关。工作场所的精神支持性指的是在社区情境下，人们的精神世界与工作的意义产生相互作用。支持精神性文化的组织认为，人们在工作中追寻着意义和目标，也希望与社区中的其他人员发生联系。我们已经探讨过这方面的很多话题，例如工作设计和企业社会责任（CSR），这些概念都与组织精神性的概念有关。有的公司重视与第三世界的供应商的合作，支付给它们优厚的产品市场价格（高于市场价）从而提高共同的利益，例如星巴克；又例如公司鼓励员工通过电子邮件的形式分享自己的祷告或者精神支持性的信息，例如电池厂商 Interstate Batteries。这些公司都鼓励更具精神支持性的文化氛围。

工作场所的精神支持性
　　认为在社区情境下，人们的精神世界与工作的意义产生相互作用。

● **为何现在讨论精神性**

我们已经在第 4 章里讨论过情绪的话题。人们对于理性持有错误的假设，认为运行良好的组织应当完全排除人们的个人感觉。对员工内心世界的关注在完美理性模型当中是不存在的。但是，随着我们意识到研究情绪能够加深我们对组织行为学的理解，我们意识到，组织的精神性也可以帮助我们更好地理解员工行为。

当然，员工的内心世界是自始至终存在的。我们为什么现在才开始研究工作当中的意义和宗旨呢？我们将原因归纳为以下几点。

- 精神性可以抵消混乱的生活步伐所带来的压力。现代生活方式往往包括单亲家庭、频繁搬家、临时的工作岗位、由新技术造成的人与人之间的隔阂，这些都让人们感到缺乏社区交互，并且渴望人与人之间的互动与连接。
- 正式的宗教信仰对很多人来讲并无效果，人们不断寻找新的精神支柱来替代信仰缺失的问题，从而填补不断增长的空虚感。
- 工作要求难度加大已经让工作成为很多人生活的一大部分，人们不断质疑工作的意义是什么。
- 人们需要将个人生活的价值观纳入到职业生涯当中。
- 越来越多的人发现，对物质生活的追求令他们感到无法满足。

● **精神性组织的特征**

工作场所精神支持性的概念包含了我们以往对价值观、道德、激励和领导力等方面的讨论。虽然研究依然处在初步阶段，但是我们依然找到了精神性组织的一些明显的文化特征。

- 仁慈

精神性组织重视与人为善，重视员工和其他利益相关者的幸福。

- 较强的使命感

精神性组织的文化建设是有较强使命感的。虽然利润也是很重要的方面，但是利润并不是最主要的价值。

- 信任与尊重

精神性组织的特点是互信、诚实和开放。员工被尊重和珍视，这对应着每位员工自身的尊严感。

- 思路开放

精神性组织重视员工的灵活思路和创造力。

● **成为精神支持性组织**

很多组织都对成为精神支持性组织产生了兴趣，但是在将原则付诸实践的过程中却遇到了困难。第一，存在多种提高工作场所精神支持性的做法，这些做法也可以同时平衡工作与生活。领导者可以采取一些价值观、态度和行为，提高员工在工作中的内在激励和自我实现感。第二，鼓励员工思考工作中的使命感，这有助于实现工作场所中的精神支持性，这通常可以通过群体互助讨论和组织发展的活动实现。例如墨西哥风味餐饮塔可钟（Taco Bell）和钢铁看台制造商 Sturdisteel 的案例，公司为员工提供传教士咨询服务。很多传教士是通过事务所雇佣的，例如美国市场传教士公司（Marketplace Chaplains USA），还有一些公司直接雇佣传教士，例如雷诺烟草公司（R.J.Reyholds）和泰森食品（Tyson Foods）。公司传教士通常是获得圣职的基督教牧师，他们在工作场所提供服务，即使他们的角色并不是宣扬神性，而是帮助人力资源部向已经信仰基督教的员工提供服务，这还是导致了激烈的争论。此外，其他宗教的领导者角色也应该得到鼓励。

● **对精神性的批判**

组织精神支持运动的批判者主要关注三个问题。第一个问题是该举措的科学基础。工作场所精神支持方面的研究相对较少，这个定义非常宽泛，以至于轮岗、在冥想中心度假都可以被定义成精神支持性的活动。其次，弘扬组织的精神支持性明显让一些员工感到不安。批评家认为，以商业公司为代表的世俗机构不应该对员工强加精神价值观。如果精神性的定义是将宗教信仰和上帝的作用引入工作场所，那么这种批评无疑是有道理的。然而，由于此举的目标仅限于帮助员工找寻公司生活中的意义和宗旨，这个问题就不那么突出了。最后一点是，精神支持与组织利润能否兼容？这是商业组织中的管理者和投资人最关心的问题。存在少量证据证明，两者是兼容的。在一项研究中，为员工提供精神提升机会的组织在业绩上比不提供这种福利的组织更成功。其他研究显示，组织中的精神性与创造力、员工满意度、工作投入度和组织承诺是呈正相关的。

全球化情境

我们已经在第 5 章中讨论过全球文化价值（集体主义与个人主义、权力距离等）。现在我们要讨论的话题相对来说更加聚焦：在全球化背景下，组织文化会受到怎样的影响？组织文化的力量十分强大，它的影响范围通常会超越国家的边界。但这并不意味着组织应当或者可以忽略当地文化的影响。

美国管理者可以采取的一种主要做法就是对文化问题尽量提升敏感性。美国是在全球商业和文化方面都具备强势影响力的国家，这加深了人们对美国的认知。"世界各地的人们统统将我们视作傲慢的人，特别以自我为中心，而且说话好像大声叫嚷一样，"一位美国管理者这样说道。美国管理者提高文化敏感性的一些方式包括：低声、慢速说话、更多地倾听、避免讨论信仰和政治话题等。

在管理道德行为方面，国家文化可能和公司文化存在一些矛盾。美国管理者崇尚无形的市场力量，并将其视作是商业组织的义务。这种世界观将贿赂、裙带关系和偏袒私人交情等行为都视作高度不道德的行为。美国人也重视利润最大化，任何与利润最大化相悖的行为都是不恰当的，甚至表明公司发生了腐败行为。相反，在发展中国家的管理者可能更倾向于在更广泛的社会环境中看待决策的道德性。这意味着给予家人和朋友一些小利益的行为不仅是恰当的，而且很多这样的行为甚至可以称得上是具有道德责任感。很多国家的管理者也对资本主义持怀疑态度，他们认为员工的利益与股东的利益应当被放在同等地位，这种理念有可能会限制利润最大化的实现。营造跨国组织文化有可能会造成处在竞争地位的两个国家的员工发生冲突。由于国内各个组织都在致力于招聘海外运营的员工，管理层必须抉择在哪些方面对组织文化进行标准化处理。

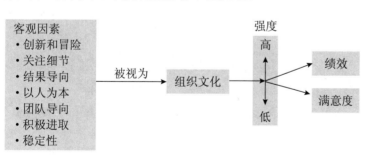

图 16-3　组织文化对员工绩效和满意度的影响方式

本章小结

图 16-3 描绘了组织文化的影响。员工根据各种各样的因素形成对组织

总体文化的主观感知，这些因素包括，风险容忍度、对团队的重视，以及对个体的支持等等。实际上，这种总体认知代表了组织的文化或人格，并影响员工绩效和满意度。文化越强，影响越大。

对管理者的启示

- 认识到组织文化在短期内是相对稳定的。为了发起变革，应当让高层管理者参与进来，制订长远计划。
- 应当聘用个人价值观与组织相一致的求职者，这样的员工倾向于保持长期承诺和较高的满意度。"不匹配"的情况经常会提升离职率。
- 理解员工的绩效结果和社交活动在很大程度上取决于其是否知道自己应该或不应该做什么。你应当好好地训练员工，让他们了解工作角色的变化。
- 作为一名管理者，你可以在组织环境中塑造文化，但有的时候文化也影响着你。所有管理者都应当致力于营造道德的文化环境，并且考虑组织精神支持性对于建设积极组织文化的作用。
- 应当警惕公司的文化可能无法移植到其他国家。当你在海外实施新计划或新行动之前，你需要分析组织的规范是否和当地文化相抵触。

第17章
组织变革与压力管理

通过本章的学习，你应该能够：

1. 比较变革的驱动力量和计划中的变革；

2. 说明如何克服变革阻力；

3. 组织变革管理的四种主要方法；

4. 说明营造变革文化的三种方法；

5. 说明工作压力在环境、组织和个人层面可能有哪些成因，以及个人差异和文化差异所起到的作用；

6. 识别工作压力在生理、心理和行为方面的影响症候是什么；

7. 说明个体和组织进行工作压力管理的方法。

变革

如果我们希望实现组织行为（OB）的积极结果（这是本书的总目标），我们需要应对组织生活的两个现实：变革与压力。我们首先讨论变革的话题，变革通常带来压力的增高。我们将会发现，由一些驱动力量带来的变革包括反应性的变革和计划性的变革。

变革的动力

"不变即死！"这是当今世界上的管理者所共同呐喊的战斗口号。变革通常沿着以下六个维度中的一个或多个发生。

1. 劳动力本质的变化

几乎所有组织都必须适应跨文化环境、人口学变化、移民和外包等问题而进行自我调整。

2. 技术水平

技术不断重新塑造着工作岗位和组织。不难想象，"办公室"在不远的将来会变成过时的概念。

3. 经济震荡

经济震荡对组织也会产生巨大的影响。在 2007 年到 2009 年的大衰退期间，很多大型的知名公司要么消失、要么被收购，例如美林证券（Merrill Lynch）、美国全国金融公司（Countrywide Financial）、美国抵押公司（Ameriquest）等。很多国家的经济状况已经恢复，新的工作岗位和投资机会纷至沓来。也有一些国家仍然深陷经济困境而不能自拔，例如希腊和西班牙，这对很多希腊和西班牙组织的经营活力造成了很大的限制。

4. 竞争

竞争局势在改变。来自大洋彼岸的竞争就像来自附近小镇的竞争一样常见。成功的组织往往步伐敏捷，能够迅速开发新产品，并且将其推广上市。换句话说，这些组织灵活性很高，这要求它们拥有同样灵活和反应性强的员工队伍。

5. 社会潮流

社会潮流也并非静止不变。以往互为陌生人的消费者现在可以在聊天室和博客上会面，分享他们对产品的了解。因此，组织必须持续调整产品和营销策略，这样才能敏感地跟进社会潮流的变化。消费者、员工和组织领导者对社会环境的变化都越来越敏感。"绿色节能"行动越来越成为众望所归的方向，而并不仅仅是一个备选方案。

即使对全球化趋势最忠实的支持者都没有预料到国际政治在近年内所发生的变化。我们看到一些大型金融危机撼动了全球市场，中国作为强国而崛起，以及阿拉伯世界政府的严重动荡。整个工业世界，尤其是以银行和金融行业为代表的商业公司，都在经受更严格的审查。

反应性与计划性变革

变革

使事物发生改变。

计划性变革

特意为之的、目标导向的变革活动。

变革发起人

在组织中扮演变革催化剂角色的人，他们承担了变革管理的责任。

变革（change）就是使事物发生改变。然而，**计划性变革**（planned change）仅仅指的是主动变革的情形。很多变革只不过是应对员工要求等因素的直接反应。一些组织将所有变革都视为偶然。在本章中，我们将把变革视为一种特意为之的、目标导向的活动。

计划性变革的目标是什么？首先，它的目的是提高组织应对环境变化的能力。其次，它也追求改变员工的行为。

谁应当对组织的变革管理负起责任？答案是**变革发起人**（change agents）。他们看到了其他人所看不到的未来，并且他们能够激励、发起和执行这种愿景。变革发起人可以是管理者或非管理者、新员工或老员工、甚至外部顾问。

变革的阻力

我们的心灵是脆弱的，这让我们通常将变革视为一种威胁。即使给员工展示数据证明他们必须做出改变，他们还是会寻找一切相反的数据来证明现状还不错，因此不需要变革。对变革抱有负面情绪的员工往往用闭目塞听、多休病假以及辞职等方式应对。所有这些反应都会耗尽组织在变革时所必需的重要能量。变革阻力并不仅仅来自于组织的基层，在很多情况下，高层管理者也会拒绝下属提出的变革，尤其是当领导者关注短期的绩效时。相反，如果领导者关注的是对业务的掌握和探索，那么他们就更愿意听取并采取下属的变革建议。

如果变革的阻力能够通过公开讨论和辩论的方式进行仔细推敲，那么这种阻力反而可能具有积极的意义。开启公开对话比无动于衷或者保持沉默要好很多，因为它至少证明组织成员都参与了这一过程，为变革发起人提供了一个解释为何发动变革的机会。变革发起人也可以利用阻力对变革进行一些修正，令其更加符合组织其他成员的偏好。

阻力出现的方式未必完全相同。它可以是公开的，也可以是隐含的，它可以是迅速的，也可以是延迟的。管理者可以很轻松地应对公开和迅速出现的阻力，例如投诉、工作效率下降或者罢工行动等。更大的挑战实际上是隐含的或延迟的阻力，相关的反应包括：忠诚度或激励水平下降、工作中错误增多或心不在焉等。它们的表现往往很微妙，难以被识别出来。延迟的行动也会模糊掉变革与反应之间的因果关系，它可能在数周后、数月后甚至数年后才显现出来。也许，一个小小的变革所带来的影响可能是压死骆驼的最后一根稻草，原因是早期的多个变革所招致的阻力已经延迟和积压到了当前的时间点。

以下归纳了变革阻力的多种具体表现形式，并按照阻力的来源进行分类，主要分为个体方面与组织方面两类。个体方面的来源主要是个体的特征，例如认知、人格和需求等。组织方面的来源主要包括组织结构本身。

1. 个体方面的来源

习惯——为了应对复杂的日常状况，我们会依靠习惯和程序化的方法来应对。但是当我们面临变革时，这种按照习惯来应对的方式就变成了变革的阻力。

安全——需要较高安全感的人很可能会拒绝变革，这是因为变革威胁到了人们的安全感。

经济因素——工作任务或者既定的日常工作程序如果发生变革，可能会带来经济上的恐慌，因为人们可能会担心自己无法按照先前的高标准去适应新任务或工作程序，当薪酬与生产率直接挂钩时，情况尤为严重。

对未知的恐惧——变革替代了对未知事物的模糊性和不确定性。

选择性信息加工——个体总是会选择性地处理一些信息，从而维护自己既有的认知。他们只会去听自己愿意去听的事情，故意忽略那些挑战自我世界的信息。

2. 组织方面的来源

结构惯性——组织都有自己的内在机制，例如员工甄选过程与正规化的规章制度等等，这些机制能够保证组织的稳定。当组织遇到变革时，这种结构惯性就成了维护稳定性的变革反作用力。

变革焦点的有限性——组织由多个相互依存的子系统构成。一个子系统在不影响其他子系统的情况下是无法独立完成变革的。因此，子系统中有限的变革往往在大系统中被平复下去。

群体惯性——即使个体希望改变自身的行为，群体规范也会成为一种限制因素。

对专业性的威胁——组织模式的变革可能会威胁到一些特殊群体的专业程度。

对既存权力关系的威胁——对决策权的任何重新分配都会威胁到组织中长期存在的权力关系。

对既存权力分配方式的威胁——组织中控制大量资源的群体通常会将变革视为威胁。他们往往对现状持满意态度。

克服变革的阻力

有 8 种策略能够帮助变革发起人应对变革阻力。我们对每一条都会进行简单的讨论。

- **沟通**

在变革发生时，沟通的作用比以往更重要。一项对德国公司的研究揭示，如果公司向各方利益相关者（包括股东、员工、社区和客户）传达变革背后的理念并平衡好各方的利益，而不仅仅只为了股东一方的利益，变革才是最有效的。另一项对菲律宾一家组织的研究发现，正式的变革沟通过程可以降低员工对变革的焦虑感，而提供有关变革的高质量信息反而可以增加员工对它的承诺。

- **参与**

我们往往不会抵制自己参与的变革决策。假设参与各方都有能力为变革决策提出建设性意见，那么令各方参与的做法可以降低变革阻力、获取他们的承诺、并且提高变革决策的质量。然而，这种做法是利弊并存的，它也可能导致人们达成较差的解决方案并耗费大量的时间。

● **建立支持与承诺**

当管理者或员工从情感上对变革十分淡漠时，他们往往安于现状、拒绝变革。当员工对组织整体持有较高的承诺度时，那么他们相对容易接受变革。因此，燃起员工的热情，强调他们对组织整体的承诺，这些方式能够帮助他们从情感上接受变革，不再继续安于现状。心理咨询与治疗、新技能培训、短期有薪假期等措施都有助于员工更好地面对恐惧和焦虑心理，并且针对变革做好自我调整。

● **建立积极的关系**

如果人们信任推行变革的管理者，那么他们就会更愿意接受变革。一项研究调查了荷兰一家从事房屋业务的大型公司内部235位员工，这家公司当时正处在并购过程中。与主管关系好的员工以及感到工作环境支持自我发展的员工通常对变革过程持有更积极的态度。另一项研究发现，对变革持有一般抵制情绪的员工如果感到同事之间互相支持并且相信工作环境对于勇于冒险的行为是安全的，那么他们就会对变革持有更积极的态度。还有研究认为，天性拒绝变革的个体如果对变革发起人具备足够的信任，那么他们对变革的态度就会更加积极。

● **公平地贯彻变革**

为了尽量减少变革的负面影响，一种方式是确保贯彻变革过程中的公平性。我们在第7章中曾经讨论过，当员工认为结果对自己不利时，维持程序正义是特别重要的。因此，关键是要对员工解释清楚发起变革的原因，并令他们感到贯彻变革的过程是一致和公平的。

● **操纵与收买**

操纵指的是公开试图影响他人的行为。为了美化事实而对事实进行扭曲、屏蔽信息、制造虚假的流言从而让员工接受变革的方法都属于操纵的手法。另一方面，收买行为是操纵行为和参与行为的结合体。这种做法意图将抵制群体的领导者收买下来，具体做法是给他们一个关键的角色或者征求他们的意见等，目的并非是为了找到更好的方案，而只不过是获得他们对变革的认同和支持。操纵与收买都是相对廉价地获得反对者支持的办法，只不过这两种做法有可能产生反效果。如果目标对象意识到自己受到愚弄或者被利用，那么一旦这件事被公之于众，变革发起人的公信力就会降到零点。

● **选择接受变革的人**

研究显示，接受变革和自我调整的能力与一个人的人格有关。有些人的性格就是对变革持有更积极的态度。这样的人格是经验开放型的，愿意承担一些风险，他们的行为也比较灵活。这项结论具有较高的普适性。一项针对美国、欧洲和亚洲的管理者所进行的研究发现，拥有积极自我观念和高风险容忍度的人，更善于应对组织变革。一项对 258 名警官的研究发现，对个人成长的要求更高的人、内控型人格以及具有内在工作激励性的警官对组织变革的态度更积极。一般心智能力较强的个体更善于在工作场所中通过学习和自我调整的方式来面对变革。总之，有充足的证据证明，组织可以通过选聘一些在人格上善于应对变革的员工来促进变革过程。

● **威胁**

最后一个策略是威胁策略，即对拒绝变革者采取直接的威胁策略或者通过其他力量来影响他们。如果一家工厂的员工拒绝减薪，而管理层下定决心要关闭这家工厂，那么这家公司就会采用威胁的策略。威胁策略的其他例子还包括：威胁要调换某人的工作、令其失去晋升机会、给予负面的绩效评估以及负面的推荐信等。在某些拒绝变革者身上真正施加压力，这才是威胁策略最有效的方法。例如，如果一名员工公开拒绝被调职的要求，而管理层声称他将与晋升无缘，这在其他员工看来就成为真正的威胁。威胁策略的优缺点与操纵策略和收买策略类似。

变革的政治性

如果没有提及变革当中的政治因素，那么对变革的讨论就是不完整的。因为变革在不同程度上都会威胁现状，因此它本身就带有政治活动的意味。

变革的政治性意味着变革的驱动力更有可能来自于外部的变革发起人，新进入组织的员工（对现状没有很多贡献的人），或者从主要权力架构中被稍微腾挪开的管理者。通过为组织长期服务从而进入高级管理阶层的管理者通常都是变革最主要的障碍。当然，你可以猜想，长期拥有权力的人，在被迫发起变革的时候也会采取一些小小的改进。大型的变革通常被认为过于激进。这解释了为何董事会在意识到快速和激烈的变革必须发生时，往往从公司外部寻找新的领导者。

管理组织变革的方法

我们现在介绍一些管理变革的方法：勒温的三阶段变革过程模型、科特的变革八步骤模型、行动研究以及组织发展。

勒温的三阶段模型

库尔特·勒温（Kurt Lewin）认为，成功的组织变革都应当经历三个阶段：解冻（unfreezing）当前状态、移动（movement）到期望达到的新状态和新状态的再冻结（refreezing）并且令其持久存在下去（见图 17-1）。

图 17-1 勒温的三阶段变革过程模型

现状的定义就是一种均衡态。从均衡到解冻需要克服个体阻力和群体规范等压力，这个过程会以三种方式发生（见图17-2）。首先，**驱动力量**（**driving force**）是引导行为背离现状的力量，这种力量在不断增加；其次，**遏制力量**（**restraining forces**）是引导行为背离均衡态的力量，这种力量在不断减小；最后一种情况是前两种方式的结合。过去曾经有过成功经验的公司很可能会遇到遏制变革的力量，这是因为人们往往质疑变革的必要性。

驱动力量

引导行为背离现状的力量是驱动力量(勒温的理论)。

遏制力量

引导行为背离均衡态的力量是遏制力量(勒温的理论)。

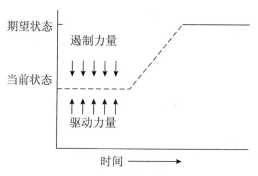

图 17-2 对现状进行解冻

一旦运动过程开始，保持这种动态是非常重要的。逐渐积累变革的组织比不上那些快速经历"移动期"的公司。一旦变革贯彻下去之后，新的状态只有在重新冻结之后才有可能成功维持较长时间。如果缺乏最后一步，变革的成果就会在短期内消失，员工会试图重新回到从前的均衡态。再冻结的目标就是通过平衡驱动力量和遏制力量来稳定住新的状态。

科特的执行变革八步骤

约翰·科特（John Kotter）发展了勒温的三阶段变革过程模型，并创造了一套更加细致的变革贯彻方法。科特的方法是，首先列出管理者在发动变革时最常见的错误，他们可能未能成功实现下列目标：未能创造一种变革的紧迫感，未能在管理变革过程中发展联盟关系，没有对变革结果提出愿景或者未能较好地传达愿景，或者没有将变革与组织文化挂钩。他们也可能没有为实现愿景扫除障碍，或没有为人们提出短期可达成的目标。最后一点是，他们也有可能过早声称变革已经成功。

科特建立了克服这些问题的 8 个顺次步骤。请注意科特是如何在前四个步骤中推演了勒温的"解冻期"的。第五六七个步骤代表了"移动期"，而最后一步是为了实现"再冻结"。因此，科特的贡献在于，他为管理者和变革发起人提供了一套更加详细的指导原则，帮助他们成功地贯彻变革。

①找到一个令人信服的理由，说明变革的必要性，从而创造一种紧迫感；

②形成联盟，为领导变革寻找足够强大的力量；

③提出新的愿景，以此来引导变革的方向和实现愿景的战略；

④在整个组织中沟通愿景；

⑤授权他人为了实现愿景而采取积极行动，为他们清除变革的障碍、鼓励他们的冒险精神和创造性的问题解决方案；

⑥计划并创造短期的"成就"，并且为此提供奖励，以此推动组织更接近实现愿景；

⑦巩固改善的成果、重新评估变革、在新的计划中做出必要的调整；

⑧通过展示新行为和组织成功之间的联系来加强变革的成果。

行动研究

行动研究

行动研究是系统性地收集数据以及根据数据分析的结果而选择变革行动的变革过程。

行动研究（action research）是系统性收集数据以及根据数据分析的结果而选择变革行动的变革过程。行动研究的价值是为计划性变革管理提供一种科学的方法论。行动研究包括五个步骤（请注意它与科学研究方法的一致性）：诊断、分析、反馈、行动和评估。

行动研究至少提供了两种特定的益处。第一个益处为它是问题导向的。变革发起人客观地寻找问题所在，根据问题的类型来确定采取哪种变革行动。行动研究的第二个益处是可以降低人们对变革的抵制。由于行动研究的过程是由员工全面参与的，因此它可以降低变革的抵制程度。一旦员工积极参与了反馈过程，他们在变革过程中往往能够产生自驱力。

组织发展

组织发展

组织发展指的是这样一系列计划性变革，它基于人性的、民主的价值观，目的是提高组织效能和员工幸福。

组织发展（organizational development，OD）指的是试图提高组织效能和员工福利的一系列变革方法。

组织发展的方法重视个人成长和组织成长、促进合作和参与的过程以及鼓励探索精神。当代组织发展理论在很大程度上借助了后现代哲学的观点，它们都很重视人们以主观的眼光来看待环境。变革发起人可以承担促进组织发展的领导责任，不过，组织发展是特别注重合作的。

哪些组织发展技巧或者干预方法可以促进变革？下面列出六种方法。

● **敏感性训练**

敏感性训练

通过非结构化群体互动来改变行为的群体培训方法。

有各种各样的名词指向同一含义，即通过非结构化的群体互动来改变行为的早期方法，包括**敏感性训练**（sensitivity training）、实验室训练、交友小组和 T 团体（培训团体）等。例如多元化培训、管理层辅导和团队建设活动等当前流行的组织干预方式来源于这种早期的组织发展干预技巧。

● **调查反馈**

调查反馈（survey feedback）是一种工具，它可以评估组织成员的态度、找到不同成员在感知上的差异并解决分歧。基本上说，可以开展战略性调查，从中收集数据，并将其用于问题的识别和讨论。

调查反馈法有助于决策者感知员工对组织的态度。然而，人们在回答问卷时往往受到很多因素的影响，这会降低研究结果的可靠性。其次，如果大量问卷未得到回应，这件事本身就表明组织出现了功能失调，或者工作满意度较低，而数据的缺失却不能揭示这一结果。因此，采用调查反馈法的管理者应当监控组织当前发生的事件以及员工反馈的比率。

● **流程咨询**

管理者通常感知到他们工作单元的绩效可以改善，但是他们却很难找到可以改善之处和改善的方法。**流程咨询**（process consultatin，PC）的目的是，请外部咨询专家帮助客户（通常是管理者）"提高对流程事件的感知、理解和行动"，这些事件是管理者所必须面对的，可能包括围绕工作流程发生的事件、工作单位成员的非正式关系、以及组织当中的正式沟通渠道等。

流程咨询与敏感性训练的相似之处是，它们都假设组织的效能是可以通过解决人际关系问题和重视员工参与度而获得提高的，但是流程咨询更加具备任务导向的特点。咨询专家的任务，不是解决组织的问题，而是在和客户共同诊断后，找到可以改善之处，引导或辅导客户解决自身的问题。客户能够发展出分析自己工作单位流程的技能，这样，即使咨询专家已经退出一段时间，客户依然可以应用这项技能。由于客户积极参与到诊断过程和备选方案的开发过程当中，他们能够深刻理解工作流程和解决方案，经过选择和确定的工作计划将不会面临很大的阻力。

● **团队建设**

我们在本书中已经发现，组织越来越依赖团队完成工作任务。**团队建设**（team building）采用高互动性的群体活动来增加团队成员之间的信任和开放性、改善团队协调性，以及提高团队绩效。

典型的团队建设活动包括目标设置、团队成员人际关系的发展、理清成员角色与责任的角色分析活动等。它可能强调某些活动，也可能排除某些活动，这都取决于团队建设的目标，以及团队正在面临的特殊问题。然而，从根本上说，团队建设为团队成员安排高互动性的活动，从而增进信任度和开放性。随着组织越来越依赖团队工作方式，团队建设已经成为一个重要的话题。

● **群体间关系发展**

组织发展领域的一个重要考虑是群体间功能失调性的冲突。**群体间关**

调查反馈
采用问卷的方式找到不同成员在感知上的差异，进行讨论并且找到解决方案。

流程咨询（PC）
外部咨询专家帮助客户理解他们自己所必须面对的流程事件，以及识别出需要改善的流程。

团队建设
通过高互动性的群体活动增进团队成员之间的信任度和开放性。

群体间关系发展
为了组织发展（OD）的目的而改变群体之间的态度、刻板印象和认知。

系发展（intergroup development）追求改变群体之间的相互态度、刻板印象和认知。在这方面的培训与多元化培训是非常相似的，多元化培训关注人口统计学上的差异，群体间关系发展培训关注的是组织当中不同职业、部门和事业部之间的差异。在几种改善群体间关系的方法之中，有一种着重解决问题的方法特别流行。每个群体独立开会，列出对己方群体和对方群体的认知，以及认为对方群体是如何看待己方的。接下来，双方群体共同讨论各自的结论，讨论两个列表的相似之处和差异之处，并且探讨产生差异的原因。

在找出差异的原因之后，双方群体将进入整合阶段——探讨改善双方关系的解决方案。可以从相互冲突的双方群体中抽出一部分成员建立子群体，对问题进行深入诊断，并且形成解决方案。

● 赞赏式调查

赞赏式调查

赞赏是调查致力于识别组织的特殊能力或者优势，从而发扬原先的优势并且提高工作绩效。

大多数群体发展方法都是以问题为中心的，即先找到一个或一系列问题，并寻找解决方案。然而，**赞赏式调查**（appreciative inquiry，AI）的方法却特别关注积极的方面，即识别组织的特殊能力或者优势，而不是组织需要解决的问题。通过赞赏式调查，组织成员可以发扬原先的优势，并且提高工作绩效。也就是说，赞赏式调查关注组织的成功而不是组织的问题。

赞赏式调查过程由 4 个步骤组成：发现、梦想、设计与使命。这 4 个步骤通常发生在大型群体会议中，为期两到三天，还通常有一个经过特殊训练的变革发起人监督整个过程。第一步的"发现阶段"旨在令人们发现组织的优势所在。员工需要回忆他们认为组织最成功的时刻，以及他们对工作最满意的时刻。第二步在"梦想阶段"，员工利用在发现阶段中得到的信息预测未来，例如组织 5 年后会变成什么样子。第三步在"设计阶段"，参与者要找到对组织未来状态的共同看法，并且对组织的未来特点形成一致意见。在第四个步骤"使命阶段"中，参与者要试图定义组织的使命，或者说明应当怎样才能实现他们的梦想，此后他们通常会形成书面的行动计划和执行策略。

营造适合变革的文化

我们已经说明了组织如何被动适应变革的问题。然而，近期一些组织行为学者更关注一种积极主动的方法，即组织如何通过文化变革来迎接变革的到来。在本小节中，我们将学习 3 种方法：管理组织中的矛盾论、激发创新型文化，以及创建学习型组织。我们也将探讨组织变革和压力管理的问题。

管理组织中的矛盾论

　　管理者应该学习一些组织**矛盾论**（**paradox theory**）方面的知识，该理论认为，管理中存在的关键矛盾是，一个组织根本不存在终极最优状态。在矛盾论的观点下，我们必须平衡各种不同的行为过程所带来的压力。随着时间的进行，我们总是在不停寻找平衡点、寻找动态平衡的状态以及不断调整任务优先级。我们学到的第一课就是，环境和组织成员都是在变化中，不同要素的重要性有增有减。例如，有时公司需要认可过去的成功、分析成功的原因，有时过分关注对过去的回顾又阻碍了新的进程发生。有一些证据证明，能够用历史观来看问题以及认识到平衡矛盾两方面重要性的管理者通常是更高效的管理者。

> **矛盾论**
>
> 　　矛盾论认为管理当中的关键矛盾是一个组织根本不存在终极最优状态。

激发创新性文化

　　怎样让组织变得更善于创新？虽然没有一种办法能够保证实现这个目标，但是在研究者研究创新型组织时，某些结构、文化和人力资源政策方面的组织特征反复出现。我们首先明确创新的定义是什么。

* 创新的定义

　　我们提到过，变革指的是令事物发生改变。**创新**（**innovation**）是一种特殊的变革，它是一种用来创造或者改善产品、过程或服务的新理念。因此，所有的创新都必然意味着变革，但并非所有的变革都一定包含着新理念或者带来显著的改善。创新包括小型的渐进式的改善，例如平板电脑的出现，也可以是重大突破，又例如日产公司的 LEAF 品牌新能源车。

> **创新**
>
> 　　一种用来创造或者改善产品、过程或服务的新理念。

* 创新的源泉

　　组织结构这一变量是创新的来源之一。大量关于组织结构与创新关系的综合研究做出了如下结论。

（1）有机结构

　　因为有机组织的纵向差别程度不深，正规化和集权化程度也都较低，因此有机组织的灵活性、应变力与取长补短的效果能够促进组织采纳创新建议。

（2）管理层就任时间的长短

　　管理层就任的时间如果较长，显然令组织对如何完成任务和如何达到期望的结果等问题有了正统的做法和知识。

（3）组织资源松散

　　如果组织拥有丰富的资源，那么组织就能够承担创新和失败的成本。

（4）工作单位间的活跃沟通

　　这些组织都经常采用决策委员会、任务小组、跨职能团队和其他促进部门间互动的组织形式。

● 情境与创新

创新型组织的文化总是相似的。这种组织鼓励实验，不论成功和失败都能得到奖赏。遗憾的是，在很多组织当中，人们不求有功，但求无过。这样的组织会压制冒险行为和创新行为。创新型组织的政策通常积极鼓励成员的培训和发展，从而让成员保持与时俱进；为员工提供较高的职业安全感，从而让员工不必惧怕由于犯错而遭到解雇；还会鼓励个体成员成为变革的积极响应者。这些做法在工作群体中也可以产生同样的效果。一项在中国高科技公司内部 200 个不同工作团队内对 1 059 名个体的研究发现，如果工作制度重视对员工的承诺，那么团队创造力就会提高。在凝聚力较高的团队当中，这种效果会更加明显。

● 创新先锋与创新

理念先锋

理念先锋接受一种创新理念后会积极热情地宣传、寻求支持、克服阻力并力保理念得到执行。

当新理念成型以后，**理念先锋**（idea champion）会积极热情地宣传理念、寻求支持、克服阻力并力保理念得到执行。创新先锋通常有共同的人格特征：极高度的自信、毅力、精力以及冒险倾向。他们也通常展示出与变革型领导相关的特征，例如他们用自己对未来创新潜力的愿景和他们自己对使命的坚定信心去启发和激励他人。情境变量也影响着理念先锋在多大程度上成为变革力量。例如，当工作角色和社会环境鼓励创业者提出自己的创新理念时，创业者对变革的激情通常是最高的。从事情的反面来看，如果迫使具有创新思维的个体从事管理的例行工作，可能会浇灭他们对变革的激情，也令变革无法执行。理念先锋也善于获得他人对创新理念的承诺，因此，应该为他们的工作职位提供相当大的决策权。工作中的独立自主性可以帮助他们在情境允许的情况下引入和推行创新。

成功的理念先锋是否会根据文化差异而因地制宜地解决问题？答案是肯定的。一般来说，集体主义文化下，人们更偏好呼吁不同职能的团队共同支持创新；而高度权力距离文化下，人们更偏好理念先锋与当权者密切合作，在任务开始前就批准创新行为；一个社会的不确定性趋避倾向越强，就越需要更多的理念先锋在既定的制度和程序框架内促成创新。

创建学习型组织

组织主动进行变革管理的另外一种方式是将持续成长纳入到组织文化当中——成为学习型组织。

● 什么是学习型组织

学习型组织

已经发展出较高的适应性和改善空间的组织。

不仅个人需要学习，组织也需要学习。**学习型组织**（learning organization）是已经发展出较高的适应性和改善空间的组织。学习型组织问卷量表（Dimensions of the Learning Organization Questionaire）已经被全世界所采用和修订，用于评估组织对于学习型组织原则的承诺度高低。

以下归纳了学习型组织的 5 个基本特征，它包括：人们放弃旧的思维方式、学会公开交流、理解组织的真正运行方式、形成每个人都赞同的计划或者愿景、共同为了实现愿景而努力。

1. 存在每个人都认可的共同愿景。

2. 人们抛弃了旧的思维方式以及解决问题和执行工作的标准流程。

3. 人们从关系系统的视角去思考所有的组织流程、活动、职能、以及和环境的互动关系。

4. 人们公开相互沟通（跨越纵向和横向的组织边界），而不必担心谴责和惩罚。

5. 人们超越个人利益和小集体利益，共同朝向组织共同的愿景努力。

● **学习管理**

管理者应该怎样做才能打造学习型组织？下面是一些建议。

● 设定策略

管理者应当公开表明对变革、创新和持续改善行动的承诺。

● 组织架构的重新设计

正式的组织结构可能会严重阻碍学习行为。组织结构扁平化、某些部门的取消和合并，以及更多采用跨职能团队等做法，都可以加强部门间的相互依赖性和减少隔阂。

● 重塑组织文化

要成为学习型组织，管理者必须通过实际行动表明承担风险和承认失败都是好的行为。这意味着需要对碰运气和犯错误的人们采取奖励措施。管理层需要鼓励功能实现型的冲突。

组织变革与压力

请思考你在工作中感到压力的情景。请不要太过关注每天的日常压力，例如由于交通堵塞造成你上班迟到等。什么是令你印象最深刻而影响深远的压力呢？对于很多人来说，压力往往来自于组织变革。

自然而然地，我们发现领导角色是关键因素。一项研究指出，变革型领导有助于塑造员工的情感，令他们提高对变革的承诺度，而不将其视为压力的来源。另一项研究指出，在新计划形成之前就对变革持有积极的态度，可以在员工经历组织变革时降低他们的压力，并且引导他们的态度走向更加积极的一面。管理者可以致力于持续提高员工的自我效能、改善对待变革的态度，以及增强他们对情境的掌控感，从而形成变革的积极导向。例如，管理者可以塑造更清晰的角色、并且提供持续的奖酬，从而增加员工的自我效能。管理者也可以通过邀请员工参加新流程的计划过程和贯彻过程，从而提高员工对变革的掌控感和对变革的积极态度。另一项研究指出，在变革期间需要增加与员工的沟通，并且培训员工掌握情绪管理技巧。通过这些手段，管理者能够帮助员工降低压力水平并提高组织承诺。

工作中的压力

朋友经常说，他们感到现在的工作压力比以往更大了、工作时间也更长了。父母担心子女的工作缺乏职业稳定性，并且时常回忆以往在大公司工作意味着终身的稳定职业。员工也经常抱怨平衡工作与生活的压力过大。Harris Rothenberg International 是一家提供"员工帮助计划（EAP）"的服务商，该公司发现，发生心理崩溃并需要专业帮助的员工比例比以往任何时候都高。确实，表 17-1 显示，工作是很多人生活中的主要压力来源。那么压力的原因和结果分别是什么？个人和组织应该怎样去减轻压力？

表 17-1　各方面造成生活压力的比率

领　　域	造成最大压力的比率
财务问题	64%
工作	60%
家庭责任	47%
对于健康的顾虑	46%

什么是压力

压力

由于应对环境压力而引发的令人不快的心理过程。

挑战性压力因素

与工作量相关、与完成任务相关或者与时间紧迫性相关的压力因素。

障碍性压力因素

阻碍人们达到目标（例如繁文缛节、办公室政治、工作责任不清等）的压力因素。

压力（stress）是一种动态的条件，当人们遇到机会、需求或者个体想要得到的资源时，如果感到结果既重要又不确定，那么就在面临着压力。虽然人们总是讨论压力的负面后果，但它也有积极的作用。很多职业人士认为，由于工作量较大和截止日期较近所造成的压力往往是积极的，这种压力能够提高他们的工作质量以及他们从工作中获得的满足感。然而，如果情境是负面的，压力就成为不利的因素，并妨碍着工作进展。例如，血压会上升到令人难受的程度，心跳也变得极不规律，妨碍你进行理性的发言和思考。

● 压力因素

研究人员近期提出，**挑战性压力因素**（challenge stressor）与**障碍性压力因素**（hindrance pressure）存在较大差别。前者是与工作量相关、与完成任务相关或者与时间紧迫性相关的因素，而后者则阻碍人们达到目标（例如繁文缛节、办公室政治、工作责任不清等）。虽然这方面的研究还在不断积累，但是存在早期证据指出，挑战性压力因素比障碍性压力造成的紧张感稍小一些。

研究人员一直试图区分挑战性压力因素和障碍性压力因素。当挑战性压力因素上升时，得到组织高度支持的成员可以实现更高的角色绩效，但是对不具备组织高度支持的成员而言却没有此效果。也有证据证明，挑战性压力因素能够提升支持性工作环境中的工作绩效，而障碍性压力因素在所有工作环境下都会令工作绩效降低。

● **要求与资源**

一般来说，压力与**要求**（demand）和**资源**（resource）有关。"要求"包括个体在工作场所中面临的责任、压力、义务以及不确定性。"资源"指的是个体能够控制的、用来满足要求的事物。我们接下来将分析"要求 - 资源"模型有哪些意义。

当你接受学校的测试或者在工作中接受年度绩效考核时，你会感到紧张，这是因为你同时面临着新的机会和绩效压力。绩效考核结果如果是好的，那么你可以得到晋升、承担更多责任以及得到更高的薪水。绩效考核结果如果不好，你可能得不到晋升。一份特别糟糕的绩效考核结果有可能造成你被解雇。你可以利用资源来满足岗位要求，例如事先做好准备、调整好看待考试和绩效考核的态度（这并不意味着世界末日）或者获取社会关系的支持等。在上述几方面越做好充分准备，你所感到的压力就越小。事实上，从持续的观点来看，资源列表中的最后一条——社会支持可能比任何其他资源都更重要。根据近期的研究，得到情感支持的人们所感到的压力水平较低、压力所带来的沮丧感较低、也更容易通过调整生活方式来降低压力。总的来说，从"要求 - 资源"模型的观点来看，使用资源应对压力是很重要的，其重要性不亚于认识到高要求对压力的提高作用。

● **应变稳态**

迄今为止，我们所讨论的内容可能让你产生这样的印象，个人总是在追求利用资源完美满足要求的稳态。早期研究倾向于用内在稳态（或者平衡）的观点来看问题，现在人们逐渐意识到，根本不存在这样的理想状态。事实上，更精确的说法应该是**应变稳态**。要求是在不断改变的、资源是在不断改变的，应对不平衡状态的体制更是在不断改变的。在应变稳态下，我们通过改变自身的行为和态度来寻找稳定性。结果如何取决于应变稳态的压力，或者说我们身上承载和积累了多少压力因素，以及我们得到了哪些资源。例如，如果你对自己的能力特别自信，并且能从其他人那里获得很多支持，那么对于你来说，应对压力的意愿可能会增加，并且你将更善于使用自己所拥有的资源，这是应对压力不大的情境。在另一种情况下，当应对压力过大，或者压力持续时间过久，我们有可能体会到身体和心理的双重压力症候。

要求

个体在工作场所中面临的责任、压力、义务以及不确定性。

资源

个体能够控制的、用来满足要求的事物。

应变稳态

通过改变自身的行为和态度来寻找稳定性。

潜在工作压力来源

压力是什么导致的？一项针对 35 000 名个体的回应所做的分析显示，角色的模糊性、角色冲突性、角色过载、职业不安全感、环境不确定性和情境约束性都与工作绩效呈现负相关性。我们现在通过图 17-3 中模型对这些因素的分解来详细考察这些知识。

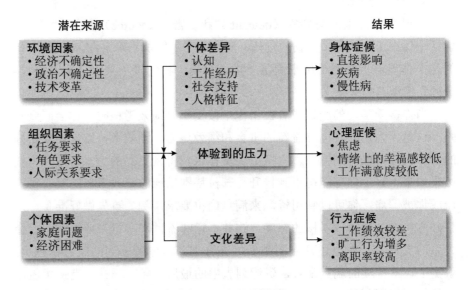

图 17-3　压力模型

● **环境因素**

环境不确定性不仅影响着组织架构的设计，也影响着组织中员工的压力水平。事实上，不确定性是人们难以应对组织变革的最重要因素。环境不确定性包括三种主要类型：经济原因、政治原因和技术原因。

企业生命周期的变化导致了经济不确定性。例如，当经济紧缩的时候，人们越来越由于缺乏职业安全感而产生焦虑心理。政治不确定性对于北美人所产生的压力并不如海地或者委内瑞拉等国的员工高。原因很明显，美国和加拿大的政治体制更加稳定，体制变革通常有序执行。不过所有国家的政治威胁和政治变革都会导致压力。由于创新有可能让员工的技能和经验在短期内淘汰，与时俱进地学习新计算机程序、机器人技术、自动化技术等技术变革对于很多职场人士而言形成了进一步的挑战，并且会导致他们感到更大压力。

● **组织因素**

组织内形成压力的因素并不少，例如，在短时间内避免错误和完成任务、工作压力大、上司要求严格并且麻木不仁、同事令人厌烦等。我们可以将这些因素围绕任务、角色和人际关系的要求来分类。

1. 任务要求指的是某人的工作。其中包括工作的设计（包括自主性、任务多样性和独立性）、工作条件和物理工作布局等。和工作压力相关的最主要因素是需要完成的工作量，紧接着的第二大压力来源是截止期限较近。如果办公空间过于拥挤或者噪音和干扰较多，焦虑感和压力感都会上升。

2. 角色要求指的是组织将个体视为实施特定组织功能的角色所对其施加的压力。角色冲突指的是多方期待很难协调或满足。当员工被期望承载过多的任务时就发生了角色过载的现象。角色模糊性指的是角色期待并不清楚或难以理解，员工不清楚自己应该做什么。遗憾的是，如果员工的角色面临高度的情境约束（例如固定的工作时间或者工作责任要求较高），那么他们往往很难主动应对压力，而实际上稍事休息就可以降低压力。

3. 人际关系的要求指的是其他员工对你施加的压力。一定程度的压力是正常的，不过越来越多的研究文献显示，员工和主管的负面行为（包括打架、霸凌、不文明行为、激烈的骚扰、性骚扰等）与工作压力呈现较强的相关性。人际关系上的虐待也有可能产生身体上的不适，一项研究发现，在控制实验的情境下，遭受不公平的对待可能导致人体释放皮质醇，这种荷尔蒙和压力反应有关。此外，如果个体认为他们正处在长期遭受多方歧视的社交环境，那么他们的心理紧张感就会升高，即使排除了基础幸福感的差异，结果也是如此。

- **个体因素**

普通人一周的工作时间是在 40 和 50 个小时之间。然而，在 120 多个小时的非工作时间内，人们的经历和遇到的问题也有可能被带入到工作中。工作压力来源的最后一个类别包括员工的某些个人生活因素，例如家庭问题和个人经济问题。

美国多次全国性调查显示，人们是很重视家庭的。家庭问题不论是好是坏都有可能造成压力，并且对个人产生显著影响。家庭问题通常与工作生活冲突存在紧密关系。

个人经济问题往往是因为手头资金紧张，这也会导致压力，并转移个人对工作的关注。不管收入水平如何，总是有些人不善理财，或者其需求超过了收入能力。年收入 10 万美元的人与年收入 2 万美元的人都有可能发生经济困难。不过，近期的研究指出，年收入低于 5 万美元的人的确会感到更大压力。

- **压力因素的积累性**

当我们分别审视各种压力因素时，很容易忘记压力是可以逐渐积累的。每一种新压力或者持续存在的压力都有可能提高个体的压力水平。单一的压力因素可能并不重要，但是如果压力水平已经很高，又增加了新的压力因素的话，压力过大的现象就发生了。如果要评估个体正在承受的压力总量，需要把来自各个来源和各种程度的压力叠加到一起来考虑。由于压力很难被量化，也很难观察到，管理者应该特别关心由于组织因素所导致的压力。很多员工都愿意对关爱下属的管理者倾诉自己所感到的压力。

压力的个体差异

有人在压力中奋进，也有人在压力中倒下。人们的抗压能力有什么区别？是哪些个人层面的变量影响着潜在压力因素和被感知的压力之间的关系？在这方面至少存在四个因素：感知、工作经历、社会支持和人格特质。

- **感知**

我们在第 6 章中已经证明，人们是根据对现实的感知而做出反应，而并不是对现实本身。因此，感知影响着潜在压力条件和员工对压力的反应之间的关系。裁员可能导致员工担心失去工作，而另一些员工却将其视为得到一大笔离职赔偿金后自己创业的机会。因此，是否存在潜在压力并不在于客观条件，而是在于员工对这些条件如何解读。

- **工作经历**

工作经历与工作压力之间呈现负相关性。原因是什么？我们提供两条解释。首先是选择性退出。因为感到压力较大的员工选择主动离职的可能性更高，所以在组织中工作时间越久的员工，越有可能是抗压能力较强的员工，或者对组织压力的特征不太在乎的员工。其次，人们会逐渐发展出应对压力的解决机制。在一段时间之后，组织的资深成员很可能已经完全调适好应对压力的方式，因此不会感到压力很大。

- **社会支持**

社会支持指的是你和同事或者上司的关系，这种关系可以对压力起到缓冲作用。在有关压力管理的研究文献中，这种影响关系得到了很多的证据支持。社会支持可以起到缓和高压岗位负面效果的作用。

- **人格特质**

由于工作压力所导致的症候可能是个人特质所决定的。在压力管理方面所进行的人格特质研究中，最受广泛关注的是神经质，我们在第 5 章中讨论过这个概念。你可能猜想到，神经质的个体很容易体验到心理压力。有证据指出，神经质个体很容易在工作环境中找到压力因素，因此他们更容易认为环境具有威胁性。他们也很容易选择刚性的解决机制，采用规避的方法应对问题而不是尝试解决问题。

文化差异

研究指出，在不同文化下产生压力的工作条件是有差异的。一项研究揭示了，缺乏对工作的掌控感是美国员工感到压力的原因，而工作绩效评估和缺乏培训是让中国员工感到压力的原因。不过，在不同文化下，人格差异对压力水平没有影响。一项针对匈牙利、意大利、英国、以色列和美国的研究发现，A 型人格特征（见第 5 章）在各国都可以预测压力水平。一项面对 20 个国家 5 270 位管理者的研究发现，美国，加拿大和英国等个人主义文化的国家由于工作与生活平衡发生问题所导致的个人压力要远远大于在亚洲和拉丁美洲国家文化下的人。这项研究的作者提出，这个现象的原因，可能是由于在集体主义文化下的额外加班被认为是对家庭做出牺牲，而在个人主义文化下，工作被视为实现个人成就的途径，这减少了个人对家庭的奉献。

有证据证明，压力因素与各国员工对压力和紧张水平的个体感知相关。换句话说，对于所有文化下的员工而言，压力都是同样有害的。

工作压力的后果

压力的表现形式有很多种，例如高血压、溃疡、烦躁不安、难以对日常事务做出决策、食欲缺乏、多发事故等。这些症候可以划分为三个大类：生理学症候、心理学症候与行为症候。

- **生理学症候**

大多数对压力的研究最初都是关注生理症候的，这是因为大多数研究人员都是健康和医疗学科的专家。他们从研究工作中得到的结论是，压力会改变人们的新陈代谢速度，例如增加心跳和呼吸速度，令血压升高，带来头痛现象以及导致心脏病发作。

有证据清晰地证明了，压力的确会对人产生一些负面的生理影响。在英国进行的一项长期研究发现，工作压力会导致冠心病的高发。丹麦的研究又发现，在劳动服务行业的员工中，在工作中身体过度疲劳的情况与请病假的频率存在显著的关系。还有很多其他研究都显示了类似的关系，即压力会导致各种健康指标的下降。

- **心理学症候**

对工作不满意是最显而易见的一个压力来源。我们可以从其他心理状态中找到压力的踪迹，例如紧张、焦虑、烦躁、烦闷、拖延等。例如，一项研究追踪了员工在一段时间内的身体状况后发现，由于工作任务繁重所导致的压力与血压升高和幸福感下降有关。

某些提出多重要求的工作，或者多个任务要求存在冲突的工作，或者在权责上划分不清的工作都会令工作人员感到紧张和不满。与此相似，人们对工作速度的控制力越低，压力和不满也会越高。工作单调、重要性低、独立性低、缺乏反馈和岗位认同的工作会产生紧张感，并且降低工作人员的满意度和工作投入度。然而，并非所有人都会按照同样的方式来看待工作中的独立自主性。对那些外控型的人来说，给予他们更高的工作自主控制力只会增加他们的压力和疲倦感。

● **行为症候**

多个国家都进行过关于行为与压力的研究，两者之间的关系相对稳定。和行为有关的压力症候包括生产率下降，以及缺勤率和离职率的提高。压力还会造成饮食习惯的变化和吸烟饮酒频率的提高，以及语速加快和睡眠紊乱等现象。

有大量研究考察了压力与绩效的关系。一项研究指出，高情商的（EI，见第 4 章）人有能力减轻工作压力对绩效的影响。这个模型有可能是解释绩效差异的一个很好的中立起点。

压力管理

员工和管理层双方对于"什么才是工作中可接受的压力水平"往往持有不同的意见。管理层所认为的"令员工更努力工作的小小刺激"很可能在员工眼中就成了"压力过大"。我们在讨论个体和组织的压力管理时，要时刻牢记这一点。

个体管理压力的方法

员工应当主动想方设法降低压力水平。在个人层面上，有效的策略包括时间管理技巧、增加体育锻炼、放松性培训、扩展社交网络等。

● **时间管理技巧**

很多人不善于管理时间。一个有条不紊的员工就像一个有条不紊的学生一样，通常比那些做事毫无条理的人工作效率高一倍。即使任务没有意思，时间管理技巧还是有助于降低工作中的拖延现象，让你关注即时目标的完成以及提高你的激励水平。

● **身体锻炼**

内科医师建议人们采取非竞赛性质的体育锻炼，例如有氧健身操、散步、慢跑、游泳以及骑单车等，这也是一种应对压力过大的方法。这些体育锻炼能够增强肺活量，降低闲暇时的心跳速率，令人们暂时避开压力散散心，这都能够有效降低工作中的压力。

● **放松技巧**

人们可以自己学着通过放松方法来降低紧张感，例如冥想、催眠和深呼吸等。其目的是达到一种身体深度放松的状态，你将会把精力集中到肌肉的放松上。每日进行 15～20 分钟的深度放松可以帮你减轻压力，并为你带来一种明显的安宁感，还有利于心跳速度和血压的下降，也会带来其他有益的生理变化。越来越多的研究显示，在工作中有规律地采取哪怕片刻的休息都可以促进身体状态的恢复以及明显降低压力，也有可能提高工作绩效。如果使用了放松技巧，那么效果就会更显著。

- **社会支持网络**

我们曾经提到过，当你感到压力过大时，你的朋友、家庭或者同事都可以帮助你发泄压力。你可以拓展自己的社交网络，寻找更多朋友听取你的问题并提供比你更客观的视角。

组织管理压力的方法

以任务和角色要求为代表的一些组织压力因素是受控于管理层的，因此可以得到修正或者改变。我们要考虑的策略包括提高下列能力：人员甄选和定岗、培训、设立现实的目标、工作再设计、提高员工投入度、提高组织沟通效果、为员工提供公休日以及公司福利计划等。

- **选聘与定岗**

有一些工作会令人感到较高的压力，我们已经谈到过，每个人面临压力的反应都不同。我们知道，缺乏经验或者外控型的人特别容易紧张。显然，管理层不能将招聘范围只局限为有经验、内控型的人，但是这类人的确更适合高压岗位，并且能够更有效地完成工作。与此相似的是，培训也能增加个体的自我效能，从而减轻工作紧张感。

- **目标设置**

我们在第 7 章中曾经谈到过目标设置理论。如果个体设置了明确的和挑战性的目标，并且能够在朝向目标努力的过程中得到阶段性反馈，那么他们的绩效可以得到提高。明确的目标不仅可以减轻紧张感，也可以实现对人们的激励。认真完成任务的员工，以及清楚工作目标和使命的员工所感到的紧张感往往较低，这是因为他们更有可能将压力因素视作挑战而并非障碍。被人们认为是可以达到的目标能够清晰地反映管理层对员工的绩效期待。此外，员工对设定目标的反馈可以降低人们对实际工作绩效的不确定性，从而令员工不再感到挫折、角色模糊和紧张。

- **工作岗位再设计**

工作岗位再设计的目的是给予员工更多的权力、更多有意义的工作以及更多的自主权，增加反馈能够降低紧张感，原因是，这些因素可以令员工感到自己对工作活动具备更大的掌控力，而且对他人的依赖程度更小。然而，并非所有的员工都希望从事内容丰富的工作。对于个人发展要求不高的员工来说，正确的工作再设计方式是降低工作中的责任以及增加分工的专业度。如果员工更偏好结构性的工作和日常性的工作，那么降低工作中所必需具备的技能种类也有降低不确定性和紧张感的作用。

● **员工参与**

角色压力的害处非常之大，因为员工对目标、期望和评估自己的标准等要素感到不确定。通过让员工参与直接影响其工作绩效的决策过程，管理层可以增加员工所拥有的控制力并降低他们的角色压力。因此，管理者应当考虑提高员工在决策中的参与程度，这是由于有证据清晰地显示，对员工高度授权可以降低他们的心理紧张感。

● **组织沟通**

促进经由正式渠道的沟通可以减少角色模糊性和角色冲突，从而降低员工感到的不确定性。我们知道，员工的认知在"压力 - 反应"这一对关系中起着重要作用，管理者也可以使用高效沟通作为影响员工认知的手段。请记住，员工所认为的要求、威胁或机会只不过是他们的一种解读，而这种解读是可以被管理层所传达的象征行动或实际行动所影响的。

● **员工休假**

一些员工需要偶尔脱离紧张的工作状态。基因泰克（Genentech）、美国运通（American Express）、英特尔（Intel）、通用磨坊（General Mills）、微软（Microsoft）、晨星（Morningstar）、梦工厂（DreamWorks Animation）和奥多比系统（Adobe Systems）等公司都已经开始为员工提供自愿休假的机会。这些休假期限可长可短，可以从几周到几个月，能够让员工重新恢复活力，从而避免员工进入精疲力竭的状态。

● **员工幸福计划**

员工幸福计划

组织支持的员工幸福计划主要关注员工总体的身心状态。

我们的最后一条建议是，组织可以支持**"员工幸福计划"**（wellness program）的施行。这些计划通常是一些互助会，包括帮助人们戒烟、控制饮酒过量、减轻体重、健康饮食以及制订定期锻炼计划等。这些计划主要侧重于修整员工的整体身心状态。还有一些计划的目的是维护员工的心理健康。一项对 36 个减压计划（其中包括幸福计划）进行的综合分析显示，干预性手段能够帮助员工重构压力状态，以及采用积极的策略来缓解压力。大多数员工福利计划都假设员工会对自己的身心健康负责，而组织只不过是为此目的提供了手段。

大多数公司引入了员工幸福计划之后都看到了明显的改善。强生公司（Johnson & Johnson）称，他们引入的员工福利计划在十年内为公司节省了 2.5 亿美元的医疗成本。研究指出，有效的员工福利计划明显降低了大多数组织的离职率。由美国劳工部和健康与人力服务局所发起的研究显示，员工幸福计划让员工的健康水平有所提高、让健康风险因素有所下降。

本章小结

我们在书中不断提示读者变革的必要性。例如态度、激励、工作团队、沟通、领导力、组织结构、人力资源措施、组织文化等。我们讨论任何一个话题都不能忽略变革在其中的意义。如果环境是完全静止的，如果员工的技能和能力总能保持最先进的状态并且不会衰退，如果明天和今天绝对相同，那么组织变革对管理者来说就完全失去了意义。但是现实世界总是瞬息万变的，这意味着组织本身和组织成员如果想要维持竞争地位，就必须经历动态的变革。要应对这些变化就会面临压力，如果压力可以得到有效的管理，那么组织所面临的挑战就可以提高员工的参与度和自我实现感，从而产生高绩效水平。这正是我们在本书中所关注的内容，也就是组织行为学研究的主要目标。

对管理者的启示

- 作为一名管理者，你在组织中往往是变革发起人。你的决策和以身作则的行动可以帮助组织进行文化重塑。
- 你的管理政策和措施也决定着组织是否能够较好地学习和应对变化的环境。
- 有一些压力是好事情。工作中的自主性和责任所带来的挑战是会增加压力水平，但也可以提高成就感和自我实现感。诸如官僚体制和人际关系冲突等障碍性压力因素是完全负面的，因此需要根除。
- 你可以将工作量和具体员工进行精确匹配、为员工提供减压的途径，或者回应他们的顾虑，通过这些方式帮助自己和下属减轻工作中的负面压力。
- 你往往在发现绩效降低时、员工流失率增加时、由于身体原因请假增多时，或者在员工心不在焉时才发现员工受到了高度压力的困扰。但是，出现这些症候往往代表着为时已晚，因此你应当警醒地观察一些早期的征兆，尽量提前解决问题。

后　记

　　一本书的完成对于作者和读者而言，具有同样的意义，既有成就感，也令人欣慰。令我们两位作者感到十分欣喜的是，本书涵盖了组织行为学的种种概念和精髓，现在该到了对我们的所学和所想进行反思的时候了。

　　本书的根本主题在于，人们在工作中的行为表现并非随机的现象。虽然员工是复杂的个体，不过员工的态度和行为还是可以在一定精度范围内进行解释和预测的。我们的方法论是在组织行为的三个层面进行分析：即个体层面、群体层面和组织系统层面。

　　我们从个体层面开始入手，回顾了心理学对理解个体行为的贡献。我们发现很多类型的员工个体差异是可以通过一种系统的方式做出归纳和总结的，因此我们得到了一些一般性结论。例如，我们知道遵循传统的人格和探索型的人格在公司里可能适合不同的管理职位。因此，他们的岗位如果与人格类型相匹配，可以提高公司的绩效以及员工的满意度。

　　接下来，我们开始分析群体层面。我们认为理解群体行为的难度要高于理解群体中个体行为的加总，这是因为人们在群体中的行为模式不同于独处时的行为模式。我们解释了角色、规范、领导风格、权力关系和其他组织因素对员工行为产生的影响。

　　最后，我们在个体行为和群体行为的基础之上，又叠加了组织层面的变量，从而加深我们对组织行为的理解。我们重点讨论了组织的结构、组织设计和组织文化是如何影响员工态度和行为的。

　　本书招人诟病之处可能是太过强调理论概念，不过心理学家库尔特·勒温（Kurt Lewin）据说曾经断言，"没有比好的理论更具有实践性的了"。当然，如果好的理论无法付诸实践，那么它的确也是最无用的。为了避免就理论说理论，本书加入了丰富的例子和解说。并且，我们会不断停下来反思理论对于管理实践的意义。因此，在对诸多理论逐一进行阐释时，我们提供了该理论对行为的意义；而当所有理论被纳入一个复杂的学科体系之中时，它们又可以帮助你解释、预测和控制组织行为。

教学支持说明